法華経の事典

渡邊寶陽［監修］

東京堂出版

序

『法華経』はインド・（シルクロード）・中国・（朝鮮半島）・日本と伝えられて来た。北回りの大乗仏教において、人気の高い経典である。インドでは龍樹の『大智度論』に二十一回ほど引用され、また世親の『法華論』が伝えられる。

『法華経』は、六訳三存と言われ、六度、漢訳が試みられたと伝えるが、伝承されるのは三訳である。シルクロードの亀滋国（クッチャ）の鳩摩羅什三蔵（三四四～四一三。一説には三五〇～四〇九）は、呂光将軍の率いる十万の兵員によって中国に拉致され、十数年の後、洛陽の都において、多くの経典漢訳事業に従事し、なかでも『妙法蓮華経』はおおいに名声を挙げた。既にそれ以前に竺法護訳『正法華経』があり、またその後、『添品妙法蓮華経』が闍那崛多・達摩笈多によって羅什訳の補訂されたが、中国の天台大師智顗（五三八～五九八）が『妙法蓮華経』を篤く信奉して、『法華玄義』『法華文句』『摩訶止観』の三大部を講じ、弟子の章安大師灌頂によって、天台三大部として伝えられた。六祖荊渓湛然がその釈を講述、これらが『法華経』解釈の主流として伝えられた。

日本で最初の『法華経』の講述書は、聖徳太子の『法華義疏』で、『勝鬘経義疏』『維摩経義疏』とともに、「三経義疏」と仰がれる。聖武天皇・光明皇后は全国に国分寺・国分尼寺を創建し、国分尼寺は『法華経』を奉じて、懺悔滅罪の寺としたと伝えられる。

こうした歴史をふまえて、伝教大師最澄（七六七〈一説には七六六〉～八二二）が比叡山延暦寺を創始し、『法華経』を奉じる天台宗を開いた。弘法大師空海は密教によって真言宗を開いたが、『法華経』を講じた『法華経開題』を著している。殊に伝教大師最澄の『法華経』讃仰は、広く平安貴族の間におおきな影響を与え、『源氏物語』には紫式部の『法華経』讃仰が語られ、『枕草子』にも清少納言の讃仰が誌されている。両名とともに藤原道長に仕えた赤染衛門は『法華経』和歌に秀でた。「装飾経」と呼ばれる写経においても、『平家納経』に見られるように、数多くの『法華経』写経が伝えられ、それらに伴う工芸技術なども知られるほか、埋経の事蹟も多く伝えられている。

『法華経』讃仰のひろまりとともに、禅者の『法華経』讃仰が見られる。特に道元が二十年間にわたって書き継いだ『正法眼蔵』のなかで、最も引用回数の多いのが『法華経』であることが確認されている。そうした禅者の『法華経』讃仰の系譜は、江戸時代の白隠や良寛などに引き継がれている。

また日蓮は「法華経の行者」の使命に生き、その門下が日蓮宗・法華宗として、独特の布教伝道を展開した。

日本仏教における『法華経』讃仰の系譜は、以上のように概観される。近代以降、法華系の新たな宗教運動が起こり、また第二次大戦後には法華系の新興宗教がの活動も見られる。

一方、西欧諸国のうちで、植民地運動に遅れをとった国々がアジアの現地調査に意欲を示し、そうしたなかで近代仏教学の手法につながる研究が展開していく。ケルンの『法華経』英訳は、マックス・ミュラー編纂の「東方聖書」の一環である。また中央アジアの『法華経』写本発見と研究が行われ、その成果が日本の『法華経』研究にも影響を及ぼした。今日に至る間に展開し続けている「法華経成立論」をめぐる論議があり、『梵文法華経集成』十三巻（立正大学法華経文化研究所）刊行が行われ、故兜木正亨博士はロンドン・パリ等の美術館等に伝えられる漢訳文献の研究に功績を遺した。近年には創価大学による中央アジアの『法華経』原典の調査研究も報告されている。

このように、一方では天台宗等を中心とする漢訳『妙法蓮華経』研鑽が綿々として展開してきた。島地大等編『漢和対照妙法蓮華経』。京都頂妙寺版の系譜をひく伝統的な『法華経』の版行（平楽寺書店）などが見られる。比較的近年の岩波文庫『法華経』では、漢訳『妙法蓮華経』の訓訳とサンスクリット訳との対照が試みられており、また、『梵漢和対照・現代語訳　法華経』（岩波書店）なども試みられている。その他、数多くの研究書や広く世を啓蒙する優れた研究が行われて居ることは周知の通りである。

もともとは「法華経辞典」の企画から出発したが、時代環境の変化を見据え、上述のような諸種の背景を解説する一方、語彙解説との両面とあわせて『法華経の事典』の刊行となった次第である。編集委員三氏をはじめ、碩学・新進を含む各位からの、如上に述べたさまざまな視点からの御尽力に感謝する。なお、この間、渡部俊一編集部部長が逝去されたが、終始、編集部の林謙介氏のお世話を戴いた。

平成二五年三月十三日

監修　渡邊寶陽

◎法華経の事典　目次

第一部

『法華経』とは

第一部　『法華経』とは

渡邊　寶陽

法華三部経

法華三部経とは、『法華経』を中心として、開経に『無量義経』、結経に『観普賢菩薩行法経』を位置づけていう呼称である。『法華経』を理解するための内容が『無量義経』に説かれているとして開経に配し、『法華経』を中心に置き、さらに「普賢菩薩勧発品第二十八」の修行法が『観普賢菩薩行法経』で補われたとして結経に配し、三部の経典を「法華三部経」と呼ぶのである。なお、中国以降、真言三部経・浄土三部経など、【三部経】という構成が諸宗にみられる。

開　経　『無量義経』
正　経　『妙法蓮華経』（『法華経』）
結　経　『観普賢菩薩行法経』

【法華経】

『法華経』は、サンスクリット語では「Saddharma Puṇḍarīka Sūtra」（サッダルマ・プンダリーカ・スートラ）という。「正しい法を白蓮華（に託して説く）経典」というような意味である。一般に「法華経」といえば、漢訳『妙法蓮華経』八巻二十八品（西暦四〇六年・鳩摩羅什訳）を指す場合が多い（なお同訳は、初期には七巻二十七品であった）。しかし先行する漢訳として『正法華経』十巻二十七品（二八六年、竺法護訳）があり、羅什訳の後に補訂を試みた『添品妙法蓮華経』（六〇一年、闍那崛多・達磨笈多訳、七巻二十七品）が現在に伝えられ、『大正新脩大蔵経』などに収録されている。なお、その他、三度の漢訳の試みがあったとして「六訳三存《ろくやくさんそん》」と呼ばれる。中国において漢訳されたサンスクリット語の原本は伝承されないが、印度のカシミールやギルギットなど各地にサンスクリット語の「法華経」が伝えられていることが十九世紀以降の調査で確認された。これらのうち四十種ほどについては、『梵本法華経集成』十二巻（立正大学法華経文化研究所編）に収載されている。但し、これら諸写本には十世紀を遡るものはないということである。

【無量義経】

一巻。南斉の曇摩伽陀耶舎《どんまかだやしゃ》訳（四八一年）。徳行品第一、説法品第二、十功徳品第三の三品より成る。『法華経』の序論に該当し、「開経」とよばれる。説法品第二の「（『法華経』以前の）四十余年には未だ真実を顕さず」の経文によって『法華経』が真実の経典である根拠とされる。『法華経』序品第一に

「大乗経の、無量義・教菩薩法・仏所護念と名づくるを説きたまう」とあることが、『無量義経』が『法華経』の開経である根拠とされる。

『無量義経』の構成

序　分	徳行品　第一	
正宗分	説法品　第二	
流通分	十功徳品第三	

『無量義経』の概要については、『法華経』の内容紹介の後に述べる。

【観普賢菩薩行法経】

一巻。劉宋の曇摩蜜多《どんまみった》（三五六～四四二）の訳。

普賢菩薩の行法が詳しく説かれ、『法華経』の最終品「普賢菩薩勧発品第二十八《ふげんぼさつかんぼっぽん》」を承けたものとされるところから、『法華経』の「結経」とされる。

『観普賢経』の構成

序　分	（通序）（別序）
正宗分	（開正説宗分）（勧仏令修分）
流通分	（持者疾成を明かす）（聞経得益を明かす）

『観普賢菩薩行法経』の内容については、『法華経』の内容紹介、『無量義経』の概要紹介につづいて、述べることとする。

『法華経』の構成

【本迹二門】

『法華経』の前半十四品を〔迹門〕、後半十四品を〔本門〕と位置づけ、〔迹門〕の中心を方便品第二の「諸法実相」とし、〔本門〕の中心を如来壽量品第十六の「久遠実成」する。

〔迹門〕の「諸法実相」とは、仏陀の〔おさとり〕の境地は、すべての事物（諸法）のありのままの真実を体現することにあると言う意味であるという。天台大師智顗は、方便品の「諸法実相」に続いて示される（如是相・如是性・如是体・如是力・如是作・如是因・如是縁・如是果・如是報・如是本末究竟等）の経文を「十如是《じゅうにょぜ》」として注視した。すなわち存在するものの〔すがた・性質・本体〕には〔潜在的な力とそれが顕在化した働き〕があること、さらにそれらが〔因・縁や果・報〕として展開し、なおすべての現象の基礎とその展開を示す以上の九つの側面が〔すべて緊密に集約されること〕が現されており、それが「諸法実相」の内容であると読み取った。それら十界が自己の瞬時の心に内包されるが、それは固定されるものでなく、互いに互有される（互具する）とした（これら「百界」に十如是が働くからとりあえず〔一念一千〕ということになる）。さらに心には〔有情世間＝心を持つ者の集合体〕〔五陰世間＝心あるもの・なきものに共有される構成要素〕〔国土世間＝すべてのものを受け止める国土〕という「三世間」が内包されるとする（ここに「自己の一念に三千の法界が内包される」と解釈が加えられることによって「一念三千の法門」が樹立されるとする。天台大師智顗は、このような仏教哲学に基づいて『摩訶止観』の観法を究明していったのである。

それに対して〔本門〕の中心は如来寿量品第十六の「久遠実成」とされる。「久遠実成」とは、仏陀釈尊が過去・現在・未来の三世にわたる導きを久遠の過去に成就したことを明らかにするものである。

【二所三会《にしょさんね》】

『法華経』が説かれたのは、旧王舎城を取り囲む山の一つ、霊鷲山《りょうじゅせん》に於いてである。しかし、見宝塔品第十一に入ると、多宝塔とともに多宝如来が現れ、説法聴聞衆の願いを受けいれて説法の場所が虚空（大空）に移される。嘱累品第二十二が終わると、説法の会座《えざ》（場所）は再び霊鷲山の地上に遷るのである。左図にしたがって、これを「二所三会」とよぶ。

前《ぜん》　霊山会《りょうぜんえ》　序品第一～見宝塔品第十一の途中
虚《こ》　空《くう》　会《え》　見宝塔品第十一の途中～嘱累品第二十二
後《ご》　霊山会《りょうぜんえ》　薬王菩薩本事品第二十三～普賢菩薩勧発品第二十八

『法華経』の各品の概要

【序品《じょほん》第一】

霊鷲山で仏陀釈尊が無量義処三昧という深い瞑想に入られた。そこに十大弟子をはじめとする多くの弟子が、釈尊の説法を聴聞するために列座する。古くから修行を重ねた菩薩たちが加わる。あらゆる天の神々も集まって来る。説法瑞・入定瑞・雨華瑞につづいて、地が揺るぎ（地動瑞）、衆喜瑞に継ぎ、大いなる光が放たれる（放光瑞）などの六瑞（六つの不思議な兆し）が現れる（此土の六瑞）。説法聴聞の衆が、遙かまで放たれた光を見、六瑞に感激し、法界の諸仏を見、その説法を聞き、修行者の得道を見、菩薩の修行を見、仏の涅槃を見るという（他土の六瑞）に感激する。これらの不思議な瑞相を通じて、仏道が多くの仏陀と修行者によってめんめんと展開してきたことが明らかにされる。言わば、序幕ともいうべきこの〈序品〉に『法華経』のすべてが暗示されている。

【方便品《ほうべんぽん》第二】

〈序品〉では仏陀釈尊は一言も発しない。つぎつぎと展開される奇瑞に驚く聴聞者たちは、かならず釈尊がこれまでにない優れた説法を示すことを期待し、代表として仏弟子の舎利弗尊者が釈尊に説法を願うのである。しかし、釈尊は「難解難入《なんげなんにゅう》」である法門を君たちに説くことはできないと、三度まで拒否する。しかし、三止三請の後、示したのが上述の「諸法実相《しょほうじっそう》」であり、それに附して「十如是《じゅうにょぜ》」を説いた。ここまでが特に重要視され、多くの『法華経』信奉者が諳んじているところである。その後に延々と展開されるのが、仏が説く「方便《ほうべん》」の意義についてであり、具体的には声聞《しょうもん》とよばれる釈尊の直弟子たちがこれまでに授けられた「声聞乗《しょうもんじょう》」や「縁覚乗《えんがくじょう》」の内容は、すべて真実に引き入れるための

「方便」の教えであることが説かれていく。この方便品で仏陀が示したのは、「君たちはもともと仏道を求めて菩薩の道を歩んだのである」という一語であった。そうした説示をもとに、〔譬喩品〕の初めにおいて舎利弗尊者が永い修行の末に、将来の世に於いて華《け》光如来《こうにょらい》という仏位を成就することが保証される。これを「記別《きべつ》を授ける」という。舎利弗の「授記」が最初の「授記」となった。これを上根の授記とよぶ。

【譬喩品《ひゆほん》第三】

『法華経』の前半十四品は〔迹門〕と意義付けられるが、〔序品〕はそのうちの序分《じょぶん》とされ、〔方便品〕から〔授学無学人記品第九〕が正宗分、〔法師品第十〕から〔安楽行品第十四〕までが流通分《るつうぶん》とされる。そのうち正宗分はさらに方便品から譬喩品の初めまでを〔法説周《ほっせつしゅう》〕、〔譬喩品第三〕の途中から〔授記品第六〕までを〔譬説周《ひせつしゅう》〕、〔化城喩品第七〕から〔人記品第九〕までを〔因縁周《いんねんしゅう》〕とされる。

- 迹門
  - 序分　（序品第一）
  - 正宗分
    - （方便品第二〜譬喩品第三の初め）
    - （譬喩品第三の半ば〜授記品第六）
    - （化城喩品第七〜授学無学人記品第九）
  - 流通分　（法師品第十〜安楽行品第十四）

『法華経』には七つの譬喩（法華《ほっけ》七喩《しちゆ》）が説かれるが、〔譬喩品第三〕では、（一）「三車火宅の譬喩」

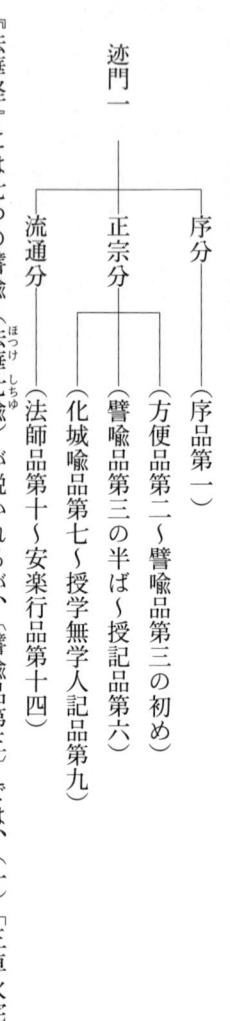

が説かれている。大富豪の家は老朽化が甚だしいものであった。そこに火事が起こり、老朽化した建造物はまた迷路のようになっている。そのなかに居る子供達を助けるために、富豪は「外に出ると、羊の車、鹿の車、牛の車があるぞ。出てみなさい」と叫んで、危険な邸宅から避難させる。ところが外へ出てみると、あるのは大白牛車《だいびやくごしや》のみであった。という譬喩の意味するところは、仏陀が声聞乗《しようもんじよう》や、縁覚乗《えんがくじよう》の教えを説きつつも、実は菩薩乗《ぼさつじよう》をこそ説き示している意味を明らかにするのである。すなわち、仏陀の教えをひたすら聞く声聞や、たまたまふとした縁によって仏道を知る縁覚の教えを示すものの、実は仏陀をめざす菩薩の教えこそが、一乗妙法華経の真髄であることを明らかにするのである。

【信解品第四】

（二）「長者窮子《ちようじやぐうじ》」の譬喩が説かれる。幼児のときに、富豪が見失った迷い子が成長した姿を、五〇年後の富豪が見つける。（a）富豪は家来に捉えさせようとするが、子息は逃げまわる。そこで富豪は子息を自由にさせ、（b）みすぼらしい風姿の家来に清掃の仕事を誘わせる。（c）心の底まで貧窮に陥った子息であったが、仕事に自信を持つこととなり、富豪と子息とが心を通い合わせるようになる。（d）富豪は死期を知り、財産管理のすべてを子息に任せるようになる。（e）死に臨んで、富豪は大勢の関係者を前に、貧窮に陥った男こそ、実は長年探し求めていた子息であることを明らかにし、死後のすべての財産を男に譲ることを披瀝する。

天台大師智顗は、この五段階の導きこそ、仏陀がその生涯を通じて、（a）『華厳経』から、（b）阿含経、（c）通途《つうづ》（一般的な）の大乗経典、さらに（d）『般若経』へというふうに、一旦は深遠な教えのままを明らかにした方針を転じて、浅きより深き教えを明らかにしたことを披瀝し、ついに（e）『法華経』・『涅槃経』の真義を明らかにするという五段階の説法を展開したことを示すものであると解釈した。

【薬草喩品《やくそうゆほん》第五】

（三）「薬草喩」である。これまでの都市国家の情景から一転して、自然の光景を通じて一乗妙法の意義を明らかにする。自然には大・小の樹木や、上・中・下の草がある。それらに恵みの雨が潤わせる。雨は一雨であるが、大・小の二木《にほん》も、上・中・下の三草《さんそう》も、一様に雨の恵みを受けるのである。それと同様に、仏陀の教えは一つであっても、教えを受ける衆生は、それぞれの機根に応じて仏陀の教えの恵みを受けることが説かれるのである。

【授記品《じゅきほん》第六】

〔薬草喩品〕の最後に、声聞たちが菩薩道に目覚めることを説いたのを受けて（譬喩品での舎利弗への授記に次いで）四大声聞への授記が示された。これを中根の授記とよぶ。摩訶迦葉《まかかしよう》は光明如来《こうみようにょらい》となり、須菩提《すぼだい》は将来において名相如来《みようそうにょらい》という仏陀の身を現じ、摩訶迦旃延《まかかせんねん》は閻浮那提金光如来《えんぶなだいこんこうにょらい》、摩訶目犍連《まかもくけんれん》は多摩羅跋栴檀香如来《たまらばせんだんこうにょらい》となるとして、授記を与えるのである。菩薩に対する授記は他経にも見られるが、声聞への授記は今の『法華経』のみであり、『法華経』の大きな特色をなすものである。かくして迹門・正宗分のもとで〔法説周〕に次いで〔譬説周〕は、〔譬喩本第三〕〔信解本第四〕〔薬草喩品第五〕〔授記品第六〕の四段階を経て完結した。つぎに〔因縁周〕として位置づけられるのは〔化城喩品第七〕から〔安楽行品第十四〕までである。

【化城喩品第七】

「法華七喩」のうち、(四)「化城宝処喩《けじょうほうしょゆ》」が説かれる。仏陀釈尊の菩薩道の出発は三千塵点劫《さんぜんじんでんこう》という無限の過去に遡る。そのときの国王が仏道修行にめざめて大通智勝如来のさとりを成就する。国王には十六人の子息が居り、その十六人目の王子が後の釈尊《しゃくそん》の前身であった。十六人の王子は大通智勝如来に就いて仏道を求め、菩薩として八方の遙かなる世界の衆生を導く誓願を立てる。そのときに、東北の娑《しゃ》婆《ば》世界の衆生は釈尊の教化との所縁を得たのであると説かれる。仏陀の遙かなる導きとの因縁の深まりを説くのが、「化城の譬喩」である。遙かに水平線を望む大地を隊商に率いられた一群が往く。しかしスタッフは疲れ果て、引き返したいと思う。指導者は人びとの心の動揺を見抜いて、大地に「幻《まぼろし》の城」を見せ、人びとはひとときの休憩によって元気を回復する。すると指導者は、実は城は幻であって、元気を取り戻した人びと共に真実の目的地を目指して新たな旅立ちを始めることを宣言する、というものである。仏道修行は、決して容易なものでなく、「久しく業《ごう》を修《しゅ》して得《う》るところ」であることの意義を体得させるのである。

【五百弟子受記品第八《ごひゃくでしじゅきほん》】

多くの仏弟子に記莂《きべつ》（将来成仏の保証）を与える。これを下根《げこん》の授記とよぶ。仏弟子の富楼那《ふるな》は仏の教化が三世にわたることに目覚めたので、仏陀釈尊は、将来の世に於いて法明如来と成るという記莂を授けた。釈尊が鹿野苑《ろくやおん》で初めて説法したとき、感激をもって悟りの境地を得た憍陳如《きょうじんにょ》をはじめとする一千二百人の声聞には、将来世に普明《ふみょう》如来を成就すると授記した。一千二百人のうち優楼頻螺《うるびんら》迦葉《かしょう》等の五百人の阿羅漢にも直接に同じように普明如来を授記し、五百人はその喜びを法華七喩（五）「衣裏《えり》繋珠《けいじゅ》喩《ゆ》」として言上した。優秀な才能に恵まれ、出世を果たした才子のもとに零落した、だらしのない旧友が訪れる。才子はだらしのない男の衣の裏に高価な宝石を縫い込んだ。いざという時のことを考えて…。ところが再び零落した姿で現れた男は、自分が高価な宝石を身につけていることを知らない。この譬喩を聴いて五百人の阿羅漢は、自分たちも尊い仏性を見出せない愚か者であることを懺悔したのである。

【授学無学人記品第九《じゅがくむがくにんきほん》】

釈尊にいつも随侍していた阿難《あなん》（釈尊の従兄弟）と、悉多太子《しったたいし》の長男として生まれた羅睺羅《らごら》の二人を上首《じょうしゅ》とする二千人の声聞の弟子達への授記を示している。これまで、上根の授記、中根の授記、下根の授記が示されたが、俗縁の深い阿難と羅睺羅には記莂は授けられなかった。

それに対して、釈尊は阿難に将来の世に於いて山海慧自在通王如来《せんかいえじざいつうおうにょらい》を成就すると記莂を与えた。

また羅睺羅には踏七宝華《とうしっぽうけ》如来《にょらい》の記莂を授けた。つづいて二千人の声聞にはすべて同一の名号、すなわち宝相如来《ほうそうにょらい》の記莂を与えた。そのときに説法の会座に加わって新たに菩薩の道を歩んだ八千人の菩薩が、菩薩に授記されないで声聞に授記されるのはなぜか?という疑問を起こした。この疑問については、本門（『法華経』後半）の〈従地涌出品第十五《じゅうちゆじゅっぽん》〉以下で説き明かされることとなる。ここまでで、迹門「正宗分」の〈因縁周〉は終わり、「正宗分」もここで結ばれて、次の〈法師品〉以降は迹門・流通分に意義づけられる。

【法師《ほっし》品《ほん》第十】

〈法師品第十〉～〈安楽行品第十四〉までは、【迹門《しゅくもん》】流通分に配され、〈従地涌出品第十五〉からの【本門《ほんもん》】への展開の基盤となっている。

「法師」とは〈法を説く人〉という意味で、〈法師品〉では特に末法の世の説法者への励ましが主題となっている。仏陀は、薬王《やくおう》菩薩を代表とする八万の菩薩に対して、仏の在世であれ、滅後であれ、『法華経』の一偈《いちげ》・一句を聞いて、一念（一瞬をよぎる心）の間にも随喜《ずいき》する（感激する）者には、すべて成仏する保証（授記）を与えると宣言する。またこの経の一偈であれ、〈受持《じゅじ》し・読み・誦《じゅ》し・解説《げせつ》し・書写《しょしゃ》する〉という五種法師《ごしゅほっし》を実践し、十種の供養をする者は、既に大願を成就した大菩薩であるという。さらに仏の滅後にひそかに一人の為に対してであれ、『法華経』の一句を説く者は、すなわち如来の使いであり、仏の法を伝える者であると褒め称え、逆に『法華経』を伝える法師を誹謗《ひほう》する罪は仏を罵る罪よりも重いことを明らかにする。この法門は、これまでに説かれてきた法（已説《いせつ》）、今説かれる法（今説《こんせつ》）、これから明らかにされる法（当説《とうせつ》）のなかで最も信じ難く解し難い（難信難解）であるという。さらに仏陀は仏滅後に『法華経』を受持し、弘める者を、衣で覆い、手で頭を撫で、常に如来とともに宿り、如来と共に住するのであるから、法師もまた、如来の室に入り、如来の衣を身に着け、如来の座に坐して説くという〔弘通《ぐづう》の三軌《さんき》〕に従わねばならぬと示している。なお、高原で井戸を掘って水を求めてもなかなか水を探り当てることができないという譬喩によって、仏法受持の困難を言い、しかしどこまでも掘り進めていけば、やがて湿った土によって、水に近づいたことを知るように、法師の道も同様であるという、「高原鑿水《こうげんさくすい》」の喩《たとえ》が説かれている。

迹門・正宗分の八品（八章）は、声聞・縁覚とよばれる仏陀釈尊に随侍する弟子たちに対して、仏道修行者のすべては最初から菩薩道を歩むことを誓願するところから出発していることの自覚を促す。すなわち、自己の菩提を求める（「上求菩提《じょうぐぼだい》」）と共に、すべての衆生に法を説き弘めること（「下化衆生《げげしゅじょう》」）が大切であることを説いて居る。そして、仏道に生きることは、ただ現世だけの関係性（「因縁」）によるものではなく、時間的には過去・現在・未来という無限の連続性の上に在り、空間的にはいわば宇宙大の広い視野をもって、仏陀の存在を仰ぎ、そのような視点から自己を見つめて行かねばならぬ、として、すべての存在の認識を改めることを説くのである。

「法師品第十」から、『法華経』「迹門・流通分」となるが、「見宝塔品第十一」以下に展開するための転換点の役割を果たしているのが「法師品第十」であると言えよう。

【見宝塔品《けんほうとうほん》第十一】

「見宝塔品第十一」では、まず多宝塔が大空に出現する。その多宝塔の中には、仏教の究極として『法華経』が説かれる時に、その仏陀が説く『法華経』が最勝・真実の経典であることを証明するという誓願をもつ多宝《たほう》如来がましまします。今、仏陀釈尊が娑婆世界で『法華経』を説く意義を証明するために多宝塔が出現したのである。そのことを、多宝如来が自ら明らかにし、仏陀釈尊に「空中の多宝塔にお出でくださって、私の隣にお坐りください」と招くのである。それを見た人びとは、「私たちも伺いたい！」と願う。多宝如来はその人びとを招く。が、十方法界《じっぽうほっかい》の遙か彼方からも参集希望者があふれるようにお出でになるので、空中にそのための座席を広げる。さらにあふれる希望者を顧慮して、三度目の席を造ることとなる。これを「三変土田《さんぺんどでん》」と呼んでいる。こうして、娑婆世界での仏陀釈尊のお説法は、ただこの地上だけにとどまらず、広く四方・八方どころか、十方の遙かなる世界にまで及んでいることがあきらかにされるのである。

【提婆達多品《だいばだったほん》第十二】

これまでのところでは、仏陀釈尊は、スッドダーナ（浄飯王）の長子として出生したシッダールタ（悉多太子《しったたいし》）が、ブッダガヤの菩提樹のもとでお悟りを開かれた人間の世に出現した仏陀という認識であった。ところが、ここからは仏陀には過去世があり、最悪の悪人・提婆達多《だいばだった》とも過去の歴史のなかで縁があったことが明らかにされる。想像を絶する昔に、釈尊はその前身において国王であった。が、出家して道を求めようと念願し、仙人に仕えて修行を経験した。なにあろう！　その時の仙人とは、今のダイバダッタ（提婆達多）であったという。ダイバダッタはシッダルタと従兄弟であるがゆえに、悉多太子を恨み、妨害行為を重ね、ついに「自分こそ仏陀である」と誇称した仏教史上、最大の悪人である。諸仏典をひもといても、絶対に許されない存在であった。しかし、この提婆達多品において、彼は最大の悪人ではあるが、過去の因縁によって、自らを悔悟し、やがて仏位を成し遂げることが、釈尊自らのお説法として説かれるのである。

この品の後半においては、「女人の成仏」が説かれる。わずかに八歳の龍王《りゅうおう》の息女が『妙法蓮華経』の教えに帰依し、たちまちのうちに仏身を成就したことが説かれる。従来、「女人の成仏」は困難とされていたのに対し、この提婆達多品では、仏陀釈尊の御前で龍王の息女、それもわずか八歳の龍女が成仏することを認《したた》めた経文は、「女人成仏《にょにんじょうぶつ》」を願う多くの女性に多大な感銘を与えたのであった。このことにより、提婆達多品は「女人成仏」の経典として位置づけられるようになり、『法華経』の装飾経《そうしょくきょう》の多くは、この提婆達多品第十二に美麗さが集中されている（たとえば、「平家納経」などもその一例である）。

【勧持品第十三】

「勧持」とは、岩本裕氏の梵本からの訳（岩波文庫版『法華経』）では「見えざる努力」と翻訳されている。法師として悪世において『法華経』を弘めるならば、俗衆《ぞくしゅう》（在家信徒）のうちの増上慢《ぞうじょうまん》の者から迫害を受けるのみならず、道門《どうもん》（出家者）や僣聖《せんしょう》（生き仏と仰がれる高僧）などの増上慢からも迫害を受けることが予言されている。つまり、法師たる者は、仏陀の使者として、どれほどの苦難をも乗り越えて、『法華経』の深意を伝えなければならないと説かれる。平安法華仏教においては、この経文を一般的な注意として捉えられているようで、法華経和歌でもそうした傾向が強い。勧持品第十三を真実の仏語を伝える厳重な意味を持つとして、尊重したのは日蓮である。日蓮は、勧持品を尊重し、その仏語を体験したという自覚に達し、自らを「法華経の行者《ぎょうじゃ》」として意義づけたのである。

なお、勧持品の前半では、提婆達多品の女人成仏のおしえに続いて、釈尊の出家以前の養母の摩訶波《まかは》闍波提比丘尼《じゃはだいびくに》と学・無学の比丘尼六千人（一切衆生喜見如来《いっさいしゅじょうきけんにょらい》）と、夫人の耶輸陀羅《やしゅだら》比丘尼（具足千万光相如来《ぐそくせんまんこうそう》）に記莂《きべつ》が与えられている。

【安楽行品《あんらくぎょうほん》第十四】

前章と対照的に、初心の菩薩がまず守るべき心得を説いたとされるのが、「安楽行品」である。「身の安楽行」「口の安楽行」「意の安楽行」という、それぞれの行動規範にのっとり身を慎み、その上で大慈悲の心で一切衆生を救う「誓願《せいがん》安楽行」を自らの使命とすることが説かれている。元来、仏教は三昧《さんまい》（深い宗教的瞑想）を重んじているので、天台大師《てんだいだいし》智顗《ちぎ》の恩師である南岳《なんがく》大師慧思《えし》は『法華経安楽行義』を著しており、後年まで懺悔の行法の規範などとされている。それに対して日蓮は、「安楽行」は浅位の菩薩の段階であり、「勧持品第十三」の経文のままに、末法の世に真実の仏語を弘通することこそ深位の菩薩の行願とすべきことであることを強調している。

『法華経』前半の十四品は「迹門《しやくもん》」と呼ばれる。これから略述する後半の十四品が久遠の仏陀釈尊の仏滅後永遠の『法華経』弘通を願う意味から「本門《ほんもん》」と呼ばれるのと対照的である．『法華経』後半は、仏陀入滅後の『法華経』による救いを最大の課題とするところから「本門」と呼ばれ、そこからすると逆に『法華経』前半の十四品は、インドに応現された釈尊のその時点での弟子たちへの教えであり、いわば応現の釈尊を中心とする仏教集団のレベルでの説法の内容であるという理解であろう。具体的には、まず「諸法実相」の教説を受けて、舎利弗をはじめ、摩訶迦葉・須菩提・迦旃延・目連への将来成仏の保証（「授記作仏」）と、その他多くの直弟子への授記の保証が明らかにされ、「法師品第十」において「菩薩の行願」が明らかにされ、さらに過去の菩薩の行願と直弟子達への「菩薩行願」への導きである。

【従地涌出品第十五《じゆうちゆじゆつほん》】

さて、「従地涌出品第十五」で、他の国土からやって来た菩薩たちが、「見宝塔品第十一」以来、懸案になっていた仏滅後悪世で『法華経』の法師として仏法を弘めることを許し給えと願ったのに対し、仏陀釈尊はお許しにならない。そうしたところで、突然に大地が震裂し、立派な菩薩たちが大地から涌き出るように出現した。しかも、実にガンジス河の沙（砂）の六万倍もの多数で、久遠の過去に於いて久《く》遠《おん》の釈尊から教化を受けた「久遠の仏弟子」たちである。弥勒《みろく》菩薩を介して『法華経』の聴衆たちは、大きな疑問を仏陀釈尊に質問する。「この立派な菩薩は、なぜここに現れたのですか?」と。釈尊は、「これらの菩薩たちは、久遠の過去に於いて仏陀釈尊の真の弟子として開眼し、修行を積んできた菩薩なのであり、仏陀入滅後の悪世において仏法を説く役目を担っているのであり、まさにその約束を果たすためにここに出現したのだ」と語り示すのであった。この教説を通じて、人びとは「仏陀釈尊は、ただ目の前に居る姿だけではなくて、無限の過去から衆生救済を継続されているのではないか?」と感じるのである。

【如来寿《にょらいじゅ》量《りょう》品《ほん》第十六】

前章の人びとの疑問に答えて、「釈尊は久遠の仏陀である」ことを説き現したのが、この章である。重要な法門が明らかにされるには、慎重なやりとりが最初に行われる。釈尊は人びとの願いを察しつつも、「もろもろの善男子よ! 如来(仏陀)の真実の仏語を信じ理解しなさい」と、三度にわたって誡める。これを「三誡《さんかい》」という。それに対して「どうか仏陀釈尊! 真実をお示し下さい!」と『法華経』聴聞の衆がお願いするのに対して、釈尊が説かれたのは、仏陀の過去の世の導きの事績である。衆生が仏法を得るというのは、ただ現在の段階での発心・修行にとどまるのではなく、過去世・未来世・現在世という三世にわたる発心・修行に基づくものであるというのである。即ち、過去世の仏陀のお姿を想うと、仏陀は私たちの目の前で証悟を得られたという思いに執着しているということに気付くのである。そこで、その誤った認識から転換して、仏陀は久遠の過去に証悟を得、久遠にわたる導きをされていたことを明らかにする。さらに現在の衆生も、同様に過去世・未来世・現在世に一貫して、久遠の仏陀の導きのなかにあることが説かれ、「法説の導き」「譬喩説の導き」「因縁説の導き」の意義が説かれる。

要するに、「久遠の仏陀釈尊の導き」が明らかにされるのである。さらにその内容を、「良医が、他国への出張中に、百人もの我が子が誤って毒薬を服用して乱心してしまったが、良薬を授けて本復《ほんぷく》させた」という譬喩を通じて、久遠の仏陀釈尊が良薬《りょうやく》である『法華経』を仏滅後の衆生に説き遺したことを入念に体得させるのである。この譬喩を「良医狂子《ろういおうじ》」の譬喩（法華七喩の㈦良医治子《ろういちし》の壁喩）という。良医は仏陀釈尊であり、狂乱に陥った子どもたちとは仏陀入滅後の衆生を指す。

以上、「長行《じょうごう》」として散文体で説かれた内容は、さらに偈頌《げじゅ》（詩偈）として要約して再度入念に説かれる。この詩偈が「自我得仏来」からはじめられるところから「自我偈《じがげ》」と呼ばれ、広く人口に膾炙《かいしゃ》され、重要視されるのである。

【分別功徳品《ふんべつくどくほん》第十七】

この章の前半には、「久遠釈尊への帰依」によって、「仏陀究極の証悟」を得ることが説かれる。すなわち『法華経』という円教（究極の仏法）の境地である、〔十住位〕〔十行位〕〔十回向位〕〔初地〜第十地〕〔等覚《とうかく》金剛心〕〔円の十信位〕に至ることが説かれる。

ここで、確認すると、「従地涌出品第十五」の後半から出発した久遠釈尊闡明の意義は、「如来壽量品第十六」で説かれ、さらにその功徳世界が「分別功徳品第十七」前半で明らかにされるので、これらを合わせて「一品二半《いっぽんにはん》」として重視されるのである。

さらに「分別功徳品第十七」後半では、具体的に仏滅後の衆生の「一念信解《いちねんしんげ》」の祈りによって、こうした功徳を得ることが出来ることが明らかにされる。近代日本がキリスト教や西欧の絶対主義の影響を受けたこともあってか、一般に「如来壽量品」の久遠釈尊の存在に焦点がしぼられがちであるが、実は「久遠釈尊を信じることによって、仏法の枢要を衆生が受領することができる」意義が、あらためて明らかにされるのである。

「一念信解《いちねんしんげ》」とは、{一瞬の間に仏法を信じ理解する功徳の大きいこと}の意義を説くもの。そもそも「分別功徳」とは、仏陀釈尊から、その功徳を得る意義を明らかにするというほどの意味である。仏教修行の伝統は「三昧《さんまい》」（深い宗教的瞑想の体得）を目標とする。それに対して「分別功徳品」では、仏法信解の基本は現在の一瞬に究極の仏教を信じ理解することにあるとするのである、それが①「一念信解《いちねんしんげ》」である。それをもととして、②「略解言趣《りやくげごんしゅ》」（論理的理解）、③「広為他説《こういたせつ》」（人びとへの語りかけ）、④「深信観成《じんしんかんじよう》」（深い三昧の境地への到達）へと進んでいくことが説かれる。以上を「在世の四信《ざいせのししん》」とよび、仏陀釈尊御存命の段階での指針とされる。

さらにまた、次に「滅後の五品《めつごのごほん》」が説かれる。①初随喜品《しょずいきほん》「直ちに随喜《ずいき》の心を起こす」、②「加えて自ら受持読誦《じゅじどくじゅ》する」、③説法品《せっぽうぼん》「加えて他を勧めて受持読誦せしめ、自らも書写し、人をしても書写せしめる」、④兼行六度品《けんぎょうろくどほん》「加えて兼ねて六度《ろくど》（六波羅蜜《ろくはらみつ》）を行ずる」、⑤正行六度品《しょうぎょうろくどほん》「加えて正しく六度を行ず」という五段階である。その基本は、初めの「随喜」にある。仏教信受の基本は、随喜すること＝感激することにあるという意味である。それを根幹として、②の自分自身の修行があり、③の他者への勧めがあり、④可能な範囲での「六波羅蜜《ろくはらみつ》」（布施《ふせ》・持戒《じかい》・忍辱《にんにく》・精進《しょうじん》・禅定《ぜんじょう》・智慧《ちえ》という六方面にわたる菩薩の修行）の意義があり、さらにその上に⑤まさしく「六波羅蜜」の仏道修行の意義があると説かれるのである。

【随喜功徳品第十八】

「随喜《ずいき》」とは、前章「分別功徳品第十七」後半のうち、「滅後の五品」の最初の「随喜」の意義を明らかにするものである。前章で「在世の四信」「滅後の五品」の概要が明らかにされたが、そのなかで最も大切な「滅後の五品」の①「随喜」の意義が体得されないかぎり、その全容は明らかとならない。その点を、この随喜功徳品では二方面から説く。「内心において随喜の心を起こす」具体相と、「ただちに他者のうちに『法華経』を聴聞する者」である。そのなかで、「五十転展《ごじゅうてんでん》」ということを通じての説得が示される。世間で言う〔人から人へと内容を伝えることの困難さ〕を、人から人へと『法華経』の意義と功徳が伝えられることに喩える。だんだんと、本義が薄められるはずであるが、しかし第五十番目に伝え聞いた人の功徳すらも、実に偉大なものであると言い、「随喜」（『法華経』の教えに感激する）

の功徳を示して居るのである。

【法師功徳品第十九《ほっしくどくほん》】

「法師《ほっし》」とは、菩薩として仏道修行に生きる姿を言う。「法師」の「功徳」とは、菩薩が行う受持《じゅじ》（教えをたもつ）・読《どく》（『法華経』の心を読み理解する）・誦《じゅ》（『法華経』を朗誦する）・解説《げせつ》（その意味を説く）・書写《しょしゃ》（『法華経』を書き写す）という五種法師（五方面の修行）のことである。人は眼・耳・鼻・舌・身・意の六感を持って居るが、仏法修行の上でそれらは眼根・耳根・鼻根・舌根・身根・意根を基とすると理解される。『法華経』の五種法師の功徳によって、眼・鼻・身においてはそれぞれ八百の功徳を得、耳・舌・意においてはそれぞれ千二百の功徳を得ることが説かれ、六根におのおの清浄を得るとされる。今日でも「六根清浄《ろっこんしょうじょう》」が言われ、山頂に向かう時の祈りともされるが、究極的な「六根清浄」が達成されると説かれているのである。

【常不軽菩薩品第二十《じょうふきょうぼさつほん》】

「従地涌出品第十五」で大地から涌き出るように出現した「地涌の菩薩」が、久遠の仏弟子としての新しい菩薩像を示した。「法師功徳品第十九」では、それら菩薩たちの得る功徳が説かれた。さらに一転して、仏の存在もなく、法の存在も確かめられず、僧の存在もないという、まさに「仏法滅尽《めつじん》」せる仏滅後末法において、一人の仏道修行者が居たという常不軽菩薩のことが説かれる。真実の仏・法・僧のいずれもが存在しないなかで、修行者は、人びとの胸にお出でになる仏陀に礼拝することを修行の眼目とした。そのために、高貴を装う僧にも「但行礼拝《たんぎょうらいはい》」する。ひたすら僧の胸に仏陀の実在を信ずればこそ、但行礼拝して、「貴方は将来において、かならず仏陀の覚位《かくい》を得る」と唱えるのである。高貴を装う僧は「貧相なお前が、私に授記を与えようというのか？」とその僧を蔑み、殴打する。まして貧乏で宗教心もない者にも同様に言うので、そこでも殴打される。総て会う人ごとに同様な行為を行うので、「あなたを軽蔑しません」（常不軽《じょうふきょう》）というニック・ネームの菩薩として知られるようになる。やがて、常不軽菩薩が死を迎える時、「虚空の中で威音王仏《いおんのうぶつ》が先にお説きになった『法華経』の二十千万億の偈を聞いて、その総てをよく受持し、六根清浄を得た」のである。その上でその功徳を周辺の菩薩や総ての修行者に恵み与えた。そして、実はこの常不軽菩薩こそ、曾ての仏陀釈尊の前世の修行のお姿であったことが明らかにされる。一般にこの内容は寓話として取り扱われることが多いが、日蓮は「仏法が滅尽した時の仏法顕現」の意義をここに見た。また良寛も『法華讃』などに、この章の深い意義を讃えている。さらに宮沢賢治の「雨ニモマケズ」の詩には常不軽菩薩への思慕が込められている。

【如来神力品《にょらいじんりきほん》第二十一】

これまでの分別功徳品の半章と随喜功徳品・法師功徳品・常不軽菩薩品の三章には、「功徳流通《くどくるつう》」が説かれた。一言で言えば『法華経』を受持する功徳によって、『法華経』の教えが広く伝えられることを示して居る。それに対してこれより後の八品は、「付嘱流通《ふぞくるつう》」があきらかにされる。それぞれの形で

『法華経』を伝播する役割を担う意義が説かれ、それを通じて多くの菩薩たちの過去の修行と『法華経』との関わり、仏陀入滅後の『法華経』の教えの伝播のあり方が説かれていくのである。

前章の「常不軽菩薩品」では、仏陀釈尊の遥かなる過去の修行の一齣《ひとこま》が主題であったが、今の「如来《にょらい》神力品《じんりきほん》」では、仏陀入滅後の未来世での『法華経』の救いの予言が説かれる。『法華経』は大きな物語としての一体性に即して説述される。「見宝塔品第十一」において、仏滅の悪世において『法華経』を説くことには大きな困難がつぎつぎに襲ってくるが、そうしたなかで「法を説く者があるか？」と問うのである。それに対して、「勧持品第十三」で他方の国土から来た菩薩たちが、「私たちにそれをお許し頂けますか？」と言うのに対し、仏陀釈尊は「その役目を担う菩薩は他に居る」として、他方国土の菩薩たちの願いを許さない。果たして「従地涌出品第十五」において、仏陀釈尊が無限の過去以来の本弟子である「地涌《じゆ》の菩薩」の出現を見、その後の各品を通じて仏陀釈尊の久遠の導きと、久遠の仏法が明らかにされた。そして今、この「如来神力品第二十一」で、仏陀入滅後の悪世において、地涌の菩薩が『法華経』による救いを衆生に伝えることが明らかにされたのである。詳細に言えば、地涌六万恒河《ごうが》沙《しゃ》の菩薩が、上行菩薩に率いられつつ無辺行菩薩・浄行菩薩・安立行菩薩との四首導によって、『法華経』の真義が伝えられることが明らかにされたのである。「如来神力品」では、まず地涌の菩薩が『法華経』を伝える誓願を述べると、仏陀の十神力が現され、『法華経』の肝要なる要法《ようぼう》が結ばれて居る。

【嘱累品《ぞくるいほん》第二十二】

前章で地涌の菩薩によって未来に『法華経』の真義を伝えることが明らかにされると、その他の菩薩たち自身の未来に法を伝える役割を望んだ。嘱累品《ぞくるいほん》では、そうした総ての菩薩たちに、仏陀釈尊が「如来（仏陀）からの付属《ふぞく》」を明らかにした。すなわち菩薩たち総てに将来、仏法を弘める役割を付託したのである。菩薩たちはあまりの重大さを想って畏怖するが、釈尊は菩薩たちをの頭をなで褒めて付属したのである。その様子に多くの人びとが感激する光景が描かれる。

こうして末法の嘱累という釈尊の念願がかなうと、十方から参集した分身仏《ふんじんぶつ》と多宝如来《たほうにょらい》の多宝塔はそれぞれの本土《ほんど》（仏国土）に帰るよう釈尊にうながされる。見宝塔品以来、虚空にあった説法の座は、次の薬王菩薩本事品から霊鷲山に戻る。

【薬王菩薩品《やくおうぼさつほん》第二十三】

薬王菩薩がなぜ私たちの娑婆世界にお出でになったのかについて、疑問を抱いた人びとを代表して宿王華菩薩《しゃくおうけぼさつ》が仏陀釈尊に質問するところから、この章は始められる。『法華経』が説法される会座《えざ》には、永らく仏道修行を重ねた菩薩たちがお出でになった。立派な相好《そうごう》（お姿）をした薬王菩薩のような仏道修行を体験して、この会座に居られるのかを問いただしたのである。仏陀釈尊は、薬王菩薩が仏法を求めるためにいろいろな菩薩の時代を経過しつつ修行を重ねたことを示す。自分の身を灯火《ともしび》として法を求めようとして、多くの素晴らしいお香を服用し、身体の外側にも香油を塗って、日月灯明仏の前で自分の身体を灯火として八十万億恒河沙という遥かなる世界まで照らし、その仏陀の教えを輝かせた事蹟を有するもとに生を受け、そのもとで仏道修行を重ねた。そこで一切衆生喜見菩薩《いっさいしゅじょうきけんぼさつ》として生まれ変わり、そこでも日月浄明徳仏《にちがつじょうみょうとくぶつ》に仕え、その仏の滅度を見て悲感懊悩してさまざまな供養を捧げたが満足できず、「八万四千の塔の前に於いて、百福荘厳《ひゃくふくしょうごん》の臂《ひじ》を燃やすこと七万二千歳にして、以て供養す」という驚嘆すべき苦行を重ねて、今、薬王菩薩としての仏道修行に至っているということを、仏陀釈尊が『法華経』説法の会座《えざ》の全員にあきらかにしたのである。「百福荘厳の臂」というのは、仏陀の三十二相八十種好という尊いすがたに備わる「百の福相として荘厳された臂《ひじ》」である。到底、凡人がたまたま身を灯火《ともしび》としたというレベルのことではない。薬王菩薩は、仏教の真実を究めるために、徹底的な苦行を行って来た修行者である。仏陀釈尊は、その功徳を以て一切衆生を仏道に導こうとする薬王菩薩を讃え、精進の偉大なる意義を示しているのである。

【妙音菩薩品《みょうおんぼさつぼん》第二十四】

妙音《みょうおん》菩薩は、普現色身三昧《ふげんしきしんざんまい》に住して、あらゆる声を聞き分け、三十四の姿に変幻して、人びとを救い導くことを念願としている。次の観世音菩薩普門品では、観世音菩薩が三十三身に変幻するのと照応するが、妙音菩薩は、東方からこの娑婆世界での『法華経』説法聴聞にお出でになって、この誓願を明らかにするのである。それに対して、観世音菩薩は西方からこの娑婆世界にお出でになったという。

【観世音《かんぜおん》菩薩《ぼさつ》普門品《ふもんぼん》第二十五】

観世音菩薩は、世の音《こえ》を聞き分けて、何時でもどこでも、「観世音」と称える人の危難を救うことを誓願する。「この観世音菩薩は、怖畏急難《ふいきゅうなん》のなかにおいて能く無畏《むい》を施す。このゆえにこの娑婆世界に皆これを号して施無畏者《せむいしゃ》とす」と経文に説かれている。「無畏」とは、おそれのないこと、揺るがない自信を言い、観世音菩薩は衆生を危険から救うので「無畏施」をほどこすとされる。なお、尊い仏陀においては、説法に於いて「四無畏」（四つの揺るぎのない自信）が示されている。

さまざまな苦難として、A〈口の難〉＝（火の難・水の難・羅刹《らせつ》の難・刀杖の難・鬼の難・枷鎖の難・怨賊《おんぞく》の難）。B〈意の難〉＝（慳貪《けんどん》・瞋恚《しんに》・愚痴《ぐち》）。C〈身の難〉＝（男子が生まれることを求める＝〈立願・修行・徳業〉・女子が生まれることを求める〈立願・徳業〉）を挙げ、A&Bにおいては神力を結び、Cにおいては不虚を結ぶ。すなわち、これらの苦難からの救いを約束する。そのために観世音菩薩は三十三身を現ずるのは、以下の通りである。(1)三種聖身（仏身・辟支仏身《びゃくしぶつしん》・声聞身）。(2)六種天身（梵王《ぼんのう》身・帝釈《たいしゃく》身・自在天身・大自在天身・天大将軍身・毘沙門《びしゃもん》身）。(3)五種人身《にんしん》（小王身・長者身・居士身・宰官《さいがん》身・婆羅門《ばらもん》身）。(4)四衆身（比丘《びく》身・比丘尼身・優婆塞身《うばそくしん》・優婆夷身《うばいしん》）。(5)四衆婦女《ぶにょ》身《しん》（長者・居士・宰官・婆羅門の婦女身）。(6)童男童女身《どうなんどうにょしん》（童男身・童女身）。(7)八部身（天・竜・乾闥《けんだつ》婆《ば》・阿修羅《あしゅら》・迦楼羅《かるら》・緊那羅《きんなら》・摩睺羅伽《まごらが》の身）。(8)執金剛身。

【陀羅尼品《だらにほん》第二十六】

陀羅尼《だらに》とは、経典を記憶し、善法を保持する力というのが原意で、修行者が心の散乱を防いで集中し、教法を記憶し保持するものである。「二聖《にしょう》・二天・十羅刹女」の、薬王菩薩・勇施《ゆうぜ》菩薩・毘沙門天王・持国天王・十羅刹女《じゅうらせつにょ》（鬼子母神）が修道者を守護するためにそれぞれ独特の陀羅尼を唱えることを勧めるのである。これを「五番神呪《じんしゅ》」とよぶ。

【妙荘厳王本事品《みょうしょうごんのうほんじ》第二十七】

前章においては秘密神呪によって修道者が守護されることを説いて居るのに対して、「妙荘厳王本事品《みょうしょうごんのうほんじほん》」では、修道者が人に守護されていることをあきらかにすると意味づけられる。

仏陀釈尊は往古に妙荘厳王《みょうしょうごんのう》という王様が居り、また王には二人の王子が居て、大神力・福徳・智慧があり、深い菩薩の修行を修めて居り、王妃とともに立派なファミリーがあったことを語り、仏道修行が人に守られた故事を示したのである。

妙荘厳王は外教《げきょう》・邪道を信じて、仏道に関心を示さず、その深い教えの恵みを得ることが出来なかった。雲雷音宿王華智仏《うんらいおんしゅくおうけちぶつ》は妙荘厳王を化導したいと願って『法華経』を説いた。浄蔵《じょうぞう》と浄眼《じょうげん》という二人の王子は、母に「私たちは邪見の家に生まれたけれども、今、雲雷音宿王華智仏の教えを受けることが出来ます。どうぞ、母様、仏のもとに参りましょう」と合掌して懇願する。すると母は「あなたたちが神変をみせれば、父の王も心を変えて、仏の所へ参るでしょう」と答える。このようにして妙荘厳王は母のすすめに従った二人の王子の努力によって『法華経』に帰依したのである。ここで、釈尊は往古の故事を語り、修道者が人に守護されることを説いたのである。

【普賢菩薩《ふげんぼさつ》勧発品《かんぽつぽん》第二十八】

普賢菩薩《ふげんぼさつ》とは、「その姿や功徳をあらゆる場所に示す菩薩」というほどの意味である。普賢菩薩勧発品では、『法華経』を深く信奉する者のために普賢菩薩が白象に乗って現われ守護することが説かれる。周知の通り、文殊師利《もんじゅしり》菩薩は仏に代わるほどの智慧を備えて、説法を行うことで知られる。大乗仏教では釈尊の脇侍としてかならず文殊菩薩と普賢菩薩とが配される。

「勧発」とは、人に勧めて道心を起こさせることを言う。この勧発品で、普賢菩薩は東方から『法華経』説法の会座への到来を目指す。その間の国土は激しく震動し、宝蓮華を降らし、無量百千万億の種々の伎楽《ぎがく》が演奏され、無数の天竜八部に取り囲まれながら『法華経』説法の会座に到着して、釈迦牟尼仏に『法華経』の再説を懇願したのである。仏陀釈尊は、「普賢菩薩よ！　⑴諸仏に護念される〔護られる〕・⑵諸の徳本《とくほん》〔功徳のもと〕を植える・⑶正定聚《しょうじょうじゅ》〔必ず仏と成る聖者〕に入る・⑷一切衆生の救う心を発《おこ》す、という「四法《しほう》」を成就するならば、如来の滅後においてこの『法華経』の恵みを得ることが出来るのだ！　とお説きになった。普賢菩薩は、先ず第一に仏滅後において『法華経』を読誦するならば、六牙《らくげ》〔六本の牙を持つ〕の白象《びやくぞう》王に乗って、大菩薩衆と一緒に『法華経』が説かれる場所に行って、あるいは自らその身を現じ、供養し、守護して、修行者を安心させるであろう。『法華経』を思惟するならば、白象王に乗ってその前に現れ、「一句」あるいは「一偈《いちげ》」を思い出せないときには、教えてあげよう。『法華経』を受持し読誦する修行者は、普賢菩薩の姿を見ることによって、「三昧《さんまい》」（心を不動にした宗教的瞑想の境地）・「陀羅尼《だらに》」（神秘的な力を持つ呪文）を体得するであろう。それは「旋陀羅尼《せんだらに》」（凡夫の執着の相を旋転して、空の理法に達せしめる智力）」「百千万億旋陀羅尼＝想像を絶する素晴らしい旋陀羅尼」「法《ほう》音方便《おんほうべん》陀羅尼」（心に法をとどめて忘れない能力）というように、更に高度な「陀羅尼」の境地へと導くことを明らかにしているのである。

さらに普賢菩薩は、仏陀入滅後の「後《のち》の五百歳」（末法のはじめの五百年）、濁悪世《じょくあくせ》（末法の世となって、五濁《ごじょく》・十悪の種々の汚れや罪悪が満ちた世）において、男女の出家修行者（比丘・比丘尼）や男女の在家修行者（優婆塞《うばそく》・優婆夷《うばい》）を以下のように励ましたのである。「仏法を受持し、読誦し、書写しようと願う者が、この『法華経』を修習しようとするならば、三週間、一心に精進しなさい。それを成就したとき、普賢菩薩が六本の牙を持つ白象に乗り、無量の菩薩に囲まれて、『法華経』の教えを説き、修行者をして「示教利喜《じきょうりき》」（法を教え・励まし・楽しませ・喜ばす）させることを約束する。その際にはまた、（先述の）「陀羅尼」を与えるであろう」と。

これまでも『法華経』は、悪世のなかにあっても『法華経』の弘まりによって救いをもたらすことを繰り返し説いてきた。この「流通《るつう》」の教えこそ『法華経』の偉大なる特色であるとされる。ただし、これまでは他者の可能性を説いたり、あるいは往古の事実を再現して「流通」の意義を説いてきた。ところがこの「普賢菩薩勧発品」において、「付嘱《ふぞく》流通」の最後に「自行《じぎょう》の流通」があきらかにされたのである。普賢菩薩に守られて、自分自身が『法華経』の流通に乗せられる感激とでも言ったらよいであろうか。

かくして、『法華経』受法の多くの修行者たちが深く広い宗教的感激にひたり、その感激のもとに仏陀釈尊を深く礼拝しつつ、それぞれの本土に還って行く光景をもって、全二十八品の光景が結ばれたのである。

『無量義経』について

『無量義経』は先述の通り、「徳行品《とくぎょうほん》第一」「説法品《せっぽうぼん》第二」「十功徳品第三」の三章から成り、世親『法華経論』天台大師『法華文句《もんぐ》』などによって、『法華経』の開経として位置づけられる。即ち、『法華経』が説かれる前段階での地ならしとされるのである。「徳行品第一」は『無量義経』全体のなかで〈序分〉に位置づけられ、仏陀釈尊が徳のある行いを備えていることを説くのである。説法の場には、多くの菩薩・声聞とともに、天竜八部、男女の出家修行者・在家修行者、転輪聖王《てんりんじょうおう》、貴賤上下を問わず多くの人びとが集まり、菩薩たちそれぞれの自行《じぎょう》の徳、利他《りた》の徳、それらを踏まえての自行の境地が説かれる。次いで「大いなるかな大悟《だいご》を体得された大聖主！　垢《く》無く染《ぜん》（煩悩《ぼんのう》）無く、所著《しょじゃく》（とらわれ）無し天人・象馬の調御師《じょうごし》であり、その道風徳香は総てのものに薫じ、智はやすらかで、情《こころ》はしずかに慮《こころ》は深い境地をきわめて、静かである」などと、さまざまに仏身を讃えられる。

「説法品第二」では、仏が最高の法門たる「無量義」を説くことを明かし、菩薩が「無量義」を修学するならば、無大・無小・無生・無滅・非住・非動・不進・付帯という性相空寂《しょうそうくうじゃく》を体得することが出来ると言い、「無量義」の深意を説く。その上で、衆生の性欲が不同であるために、方便力によって種々に方便を説き、菩提樹下での成道以来「四十年余りにおいては、未だ真実を顕かにすることが無かった」と述べ、無上菩提を成就しようと願うならば、甚深無上《じんじんむじょう》の大乗無量義経を修学せねばならないと説くのである。

「十功徳品第三」では、十種の功徳が説かれる。その第四・王子不思議力では、国王と夫人との間に生まれた王子が世の人びとから尊敬を受けて国事を行うことが許されるように、仏陀と経典によって生まれた菩薩は、すべての修行者や守護の善神《ぜんじん》に尊崇され、深く諸仏秘密の法に入って、その趣旨を演説し、常に諸仏に護念され、その慈愛に覆われるだろうと説かれている。

『法華経』においては、四諦《したい》・十二因縁《いんねん》等についての詳細な論は既に知悉のこととして経典が説かれているのに対して、『無量義経』においては仏陀が菩提樹下で証悟を得られ、以降、順次それらの法門が説かれる経過に触れつつ、それ以降の種々の経典に真実が説かれてこなかったことを「四十余年　未《み》顕真実《けんしんじつ》」と説かれる。このような内容を持つ『無量義経』の趣旨をふまえて、『法華経』において深奥な教えが初めて明らかにされると理解されているのである。

『観普賢菩薩行法経《かんぶげんぼさつぎょうほうきょう》』について

『観普賢菩薩行法経』には各品、ひらたく言えば「章」にあたるようなものは無い。

全体の内容は「序分」「正宗分」「流通分」として理解される。

「序分」では、この経典が毘舎離国《びしゃりこく》・大林精舎《だいりんしょうじゃ》・重閣講堂《じゅうかくこうどう》において説かれる趣旨が述べられ、普賢の行を学び、普賢の行を行うことを願う者のために説かれることが明らかにされる。

「正宗分」でのポイントは、㈠「普賢菩薩観」と㈡「六根懺悔法《ろっこんさんげほう》」にある。㈠は⑴「依法観」と⑵「正報観」との二面から説かれる。⑴「依報観《えほうがん》」では、普賢菩薩は〔身量無辺〕〔音声無辺〕〔色像無辺〕であること強調される。すなわち、身体の大きさが想像を絶するものであり、音声もその行動性も共に想像を絶するものであることが強調されるのである。しかしながら普賢菩薩は、この国にお出でになるために自在神通力によって、この国に合わせて身体を縮め、白象に乗って出現された、白象は六本の牙（六牙《りくげ》）を持って居る、という。実は白象の身長は四百五十由旬《ゆじゅん》（一ヨージャナは約十一・二キロ、帝王の軍隊が一日に進む行程とされる）、高さが四百由旬。六本の牙の端《はし》に六つの浴池があり、それぞれが十四の蓮華を生じており、蓮の華が咲くと天の樹王のようにそびえ立つほどである。一つ一つの華には天女よりも綺麗な玉女《ぎょくにょ》が居り、手の中に自然に五つの〔二十三弦を備えるクダラ琴〕が備わり、クダラ琴には五百の楽器が付属している…などなどの不思議な光景を述べる。そしてさらに、白象そのものが実は巨大な存在であることを綿々と綴る。象の上には（衆生を救うために人間の姿に現れた）三人の化人がいる。①金輪《こんりん》（黄金の飾りを付けた車輪）を持ち、②摩尼珠《まにじゅ》（龍王の脳のなかにあるという清浄な玉）を持ち、③金剛杵《こんごうしょ》（非常に堅くてどんなことにも壊れないきね）を持つ三人が、白象を打っても、白象はびくともせずに堂々と歩んで行くのであった。

その白象に乗って現れる普賢菩薩もまた巨大な存在であることが以下にめんめんと説かれる。不思議な光景を伴って現れる普賢菩薩は、「昼夜十二時（二十四時間）にわたって十方の仏を礼拝して懺悔の法を修行し、大乗経を読誦し、大乗の意義とそのすがたを追求し続け、大乗をたもつ者を敬い供養を捧げ、仏のようにすべての人の修行を見定め、もろもろの衆生に対して父母のように慈悲の心で見る」という誓願を起こすのであった。すると普賢菩薩の化菩薩《けぼさつ》が十方から現れて、また不思議な様相を示現する。

懺悔の修行を志す修行者は、「昼夜に心に大乗を念じつづけると、睡眠中、夢のなかで普賢菩薩が仏法を説くのを受け止め、夢現《ゆめうつつ》のなかで普賢菩薩の深いお説法を聞いて、それを忘れることがない…」という教えを受け、次第に懺悔の法を体得することとなるのであると説かれる。かくして〔眼根《げんこん》懺悔法〕〔耳根《にこん》懺悔法〕〔鼻根《びこん》懺悔法〕〔舌根《ぜっこん》懺悔法〕〔身根《しんこん》懺悔法〕を体得することが説かれるのである。

このようにして、『法華経』「普賢菩薩勧発品第二十八」で説かれた内容を、さらに具体的な懺悔法の修法として詳述され、「法華三部経」が結ばれることとなるのである。

第二部

『法華経』が伝えられた道

第一章　『法華経』の成立

藤井　教公

はじめに

『法華経』は我々にとって大変なじみ深い大乗経典の一つである。東アジア漢字文化圏では現存三種の漢訳のうちの、とくに鳩摩羅什訳『妙法蓮華経』を通して広まり、今日に至るまで大きな宗教的思想的影響を与え続けてきている。しかしながら、この『法華経』がインド仏教の中でどのように流布したのかということについては、実は余り明確ではない。『法華経』より後の成立の『大薩遮尼《だいさつしゃに》乾子《けんし》所説経』中に『法華経』の三乗方便一乗真実の説が見えることや、龍樹（ナーガールジュナ）作とされる『大智度論』中に三十回に亘る引用や援用が見えること、漢訳大乗『涅槃経』中への引用があること、世親に『法華経論』という注釈書があること、など以外にはその痕跡は知られていないのである。『法華経』自身の設定では、経は釈尊最晩年の霊鷲山における説法ということになっているが、近代以降の実証的文献研究の結果によれば、『法華経』は大乗仏教興起後に成立した初期大乗経典の一つと位置づけられている。この『法華経』について、これまでの先行研究を踏まえながらその成立状況を概観してみよう。

大乗仏教の成立

起源論

大乗仏教の成立時期は、大乗経典の中で最も成立の早いとされる般若経典類が紀元前後頃に成立したということから、紀元前後ころに成立したとされている。それ以降、新しく多様な思想内容を盛り込んだ大乗経典が多く作成されてきて、今日それらを時代順に初期、中期、後期と類別している。『法華経』は『般若経』以降に成立した初期大乗仏典と位置づけられている。

ところで、いつの時代の大乗経典であるにせよ、その経典の成立の背後には、それを生み出したところの、従来の伝統的な仏教教団とは異なる新しい大乗教団が存在したと当然のように考えられてきた。そして、それらの教団は従来の部派仏教教団から発生したのであるか、もしそうであるならば、どの教団がその淵源であるのか、あるいは部派仏教教団とは関わりのないところで発生したものなのか、という大乗仏教の起源について、これまでさまざまな視点と方法から多様な議論がなされてきたのである。

ところが、グレゴリー・ショペンによる近年の研究では、碑文や像塔などの考古学的資料からすると、インドでは独立した大乗仏教の教団としての痕跡は五・六世紀以降にしか見られず、それも仏教の中心地ではなく現在のベンガル州グナイガルやオリッサ州のジャヤランプールなどの周辺地に出現したという（グレゴリー・ショペン著・小谷信千代訳『大乗仏教興起時代　インドの僧院生活』二〇〇〇年）。

このことは大乗経典の成立と大乗仏教教団の成立とは別個なものとして考えられなくてはならないということである。大乗仏教という場合、その背後に具体的な実態を伴う教団を想定しがちであるが、大乗仏教の定義を大乗経典を所依とする仏教とするならば、実際の教団の有無に関わらず、大乗経典の成立が大乗仏教の成立となるわけである。

ショペンの研究は従来の大乗仏教の起源論に対して一石を投じるものとなり、その波紋は大きく拡がって、今日の大乗仏教研究を活発化させるきっかけとなった。大乗仏教起源論について従来の主要な説とショペン以後の学者の説とを以下に概観してみよう。

①大衆部《だいしゅぶ》起源説

大乗仏教の起源を追求する研究は日本の明治以後に本格化し、前田慧雲《えうん》（一八六四～一九三〇）が大衆部起源説を唱えた。大衆部は仏滅後百年の根本分裂によって上座部との二部に分裂したうちの一部派である。前田慧雲は世友の『異部宗輪論《いぶしゅうりんろん》』に紹介される大衆部系の仏身論、菩薩論、心性本浄説、過未無体説などの教理が大乗に近いこと、さらに吉蔵《きちぞう》の『三論玄義』や、現存はしないが諸処に引用が残る真諦《しんだい》三蔵の『部執異論疏《ぶしゅういろんしょ》』に、大衆部が法華・涅槃等の諸大乗経を蔵していて、それによって三蔵を解していたと伝えていることから、大乗仏教の起源を大衆部に求めたのである。この説はそれ以後の日本の仏教学界の通説となった（前田慧雲『大乗仏教史論』一九〇七年）。

一方、西欧の仏教研究においても、日本の大乗仏教起源研究に触発された形で研究が進められ、ダット、ケルン、ムルティ、コンゼ、バローなどの学者達も、それぞれの各人の依拠する資料と説の内容に異なりはあるものの、大筋において大乗の起源を大衆部に求めることで一致していた。

②在家仏塔起源説

この大衆部起源説に対して、全く異なる視点から新しい起源説を提唱したのが平川彰である。平川はその著作『初期大乗仏教の研究』(一九六八年)において、まず従来の大衆部の経律論の三蔵文献とされてきた『増一阿含《ぞういつあごん》』『摩訶僧祇律《まかそうぎりつ》』『分別功徳論《ふんべつくどくろん》』に検討を加え、その結果、『増一阿含』は大衆部所伝ではなく、『分別功徳論』もまた特定の部派につながりを求め得ないとして、大衆部の文献として確かなものは『摩訶僧祇律』と『マハーヴァストゥ』の二書のみであるとした。そしてこの二書とともに大衆部以外の文献で大衆部について言及している『大毘婆沙論《だいびばしゃろん》』『倶舎論《くしゃろん》』『異部宗輪論』などによって大衆部の教理内容を検討し、大乗仏教と部派仏教との教理の類似点は、大衆部と大乗仏教との間にのみ認められるのではなくて、他の部派との間にも認められるとした。たとえば自性清浄心の教理は大衆部のみでなく他の部派にも見られ、パーリの阿含経にもすでに説かれているとして、教理の類似性ということだけでは、大乗仏教の「教団としての起源」を決定することはできないとして、従来の大衆部起源説を批判した。

平川彰は、大乗の起源は教理の起源であると同時に、教団の起源でもあるから、教団としての大乗仏教が初期にどのようなあり方を持ち、またどこにつながりを持っていたかを究明すべきであるとした。

このような問題意識のもとに、菩薩思想について、部派仏教から初期大乗仏教にかけての思想的変遷を検討し、初期大乗における菩薩の内容の特色を明らかにした。それに続けて、大乗仏教の教団の具体的姿を求めて律蔵文献を精査し、菩薩ガナと呼ばれる菩薩集団が大乗仏教教団であるとし、彼らの宗教生活の場が塔寺であったとして、仏塔を信仰の中心として集う在家信者集団と、仏塔のそばの僧院で止住する出家菩薩（初めは在家菩薩であったが）の集団が大乗仏教教団の具体的姿であったとした。また出家菩薩集団と部派仏教教団とは戒律の規定上、共住することはできず、部派教団と菩薩集団との関わりを示すものは律蔵の記述中に認められないことなどから、両者は並列的に存在したとした。すなわち、大乗仏教は部派仏教教団とは関わりのない場所で在家者を中心として興起したというのが平川彰の在家仏塔起源説である。この説はその内容のユニークさと広範かつ詳細緻密な実証的文献研究の成果に支えられ、日本の学界では大衆部起源説にとって代わった観があったが、欧米ではさほど注目を集めなかった。それは、すでにアンドレ・バローの律蔵研究が、部派仏教も仏塔に深く関わっていたという結果を出しており、欧米の仏塔に関する文献研究はこれに基づいているからだとされる。

③在家仏塔説批判

日本では定説のようになった平川説に対しても異論がなかったわけではないが、この説に対する直接的批判となるものは上記のグレゴリー・ショペンの一連の論究である。彼は大乗仏教の起源を仏塔信仰にではなく、経巻崇拝に見ており、また、碑文研究によって大乗仏教の痕跡は紀元五、六世紀以降にしか見られず、またナーガールナジュナコンダや北西インドには大乗の碑文が見られないことから、四世紀までは大乗は独立した教団を形成せず、部派仏教教団と共存していたという。

平川彰はパーリ律に仏塔供養に関する記述がないことから、仏塔に対する供養、その管理運営に関しても本来部派仏教の比丘は関わらないとしたが、ショペンは寄進者名のある碑文の検討によって、バールフトなどでは仏塔への寄進者の四割が出家の比丘・比丘尼であることなどから、仏塔信仰には早くから部派仏教の出家者が関わっていたとして、仏塔を中心とした在家集団が存在し、それが大乗仏教教団であるとする平川説を批判した。

また先に記したように、大乗仏教は仏教の中心地から離れた周辺地に起きたとしたのである。ショペンの説は、金石碑文の偏重、漢訳資料の無視など、方法論的欠点が指摘されているが、仏塔や仏像の供養に出家教団が関わっていたことを碑文資料によって明確に示したことは、在家仏塔起源説に対する強い反証となった。またショペンの説は、大乗仏教が独立した教団を有するまでは従来の部派教団と共住していたとする点で、部派から大乗が興起したとする平川説以前の説に逆戻りしたかに見えるが、事はそう単純ではなかった。ショペンの説を契機として、以後平川説に対する批判の論が欧米、日本でいくつか出された。それらの中で最近の主要なものを選んで挙げよう。

④ショペン以後の最近の説

袴谷憲昭説

ショペン以後に出された説はほとんどが出家教団起源説である。その第一に袴谷憲昭氏の説を挙げよう。氏はショペンの「周辺地起源説」でもなく、平川彰の「在家教団起源説」でもない、大乗仏教は伝統仏教教団においてのみ展開しえたという「出家教団起源説」を提唱した。その内容は、大乗仏教は富裕の在家信者（在家菩薩）が自分たちの悪業の浄化のために仏塔あるいは伝統教団に対して造塔や供物を寄進し、それに対して出家苦行者（出家菩薩）が「悪業払拭の儀式」を執行したが、その儀式の確立が大乗仏教の成立であるとした。そして、その「悪業払拭の儀式」とは、霊魂の存在を前提とした苦行による霊魂浄化の儀礼化であるといい、これが密教の展開にまで至り、最終的には仏教がヒンドゥーによって吸収されたという。袴谷説によれば、仏教はすでに大乗の成立までに仏教本来の無我説がインド土着の霊魂の存在を認める有我説に取って替わられており、その霊魂浄化を目的とする儀式がなされていて、儀式の確立が大乗仏教の成立とするのであるから、袴谷氏にとって大乗仏教とは堕落の産物でしかないということになる。他の諸説が大乗仏教をおおむね新しい仏教運動としてプラスの評価を与えているのに対し、驚くべきマイナスの評価が与えられている（袴谷憲昭『仏教教団史論』二〇一〇年、など）。

佐々木閑《しずか》説

佐々木閑氏は、大乗仏教を単一の宗教思想として捉えるのではなく、発生場所もその創始者も特定できない、複数の源泉から同時並行的に発生してきた一種の社会現象としての新しい仏教運動だとする。佐々木氏は平川彰の仏塔起源説について、大乗出家菩薩集団が戒律も教義も異なるので伝統的部派集団とは共住できないから、教団外部の仏塔を拠点にしたというのは二者択一的に過ぎる、伝統教団内部に従来の声聞乗の比丘と菩薩乗の比丘とが共住していた可能性があると批判する。その共住を可能にしたのが、アショーカ王時代の破僧（教団分裂）の規定の変更であるとした。すなわち、アショーカ王当時の仏教教団の分裂事件を契機に、従来は教義の異なる者が同一僧団内に共住することは出来なかったが、教義が異なっていても布薩などの僧団行事を一緒に行えば破僧にならないというように破僧の規定を変更してから、教義の異なる者の共住が可能になったという。このことによって思想の多様化が容認され、大乗が従来の仏教僧団の内部から多元的に発生したとしている（佐々木閑『インド仏教変移論』二〇〇〇年、など）。

下田正弘説

下田正弘氏は自身の大乗『涅槃経』研究を基点にして大乗仏教全体の成立論を展開しているが、最近の説では、大乗は一つの起源から生まれて拡散、展開したものではなく、諸現象の集合として拡散して存在していたとする。下田氏は、大乗は経典創出運動として始まり、その経典が外部世界に影響を与え、外界を変容した、つまり、大乗経典が大乗教団を生み出したとする。また大乗経典出現の起源は伝統経典の担い手たちである経師たちであるとする（下田正弘「経典を創出する─大乗世界の出現」シリーズ大乗仏教2『大乗仏教の誕生』二〇一一年、など）。この説によれば、大乗仏教は特定の部派に起源をもつのではなく、それぞれの伝統教団の中の経師たちによって編纂された大乗経典がその思想影響力によって自然に大乗仏教を形成したとするので、特定の、具体的な大乗経典の作成者や、その経典の特定の担い手については問題にされないことになる。しかし、『法華経』や『涅槃経』などはそれぞれ具体的な編纂者がいて成立したのであるから、それらの経編纂者や担い手を求めようとするのは自然な勢いで、それが大乗の起源を探ることである。

以上、大乗仏教の起源説について最近に至るまでの動向を点描してきたが、大乗仏教は仏塔を中心とする在家仏教集団に起源をもつものでなく、従来の複数の伝統的仏教教団の中に同時多発的に興ったものである、さらにそのありかたは伝統的教団内の出家の菩薩乗の比丘と、その教団外にいてその出家菩薩比丘を資助する在家菩薩からなる、とするのが今日の学界の共通理解となりつつあるといえよう。

『法華経』の成立とその過程

それでは大乗仏教経典の一つである『法華経』の成立についてはどうであろうか。実は『法華経』については一九世紀半ばのユジェーヌ・ビュルヌフ（一八〇一～一八五二）から今日に至るまでに二八説もの成立論が提示されている。伊藤瑞叡氏は、自らは『法華経』は同一地域で一定期間に同じ人々によって基本的な全体が収集・制作・集成されたのではないかという観点に立って、これらの説を要領よくまとめ、批判的な紹介をしている（伊藤瑞叡『法華経成立論史』二〇〇七年）。また、近時、平岡聡氏も従来の成立論を極めて簡潔に紹介し、自身は仏伝という観点から『法華経』全体を見直して、『法華経』は過去・現在・未来の物語という三部構成となっており、その物語の素材は説一切有部と関係が深いとした（平岡聡『法華経成立の新解釈』二〇一二年）。『法華経』と説一切有部との関わりは従来指摘されてきたことであったが、改めてそれが補強されたことになる。

今、主として上記の伊藤瑞叡氏の成果に拠りながら成立論の概要を見てみると、経の成立過程に関しては段階成立説と同時成立説とに大きく二分できる。それらは次の通りである。

①段階成立説

これは、経が時を隔てた何段階かに亘る編纂集成作業の結果、現今のような形になったとする説である。最初に編纂された部分を原始分、原形とし、その後に時を経て何回かの編纂が行われ、その都度付加増広されて完成したとする。二八種の成立説のうち、大部分がこの段階成立説に属する。その代表的なものは布施浩岳《こうがく》の説であるが（布施浩岳『法華経成立史』一九三四年）、今、その理由根拠は略して結果だけ記すと、各品相互の連絡や組織を勘案して一経を次のように三類に分ける。

第一類	第二類	第三類
1序品	10法師品	22嘱累品

2方便品　11見宝塔品　23薬王菩薩本事品
3譬喩品　13勧持品　24妙音菩薩品
4信解品　14安楽行品　25観世音菩薩普門品
5薬草喩品　15従地涌出品　26陀羅尼品
6授記品　16如来寿量品　27妙荘厳王品
7化城喩品　17分別功徳品　28普賢菩薩勧発品
8五百弟子受記品　19法師功徳品
9授学無学人記品　20不軽菩薩品
18随喜功徳品　21如来神力品
（12提婆達多品は除外。品数は現『妙法華』による表記）

随喜功徳品第十八が第一類に入っているのは、この品の対告衆《たいごうしゅ》である弥勒が序品にも登場し、また『法華経』の名称が本品の梵・漢テキスト両者に出ていて、品の内容が聞法功徳を説いており、経の流通分たり得るからという理由とする。この三類は次の四期に段階的に成立したという。すなわち、

第一期（紀元前一世紀）　第一類の偈頌成立
第二機（紀元後一世紀、西北インド）　第一類の長行成立
第三期（紀元後一〇〇年頃、西北インド）　第二類の成立
第四期（紀元後一五〇年頃）　第三類の成立

である。提婆達多品は後の成立で、梵本写本にも、この品の存在しないもの、見宝塔品に接続せしめて一品にしたもの、見宝塔品の次に編入したもの、の三種があり、また『妙法華』に編入されたのも中国隋代のこととされているから、提婆達多品は二八説のどれもが後世の付加として扱っている。今の布施説も同様である。上記の布施説は、その後さまざまな修正が加えられて今日に至っているが、一経を三類に分けることは、随喜功徳品や嘱累品などの扱いに修正はあるが、同時成立説でも採用されており、思想内容上の区分が可能だということである。第一類は方便品を中心に法華一乗説が説かれる。また、対告衆が声聞の弟子であり、声聞に対して仏の授記が説かれ、仏塔信仰が見える。第二類になると、対告衆は菩薩になり、菩薩道の実践としての法華経経典の受持・読・誦・解説・書写が強調され、仏塔信仰の代わりに経塔信仰が説かれるようになる。また、寿量品を中心に久遠の本仏が説かれる。第三類は経の弘通勧奨のための流通分とされる。

右のような段階成立説で、布施説を修正した説として比較的知られているものが田村芳朗説である（田村芳朗『法華経』一九六九年）。これは、第一類を方便品から授学無学人記品までの八品とし、その成立を西暦五〇年頃とする。第二類は法師品から嘱累品までの十一品とし、これを西暦一〇〇年頃の成立とする。そしてこの二類が一類に付加された時に序品が作成され、最初に置かれたとする。第三類は薬王菩薩品から普賢菩薩勧発品までの六品で、西暦一五〇年頃とする。しかし、この田村説に対しては伊藤瑞叡氏より、経の成立について、三つの類は内容的に必然的な関係をもっており、五十年ずつの三段階の成立とするより、同時か、短い期間か一定期間かに制作されたとする方が自然であるという批判が出されている。

段階成立説ではあるが、同時成立説に近い内容のものに苅谷定彦氏の説がある。氏は従来のような、経の原初形態を摘出する分析的な方法は誤謬であり、経は一貫した構想の下に組み立てられたものであるとして、序品から如来神力品までを一つの有機的結合体として捉えるべきであるとした。しかし、それ以外の嘱累品《ぞくるい》と第三類の六品は後世の付加であるとして、結果的に段階成立説となっている。

嘱累品に関しては、『妙法華』では経中の神力品の後に置かれているが、梵本などの他の諸本では経末にある。この嘱累品の位置については、中国仏教では三論吉蔵（五四九～六二三）や天台の妙楽湛然《たんねん》（七一一～七八二）が経中とし、法相宗の慈恩大師基《き》（六三二～六八二）が経末とするなど、古くから議論があった。苅谷氏は嘱累品は第三類の数品ないし六品が付加された段階で経の体裁を整えるために付加されたものとし、本来は経末にあったものを羅什が経中へ移行したものだとする。しかし、これには後述の同時成立説の立場に立つ伊藤瑞叡氏などからの反対意見がある。次に同時成立説を見よう。

②同時成立説

同時成立説とは、経が一定期間に一連の編纂作業のもとに成立したとする説であり、勝呂信静《しんじょう》によって提唱された（勝呂信静「法華経成立に関する私見――二十七品同時成立説の提唱――」『法華文化研究』第一二号所収、一九八六年。後に『法華経の成立と思想』一九九三年）。勝呂信静は、提婆達多品を除く経の二七品同時成立を提唱した。ただし「同時」という時間を一世代、約三〇年と幅を持たせている。

勝呂信静は従来の段階成立説に対して、本来統一的であるべき一個の宗教作品が、部分の集積として成立したというようなことがあり得るか疑問だとして、同時成立説を仮説として提示して、編纂の方針、経過を想定し、『法華経』思想の統一的解釈を試みたという。

勝呂説において、従来の成立説で、成立の時期や場所などを推定する根拠とされていた事柄に対する解釈のうち、注目すべきものを挙げれば、次のようなことが挙げられる。まず、経典制作の際に用いた素材と作成年代は別であるとすること。これは経の中で用いられた比喩などの素材から知られる年代を、ただちに経の作成年代と考えることはできないとしたものである。また、経は一定の主張をもって主体的意図の下に既成の説話や信仰形式を採用しているから、説話や信仰形式の源流をもって経の先行形態が形成されたと見ることができない、したがって、ストゥパ崇拝（舎利崇拝）とチャイティヤ崇拝（経典崇拝）との関係も、新旧二つの信仰形式を同時に摂取したものであるから、経の成立年代の相違を表現するもの、と見るべきではないとする。このような見解を取ると、従来これこそ段階成立説の根拠だとされていたような事柄が、同時成立説にとってなんら障碍にならないことが示されて瞠目せざるを得ない。

また、経が「この法門」「この経」と法華の名を挙げて経の受持・流布を説くのは、先行の『法華経』の存在を示すものではなく、作者が経の編纂に先立って、経の具体的イメージをすでに抱いていた証拠であると理解すべきだという。

また、仏教における聖典の編纂方法は「結集《けつじゅう》」（saṃgīti）であり、結集は信仰あるいは主義・主張を同じくする人々の集団が、共有する一定の理念をもって編纂することであるから、『法華経』もグループの結集によって編纂され、承認を得たのち仏説として公表されたものであろうという。その編纂作業は、一品を作成するごとに編纂者の結集がもたれ、その都度の問題意識によって主題が設定され、その都度完結したものとして作成されたので、前品との形式的な連絡にあまり意を払わず諸品間の多少の齟齬を放置したので、一品一品の独立性を感じさせる結果となったとする。

第三類の六品も後世の付加ではなく、付嘱流通《ふぞくるつう》の意味でいわば附録として編纂されたものであり、その最後に嘱累品が経末にあったものが原形であろうとする。

以上の同時成立説は、従来の段階成立説に対して大きな波紋を投じたものであったが、伊藤瑞叡氏は勝呂説の同時成立説を首肯した上で、自身の説を、一定期間内において長行偈頌文章節目などが段階的に作成され一経として集成されるというようなモデルとして、短期的段階集成（一定期間集成）説を提示している。さらに提婆達多品についても同時成立の可能性を示し、嘱累品の位置についても『妙法華』における経中の位置を支持している。

右のような同時成立説に基づいて、出家比丘に僧院住者と林住者の二タイプがあるという類型論を導入して『法華経』の成立を検討したものに、岡田行弘氏の説がある（岡田行弘「法華経の成立と構造に関する試論―林住者と僧院住者という視点を中心として―」勝呂信靜編『法華経の思想と展開』所収、二〇〇一年）。岡田氏は大乗仏教成立当時の仏教教団のあり方として『郁伽《いくが》長者経』の諸本によって比丘を専門性・役割によってグループ分けして示し、レジナルド・A・レイの用いる僧院住者と林住者の二タイプの類型論によって、次のように主張する。すなわち、勝呂説に拠って現行の『法華経』が一つの作品として成立しているものとして、『法華経』の作成者は僧院住者と林住者（この中には遊行的生活を送るものも含む）よりなる出家比丘のグループである、という。

以下に氏の成立説をかいつまんで記せば、まず経の第一類（序品から授学無学人記品）は『法華経』グループの僧院住者が、他の声聞乗の僧院住者を対象として作成したもの、とする。僧院には阿羅漢位から初学の比丘までさまざまな比丘達が生活していたので、それらに配慮して授記の際に声聞の配列が考慮されているという。一方、林住者は法師として在家者とふれ合うことが多く、さまざまな物語を知る機会も多かった。火宅三車や長者窮子の話は彼らが作成したと見る。林住者は瞑想を通じてさまざまな「ひらめき」を得ていたので、経全体を通じて見られる誇張された記述や仏如来に対する極端な讃美の表現は彼らの関与を示すという。このようなことから、一、『法華経』は僧院内の比丘とその僧院に所属する林住の出家者の合議によって作成された。二、第一類は林住者の助けを借りながら、僧院住者が中心となって教団内の比丘を対象に作成した。三、初期の合議段階から、第一類から直接派生する「菩薩行としての弘通」というテーマを扱う必要があった。同時に教団内にこの教えに対する無理解や非難があった。四、そこで教団の外部に法門をひろめようとした林住者が中心となって自分たちの役割を強調するために第二類を作成した。僧院住者は形式を整え、第一類との連関・対応を取るようにした。また、第三類についても編纂作業の中心になったのは、瞑想や苦行による神変や超能力による教導に長け、在家信者へ経の拡大を図っていた林住菩薩であるとする。また、提婆達多品も、二七品が成立してから提婆を理想的な林住者と見なし、その主張に共感した『法華経』作成グループの中の林住者が、彼を経の中で蘇らせようとしたのではないか、という。

以上のように同時成立説に立って第三類、提婆品までを考慮に入れ、一類と二類の関連性、経中に見られる当時の僧団や林住の状況を合理的に説明できる岡田説は、細部に検討を要する点はあるものの、説得力に富んだ卓見であると思われる。

最後に伊藤瑞叡氏の紹介する井本勝幸氏の説（「法華経成立に関する私見」法華文化総合研究会編『法華学報』所収、二〇〇〇年一〇月）は、仏像の記述、多宝塔の記述、漢訳経典の訳出年代、「後五百歳」の記述と仏滅年代など六点の根拠から、『法華経』は西紀一五〇年から数年ないし数十年の間に成立したという、これまでにない具体的な成立年代を提示した。この説も結果的に同時成立説に立つものであろう。また、さらに『法華経』の出自となる部派は西紀二世紀中葉、西北インドに拠点をもっていた説一切有部であり、さらに経の作者は仏伝や讃仏乗に関係の深い人物として、馬鳴《めみょう》菩薩であるという仮説を出している。経の編纂は結集によるという原則から、井本氏の最後の仮説は伊藤氏によって退けられているが、ある程度の実証性のある根拠によってこれほど多角的視点からの説が出されたことはかつてなかったことである。

おわりに

上来、大乗仏教の成立から『法華経』の成立まで、これまでに出されたさまざまな説を鳥瞰してきた。これらによって知られたことは、大乗仏教の成立問題は大衆部起源説や仏塔起源説が批判的検討を加えられて、今日では大乗仏教が伝統的教団内部にその起源を持ちながら、ある一つの部派に特定されない同時多発的宗教現象として興起したと捉えられているということである。このような状況のなかで、『法華経』の成立に関しても従来の段階成立に見直しを迫る同時成立説が提示され、これと呼応して僧院住、林住（阿蘭若住）という新しい視点からの成立説も出されるに至っている。しかし、『法華経』の段階成立説については、思想上の観点からこれを当然とする学者も多い。これは経典に向き合う態度の相違にもよる。経典を一つの統一あるまとまりを有する作品として見ようとする場合は同時成立説になり、経を分析して諸品間の断絶に注目してそこに思想的差異を見いだそうとすれば段階成立説にならざるを得ない。実際に細分化していけば、第一類の諸品間にさえ幾段階かの思想史的差異があることが確認されているのである。

いずれにせよ、大乗仏教成立の問題、『法華経』成立の問題は今なお議論の最中である。今後、画期的な新知見が提示されることを期待したい。

第二章 中国仏教と『法華経』

桐谷 征一

『法華経』はインドから中央アジアに伝播し、さらに中国に渡来して漢語に翻訳されるにいたった。その現存する漢訳中で最古のものは、西晋太康七年（二八六）竺法護（Dharmarakṣa）訳の『正法華経』十巻であり、次は姚秦弘始八年（四〇六）鳩摩羅什（Kumārajīva）訳の『妙法蓮華経』七巻、最後は隋仁寿元年（六〇一）闍那崛多・達摩笈多共訳の『添品妙法蓮華経』七巻である。経録の伝承によれば『法華経』の漢訳は六訳三存三欠として知られる。つまり前後六回にわたって訳出されたが、その中の三本が現存し、三本が失われたということである。因みにその三欠に該当するものとしては、法華三昧経六巻、薩芸芬陀利経六巻、方等法華経五巻の名が伝えられている。

その中で竺法護の『正法華経』は最も早く訳出されたが、ある程度は世に流布したものの、訳文それじたいに不備の点もあり大衆の理解を得るには内外の条件がいまだ十分に備わっていなかったといえる。やがて、大乗仏教に深い理解をもつ鳩摩羅什の名訳『妙法蓮華経』が登場すると、評価は一挙に『妙法蓮華経』に傾き『正法華経』はほとんど顧みられなくなった。

いま正法華、妙法華、添品法華の三本について、その主な相違点を比較してみると、漢訳法華経はいずれも原初形は二十七品であるが、まず正法華では経名および品名等の訳語が妙法華と異なるところが少なくない。構成上では嘱累品が最後に置かれ、妙法華の提婆達多品は独立せず七宝塔品の後半に含めている。内容においては普門品の偈頌を欠き（什訳でも原形は偈頌を欠く）、薬草品、授五百弟子決品、薬王如来品等には妙法華に不見の喩えなども収めている。また、什訳では不翻の陀羅尼を訳している。

妙法華の後で世に出た添品法華は、原典の構成上に相違が見られるものの薬草喩品の後半と陀羅尼のみが新しい訳出で、その他は妙法華に準拠していたため独自性が乏しく、独り妙法華のみが広く一般に流行するようになった。なお、『添品法華経』の序によれば、正法華、妙法華、添品法華の三本はいずれも原本を異にしており、なかんずく羅什訳の原本が最も古本であると見られている。

なぜ『妙法蓮華経』が他の諸大乗経典に比して、また正法華や添品法華に対してもひとり広く普及したのであろうか。それには翻訳者である鳩摩羅什（三四四―四一三または三五〇―四〇五）の歩んだ数奇な経歴にも少なからず理由があったと考えられる。

羅什はインド出身の鳩摩羅炎を父に、中国西域（現新疆省）のクッチャ（亀茲）国王の妹を母としてクッチャで生まれた。七歳で出家し、仏教を学んで早くより才を謳われたが、九歳のとき母に伴われてカシミール（罽賓）に赴き、さらに十二歳のときにはカシュガル（疏勒）に移って『阿含経』など小乗仏教を学んだ。その後羅什は母とともにクッチャに帰ったが、彼の初期の修学が主に小乗仏教であったのに対し、帰国後はまず須利耶蘇摩に師事して『中論』『百論』を、また仏陀耶舎について『十誦律』を学ぶなど主として大乗仏教に転じている。その後クッチャの新寺に住しては『放光般若経』を学ぶなど、諸大乗経論の奥義に通達し、大乗学者としての羅什の名声は西域諸国に広まった。ときに五胡十六国の一である前秦王苻堅は建元十八年（三八二）、将軍呂光に命じてクッチャを討ち、その王室を滅ぼして羅什を虜にした。しかるに羅什を伴って帰国の途にあった呂光は、苻堅が姚萇に殺され、すでに前秦が滅んだことを知り、踵をかえすと涼州を平定し、後涼国を建てたため、羅什もその後の十六、七年間は涼州に止まることになった。おそらく羅什にとっては不本意であったにちがいない涼州の滞在であったが、この漢語文化圏で過ごした期間が、後に長安における彼の訳経事業にいかほどかの好影響を及ぼしたと見ることは推測に難くない。

弘始三年（四〇一）、後秦の姚興は後涼を討ち、羅什を長安に迎えた。釈道安（三一二―八五）を崇敬した前秦王苻堅の後を受け、それに倣って三宝を崇拝した姚興は国師の礼をもって羅什を迎え、西明閣および逍遙園において経論を訳出させた。その後十余年間、羅什は専心経論の伝訳と講説に従事し、門下三千人あるいは五千人とも称される英才を教化したのである。

ここで、『法華経』の調巻について若干ふれておこう。『法華経』はわが国では一般に序品第一から勧発品第二十八まで、全二十八品、巻数にして八巻一部の経典として知られているが、『法華経』のすべての形態がこれに統一されているわけではない。とくに中国や朝鮮の経本には七巻本と八巻本とに巻別したものがあり、その場合は提婆品の入らない七巻本、また提婆品の入った七巻本、八巻本があることになる。七巻本では巻一から巻三までは八巻本とまったく同じ内容だが、第四巻以降に調巻の違いが出てくる。七巻本では巻四に五百弟子品第八から勧持品第十三まで、巻五に安楽行品第十四から寿量品第十六まで、巻六には分別功徳品第十七から薬王品第二十三まで、第七巻は妙音品第二十四以下勧発品第二十八までという調巻となっている。

羅什訳の妙法華が登場するに及んで、『法華経』を讃仰する者の数は飛躍的に増加し、ついに他の経典にその類を見ないほどの盛況を呈した。『法華経』を講説する者、あるいは注疏を著わす者は数百家の多数にのぼったが、まず羅什の訳業にも参加した弟子の道融が「九轍」をもって分類解説したのが、『法華経』を講義した起源であったとされる。著述として『法華経』の注釈書が現存する上で、最も古くかつ最も重要なものは羅什の高弟竺道生（―四三四）が著わした『法華経疏』二巻である。竺道生は同書で「四種法論」説をもって教説の優劣を談じている。また慧観も『法華宗要序』を著わして師羅什に呈し師はこれを大いに賞したという。このように羅什一門の高弟がいずれも法華を最勝と評価した意義が注目される。

これ以後、『法華経』の注疏を著わす学僧が続出したが、その中の代表的な著作は梁の三大法師の一人である光宅寺法雲（四六七―五二九）が著わした『法華経義記』八巻である。後世においては『法華経』研究の最高峰と評価され、これによって隋の天台大師智顗（五三八―五九七）は天台宗を確立したといわれる。法雲が『法華経』を解釈するにあたって参考にしたのは道生の『法華経疏』と推測されるが、天台智顗や嘉祥吉蔵（五四九―六二三）の法華注疏に盛んに批判的に引用されてからはあまり顧みられなくなった。

ときあたかも五世紀から八世紀にかけての中国仏教は、インド仏教には見られなかった独自の発展を遂げようとしていた。教判論にもとづく宗派の成立である。教判とはくわしくは教相判釈といい、釈尊一代の教説を説法の様式、あるいは内容に深浅優劣の価値基準の序列をつけ理解しようとする一種の便法であるが、中国仏教は一面では教判から出発した教判仏教ともいうことができるほど、その歴史全体を通じて最も大きな特徴の一つとなっている。インド仏教においては、その発展は歴史的な展開そのままに現地に止まったために教判は本来的に存在しなかった。しかし中国においては、インドから中央アジアを経由して伝来したおびただしい数の大小乗の経論が、その成立順序や各経論間の関連性を無視して伝来し、訳出されたという事情がある。しかも中国では訳出された経典はすべて「仏説」として受容されていたから、それら成立状況の異なる経典を釈尊一代の経説として、歴史的にも相互に矛盾なく配列し、体系化することが必要であった。したがって、中国の仏教者たちは仏教の受容に際して、各人がそれぞれの価値基準に従って自らの立場を選びとることから始めなければならなかったわけで、インド仏教にはなかった宗派というものが中国仏教で成立したゆえんはここにある。

隋の天台智顗（五三八—五九七）は『法華経』を所依の経典として天台宗を開いたが、『法華玄義』巻十において、従来の「南三北七」（中国の南地の三師と北地の七師）と総称される諸教判をはじめ、四宗、五宗、六宗判などを挙げてこれらを批判しており、自らは「三種教相」および「五時八教」の教判を立て、『法華経』が他経より優れていることを強調した。彼は実質的には天台宗の開祖であるが、北斉の慧文（生没年不詳）、慧思（五一五—七七）と法華信仰が相承されたことから、智顗を第三祖とすることもある。彼はインド以来の仏教を『法華経』の「諸法実相」の思想を基盤として、理論的展開を主とする教相門と自らの修行体験に裏打ちされた観心門との二大部門を相依相関させることによって、新たに真の中国的仏教を確立し、その後の中国・日本の仏教に最大の影響を及ぼした。

智顗の伝記には、幼年の頃より生涯を通じて法華信仰との因縁が伝えられるが、とくに陳天嘉元年（五六〇）、光州の大蘇山に慧思禅師を訪ねたときのこと、慧思はかつて霊鷲山の釈尊の会座で『法華経』を一緒に聴いた因縁を語り、懇切に指導したという。やがて智顗は法華三昧を感得し、師の允許《いんきょ》を得たが、大蘇開悟の故事として今に伝えられる。

天台智顗には多くの著書や論述があるが、『法華経』が基本となっている天台教学は、智顗が五十歳から五十七歳にかけて講説した天台三大部、すなわち『法華玄義』十巻・『法華文句』十巻・『摩訶止観』十巻の三部作の体系を中心として説明する。『法華玄義』は、『法華経』の題号である「妙法蓮華経」の五字を名・体・宗・用・教の五重玄義をもって解釈し、法華の深義を解説した、法華教理論といえよう。また『法華文句』は、『法華経』二十八品の文々句々を因縁・約教・本迹・観心の四つの見地から解釈している、いわば法華解釈論である。一方『摩訶止観』は、『玄義』『文句』によって解説された『法華経』の真理の実践的修行方法を組織的に解明して、法華実践論といえる。その教学の組織の広大さと教理の深遠さとは他に比類なく、これ以後『法華経』を講ずる者で智顗を指南としない者はなく、法華弘通史上に最大の足跡を残した。

嘉祥大師吉蔵（五四九―六二三）は、初め嘉祥寺に住したので嘉祥大師と称されるが、俗姓を安といい、祖先がパルティア（安息）出身のため「胡の吉蔵」とも記される。吉蔵は興皇寺法朗（五〇七―八一）の弟子で、中論・百論・十二門論すなわち三論教学の大成者として知られ天台智顗と時代をともにしたが、智顗が隋で世を去ったのに対し吉蔵は唐の初期まで生存し、唐の都長安に迎えられて、三論、法華等を講説した。『国清百録』によれば、吉蔵が天台大師に講経を請う書簡が収録されているが、しかしこの要請は、その年に天台大師が世を去ったため実現しなかった。吉蔵による『法華経』関係の注釈書としては、『法華玄論』十巻、『法華義疏』十二巻、『法華遊意』二巻または一巻、『法華統略』六巻等がある。彼は三論宗の立場から『法華経』を解釈し、般若の空理を中核としたが、『法華経』を乗真実と身真実の二段に分かち、空の理をもって二者を合一せしめようとした。

天台宗二祖灌頂（五六一—六三二）は、臨海（台州）章安生まれの人で、章安大師、章安尊者と尊称された。七歳で章安摂静寺の慧拯について出家し、二十歳で具足戒を受けたが、慧拯の没後、天台山修善寺に往き、天台大師智顗のもとで教観を修行した。陳の至徳元年（五八三）、大師に従って金陵の光宅寺に到り、灌頂はこれより天台大師の侍者となった。同禎明元年（五八七）光宅寺で大師の『法華文句』を講ずるを聴聞し、また陳滅びて後、隋の開皇十一年（五九一）晋王広（後に第二代皇帝の煬帝）が揚州総管となり天台大師を屈請すると、大師に従って揚州の禅衆寺に赴き、さらに荊州玉泉寺に入った。同寺にて開皇十三年四月『法華玄義』の講を聴き、同十四年四月に『摩訶止観』を受講した。『法華文句』『法華玄義』『摩訶止観』の天台三大部はいずれも灌頂の筆録により今日に伝えられる。開皇十七年（五九七）智顗入寂の後、晋王の庇護のもとに智顗の徳行を守り、遺教の顕彰に努めた。古来より天台教学は華厳教学と共に、中国の隋唐時代に開花した仏教の精髄と称せられているが、その伝統を担った第一の功労者として灌頂が挙げられるであろう。彼の著述は他に、『観心論疏』五巻、『天台八教大意』一巻、『隋天台智者大師別伝』一巻、『国清百録』四巻などがある。

法相宗の開祖、慈恩大師基（六三二―八二）の多くの著作中に『法華玄賛』十巻がある。基の俗姓は尉遅といい、先祖は中央アジア出身で、大乗基ともいう。尊称で慈恩大師とも呼ばれるが、一般に流布した窺基の呼称は最近の研究では否定されている。十七歳で出家してインド旅行から帰国した玄奘に師事、弘福寺に住した。二十三歳のとき勅により大慈恩寺に移り、選ばれて顕慶元年（六五六）、二十五歳のときより玄奘の訳場に列した。『法華玄賛』の意義は『法華経』に対する法相宗の唯識的解釈を提示したところにある。法相宗は天台宗を正統とする立場からはつねに批判の対象とされてきたもので、一乗対三乗と類型化されて理解された。

天台宗中興の祖といわれる六祖湛然（七一一―八二）は、一般に荊渓尊者、または妙楽大師と敬称される。常州晋陵の荊渓の儒学の家系に生まれ、十七歳で浙東に行き金華の芳巌に天台を受け、二十歳で玄朗の門に入り教観を学んだ。唐の天宝、大暦の間、三たび勅により招かれたが病と称して都には出ず、著述を専らにし、法相宗、華厳宗、禅宗の弊を斥けた。『法華玄義釈籤』十巻、『法華文句記』十巻、『摩訶止観輔行伝弘決』十巻などの大著は、宗祖智顗の著作を注釈し、『五百問論』三巻、『金錍論』一巻、『止観義例』一巻などは、他宗の批判を斥け宗義を顕揚するものである。

他方に目を転ずれば、『法華経』は一般民衆のあいだにも深く信仰の根を下ろして、あるいは観音信仰となり、あるいは薬王品による捨身供養者の続出など、中国の思想文化の上に及ぼした影響には甚大なものがあった。ここではとくに観音信仰に注目しておこう。

漢訳は旧訳で光世音あるいは観世音、新訳で観自在また観世自在とされるが、観世音菩薩を本尊として、その効験に救済を求める宗教行動をまとめて観音信仰と呼ばれる。観音信仰が所依とする経典は、時代と地域により、また顕密にわたってきわめて広範かつ雑多に指摘することができるが、中国あるいはわが国にあってその根本経典としては、歴史的な源流という意味においてもまた信仰の普及度においても他の経典を圧して、『法華経』が指呼されることは疑いない事実であろう。

その観音菩薩への信仰が勧奨される「普門品」は、法華諸品中では思想的深淵さというより菩薩の実践的な救済活動を述べ、その単純明瞭に現世利益を示す説相は、庶民に対する信仰普及にはきわめて効果的であった。その主たる説相は、衆生済度を誓願する観世音菩薩が、大慈悲心をもって救済をもとめるものに対し、七難を消滅し、三毒を離脱し、二求を満足させる功徳を与えるというものである。七難とは火・水・風（もしくは羅刹）・刀杖・鬼・枷鎖・怨賊等の難、三毒とは貪・瞋・痴、二求とは子供を望むものが男女を産みわけられることをいう。しかもその功徳にあずかる手段も簡便で、ただ一度その名を称え、または心に念じ、もしくは礼拝し、そのいずれかを行えばよいというものである。觀世音の名が示すように、観音は常に世間の訴えを観じて直ちに救済の手をさしのべるのである。

このような観音菩薩に対する信仰は、中国へ伝来以前にすでにインド・中央アジアで流行しており、中国での『法華経』の現存第一訳である西晋竺法護訳の『正法華経』が二八六年に訳出されると、元康年間（二九一―二九九）には早くもその霊験が世に喧伝されており、ほぼその一〇〇年後にはそれらの観音菩薩の霊験説話を集めた専集として晋の謝敷の『光世音應験記』が世に現われている。三九九年には同書が戦禍に失われたのを歎いた宋の傅亮（三七四―四二六）がその中の記憶していた七説話を記して『光世音應験記』を撰した。現存する最古の観音霊験説話集である。つづいて同じ宋の張演も『続光世音應験記』を撰した。以上は、いずれも『正法華経』時代の観音信仰の実態を映している。

中国の観音信仰は、姚秦の鳩摩羅什によって四〇六年に訳出された『妙法蓮華経』観世音菩薩普門品の登場以後、観音の現世利益がさらに具体的に知られるようになり、いよいよ流行に拍車がかかったことは疑いない。それは、一般に「観音経」の略称で親しまれているが、普門品一品だけが『法華経』本体から独立し、別行して流布し始める時期とも符合するのである。

さらに庶民の間における観音信仰の発展にとって、より密接に貢献したのはこの南北朝期に中国人によって撰述されたと思われる偽疑経の類であって、『高王観世音経』『観世音三昧経』『観世音菩薩往生浄土本縁経』（以上存）『観世音十大願経』『観世音詠託生経』『観世音懺悔除罪咒経』『観世音菩薩救苦経』『観世音所説行法経』（以上欠）などの名が挙げられる。その点については、智顗や吉蔵のような当代第一級の法華教学者にあってもけっして例外というわけではなく、彼らの周辺でも偽経『観世音三昧経』が重用されている事実があり注目される。以上、中国における南北朝期の観音信仰とくに『法華経』普門品の系統に属する観音信仰を通観した。

最後に、遺跡や遺品の新発見が相次いで、近年研究の進展がめざましい中国における石刻経と『法華経』との関係について述べておこう。

多くの大乗経典がその功徳を強調し、実践を勧奨する作善行の一として写経がある。それは歴史的に紙あるいは布を用材として行なわれるのが一般であったが、その多量書写への思想信仰あるいは実用的要請は木を用材とした版経を生み、さらに中国では、豊富に産出する石材と結びついて信仰的造形の一翼を担ったことは必然の帰結であったかもしれない。刻経というといとなみは疑いなく、多くの大乗経典がその功徳を協調し実践を勧奨する作善行としての写経の一種である。

中国南北朝の末期、北斉（五五〇—五七七）の領域を中心として、あるいは自然の摩崖や岩石の表面に、あるいは崖壁を穿って人工的に造営された石窟の壁面に、数多の仏典の中からとくに主要な一経、一品、または慣用な仏語の一節、一句を選んで刻字するという一種独特の文化現象が相次いで出現した。石刻経をその形態の類型から概観すると、ほぼ次のようになる。〈摩崖刻経〉自然の丘陵の崖壁あるいは岩石の表面を対象に、経文や仏偈・仏号を刻字したもの。〈石壁刻経〉人工的に造営された石窟や石壁の壁面に刻字したもの。〈塔碑刻経〉石塔・石碑・石柱などの表面（碑陽・碑陰・碑側）に刻字したもの。〈石版刻経〉出版（拓本・摺写・印刷をふくむ）を目的として、石版面に刻字したもの。〈経幢刻経〉石幢の幢身の各面に刻字したもの。〈外装刻経〉建造物・器物・造象などの表面に刻字したもの。〈埋納刻経〉地中もしくは水中に埋納することを目的として、適宜の石材に刻字したもの、などがある。

『法華経』の場合、その刻経は各類型をこえて全般にわたって見られるが、一経全巻あるいは一品全文を対象とした刻経の他に、『法華経』から一部の経文を抜粋したもの、さらに教義をより簡潔にまとめた要偈や要語、および教義や信仰の象徴的表現と考えられる仏号（仏名、菩薩名）、経題、品題などごく簡約な形式のものがある。

中国において石刻経は、比較的身近に存在し、しかも「金石は滅び難し」という堅固な素材としての石材に対する信頼であったが、なぜ刻経という文化現象が、北斉という時代と環境を選んで出現したのかについては、仏教が中国に渡ってから特徴的に成長した一つの歴史思想の存在にふれなければならない。それは、末法思想あるいは末法信仰と呼ばれる仏教における一種の終末史観のことである。

仏法が釈尊の滅後年代を経過する中で次第にその光彩を失っていくのではないかという危機意識はすでにインド仏教の時代から発生していたが、北斉天保七年（五五六）那連提黎耶舎が鄴に入って『大集月蔵経』が翻訳されると、そこに説かれた法滅の思想に接した中国の仏教徒は仏教が本来「諸行は無常なり」の思想を説くものであることを承知しつつ急激に危機意識を深めていった。それは一般に「正法・像法・末法」の三時観として受容された。正法とは教（教え）・行（修行）・証（悟り）の三つがすべて具わっていた時代、次の像法は証を得るものはないが教と行はまだ健在であって正法に似た（像）時代、最後の末法は教のみは残るが行も証も失われた時代となり、やがて末法が終わると教さえも聴かれなくなる法滅の時が到来するというものである。仏教徒には、とくに末法以後がとくに暗黒の時代と受け取られた。その期間については諸説があるが、中国でもっとも流布したのが、正法五百年・像法千年、末法は正・像後の一万年という、北斉の南岳慧思（五一五―七七、天台大師智顗の師）が提唱した説である。とくに像末から入末法への分岐点を迎える時期に相当した北斉の仏教徒にあっては、それまで漠然と抱いていた「末法到来」への危機感が、いよいよ現実のものとなりつつある状況を認めざるを得なかった。この時期がことさらに石刻経が繁栄した時代であったと認められるのは、ひとえに末法思想の影響であったといえる。しかし、末法思想は、ただ当時の仏教徒に悲壮な思いをもたらしただけでなく、彼らに仏法を衰退させた現状への反省と奮起をうながし、末法克服への意欲もおこさせた。末法思想が石刻経を生んだといわれる所以である。

『法華経』には写経の功徳が強調されているが、その実修法は五種行すなわち受持・読・誦・解説・書写の一として重視され、きわめて大衆的にも普及した。中国の初唐において成立した道宣『大唐内典録』、道世『法苑珠林』、恵祥『弘賛法華伝』、僧詳『法華経伝記』などには、すでに当時の法華写経による霊験・感応譚が多数収録され、広く一般に写経の信仰が定着していた状況を看取することができる。法華信仰としての書写行の思想と、信仰的造形としての刻経の技法とが合流したところに、『法華経』の石刻が誕生した。しかし、中国における『法華経』石刻の実態は、たとえば敦煌写経において『法華経』が他の経典に比して圧倒的多数を占めるような、いわゆる一般的写経の普及傾向とは必ずしも一致しない。あくまで石刻経は、写経という領域の一角に位置しつつ、それが石材であるが故の利点と、それとともに限界も明確に主張しているのである。

結論としていえば、『法華経』の石刻は圧倒的に観世音菩薩普門品の一品に限っての遺例が多い。『法華経』を刻経の対象として見た場合、それは必ずしも理想的な経典とは言えなかったようである。たとえ当時の仏教信仰にあってまぎれもなく『法華経』が中心的存在の一角に位置づけられていたとしても、その全巻、一部八巻二十八品を刻さんとすれば、それはあまりにも大部に過ぎる。摩崖刻経や石壁刻経のように、大幅な刻経スペースを必要とする場合、あるいは一切経藏のように複数経典の刻経を意図した場合において、その不適格の理由はより顕著であった。そのような基本的な評価を前提として、おそらく、石刻『法華経』においては、観世音菩薩普門品の一品の石刻をもって、『法華経』全巻を石刻することの意義を代表していたのではなかったかと考えられる。

ここでは、石刻経の遺例として最も著名な房山石経中の『法華経』について簡単にふれておこう。

房山石経と通称される房山雲居寺石刻大藏経は、隋より明末まで約一〇〇〇年にわたって連綿と継続された中国最大の刻経事業であり、その経石総数一万四千六百二十石、刻経一千余部、約三千五百巻という、文字通りの石刻による一切経藏を目的とした遺例である。房山石経を収蔵するのは、北京市房山県の西北約二十五キロ、太行山脈支脈の白帯山（石経を蔵するので一般に石経山という）の山腹に穿たれた九つの藏経洞と、その山下の雲居寺境内にある圧経塔の地下の二か所である。

刻経事業の発願者静琬（―六三九）の伝記については、高僧伝類も彼を登載せずその詳細な経歴は不明であるが、その最初に完成を見た石経山雷音洞から隋大業十二年（六一六）銘の仏舎利函が出土しその開業が確認された。また静琬自身の貞観二年（六二八）の碑文が現存し、事業の目的が明らかにされる。それによれば、静琬は仏法がすでに末法の時代に入ったという強い危機感のもとに一切経を上石し、将来万一の法滅時に際しての経典の確保に備えようとしたものである。房山石経の発展は隋・唐代の第一期、遼代の第二期、金・元代の第三期に区分されるが、第一期は石経山上の洞窟に刻経碑を収め、第二期は山上の洞窟が満溢の状態を迎えたため、遼天慶七年（一一〇七）以後は雲居寺の寺域内に地下穴を掘り、第三期（金・元代）の刻経もそのほとんどを地穴に埋納されることになった。なお第四期は明代の刻経であるが、この分はふたたび石経山上に戻り埋蔵された。

なかんずく、房山石経における『法華経』全巻の刻石は鳩摩羅什訳の妙法華経で二度行なわれ、雷音洞所収の隋刻の『法華経』の他に、なお唐代刻の一点が現存する。その第一度目の石刻は、全房山石経の中心をなす石経山雷音洞（第五洞）の刻経十九種、一四六石中でも、最初に位置が決定されるべき北壁第一石の位置が与えられ、その筆跡は事業の発願者静琬その人の書丹とみられる。おそらく、房山石経中でも最初に着手されたのが『法華経』であったろう。

今日、『法華経』を石刻した遺例の歴史的意義はきわめて大きい。仏教史研究、経典の古本テキスト研究等仏教関係だけでなく、中世文字、書法研究等、文学・芸術関係など広い範囲において学問的寄与が期待される。

第三章　聖徳太子と『法華経』

庵谷　行亨

聖徳太子の生涯と仏教に立脚した国造り

聖徳太子は敏達三年（五七四）、用明天皇を父親、皇后穴穂部間人皇女《あなほべのはしひと》を母親として誕生した。父親の用明天皇は欽明天皇と蘇我稲目《そがのいなめ》の女堅塩媛《きたしひめ》との間に誕生し、母親の穴穂部間人皇女は欽明天皇と堅塩媛の妹である小姉君《おあねのきみ》との間に誕生した。したがって聖徳太子の両親は父親を同じにする兄妹である。聖徳太子は厩戸皇子《うまやどのおうじ》と称した。別名、上宮太子《じょうぐうたいし》とも称する。厩戸皇子は誕生の地名、上宮太子は居住していた宮殿、もしくはその地名に因んだものと考えられている。

用明二年（五八七）、蘇我氏と物部氏との間に争いが起こり、蘇我馬子《そがのうまこ》（〜六三六）と厩戸皇子は、物部守屋《もののべのもりや》を滅ぼした。皇子が一四歳の時である。

この争いは、日本国における仏教の受容を巡っての権力闘争であった。欽明戊午《つちのえうま》年（五三八）に百済の聖明王《せいめいおう》の使者が日本の天皇に金剛の釈迦如来像一体と経典・仏具を献上した。これをもって日本への仏教の公伝とする。ただし『日本書紀』は欽明一三年（五五二）のこととする。仏像の祭祀について蘇我氏と物部氏との間に異論が生じた。蘇我氏は他国にならって仏教の導入を提言し、物部氏は日本古来の神々を崇信することを主張した。当時は中国大陸をはじめ朝鮮半島の国々はいずれも仏教を公認していた。仏教の導入は隣国との同盟関係を維持発展させ、文化の交流を深めるための方策でもあった。欽明天皇は仏像を蘇我稲目に下され、蘇我稲目は私邸を寺として仏像を祭祀した。その頃、国に疫病が流行り、物部尾輿《もののべのおこし》等は、仏像を祀ったために日本の神が怒りを顕わされたとして、仏像を難波《なにわ》の堀に捨て寺を焼き払ってしまった。すると今度は皇居の大殿が炎焼した。蘇我稲目は欽明三一年（五七〇）に没したが、その子蘇我馬子は父の意志を継承し、仏殿を建立して仏像を祀るなど熱心に仏教を信仰した。このような背景を受けて蘇我氏と物部氏との間で争いが起きたのである。

物部氏を滅ぼした蘇我氏は政権の中枢を占めていった。厩戸皇子の父親である用明天皇は在位二年で崩御された。その後に皇位に就いた崇峻天皇は、蘇我馬子との間に確執を生じ、馬子に遣わされた東《やまとの》漢《あやのあたいこま》直駒に殺害された。そこで敏達天皇の皇后であった豊御食炊屋姫《とよみけかしきやひめ》が即位し、日本国始まって以来初の女性天皇が誕生した。推古天皇である。天皇は推古元年（五九三）、厩戸皇子を皇太子とし、摂政に任用して国政の補佐役とした。厩戸皇子二〇歳の時である。

太子は仏教に基づいた国政を執り行うことを公的に表明し、高句麗の僧である恵慈や百済の僧である恵聡を重んじた。なかでも恵慈を師とし仏教の教えを摂取していった。

推古一一年（六〇三）、太子は十二階の冠位を定め、身分の上下関係を明確化した。大徳・小徳・大仁・小仁・大礼・小礼・大信・小信・大義・小義・大智・小智の十二階の位は儒教の五常の教えに依ったものである。十二階の位は冠の色で表示された。冠位は勲功によって昇級するものとしたため、従来の固定した階級に代わって公務上の活性化がはかられた。冠位授与の権限を持つ天皇にとっても統治上の効果が増進した。

推古一二年（六〇四）には憲法十七条を発布した。その第二条には「篤く三宝を敬え。三宝とは仏と法と僧となり。則ち四生の終帰、万国の極宗なり。何れの世、何れの人か、是の法を貴ばざる。人尤《はなは》だ悪しきは鮮《すくな》し、能く教うれば従う。其れ三宝に帰せずんば、何を以てか枉《まが》れるを直《ただ》さん」とあり、三宝帰依を根幹とした仏教精神に立脚した国造りを宣言した。

推古一五年（六〇七）には小野妹子《おののいもこ》を国使として隋に派遣、同二二年（六一四）にも犬上御田鍬《いぬがみのみたすき》を大使として隋に派遣し、大陸との交流を促進した。これによって、多くの僧侶や技術者が日本を訪れ、また日本の留学生が隋に渡って学問を摂取し、大陸の文物や知識をもたらすなどして日本文化の発展に大きく貢献した。

推古一九年（六一一）には『勝鬘経義疏』、推古二一年（六一三）には『維摩経義疏』、推古二三年（六一五）には『法華経義疏』を撰したと伝える。推古二五年（六一七）には『勝鬘経』を講じた。推古二八年（六二〇）には『天皇記』『国記』などの国史の編修を始めたが、この事業は太子の逝去によって成就しなかった。

太子は推古三〇年（六二二）二月二二日、斑鳩宮《いかるがのみや》において四九歳の生涯を閉じた。その墓所は南河内郡の磯長《しながぼ》墓に定められた。

仏教を深く敬った太子は生前中に四天王寺・法隆寺などを建立した。聖徳太子の称号は、資料的には文武天皇慶雲三年（七〇六）造立の法起寺塔露盤銘が初出とされている。存命中は厩戸皇子・上宮太子・聖徳太子のほかに豊聡耳《とよとみみ》・聖王・法王・法大王・法王大王などとも称されていたものと推測されている。

聖徳太子信仰の流布

聖徳太子逝去後、太子の徳を追慕・尊崇して礼拝・供養がおこなわれるようになった。これを聖徳太子信仰と称する。太子逝去後に法隆寺の金堂に奉安された釈迦像の銘に、太子を釈迦仏と見立てて彼岸への到達を祈ったことが記されている。『日本書紀』には太子のことを「聖」と表記しその徳を称えている。天台大師の師である南岳大師慧思（五一五〜五七七）の後身が太子であるとの説も伝えられ、太子信仰は天台宗にも及んでいった。また、達磨大師との関連も伝えられ禅宗教団にも影響を与えた。さらに夢殿の救世観世音菩薩が「上宮王等身観世音菩薩」とされることから太子を観世音菩薩の化身とする信仰もあらわれた。太子の遺徳を称賛する伝記も作成され、太子信仰は大きく広がっていった。太子の伝記は唐僧思託の『上宮皇太子菩薩伝』、東大寺明一の『上宮厩戸豊聡耳皇太子伝』が最古のものとされている。その後作成された『聖徳太子伝暦《しょうとくたいしでんりゃく》』等が後世の太子信仰に多大な影響を与えた。『聖徳太子伝暦』をもとにした『聖徳太子絵伝』は八世紀ころには作成され、その後も多くの『絵伝』が作成されていった。鎌倉時代に活躍した親鸞は『聖徳太子伝暦』等によって『太子和讃』を作った。そのため浄土真宗においても太子信仰が盛んにおこなわれた。太子像の造立もおこなわれ、太子像を奉安する太子堂が建立された。太子の命日に法会を営む太子講が結成されるようにもなっていった。こうして、太子信仰は大衆に浸透し今日に至っている。

聖徳太子と三経義疏

聖徳太子が撰述したとされる『勝鬘経義疏』一巻・『維摩経義疏』三巻・『法華経義疏』四巻の三経義疏は、天平一九年（七四七）の『法隆寺伽藍縁起並流記資財帳』に「上宮聖徳法王御製者」と記載されていることから、天平年間には法隆寺に所蔵されていたものと考えられている。『上宮聖徳法王帝説』には「法華の等《ごと》き経の疏七巻の御製疏」とある。

『法華経義疏』四巻は聖徳太子自筆とされる草稿本が法隆寺に伝来し、明治の初めに皇室に献上され御物として今日に伝わっている。現存する中では日本最古の法華経注釈書である。現行の『法華経』は八巻二十八品であるが、『法華経義疏』は提婆達多品が付加される以前の二十七品である。

ただし、歴史的に完全に証明する資料が無いことから、三経義疏が聖徳太子の撰述であるとすることについて疑念を呈する意見もある。その理由は『古事記』『日本書紀』に記載がないこと、仏教が日本に渡ってからそれほど年数を経ていない時期にこのような深い仏教理解が可能であったとは考えられないこと、指導僧がいたにしても出家者ではない聖徳太子にこれだけの著述が可能であったとは思えないことなどの疑問点である。ここでは、十七条憲法の内容、および太子の仏教寺院建立を初めとする篤い仏教信仰の事蹟などから推察して、『法華経義疏』を太子の撰述とみなし、聖徳太子の法華経受容の内容について見ていきたい。

『法華経義疏』は光宅寺法雲（四六七～五二九）の『法華経義記』に依拠するところが大きい。『法華経義疏』には「本義」「本釈」「本疏」と記してしばしば『法華経義記』が引用されている。

法雲の『法華経義記』では、『法華経』は、三乗に執着する心を破し、莫二の教・同帰の理を宣揚し、過去の権《ごん》を廃し今日に実《じつ》を談じ、一乗の因果を明かす教えであるとする。なお、譬喩品の三車を「三種の小車」とし、大白牛車を「珍宝の大車」として区別する四車説を立て、如来寿量品の仏身を『涅槃経』の法身仏と比較して応身仏とみなしている。

このような法雲の法華経解釈に対し批判を加えたのが天台大師智顗（五三八～五九七）である。天台大師は、『涅槃経』を至上とする教判を立てた法雲を批判して、『法華経』を中心とする五時八教の教判を打ち立てた。天台法華教学が日本にもたらされたのは奈良時代の中期、天平八年（七三六）来朝の唐僧道璿《どうせん》（七〇二～七六〇）、天平勝宝六年（七五四）来朝の唐僧鑑真《がんじん》（六八八～七六三）、およびその門下によると考えられている。よって、聖徳太子は、天台の法華経解釈を知ることはなかったのである。

以下に『法華経義疏』の本文を抄出してその思想的特色をみていきたい。

『法華経義疏』の思想的特色

『法華経義疏』巻第一（総序）

夫《そ》れ妙法蓮華経とは、蓋《けだ》し是れ摠じて万善を取りて、合して一因と為るの豊田《ぶでん》、七百の近寿《ごんじゅ》、転じて長遠《じょうおん》と成るの神薬なり。若し釈迦如来の此の土に応現したまえる大意を論ずれば、将に宜しく此の経の教えを演《の》べて、同帰の妙因を脩《しゅ》し、莫《まく》二の大果を得せしめんと欲してなり。但し衆生の宿殖《しゅくじき》の善は微《かす》かにして、神《じん》は闇く、根《こん》は鈍《にぶ》く、五濁《じょく》は大機を鄣《さ》え、六弊《べい》はその慧眼《えげん》を掩《おお》うをもって、卒《にわ》かに一乗因果の大理を聞くべからず。ゆえに如来は、時の宜しきところに随い、初めは鹿苑《ろくおん》に就《ゆ》いて三乗の別疏《べつしょ》を開いて各趣《かくしゅ》の近果《ごんか》を感ぜしめたまえり。これより以来《このかた》、また平《ひと》しく無相を説いて同じく脩することを勧め、或いは中道を明かして褒貶《ほうへん》したまえりと雖も、猶《なお》三因別果の相を明かして、物《もつ》の機を養育したまへり。是において衆生は年を歴《へ》、月を累《かさ》ねて、教えを蒙り、脩行して、漸々に解《げ》を益《ま》し、王城において、始めて一の大乗の機を発《おこ》すにいたり、如来出世の大意に称会《かな》えり。是《ここ》をもって、如来は即ち万徳の厳軀《げんく》を動かし、真金《しんこん》の妙口《く》を開き、広く万善同帰の理を明かして、莫二の大果を得せしめたまえり。

『妙法蓮華経』は、万善を集めた豊田、永遠の命を得る妙薬、同帰の妙因・莫二の大果、一乗因果の大理、一の大乗、万善同帰の理であると表現されている。法雲の『法華経義記』と共通した用語が使用されていることが見てとれる。『法華経』を万徳具足の妙経とし、その内容を一乗の因果としていることは、『法華経』の教えを称揚しその本質と意義を表現したものである。

さらに、衆生は、宿善は微少にして心根は闇鈍であり、世情は、五濁にまみれて大乗の機根を遮《さえ》り悪弊が智慧の眼を覆い隠していると記されている。衆生の機根を愚痴劣悪と捉え、そのような衆生に対し万徳具足の妙経が開示されたことの意義を顕揚するものである。

また、仏による衆生の教化については次のように述べられている。仏は時の宜しきにしたがって衆生を教化される。最初に鹿野苑において三乗の教えを開会し、修行者に対しそれぞれに応じた悟りの境地を得させられた。それ以来、無相を説いて修行を勧めたり、中道を明かして大乗を褒《ほ》め小乗を貶《けな》したりして、三乗の修行にもそれぞれ証果があるとして機根を養育されてきた。このような長い年月にわたる如来の教化と自らの修行によって、衆生はしだいに信解《しんげ》を深め、今この王舎城に近い霊鷲山における『法華経』の説法の会座《えざ》に巡り合い、始めて一大乗の教えを受けることのできる機根となった。これによって、仏は出世の本懐をかなえることができるのである。したがって、仏は万徳を具えた身体を動かし、真金の口を開いて、万善を具足した妙法を明かし、無上の果徳を衆生に体得させたのである。

このように鹿野苑から始まる仏の教化の道程を辿り、諸経は『法華経』に導入するための調熟《じょうじゅく》の教えであり、法華経において初めて一乗真実の教えが開示されたとする。その教化の法は、小乗から大乗へ、権大乗《ごんだいじょう》から実大乗《じつだいじょう》へと進展し、ついに法華経の一大乗が開闡《かいせん》されたというもので、天台の開三顕一（三乗を開し一乗を顕す）の教義と共通している。

このように、聖徳太子は『法華経』を一乗真実の教えと受け止め、『法華経』の精神に立脚して国政をおこなっていった。それは理念のみに止まらず自ら身をもって実践し、『法華経』の菩薩道を生きていったのである。太子の『法華経』受容には、後世の鎌倉期のような専修性は見られないが、法華一乗に基づく和融の教えは日本国の秩序と安定、民衆の安心と救いを実現する原動力となったのである。

第四章　国分尼寺と『法華経』

庵谷　行亨

国分寺の創建

『続日本紀《しょくにほんぎ》』によると、聖武天皇（七〇一～七五六）の天平九年（七三七）三月三日に「地方の国ごとに釈迦三尊を造立し『大般若経』を書写するように」との詔が発令された。その背景には疱瘡《ほうそう》の蔓延や飢饉などの国内事情と新羅《しらぎ》の強硬な外交姿勢に対する恐怖や警戒などの国外事情があったものと推察されている。この頃には、除災祈願のために、諸寺院に対し『大般若経』・『最勝王経』の転読や『法華経』の書写の詔が繰り返し発せられている。

このような状況下において、天平一三年（七四一）二月一四日に国分寺創建の詔が発せられた。その内容は「諸国に七重塔を造立し、『金光明最勝王経』・『妙法蓮華経』を各一〇巻書写し、天皇自筆の金字の『金光明最勝王経』を塔に安置し、四天王の国家擁護を祈念する」というもので、その寺院は「僧寺を金光明四天王護国之寺、尼寺を法華滅罪之寺」と命名された。この天平一三年（七四一）の詔をもって国分寺創建の詔勅とする。ただし、それ以前に発せられた天平九年（七三七）の詔をもって国分寺創建の詔勅とするとの考え方もある。

大陸仏教の影響

諸国に寺院を建立し国家の鎮護と天子の安穏を祈ることはすでに隋や唐の時代に見られる。隋の文帝は各州県に二寺院と舎利塔を建立し、唐の高宗は州寺観、則天武后は大雲寺、玄宗は開元寺をそれぞれ創建した。日本における国分寺の建立はこれにならったものと考えられている。大陸の文化を積極的に輸入していた日本では、国家を統治するための方策として国分寺の創建は必要なものであったのである。

光明皇后の役割

国分寺が創建されるについては光明皇后（七〇一〜七六〇）が大きな役割を果たしたと考えられている。『続日本紀』には「東大寺および国分寺を創建するはもと太后のすすめるところなり」とある。光明皇后は藤原不比等《ふじわらのふひと》（六五九〜七二〇）の第三女で、聖武天皇の皇后である。孝謙天皇の母にあたり、日本における仏教の受容と興隆に大きな役割を果たした。

光明皇后は天平二年（七三〇）四月に興福寺に五重塔を建立し、同六年（七三四）一月には興福寺西金堂を建立し丈六の釈尊像を奉安している。さらに同一二年（七四〇）五月には一切経の書写を命じ、国分寺創建の詔勅が発せられる直前の同一三年（七四一）正月一五日には藤原氏から返された封戸三千戸の収入を国分寺釈迦三尊造立のために布施している。このような光明皇后の営為は、鎮護国家の機能の充実を目的とした国分寺の創建と密接な関連があるものと考えられている。皇后は唐の則天武后（六二三〜七〇五）の治世に影響を受けていたとされ、写経所の設置や寺院の建立と仏像の奉安はその表れと考えられている。その一連の営みのなかに国分寺の創建もあったのである。

道慈と玄昉の役割

道慈《どうじ》（〜七四四）は大和国に生を受け出家して南都諸大寺に学び三論宗や法相宗などを修学した。大宝元年（七〇一）遣唐使に随行して入唐し三論・真言の法を伝受した。『仁王般若経』の講説において好評を博し皇帝から賞を賜ったという。養老二年（七一八）に帰朝し、奈良の大安寺に住して三論宗を興隆し、天平元年（七二九）には僧綱の律師に任ぜられた。天平九年（七三七）四月、道慈は上奏して『大般若経』六百巻の転読を国家の行事とすることを許され、一〇月には『金光明最勝王経』を大極殿で講じた。こうして道慈は鎮護国家の充実に応える仏教者としての地位を確立していった。このような道慈の動向から、国分寺の塔に金光明最勝王経を奉安することや僧寺を「金光明四天王護国之寺」と称することなどの背景に、道慈の活躍があったものと考えられている。

玄昉《げんぼう》（〜七四六）は俗姓を阿刀《あと》氏と称し出家して唯識を学び、霊亀《れいき》二年（七一六）吉備真備《きびのまきび》（六九五

〜七七五）と共に入唐して法相宗を修め玄宗皇帝の信任を得、紫衣を与えられた。天平七年（七三五）に帰朝し仏像や一切経五千余巻を請来して興福寺に住した。聖武天皇の信任を受け、同八年（七三六）に天皇から封百戸などの褒賞を賜り、同九年（七三七）には僧正に任じられた。玄昉は聖武天皇の母である藤原宮子《ふじわらのみやこ》（〜七五四）の病気を祈り効験を示して治癒せしめいっそう名声を高めていった。光明皇后の異父兄である橘《たちばなの》諸兄《もろえ》（六八四〜七五八）が藤原氏に代わって権力を握ると、吉備真備と共に政界に大きな力を持つようになっていった。藤原氏の再興を企てた藤原広嗣《ふじわらのひろつぐ》（〜七四〇）は、天平一二年（七四〇）八月に吉備真備と玄昉を政界から追放することを奏し、ついで同年九月三日に九州で反乱を起こした。藤原広嗣は二ヶ月後に捕えられ殺害された。これを藤原広嗣の乱という。国情が不安定となり遷都が繰り返された。このような状況のなかで天平一三年（七四一）二月一四日に国分寺創建の詔が発せられたのである。その詔勅の一節が天平一三年に玄昉が発願した「千手千眼経陀羅尼奥書」の文と同一である。これらのことからして、吉備真備と共に政界に深く関与していた玄昉が国分寺創建計画に大きな役割を果たしたであろうことが推測されるのである。

国分寺の規模と役割

国分寺創建の詔によると、国分僧寺の人員は二〇名、封戸五〇、水田一〇町である。国分尼寺の人員は一〇名、水田一〇町である。

国分寺では『金光明最勝王経』と『法華経』を各一〇部奉安し、毎月八日に転読し、月の半ばには懺悔滅罪と招福生善のために戒羯磨《かいこんま》を称え、鬼神が暗躍し人命を狙う六齋日（八・一四・一五・二三・二九・三〇日）には魚畜の殺生を禁じた。

国分寺の造営

国分寺創建の詔に記載された規模の任務を遂行し、かつそのために必要な建造物を造営するためには、資金・資材・人材に加えて政治力・統率力などが必要であった。

橘諸兄が政界にいた聖武天皇の天平九年（七三七）から二〇年（七四八）にかけては、諸国に催検使を派遣し国司と国師を督励して寺地の確保や農民を雑徭《ぞうよう》で徴発するなどの事業が展開されていった。天平二〇年（七四八）には、諸国の国分寺に奉安される金字の『金光明最勝王経』が平安京の写経所で完成した。

藤原仲麻呂《ふじわらのなかまろ》（七〇六〜七六四）が政界にいた孝謙天皇の感宝元年（七四九）から淳仁天皇の天平宝字七年（七六三）にかけては、墾田の増加をはかり使工を派遣するなどして造営を督励し、天平勝宝八年（七五六）には二六国に聖武天皇の一周忌のための灌頂幡を授けた。この頃には場所によっては法会を営むことのできるほどの堂宇が完成していた国分寺もあったと考えられている

各国の状況によって、国分寺の造営には規模・完成時期などに相異があるものの、その後もこの事業

は進められていった。

こうして諸国に国分僧寺と国分尼寺が対になって建立されていった。なかには既存の寺院が国分寺として転用されることもあった。

国分僧寺の総本山は天平勝宝四年（七五二）四月に開眼供養された毘盧遮那大仏を奉る東大寺、国分尼寺の総本山は奈良の法華寺である。

現在、日本全国に国分寺跡が確認されている。畿内では山城・大和・河内・和泉・摂津の五カ所、東海道では伊賀・伊勢・志摩・尾張・三河・遠江・駿河・伊豆・甲斐・相模・武蔵・安房・上総・下総・常陸の一五カ所、東山道では近江・美濃・飛騨・信濃・上野・下野・陸奥・出羽の八カ所、北陸道では若狭・越前・加賀・能登・越中・越後・佐渡の七カ所、山陰道では丹波・丹後・但馬・因幡・伯耆・出雲・石見・隠岐の八カ所、山陽道では播磨・美作・備前・備中・備後・安芸・周防・長門の八カ所、南海道では紀伊・淡路・阿波・讃岐・伊予・土佐の六カ所、西海道では筑前・筑後・豊前・豊後・肥前・肥後・日向・大隅・薩摩・壱岐・対馬の一一カ所である。

国分寺の造営と法会の執行は国家規模の大事業であった。この事業の遂行は地方への天皇の権威の浸透と鎮護国家を旗印とした天皇中心の律令国家体制の確立をも意味していた。その宗教的理念として仏教が求められ、とくに護国の三部経がその中心に据えられたのである。天皇は仏教のもつ宗教的威力と経典に説くところの超越的不思議力を背景に国家の統治と永続的な安寧を企図したのである。

宮中や諸国の国分僧寺・国分尼寺で盛んに『仁王般若経』・『金光明最勝王経』・『法華経』が読誦、講説されたのは、これらの経典が鎮護・除災・滅罪などを説くことから、護国の三部経として尊信されたためである。

護国の三部経

『仁王般若経』は正式名を『仏説仁王護国般若波羅蜜経』と称し二巻八品で構成されている。姚秦《ようしん》の鳩摩羅什訳と唐の不空訳の二訳があるが、奈良時代の鎮護・除災の法会では鳩摩羅什訳の『仁王般若経』が用いられた。仁王般若経は国王を主たる対告者として護国の徳を説き示した経典である。多くの僧侶によって法会を修すことの功徳により国家が守護されるとして、国家規模で仁王会が営まれた。

『金光明最勝王経』は六種の漢訳があるが、その代表的なものは義浄訳の一〇巻三一品である。夢見懺悔品第四や滅業障品第五において、十方の諸仏に対し至心に敬礼して罪を懺悔し、一切諸法皆空・生滅因縁の法を覚知することによって業障を滅除すると説く。この経説に基づいて中国では早くから『金光明経』による懺法がおこなわれた。四天王護国品第十一には、『金光明経』を読誦することによって四天王に守護されると説く。この教えに立脚して日本では護国の経典として尊崇され、諸国の国分寺で盛んに読誦や講説がおこなわれた。

『法華経』は三訳が現存するが、そのうち鳩摩羅什訳の『妙法蓮華経』がもっとも著名である。現世安穏、後生善処、除災招福、懺悔滅罪などの功徳を説くことから現世利益の経典として多くの信仰を集めた。諸国の国分寺では盛んに読誦や講説がおこなわれたが、とくに国分尼寺は「法華滅罪之寺」と称されたように『法華経』による懺悔滅罪の法会が盛んにおこなわれた。『続日本紀』によると、神亀三年（七二六）八月に太上天皇（元正天皇）の病気平癒のために釈迦像と『法華経』の書写がおこなわれている。天平六年（七三四）一一月には僧尼の得度には三年間の浄行と礼仏、および『法華経』一部または『最勝王経』一部の諳誦が必要とされた。天平一二年（七四〇）六月には諸国に『法華経』一〇部の書写と七重塔の建立が命じられた。この背景には光明皇后の母親である橘三千代《たちばなのみちよ》（〜七三三）の七回忌の追善が考えられている。『法華経』の提婆達多品第十二には八歳の龍女の成仏が説かれていることから、『法華経』の書写・読誦に女人成仏の功徳を意図したのではないかと推測されている。

国分尼寺と『法華経』

国分尼寺は『法華経』を読誦して懺悔滅罪を祈るところから法華寺とも称された。国分尼寺において、『法華経』によって懺悔滅罪を祈ることの背景には『法華経』所説の女人救済が意図されていたものと思われる。『法華経』には提婆達多品第十二に龍女成仏、勧持品第十三に釈尊の姨母《いも》である摩訶波闍波提比丘尼《まかはじゃはだいびくに》と釈尊が王子であった時の妻である耶輸陀羅《やしゅだら》比丘尼への授記、薬王菩薩本事品第二十三に女人の安楽世界への往生が説かれている。

提婆達多品の龍女成仏は女人の救いを説く教えとして着目された。八歳の龍女の成仏を疑う舎利弗が「貴女が速やかに成仏したということは信じ難い。女人の身は垢穢《くえ》のために法を受ける器ではない。仏道は長年にわたって修行を重ねることによって成就することができるのである。ましてや女人には五障があるゆえに速やかに成仏できるはずがない」と述べたことに対し、龍女は釈尊に宝珠を捧げ、釈尊の納受が速疾であることに寄せて自身の即身成仏を示した。舎利弗の言葉にある女人の五障《ごしょう》は梵天王・帝釈天・魔王・転輪聖王・仏にはなれないというもので女性を低く見た考え方である。舎利弗は小乗の視点に立つゆえに龍女の即身成仏に疑念をもったのである。それに対し『法華経』は一乗平等《いちじょうびょうどう》の思想に立脚し十界皆成の教えを標榜するゆえに、龍女の即身成仏を説いたのである。龍女の即身成仏は龍女のことのみに止まらず、一切のものは仏性を有し遍く成仏することの真実性を開示したものである。勧持品の女人授記や薬王菩薩本事品の女人往生もこのような『法華経』の一乗思想に立脚した普遍的救済の教えであるといえよう。

大和の法華寺

全国の国分尼寺の中心は大和の法華寺で、これを総国分尼寺と称する。現在の奈良市法華寺町にあり、氷室御所《ひむろごしょ》と称される真言律宗の尼寺である。もとは平城京左京一条三坊の地に建立されていた藤原不比等《ふじわらのふひと》の屋敷であったと伝えられている。当初は光明皇后の皇后宮《こうごうぐう》であったが天平一七年（七四五）に宮寺《みやでら》となった。天平一九年（七四七）正月の『正倉院文書』に法華寺の名が見られる。天平勝宝元年（七四九）に諸国の法華寺に墾田四百町が布施されたが、そのおり大和の法華寺には墾田一千町が施入された。藤原氏との関係により大きな勢力を持ち相当な伽藍が配置されていたものと考えられている。

延暦元年（七八二）に造法華寺司《ぞうほっけじし》が廃止され、延暦一三年（七九四）に都が平安京に遷ることによってしだいに勢いを失っていった。鎌倉時代には重源《ちょうげん》によって伽藍や仏像が修復され、寛元三年（一二四五）に叡尊《えいぞん》が法華寺の比丘尼に沙弥尼戒を授けた。こうして法華寺は西大寺の末寺となり復興された。室町時代には興福寺の末寺となっていたが、永禄一〇年（一五六七）兵乱によって焼失した。現在の建物は慶長六年（一六〇一）に豊臣秀頼と淀君の発願により片桐且元《かたぎりかつもと》が奉行となって再興されたものである。本尊の十一面観音像（国宝）は光明皇后の御影を刻んだものとされている。

第五章

最澄と比叡山延暦寺

庵谷　行亨

最澄の求道

日本天台宗の開祖である伝教大師最澄は、奈良時代の末、神護景雲元年（七六七）八月一八日に近江国志賀郡古市郷（現在の滋賀県大津市）に誕生した。最澄の生誕年については伝記と戸籍上との間に相異がある。度牒・戒牒などの公式文書は前年の天平神護二年（七六六）となっている。従来、伝記の信頼性から神護景雲元年説が用いられている。

父親は三津首《みつのおびと》百枝《ももえ》と称する。あるいは浄足《きよし》と称したとの説もある。母親は藤原家の藤子と言われている。三津首《みつのおびと》の家柄は後漢の孝献帝の子孫である登万貴王を祖先とすると伝えられている。先祖は、最澄誕生の四百数十年前、応神天皇の代に日本に帰化した。信仰の篤い父親が比叡山の神宮禅院で男子の出生を祈念したところ最澄が誕生したとされている。

最澄は幼名を広野と称した。幼い時から陰陽学・天文学・医学などの教育を受け他に秀でていたと伝えられている。一二歳で志賀郡の近江国分寺に入り、国師の行表《ぎょうひょう》の弟子となり出家した。

行表は道璿《どうせん》の弟子である。道璿は中国の大安寺に住していた渡来僧で、戒律・天台・華厳・禅などに精通した高徳の僧であった。最澄は道璿から天台・唯識・禅などを修学したとされている。

宝亀一一年（七八〇）一一月一二日に一四歳で得度し、最澄と名乗った。三年後の延暦二年（七八三）正月二〇日に得度の証明書である度牒が交付された。度牒には得度一五歳と記載されている。一四歳は得度が許可される年齢ではないことから一五歳として認可されたとの説もある。最澄の得度は、宝亀一一年（七八〇）に寂した国分寺の最寂の補充によるものと考えられている。延暦四年（七八五）四月六日、一九歳にして東大寺の戒壇院で具足戒を受け僧となった。戒牒には二〇歳と記載されている。

奈良から帰った最澄は、まもなく師匠のもとを離れて比叡山に入った。延暦四年（七八五）七月中旬頃のことである。当時の比叡山は大山咋《おおやまくい》神鎮座の霊場で、山岳信仰者の修行の聖地として知られていた。最澄は山中に庵を結んで修行に入った。入山後ほどなくして記された『願文《がんもん》』には、世間の無常を嘆いて、その苦悩から脱却することの重要性を説き、修行に臨む心構えと自他共なる開悟の誓いを述べている。

入山修行の動機については、僧風の頽廃や藤原種継暗殺事件、あるいは近江国分寺の火災などの世情の不安定な様相も指摘されている。しかしなによりも、最澄が出家者として自身を見詰め、仏の教えに真の救いを求めたことが大きな要因であった。山林に交わっての生活は学解よりもむしろ体験的な修行に比重を置いたものである。最澄は、静寂なる深山に心身を浸し仏と感応する日々の中で、苦からの離脱と救いの実現を見出していこうとしたのである。こうして山修を基本とする最澄の歩みが始まった。

最澄の求道の根幹にあったのは天台法華教学である。日本にはすでに鑑真によって天台宗関係の書物が伝えられていた。道璿から天台・唯識・禅などの教えを学んでいた最澄は、鑑真の弟子である道忠等の支援を受けて多くの天台教籍を取り寄せて書写するなど、天台の止観を背景とする修行を深めていった。

比叡山寺の建立と天台仏教の興隆

入山三年後の延暦七年（七八八）、比叡山寺を建立した。後にこれは一乗止観院と名付けられた。延暦一三年（七九四）には「一乗止観院初度供養」が営まれており、この頃には最澄が天台仏教の一乗止観を宗旨の根幹に据えていたことを物語っている。延暦一六年（七九七）には宮中の道場に給仕する内供奉に補せられた。翌延暦一七年（七九八）には、天台大師の命日を期して比叡山で法華十講を修し、さらに延暦二〇年（八〇一）には南都の碩学十六人を請じて法華十講を開催した。これらの営みは、自らの信解と奈良の碩徳の学解を比較整理し『法華経』の教えを確認する意味も込められていたものと考えられている。

翌延暦二一年（八〇二）一月一九日、最澄は和気弘世《わけのひろよ》（生没年未詳）・真綱《まつな》（七八三―八四六）の兄弟に招請され、高雄山寺において南都の高徳十数人を前にして天台三大部を講じた。天台三大部とは天台大師の代表的講述書である『法華玄義』『法華文句』『摩訶止観』をいう。和気弘世・真綱の父親である和気清麻呂（七三三―七九九）は、皇位をうかがった道教の追放に関与し、仏教にも深い関心を寄せた人物である。この講会は和気清麻呂の満三年忌の供養のためとされているが、その背景には桓武天皇（七三七―八〇六）の御意があったとの説もある。

国家を治める新たなる宗教理念を模索していた桓武天皇は、口宣《くぜん》を発して高雄山寺でおこなわれた講会の功徳を称賛した。これを受けて南都の高徳は、「最澄の修した天台法華の講会の内容は高遠にして深奥であり、会座の者はことごとく感銘した」との謝表を天皇に奉った。この講会は最澄の名声を一躍高めるものとなった。

入唐と四宗の相承

これを機縁として、最澄は唐に渡り法を求めることとなった。翌延暦二二年（八〇三）三月、還学《げんがく》生《しょう》として唐の天台山におもむくために、最澄は通訳僧の義真（七八一―八三三）を伴って難波を出発した。暴風雨のため、一時、九州での滞在を余儀なくされたが、明くる延暦二三年（八〇四）七月、四隻の遣唐使船のうちの第二船に乗って九州を発った。この時、後の平安仏教の巨頭の一人空海が留学生《るがくしょう》として第一船に乗っていた。このおりも暴風に見舞われ、最澄の乗っていた第二船は五十余日間漂流して九月一日に明州に、空海の乗っていた第一船は福州に漂着した。

最澄は明州でしばらく療養し、その間、台州へおもむくための証明書である公験《くげん》を付与された。九月の下旬頃に天台山に到着した最澄は、妙楽大師湛然（七一〇―七八二）の弟子である修善寺の道邃《どうずい》と仏隴《ろう》寺の行満《ぎょうまん》から天台円教や菩薩戒、禅林寺の翛然《しゅくねん》から牛頭《ごず》禅を受法した。義真は国清寺で具足戒と菩薩戒を受けた。最澄は翌年には龍興寺で道邃等から円頓戒を受け、三月に台州から明州に戻った。しかし出港にはまだ日数がかかることを知るや、四月には越州におもむき龍興寺で順暁等から真言密教を受法した。

こうして円（天台円教）・禅（牛頭禅）・戒（円頓戒）・密（真言密教）の四宗を受法した最澄は、多くの典籍を携えて、延暦二四年（八〇五）五月一九日に明州を出港し、六月五日に対馬に到着した。約九ヶ月間の唐への旅であった。七月四日に朝廷に復命し、一五日には『請来目録』を上表した。最澄が請来した典籍は二三〇部四六〇巻に及ぶ。

天台法華宗の開宗

帰朝した翌年の延暦二五年（八〇六）一月三日、最澄は『請加新法華宗表』を奏上して、新たに天台法華宗に対し二人の年分度者を賜るよう請願した。請願は南都僧綱の議を経て許可となり、同月二六日、允許の官符が下された。年分度者の許可は日本における天台宗の開宗が認可されたことを意味する。二人の年分度者のうち、一人は『大日経』を中心とした修行をする遮那《しゃな》業《ごう》、一人は『摩訶止観』を中心とした修行をする止観《しかん》業《ごう》である。遮那業は真言密教の修行、止観業は法華円教の修行を意味する。

天台法華宗の公許から二ヶ月後の三月一七日、桓武天皇が崩御され、同年五月一八日に平城天皇が即位し、大同と改元された。

この年の五月、空海が帰朝した。空海は翌大同二年（八〇七）、平安京に入った。二年後の大同四年（八〇九）四月、嵯峨天皇が即位し、空海は嵯峨天皇の帰依を得て一躍その名声が高まっていった。この頃から最澄と空海との交流が始まり、最澄は弟子の礼をとって空海から真言典籍を借用し密教の研鑽を深め、金剛界・胎蔵界の密教灌頂を受けた。さらに弟子を空海のもとにつかわして修学させた。この関係は大同四年（八〇九）から弘仁四年（八一三）頃まで続いたが、『理趣経釈』の借用を空海が拒否してからは関係が悪化し、空海のもとで修学していた弟子泰範《たいはん》が弘仁七年（八一六）に帰山を拒否し、最澄から離反するに至った。この年、空海は高野山に金剛峯寺を開いた。

天台法華宗の充実のために、最澄は、一乗思想の真実性を論理的に証明することと、大乗戒を授ける道場を建立することに力を傾注した。前者は法相宗の徳一（?―八二一―八四二?）との教学論争をとおして、後者は大乗戒壇の独立運動として展開されていった。

徳一との教学論争

弘仁七年（八一六）、すでに弘仁四年（八一三）に著していた『依憑天台集』に序文を付して公表し、天台法華宗が南都の六宗や新来の真言宗よりも優れた教えであることを明示した。この書は、天台法華宗が最勝の教えであることを論証する諸経論の要文を集録したもので、天台法華仏教の正統性を標榜するものであった。

当時、奥州（現在の福島県）会津にいた法相宗の徳一は、法華経は方便の教えであるとして批判を加えていた。徳一の書は『仏性抄』『中辺義鏡』『遮異見章』『恵日羽足』『中辺義鏡残』などが知られているが、それらはことごとく散逸していて現存していない。徳一の現存書は空海の真言教学に対して疑難を呈した『真言宗未決文』のみである。

徳一の批判に対して最澄が著した書物には『照権実鏡』『守護国界章』『決権実論』『法華秀句』などがある。これらの書物に徳一の著作名とその主張が記されていることから、徳一の立義を読み取ることができる。

論争の始まりは、徳一の『仏性抄』に対し、最澄が『照権実鏡』を著して真実の教えと方便の教えを照らす法華一乗の思想を主張したことによると考えられている。あわせて最澄は徳一に『依憑天台集』を送って天台法華仏教の正統性を提示した。これに対し徳一は『中辺義鏡』を著して反論、最澄は『守護国界章』を著して再主張、徳一は『遮異見章』を著して再反論した。さらに最澄は『決権実論』などによって徳一の説を批判し、この論争は弘仁一二年（八二一）の『法華秀句』まで続いた。

この教学論争は仏性論争とも権実論争とも称されている。仏性論においては、徳一は法相教学に立脚した五性各別の思想を主張した。その内容は、菩薩には菩薩定性と不定性、縁覚には縁覚定性と不定性、声聞には声聞定性と不定性があり、人・天は無性であるとし、菩薩定性・縁覚定性・声聞定性の三種の決定性のうち、菩薩定性は仏果を得て成仏するが、縁覚定性は辟支仏果、声聞定性は阿羅漢果を得るために不成仏、不定性は成仏か不成仏かが定まっていず、無性は不成仏であるとする。これは成仏が決定している者、不成仏が決定している者、成仏・不成仏が定まっていない者の三種が存在するとの考えかたである。さらに究極的には成仏者と不成仏者の差別を立てる教えである。これに対し最澄は法華一乗の立場から悉皆成仏の思想を主張した。すべてのものはことごとく成仏するという平等の教えである。

権実論においては、徳一は三乗こそが真実で一乗は方便であると主張した。これに対し最澄は一乗こそが真実で三乗は方便であると主張した。このように両者の立義は正反対の立場を示していた。存在するものにはそれぞれ相異があるとする三乗各異の思想は世間相に立った現実的視点、存在するものはおしなべてそこに真実が顕現しているとする一乗平等の思想は出世間に立った理想的視点といえよう。仏教は世出不二であることから双方に真実性を認めることができるが、『法華経』には世出不二の教えをさらに仏の理想の境界へと昇華せしめる意図が込められている。最澄は、一乗の世界に仏の救いと人々の安らぎを見出し、その実現に踏み出す仏教者の役割を『法華経』の菩薩の心に見ていたのである。

大乗戒壇の建立運動

このような教義論争のなかで、最澄は大乗菩薩僧を創出するための戒壇建立運動をもあわせておこなっていた。日本では、天平勝宝五年（七五三）に、渡来僧鑑真によって東大寺で僧俗への授戒がおこなわれた。その後、中央には奈良の東大寺、東国には下野の薬師寺、西国には筑紫の観世音寺に戒壇が設けられ、授戒の儀が修せられていた。最澄は、これらは小乗の四分律による具足戒であるため、大乗の僧の授戒としては不適切であると考えたのである。比叡山に独立した形で大乗戒壇を建立することの必要性を最澄は強く感じていた。

さらに、大乗戒壇独立運動の背景には比叡山で得度した者が比叡山にとどまらないという事情もあった。毎年二人の年分度者が認められていたが、得度後も比叡山にとどまる者は半数以下で、多くは奈良等の寺院に移るのが現実であった。これでは天台法華宗の僧侶を養成することが十分にはできなかったのである。最澄は、比叡山で得度した者が比叡山で受戒し、さらに比叡山で一二年間にわたって修行することによって、天台法華宗の僧侶を育成するという制度を確立しようと志した。

弘仁九年（八一八）三月、最澄は弟子の前で小乗戒の棄捨を宣言し、さらに五月一三日、『天台法華宗年分学生式』を制定し朝廷に呈した。『天台法華宗年分学生式』は天台法華宗の年分学生についての規範である。その内容は、菩薩僧を育成するために比叡山で大乗戒によって得度・受戒させ、その後も比叡山で一二年間修行をするというものである。六ヶ条から成ることから六条式と称されている。しかしこの要請が容れられなかったため、最澄は同年八月二七日に『勧奨天台宗年分学生式』を制定し朝廷に呈した。その内容は、修学の具体的内容とその方法などを記したもので、八ヶ条からなることから八条式と称されている。翌弘仁一〇年（八一九）三月一五日、最澄は『天台法華宗年分度者回小向大式』を制定し、『請立大乗戒表』と共に朝廷に呈した。『天台法華宗年分度者回小向大式』の内容は、寺院に住む僧侶の資格や奉安する尊像、受戒の内容とその方法などを記したもので、四ヶ条から成ることから四条式と称されている。同時に呈した『請立大乗戒表』は大乗戒壇の建立を請願したものである。三種の『学生式』を合わせて『山家学生式』という。

これに対し南都の僧綱は痛烈に最澄を批判し反対の意見を提示した。同年、最澄は『顕戒論』『内証仏法相承血脈譜』を著して僧綱の意見に反論し、翌弘仁一一年（八二〇）二月、この二書を朝廷に呈した。さらに弘仁一二年（八二一）三月には『顕戒論縁起』を著して朝廷に呈し、繰り返し大乗戒壇建立の必要性を主張した。

翌弘仁一三年（八二二）二月一四日、最澄は伝燈大法師位を授けられた。最澄は、同年四月、弟子の円仁（七九四—八六四）に一心三観の教えを授け、諸弟子に遺誡を与え、五月に天台法華宗を弟子の義真に付託し、六月四日、比叡山の中道院において五六歳にして入寂した。墓所は比叡山の浄土院に定められた。

大乗戒壇の建立はついに最澄の存命中には実現しなかったが、七日後の六月一一日、弟子光定等の努力によって大乗戒壇設立の勅許が下った。続いて翌弘仁一四年（八二三）四月一四日、義真によって初めて大乗円頓戒が授けられた。大乗戒壇が建立されたのはさらに後の天長四年（八二七）のことである。

最澄入寂後の弘仁一四年（八二三）二月二六日、嵯峨天皇から、比叡山寺を改め、寺号を延暦寺と称する太政官牒が下された。同年四月一六日、譲位により淳和天皇が即位され、翌天長元年（八二四）義真が初代天台座主に補された。最澄に清和天皇から伝教大師の謚号が下されたのは貞観八年（八六六）

のことである。

比叡山延暦寺の進展と鎌倉仏教の創出

最澄は、天台教学に立脚した『法華経』の思想信仰を標榜した。その内容は四宗の相承からも理解されるように、法華一乗思想に基づく円・禅・戒・密を主体とした総合仏教である。

最澄滅後、弟子の円仁や円珍（八一四―八九一）は唐に渡って密教を伝え、教団における真言密教の充実をはかっていった。こうして天台法華と真言密教を融合した円密一致の教学が確立されていった。空海の開いた真言宗の東密に対し、天台法華宗の密教は台密と称される。

円仁は第三代の座主となり、後に円仁の門下が慈覚大師流を形成し比叡山延暦寺を継承していった。円珍は第五代の座主となり、三井の園城寺を賜ってここを伝法灌頂の道場とした。後に円珍の門下は智証大師流を形成し園城寺を継承していった。これにより、天台法華宗は延暦寺の山門派と園城寺の寺門派とに分流した。

天台法華宗の密教化は五大院安然（八四一―？）によっていっそう推し進められていった。安然は天台の四教の上に密教を立て、釈迦の所説は真言密教であるとして、一大円教論を主張した。

平安時代の末期頃には中古天台本覚法門が隆盛し、理に偏して凡夫即仏などと無媒介に相即を論じる観念的な教学思想が展開していった。比叡山の天台仏教はしだいに己証を重視する観心主義に流れ、口伝法門が醸成されていった。

いっぽう、平安時代の中期頃から浄土教が盛んに信仰されるようになり、良源（九一二―九八五）の弟子であった源信（九四二―一〇一七）は『往生要集』を著し、念仏による極楽浄土への往生を説いた。東塔常行三昧堂の堂僧であった良忍（一〇七三―一一三二）は天台教学と華厳教学に立脚して念仏三昧の教えを立て、諸国を遊化して融通念仏を唱導していった。

こうして、比叡山は円・禅・戒・密に念仏を加えた一大仏教聖地として展開していった。天台法華宗は、空海の樹立した真言宗と共に、平安時代を代表する二大教団として発展していったのである。

鎌倉時代に入ると、比叡山で修行した仏教者のなかから、新しいうねりがわき起こった。後に浄土宗の開祖となる法然（一一三三―一二一二）、後に臨済宗の開祖となる栄西（一一四一―一二一五）、後に浄土真宗の開祖となる親鸞（一一七三―一二六二）、後に曹洞宗の開祖となる道元（一二〇〇―一二五三）、後に日蓮宗の開祖となる日蓮（一二二二―一二八二）などの宗教活動がそれである。これら諸師は共通して比叡山で修学した。最澄が築きあげた比叡山の仏教は、多くの菩薩僧を生み出す源泉となったのである。最澄以後に創設された日本仏教教団の多くは比叡山から生まれたと言っても過言ではない。

比叡山延暦寺の伽藍は、承和元年（八三四）に円澄等によって西塔に釈迦堂、嘉祥元年（八四八）に円仁によって横川に首楞厳院が建立されるなどして、しだいに寺域の拡大発展がはかられていった。平安時代においては、「山」と称すると比叡山を指すほど隆盛をきわめた。元亀二年（一五七一）に織田信長による焼き討ちの災禍を被ったが、その後、豊臣秀吉・徳川家康・徳川家光などによって復興がはられた。今日では、比叡山は、東塔に根本中堂・大講堂・戒壇院など、西塔に釈迦堂・法華堂・常行三昧堂など、横川に根本如法堂・横川中堂などがあり、国家鎮護の霊山として尊信されている。

第六章　平安仏教と『法華経』

関戸　堯海

比叡山と天台浄土教

平安仏教と『法華経』について論じるためには、念仏信仰との関連は見過ごせない。比叡山延暦寺の念仏信仰は、貴族層の浄土信仰をいちじるしく推進させた。天台には修行の具体的方法として四種三昧があり、その中の常行三昧は身・口・意の三業において阿弥陀仏を観想することを説く。このため「朝題目（法華三昧）夕念仏（常行三昧）」と称されていくように、昼夜に『法華経』を読誦するとともに、念仏を唱えて極楽往生を希求するという信仰形態を取ることとなる。

真言宗の開祖の弘法大師空海（七七四〜八三五）と時を同じくして入唐した伝教大師最澄（七六七〜八二二）が、中国から天台宗の教義を日本にもたらして、比叡山に入山して草庵を結んだのが比叡山延暦寺の始まりである。最澄は、天台宗の年分度者の割り当ての許可を得て、大乗戒壇の建立にも努力するなど、日本における天台宗の開創者として活躍した。弘仁六年（八一五）に和気真綱の請によって、最澄は大安寺塔中院において天台教学の講義をした。これを発端として天台と法相に三一権実論争が起こった。やがて『法華経』の一乗思想を否定し三乗思想を主張する会津の徳一（生没年未祥）が『仏性鈔』を著すなど、天台教学と法相教学の論争が展開されていく。論争に決着はつかなかったが、そのときの『照権実鏡』『守護国界章』『法華秀句』などの最澄の著作は、平安・鎌倉へと天台教学が発展・展開していく重要な基盤となった。

最澄は『法華経』の方便品を中心として、「三乗方便一乗真実」を主張して、三乗（声聞・縁覚・菩薩）の教えは真実へ導くための方便（巧みなる手だて）であって、真実には一仏乗を示すことが釈尊の出世の本懐であるとする。一方で徳一は「一乗方便三乗真実」を主張して、五性各別（声聞定性・縁覚定性・菩薩定性・不定性・無種性）の教説に基づき、成仏できるのは菩薩定性と不定性であると限定し、一乗思想は方便であるという立場を取った。

また、最澄と空海に端を発する平安仏教は、やがて天台密教（台密）と真言密教（東密）を大成するに至る。そして、南都の仏教も空海の影響を受けることになり、平安仏教の密教化は仏教信仰の呪術化を促進させ、平安時代においては怨霊や物怪の救済や調伏に効験があると信じられた。そして、密教の呪術祈禱を通して仏教の信仰は貴族を中心に、上下各層の人々に浸透していった。延暦寺第三世座主の慈覚大師円仁（七九四〜八六四）、第五世座主で園城寺を再興した智証大師円珍（八一四〜八九一）、および五大院安然（八四一〜九一五？）のころには、皇室や貴族の崇敬を得て天台は興隆したが、同時に天台密教が体系化され、真言宗の東密に対する台密が大成されていく。また、最澄の『山家学生式』にみえる四種三昧の一つの常行三昧を淵源として天台浄土教が発展していく。円仁は在唐中に五台山竹林寺で慧遠の流れをくむ法照院流の念仏を受け、それが比叡山に移行されたと考えられており、比叡山で不断念仏が修されるなど（『慈覚大師伝』）、浄土教的な修行が多く見られるようになっていった。また、比叡山中興の祖とされる良源（九一二〜九八五）は『極楽浄土九品往生義略註』を著して比叡山の念仏を学問的に大成し、貴族層に大きな影響を与えた。また空也（九〇三〜九七二）は天暦二年（九四八）に比叡山に上り、天台座主延昌について得度して、光勝という僧名となる。さらには、空也の沙弥名を名のって、庶民信仰の念仏を勧める聖として活躍し、架橋などの社会事業を通して念仏を民間に広めていった。

最澄は『無量義経』の「四十余年未顕真実」の文に基づき、華厳・方等・般若を「四十余年未顕真実」「歴劫修行」とみて、無量義・法華を「真実」「即身成仏」「大直道」とする。そして、『法華秀句』などには法師品「已今当最為難信難解」によって『法華経』が弘まるべき末法という時代がいよいよ近づいているという「時機判」を示し、神力品の「四句要法」によって『法華経』を他経に対して「果分」と位置づけるなど「法華最勝」を主張していくことは周知のとおりである。また、一方で最澄の密教観は顕密一致であるとされるが、その顕密一致は『法華経』を中心とする顕密一致であり、このため後に日蓮は、円仁・円珍をはじめとする当世天台宗は密教を尊重するに過ぎており、「法華最勝」を主張する最澄の思想から遠ざかってしまっていると批判している（浅井円道『上古日本天台本門思想史』）。

源信における浄土念仏思想と『法華経』の一乗思想

恵心僧都源信（九四二〜一〇一七）は『往生要集』を著作して、日本浄土教興隆の基礎を築いた。源信は、大和国（奈良県）葛城郡当麻郷に生まれ、父は占部正親、母は清原氏。伝によれば、七歳で父と死別し遺命により出家、九歳のとき比叡山に登り慈慧大師良源に師事、一三歳のとき得度受戒したとされる。一五歳にして法華八講の師に任ぜられ学才の誉高かった。顕密両教を学び天台教学を究め、三三歳で法華会の広学竪義に預り名声を得たが、名利を嫌って横川に隠棲し、学問に精進したので、横川僧都・恵心僧都と称される。『源氏物語』の「横川の僧都」のモデルとなったことでも知られる。

『往生要集』は、源信が四三歳の永観二年（九八四）十一月から書き始め、翌年四月に完成したもので、三巻十章からなる日本浄土教の基礎を確立した。濁世末代の人に極楽往生の道を示すために、念仏に関する経論疏の要文を集めている。厭離穢土・欣求浄土を説き、現実の苦や不浄・無常などを直視して、浄土こそ欣び願い求める所であることを明らかにし、正修念仏・助念方法・別時念仏を論じて、念仏とそれに必要な修行の方法を説く。しかし、念仏については観想が主体であり、称名念仏の比重は低い。また臨終正念を重視している。そこに示される地獄の描写は、末法思想の隆盛と並行して、民衆を浄土念仏の信仰に導く重要な契機となっている。永延二年（九八八）に源信は『往生要集』などを宋の周文徳に贈っている。

また『二十五三昧式』は、『往生要集』の教説に基づいて念仏三昧を勤修する三昧会の結衆の指針である。さらに、正暦年中（九九〇～五）には霊山院を造営し、華台院に丈六弥陀三尊を安置し、迎講を始めた。

『一乗要決』は六五歳の寛弘三年（一〇〇六）十月に起稿された三巻の書。法相宗の三乗思想・五性各別思想について天台の一乗思想の立場から反論している。最澄と徳一の論争を継承して、法相との論争の終結を期した書である。一切衆生悉有仏性を標榜して、法華一乗の立場から、『法華経』の種々の思想を検証した書として貴重である。巻末には、無量寿仏の前に生まれることを願うことが記されている点に、平安時代の浄土念仏と『法華経』思想の関連を特徴をよく示している。

厭離穢土とは、娑婆世界をよごれた穢土として捨て去ること。欣求浄土とは清浄な極楽世界を切望することである。このような浄土念仏の根本思想は、現世の栄華を死後も継続することを願う貴族たちにおおいに受け容れられ、念仏信仰は隆盛をきわめた。一方で、「装飾経」「埋経」は『法華経』などの経典を尊崇する例であり、また『法華経』の哲理も貴族たちに歓迎された。

末法思想

最澄と円仁・円珍、そして良源・源信の活躍した時代には、地震や火山の噴火、大雨・洪水・暴風・落雷などの天災が多く発生し、飢饉や疫病の発生、そして謀反・海賊・盗賊などの世情不安に民衆は悩まされていた。このような悲惨な状況を背景として末法思想・浄土思想が隆盛し、末世の衆生の救済を説く『法華経』にも関心が高まり、このような思想は鎌倉新仏教の創始へと継承されていく。

三時の年限については諸説あるが、釈尊入滅後の時代は、『大集経』等によると次のような三時に区分される。

正法…釈尊入滅後一千年。正しい教えが実践されている時期。

像法…その後の一千年。正法に似た教えが実践されている時代。

末法…入滅後二千年以後の一万年を正法の滅する時代とする。

最澄の『末法灯明記』（鎌倉時代には真撰と考えられていた）は延暦二〇年（八〇一）を仏滅千七百五十年と記しており、『周書異記』において釈尊の入滅を「周の穆王五十二年」（紀元前九四九年）と算定することを基盤としている。唐の法琳（五七二～六四〇）『破邪論』上にも『周書異記』が引かれている。なお現代では仏滅年次について紀元前四八五年、前三八六年（宇井説）、前三八三年（中村元説）などが提示されている。ともかく、平安時代には永承七年（一〇五二）が末法の初年であるという危機感が高まり、末法思想が貴族社会を中心に強く意識され、浄土念仏の思想が隆盛となった。『扶桑略記』永承七年にも「今年始めて末法に入る」とみえる。

法然は厭離穢土・欣求浄土を説く念仏思想を強調し、『選択本願念仏集』を著作して、末法の衆生は機根が劣るので、『法華経』などの経典は末法の衆生の機根にかなわないと主張して、専修念仏の有効性を唱えた。一方で、日蓮は『開目抄』『観心本尊抄』などの著作において、末法の衆生を救うには釈尊の経説の中でも最高の経典である『法華経』によるべきであると主張した。このように、日蓮や親鸞などの鎌倉新仏教の祖師たちは、『周書異記』や『末法燈明記』を論拠として、末法という時代認識に立っていたと考えられる。特に日蓮は末法こそ『法華経』が弘まるべき時であるとみて「末法為正」を強調している。ひるがえって、『日本三代実録』『日本紀略』『扶桑略記』『貞信公記抄』『日本高僧伝要文抄』『尊意贈僧正伝』『本朝世紀』『文徳実録』『観世音寺資財帳』『左経記』『小右記』などによって、末法初年とされた永承七年の前の二百年の災害について概観すると次のようになる。地震や火山の噴火、大雨・洪水・暴風・落雷、旱魃や飢饉、疫病の流行、そして謀反などの政情不安が当時の民衆を苦しめていたことがわかる。京都の大火（万寿元年など）や寺院の火災（伯耆国分尼寺・天暦二年、大安寺・長久二年、比叡山・承平五年、興福寺・永承元年、金剛峯寺・正暦五年など）、数年ごとの大暴風雨によって起こる京中大洪水、飢饉・旱魃（元慶二年・延喜一三年・天暦十年・永延元年・永承二年）、放火・群盗・海賊が頻発していたことが記録されている。

一方で、貞観八年（八六六）には最澄に伝教大師、円仁に慈覚大師の諡号、延長五年（九二七）には円珍に智証大師の諡号を賜り、寛和元年（九八五）には源信が『往生要集』を著作している。また、天延二年（九七四）に『蜻蛉日記』、長保三年（一〇〇一）に『枕草子』が成り、寛弘五年（一〇〇八）には『源氏物語』の一部が成り、同七年（一〇一〇）には『紫式部日記』が成っている。

【地震】


貞観一一年（八六九）五月二六日、陸奥国で大地震と津波が起こり死者が多数（貞観地震）。

元慶二年（八七八）九月二九日、関東で大地震、死者多数。

仁和二年（八八六）八月四日、安房国で地震・雷などが頻発。

仁和三年（八八七）七月三十日、京・諸国で大地震、圧死者・津波による溺死者多数、以後断続する。

天慶元年（九三八）四月一五日、京で大地震、京城の垣、内膳司など破壊される。地震十月までやまず。

貞元元年（九七六）六月一八日、大地震、八省院・豊楽院・東寺・西寺・極楽寺・清水寺・円覚寺・近江国分寺などが倒壊、圧死者多数。


【火山の噴火】


貞観六年（八六四）五月二五日、駿河国、富士山の噴火を報告。十月三日、肥後国阿蘇郡の神霊池が突然沸騰し、翌年二月以降まで続く。

貞観一三年（八七一）四月八日、出羽国鳥海山噴火。

延喜一五年（九一五）七月一三日、出羽国、火山灰が降り、農作物を損なったと報告。

承平七年（九三七）一一月・長保元年（九九九）三月七日・長元五年（一〇三二）一二月一六日、富士山噴火。

【疫病の流行】


仁寿三年（八五三）四月二六日、天然痘流行。

延喜一五年（九一五）十月二六日、疱瘡流行。

延喜二〇年（九二〇）・延長元年（九二三）、咳病流行。

延長八年（九三〇）、春から夏、疫病流行。

承平二年（九三二）四月、疫病流行し、賑給・奉幣・読経などを行う。

天暦元年（九四七）六月・天延二年（九七四）八～九月、正暦四年（九九三）・正暦四年（九九三）八月、疱瘡流行、京中死者多数。

長保三年（一〇〇一）五月九日・長和四年（一〇一五）三月から秋、疫病流行、死者多数。

寛仁四年（一〇二〇）・万寿二年（一〇二五）、疱瘡流行。

長元三年（一〇三〇）・寛徳元年（一〇四四）疾疫流行。


【謀反・政情不安】


延喜元年（九〇一）一月二五日、醍醐天皇を廃し斉世親王の擁立を謀ったとして、菅原道真を太宰権師に左遷。

承平五年（九三五）二月、平将門、伯父の常陸大掾平国香・前大掾源護と対立・国香を殺害し、野本の戦いで護の子扶・隆・繁を殺害、国香方の拠点を焼き打ちする（平将門の乱）。

天慶四年（九四一）このころ藤原純友が瀬戸内海の海賊勢力と結び反乱を起こすが、六月二〇日、伊予国で警固使橘遠保、純友を斬る。

長元元年（一〇二八）六月二一日、前上総介平忠常、東国で反乱・検非違使平直方・中原成通らを追討使とする（平忠常の乱）。

『源氏物語』と『法華経』

平安時代には「厭離穢土・欣求浄土」の浄土念仏の根本思想が、現世の栄華を死後も継続することを願う貴族たちにおおいに受け容れられ、また悲惨な災難や政情不安を背景として末法思想が隆盛となった。一方で、『法華経』の哲理も貴族たちに歓迎された。そして、『仁王般若経』『金光明最勝王経』『法華経』は鎮護国家三部経として重んじられた。清少納言も『枕草子』に「経は法華経さらなり」と記すように、『法華経』は女性を中心として貴族たちの信仰を集め、紫式部の『源氏物語』にも『法華経』の思想がちりばめられている。なかでも女人の成仏を説く『法華経』提婆達多品第十二に関心が持たれた。『法華経』の講会である法華八講や法華三十講でも提婆達多品の講義がある日は特別盛況であったと言われる。また紫式部は『摩訶止観』などの、難解な智顗の注釈書も読んでいたとされる。『源氏物語』は架空の物語ではあるが、平安時代の仏教信仰のあり方を如実に反映していると考えられる。そこで、紫の上の周辺を通して、提婆達多品の女人の成仏の思想と貴族の女性たちについて論じたい。

「わらは病」という熱の出る流行病に罹った光源氏は、北山の修験の聖の祈禱を受けに北山へ行く。某僧都の坊をみると美しげな少女がいた。顔つきがまことに愛くるしい感じで、眉のあたりはほんのりけぶり、あどけなくかきあげている顔や、髪の生えざまがとてもかわいらしい。幼い頃の紫の上である。藤壺宮に面影のにた少女であった。そのことに気づいた光源氏は、ふと涙が落ちるという。成長したらきっと美しい女性になるに違いないと思った源氏は、手元に引き取って理想的な妻となるように養育し、葵の上の没後に結婚。光源氏の最愛の妻となるが、女三宮の降嫁による心労が重なって病気がちになり、法華八講を営んだあと源氏に先立ち御法の巻で没している。

つらつきいとらうたげにて、眉のわたりうちけぶり、いはけなくかいやりたる額つき、髪ざし、いみじううつくし。ねびゆかむさまゆかしき人かな、と目とまりたまふ。さるは、限りなう心を尽くしきこゆる人に、いとよう似たてまつれるが、まもらるるなりけり、と思ふにも涙ぞ落つる。（若紫）

やがて紫の上は、このようなおざなりの在俗の生活ではなくて、出家して勤行もしたいと思い、この世はこの程度だと終わりまで見た気がすると、源氏に出家の願いを申し出るが許されない。

いまは、かうおほぞうの住まひならで、のどやかに行ひをも、となむ思ふ。この世はかばかりと、見はてつる心地する齢にもなりにけり。さりぬべきさまに思しゆるしてよ。（若菜）

紫の上は大患ののち病弱な毎日を続け、出家を希望するが源氏は許すことがない。そこに、紫の上は自身が女の身であることに罪の深さの理由を見出す。そして、紫の上の個人の願として二条院で『法華経』を毎日一部供養する千部会が行われた。法会で重要な役割を果たす七僧（講師・読師・呪願師・三礼師・唄師・散華師・堂達）の法衣の色合いなどについても、細かく心配りされている（読師は、維摩会・最勝会などの法会のとき、講師と相対して仏前の高座にのぼり、経題・経文を読み上げる役目の僧）。また『法華経』（寿量品「諸天撃天鼓　常作衆伎楽」）のとおりに、読経に打楽器を合わせる趣き深い様子は、春を好まれる紫の上の心そのままであると描写される。

年ごろ、私の御願にて書かせたてまつりたまひける法華経千部、急ぎて供養したまふ。わが御殿と思す二条院にてぞしたまひける。七僧のほうぶくなど、品〻たまはす。物の色、ぬい目よりはじめて、きよらなること限りなし。（中略）夜もすがら、たうときことにうち合はせたる鼓の声絶えずおもしろし。ほのぼのと明けゆく朝ぼらけ、霞の間より見えたる花の色〻、なを春に心とまりぬべくにほひわたりて　　（御法）

法華八講とは、『法華経』八巻を八座に分けて、一巻ずつ講讃する法会《ほうえ》のことである。法華会・御八講・八講ともいい、中国が起源とされる。古来、日本では追善供養を目的とした『法華経』の書写が広く行なわれていた。それが、奈良時代末期から平安時代初頭にかけて、追善のために『法華経』を講讃するようになった。これが法華八講であり、延暦一五年（七九六）に勤操が石淵寺で行なった法華八講が初例として知られている。この後、各地に広まり、寛平元年（八八九）九月二四日に、宇多天皇が光孝天皇に奉る為に、嘉祥寺において法華八講が修されるなど、平安時代に広く営まれるようになった。

法華八講では、読師が経を唱えて、講師が経文を講説し、問者が教義についての質問をして、講師がそれに答える。また、精義は問答を判定し、堂達が進行を司る。紫式部の歌に「たへなりや　今日は五月

の五日とて　いつつの巻に　あへる御法も」とあるように、提婆達多品講説の五巻の日には、参列者がさまざまな供養の品を捧げて薪の行道を行った。

蓮の花が咲くころ、明石中宮主催の法華八講が六条院の寝殿で行われた。紫の上は供養の品々などに心配りをして、尊いさまはたとえようもないという。提婆達多品の五巻の講説の日には、あちらこちらから女房のつてをたよって参上し、大勢の人々が集まってくる。

蓮の花の盛りに、御八講せらる。六条院の御ため、紫の上などみな思し分けつつ、御経仏など供養せさせたまひて、いかめしく尊くなんありける。五巻の日などは、いみじき見物なりければ、こなたかなた、女房につきつつ参りて、もの見る人多かりけり。（蜻蛉）

過去世の釈尊が薪を拾うなどして、仙人であった提婆達多に仕え、『法華経』の教えを受けた話が講じられたという。行基作と伝えられる「法華経をわが得しことは薪こり菜摘水汲み仕えてぞ得し」（『拾遺集』）を歌って、薪や水桶などを捧げながら行道する様子はすばらしいと記述される。

今日の講師は、心ことにえらせたまへれば、薪こるほどよりうちはじめ同じういふ言の葉も、いみじう尊し。（賢木）

やがて、紫の上の死去に際しては、昼夜に念仏するとともに、源氏は『法華経』を僧たちに読誦させたという。

やむごとなき僧どもさぶらはせ給て、さだまりたる念仏をばさるものにて、法花経など誦ぜさせ給、かたがたいとあはれなり。（御法）

説話文学と『法華経』（観音信仰）

『今昔物語集』などの説話文学は、世俗的なありさまを仏法の世界に包み込み、そこに生きる仏縁なき衆生のいとなみも所詮は仏の世界のひとつの現れであると捉えている。『今昔物語集』三一巻は、作者は未祥であるが一二世紀の初めに成立したと考えられている。内外の文献の翻案を含む説話千余を、天竺（インド）・震旦（中国）・本朝（日本）の三部に分けて収めた、わが国最大の古説話集である。その思想の淵源には、『法華経』の世界とかかわりの深い部分が多く見うけられる。また、一〇世紀末ころには、京都や畿内の観音霊像を安置する寺院に参詣することが貴族や民衆に流行したが、『法華経』観世音菩薩普門品第二十五には、観世音菩薩が娑婆世界に出現して三十三身を現わし（普門示現）、衆生を救うことを説き、『法華経』を信仰し布教することの功徳を明らかにしている。このため、『今昔物語集』には『法華経』と観音信仰にまつわる説話もみられる。日本の観音信仰は、飛鳥時代に日本に伝来したと思われ、奈良時代には多面多臂の変化観音像も造られ盛んであった。その頃の観音信仰は、鎮護国家および日常的な致富や除災など、現世利益が中心であったが、平安時代の一〇世紀頃には浄土信仰の発達を背景に、観音信仰も来世的色彩を帯びてくる。このため、現世利益に加えて、六観音による六道抜苦や、阿弥陀の脇侍としての来迎引摂の利益も説かれた。毎年一月一八日に仁寿殿（平安宮内裏殿舎のひとつ）で観音像を供養する二間供などの「観音供」、観音の徳を讃える「観音講」、観音を本尊として罪を懺悔する「観音懺法」などの観音の法会が発達していく。

《『今昔物語集』鬼に追いかけられて逃げる話・巻十二第二十八話》

肥後の国に一人の書生があり、毎日役所にかよっていた。ある日、馬に乗って一人で役所に向かったが、道に迷って夕方になってしまった。一件の家を見つけて道を尋ねると、中から鬼女が出てきたのであわてて逃げた。鬼女に追いつかれ、馬が倒れてしまったので、仕方なく目の前の穴に逃げ込み、観音様に助けを願った。鬼女が穴に向かって「私の食事です。返してください」というと、穴の底から「お前は馬を食べただろう。これは私の食事だ」と声がして、鬼女はあきらめて去っていった。書生は観念したが、穴の底からは「昔、聖人があって、ここに卒塔婆を立てて『法華経』をお納めになった。私は残った『妙』の一字です」と声がして、書生は助かった。

《『今昔物語集』病難・水難をまぬがれる》

一本のわらから始まって、偶然を重ねながら富貴を獲得した話（長谷寺観音の利益譚）。最初に手に入ったものを大切にせよという仏の告げに従い、つまずいたとき手につかんだ藁に、飛んできたアブをとらえてくくり付け、それからミカン、布、馬、田と交換して富む話（わらしべ長者）。また、観音を信仰する蛇を助けた男が、蛇の化身の美しい女性に導かれ、目を閉じると龍宮にたどりつき、富（決してなくならない金の餅）を得た話がある。ここには、観音信仰と水との関係において、水中あるいは水辺に現れて、童子や何らかの呪物を授けて、人々に幸福をもたらす女神として描写される。また、森から人界を訪れる異類の女性を、女神である山神の変身型と理解している。

法華七喩を詠んだ和歌

釈教歌は、和歌の分類の一つで、仏教の経典や教理を詠んだものである。『拾遺集（哀傷）』にすでに見え、『後拾遺集』には部立が設けられている。『法華経』に関する釈教歌も数多くあるが、ここでは「法華七喩」について詠んだいくつかを紹介したい。

①譬喩品の三車火宅の喩

門出には三つのくるまと聞きしかど果は思の外にぞありける（藤原公任）

衆生の住む世界は五濁（煩悩の汚れ）に満ち、安住することが出来ないのを火宅（火災にあっている家）に喩え、生死の迷いの生活にとらわれている二乗三乗の人々を子供らに、長者を仏に喩える。仏は生死の迷いの世界から人々を救うために方便を説いて、火宅の中で遊ぶ子供たちに、望むところの羊車（声聞乗）・鹿車（縁覚乗）・牛車（菩薩乗）の三車を与えようと告げて門外に誘い出し、火宅を出た人々に一仏乗の教え（大白牛車）を与えた。

②信解品の長者窮子の喩

親とだに知らでまどふがかなしさにこの宝をも譲りつるかな（赤染衛門）

長者の子でありながら幼い時に流浪して貧乏であると思う子（二乗）を、父の長者（仏）が見つけて、あらゆる手段を用いて導き、最後に財産を受け継ぐべきことを自覚させた。仏は自分を声聞と思っている者に、いろいろな方便を説いて菩薩としての自覚を持たせることに喩えたもの。

③薬草喩品の三草二木の喩

ひとときにそゝぎし雨に潤ひつゝ三草二木もえだなさしてけり（僧都源信）

大地の草木は種々雑多であるが、一雨あれば平等に潤いを受け、大きい小さいによって水を多く吸ったり生長に差別がある。衆生の素質や能力はいろいろであるが、仏性は平等である。仏の説くのも一仏乗の他になく、三乗をみな導いて一仏乗に入らしめるのが『法華経』である。

④化城喩品の化城宝処の喩

古のちぎりも甲斐やなからましやすめて道にすゝめざりせば（藤原公任）

旅行者たち（衆生）が遠くにある宝処（真実のさとりの世界・一仏乗）に行こうとして、途中で疲れてしまった時、すぐれた指導者（仏）が道の途中にまぼろしの城（方便のさとりの世界・三乗）を出現させて旅行者たちを休息させ、彼らの元気がもどったところで化城を消し、もう少しで本当の目的地があることを明らかにして、宝処に至らしめた。

⑤五百弟子品の衣裏繋珠の喩

おのづから清きこゝろにみがかれて玉ときかくる法を知る哉（西行法師）

貧しい人（二乗）が友人（仏）の所へ行き、酒（無明煩悩）に酔って眠ってしまった。友人は外出するとき宝珠（『法華経』）を衣の裏に縫い付けて去った。貧しい人はそれに気づかず苦しんだが、友人に再会して宝珠のことを知り、豊かな生活を送るようになった。

⑥安楽行品の髻中明珠の喩

見ず聞かずまして手に取る事はあらじ今日我が得たる法の宝を（慈鎮和尚）

転輪聖王（最高の王）が戦いの勇者に髻（もとどり）に秘蔵する宝珠を容易に与えず、最大の戦功者のみに与えるように、仏も『法華経』を容易に説かず、すべての煩悩（心の迷い）を断ち切る真の勇者に説き与えるという譬喩。

⑦如来寿量品の良医治子の喩

おろかにぞ親のまもりと留め置く薬を知らで身をうれひける（三條実隆）

父（仏）の不在中に誤って毒薬を飲み苦しむ子供たち（衆生）に、父が良薬（『法華経』）を与えて救おうとした。しかし、放心状態（失心）の子供たちは薬を服用しないので、父は旅先から使者を遣わし「父は死せり」と告げさせた。子たちは悲しみのあまり本心を取戻し、良薬を服して病は全治した。仏の寿命が久遠常在（永遠）であることを顕す。

『法華経』の美術

『法華経』は鎮護国家三部経の一として尊重され、観世音菩薩の現世利益や女人成仏を説く経典として平安時代にはさかんに信仰された。このため華麗な装飾を施した装飾経や各品の内容を図絵にした経絵が描かれた。また、釈尊や普賢菩薩などの仏像や仏画が製作され、それを収める経箱・経筒の美術・

工芸も大いに発展した。さらに、将来仏である弥勒菩薩の出世までの経典の存続を願った経塚造営や理経もその一端である。

『法華経』には経典の読誦・書写・受持の功徳が明確に説かれている。このため、善美を極めた写経や装飾経の多くは『法華経』である。その代表ともされる平家納経（国宝・広島厳島神社蔵）は、平清盛が平家一門の繁栄を祈願して長寛二年（一一六四）九月に厳島神社に奉納した経巻である。『法華経』二八品に開経の『無量義経』と結経の『観普賢経』、および『般若心経』『阿弥陀経』『願文』を加えた三三巻からなるが、これは厳島神社の本地仏十一面観音が三十三に応現し衆生を救うという思想に基づくとされる。分担で書写されており、表紙、見返し、料紙、発装金具、紐、軸など、最高技術の絵画・書跡・工芸による華麗な装飾を施されている。金銀荘雲竜文銅製経箱、経箱を納める蔦蒔絵唐櫃も国宝に指定されている。

また『法華経』に関する絵画として法華絵曼荼羅図がある。見宝塔品の虚空での説相に基づき、八葉中央の宝塔に釈尊と多宝如来の二仏が並座している。さらに『法華経』二八品の内容を図絵にした法華経曼荼羅や、経典の内容に即して挿絵を描く法華経絵巻には、宝塔品の二仏並座の情景が、輝く光明の表現によって大胆に表現されている例もある。そして、扇面法華経は最も華麗であり、技法的にも特異な作品である。

彫像に関しては、釈迦如来を中心に文殊菩薩・普賢菩薩の両脇侍像をはじめ、観世音菩薩や十大弟子の立像など、『法華経』に依拠していると思われる造像は枚挙にいとまがない。観世音菩薩については、水瓶や蓮華を持物とする聖観音、千の慈手・慈眼によって、あまねく衆生を済度する千手観音、観音信仰の広がりの中でヒンドゥの神と接点を持って変化した十一面観音をはじめ馬頭観音・如意輪観音・魚籃観音・准胝観音などの造像が行われていく。ことに十一面観音は、頭上に十の小面をつけ、本面と合わせて十一面を持ち、観世音菩薩の救済者としての能力を具体化している。正面三面が慈悲面、左三面が瞋怒面、右三面が狗牙上出面、後方暴悪大笑面、頂上仏面であり、慈悲面は善き衆生を見て慈悲心を起こさせ、暴悪大笑相（忿怒相）は悪い衆生を見て、悪を改め善に向け、悪魔・魔障を降伏するという。

また、普賢菩薩勧発品第二十八には、末世に『法華経』を布教するものがあれば、普賢菩薩が六牙の白象に乗ってその修行者の前に現われて、守護するであろうことが説かれる。序品で文殊菩薩が現れて幕を開け、勧発品で普賢菩薩が幕を閉じるのであり、釈尊の説法において重要な役割を果たす脇侍の両菩薩は美術的にも重要な存在となっている。ことに平安時代には法華三昧の修法が流布したため普賢菩薩像が多く制作された。『法華経』が女人成仏を説くことに関連して、普賢菩薩が王朝貴族の女性たちを守護する祈念の対象として尊重され、華麗で優美な作品が多くつくられていった。

第七章　鎌倉新仏教と『法華経』

原　愼定

末法思想

仏教の歴史観では、釈尊の入滅後、正法・像法・末法と時代が下るにつれて、正しい教法が衰退するとされる。正法一千年の時代には教（教説）・行（実践）・証（悟り）が備わっているが、像法一千年には次第に仏法が形骸化して証を欠き、末法の世には行証がなくなって最後は法滅を迎えるという。末法に入る年については諸説あるが、日本では仏滅時を紀元前九四九年とし、永承七年（一〇五二）を末法初年とする説が最も普及した。

平安後期の成立と考えられる『末法灯明記』（伝最澄撰）によれば、像法の末と末法においては、戒律を保持する持戒の者はありえず、むしろ破戒・無戒の僧侶が世の真宝として尊崇されるべきであるとする。法然・親鸞・日蓮らはこの書を最澄の真撰として引用しており、当時の社会不安や危機意識を乗り越えて、仏法の興隆を図る道を探っていった。

鎌倉新仏教の祖師たちは、いずれも基本的に比叡山で学び天台教学を修めている。ところが法然と親鸞は末法思想を根拠として、自力による悟りを否定して法華経とは決別し、専修念仏による救いの道を唱えた。いっぽう日蓮は、末法においてこそ仏陀釈尊の根本精神が説示された『法華経』を弘通することにより、混乱した社会秩序の是正を図るべきであると主張し、「法華経の行者」としての生涯を貫徹した。

日本における浄土教の台頭

日本天台宗においては、恵心僧都源信（九四二―一〇一七）が『往生要集』を著して浄土教を体系化した。『往生要集』は十門からなり、第一門「厭離穢土」で地獄の様相を描写して現実世界を否定的にとらえ、第二門「欣求浄土」で浄土往生を指標とすべきことが説かれる。そして中心部分の第四門「正修念仏」では阿弥陀仏の姿を観想する方法や称名念仏、臨終念仏などが理論化される。ただし源信は一方で『一乗要決』を著し、最澄以来の課題であった天台の法華一乗説を集大成している。

法然房源空（一一三三―一二一二）は、一五歳で比叡山に入って天台三大部を学び、一八歳で遁世して叡空から浄土教と円頓菩薩戒を伝受し、さらに顕密諸宗を学んだ後、四三歳で善導の『観無量寿経疏』によって回心し、浄土宗を開宗した。末法の凡夫が称名念仏で往生できるとする画期的な主張を展開し、主著『選択本願念仏集』では、最も易行とされてきた称名念仏に絶対的な価値を置き、それ以外の善行を基本的にすべて否定した。

法然が諸行往生を否定したことは、旧仏教界から偏執の教えとして強く非難され、延暦寺と興福寺による上奏を経て、専修念仏禁止令が発布され、弟子四名が死罪、法然も土佐に流罪となった。また華厳宗の明恵高弁（一一七三―一二三二）は法然の『選択集』所説を破折するために『摧邪輪《ざいじゃりん》』を著し、法然が仏教の根本である菩提心を否定してしまったことと、旧仏教を聖道門とみなして浄土門と対比し、群賊に喩えて排斥したことを指弾している。

日蓮の法然批判と謗法観

法然の『選択集』に対して最も鋭く批判したことで有名なのが日蓮（一二二二―一二八二）である。日蓮の法然批判の論拠として、「謗法」というキーワードに着目することができる。日蓮は『立正安国論』において、当時の災難興起の原因を追究する中で、法然の『選択集』が「捨閉閣抛」を標榜して浄土門以外を全否定したことを問題視し、教主釈尊による衆生済度の御心に違背する「謗法」に陥ったとして、これを強く糾弾する。ついで予測される国難を未然に防ぐため、浄土教の指導者への布施の禁断と、仏法の秩序の立て直しを図るべきことを提言している。

「謗法」とは「誹謗正法」の略で、正しい仏法をそしること、悪く言うことを意味し、無間地獄に堕ちる罪として厳しく戒められている。仏法を信じて修行を志す者にとって、仏法を謗る行為が許される道理はない。よって至極当然の罪とも考えられるが、実は法然と日蓮はまったく異なる謗法観に立っている。

例えば法然は『百四十五箇条問答』の中で、「誹謗正法は、五逆のつみにおほくまさりと申すことは、まことにて候か」という問いに対し、「これはいと人のせぬ事にて候」と答えている。すなわち、「五逆」よりも「謗法」の方が罪が重いのではないかという問題提起に対して、「謗法」を人間が犯すことはありえないと弁明している。なぜこのように答えたのかを推測すると、法然は人間の機根（能力）に応じた教えを「正法」とみなしていたからであり、各人が分相応の教えに随順し実践している限り、誹謗行為は成立せず、よって謗法の罪は存在しえないとする見解であろう。

いっぽう日蓮は「正法」の基準を教主釈尊の御心に求め、釈尊滅後の人間が仏法を我が身に引き寄せて自己流に解釈したり、恣意的に受容して仏意に背くことを「謗法」とみなした。また謗法を「仏法の不思議」と称して、その実態を信仰上の「落とし穴」に喩えている。すなわち、仏法を信仰しながら罪に陥るという矛盾が存在し、自分では正しく仏法を受容しているつもりであっても、教主釈尊の御心を無視した自己中心的な信じ方であれば、謗法の落とし穴が待ち受けているという。この点について『妙法比丘尼御返事』には「謗法と申す罪をば、我もしらず、人も失とも思はず。但仏法をならへば貴しとのみ思ひて候程に、此の人も又此の人にしたがふ弟子檀那等も、無間地獄に堕つる事あり」と述べている。

このように「正法」の正しさの基準を教主釈尊の側に置くか、教えを受ける人間の側に置くかによって、「謗法」の解釈が全く異なることを知る。法然が人間の「機」を中心としたのに対し、日蓮は釈尊の「教」を中心とする仏法受容の立場であった。このため法然は謗法の事実はないと弁明し、日蓮は社会全体が謗法の状態に陥っていると警告する、正反対の主張がなされたわけである。

「唯除五逆誹謗正法」の解釈

阿弥陀仏による衆生救済を説く浄土教では、『無量寿経』に説示される法蔵菩薩の四十八願が重要な意味をもつ。なかでも法然は、第十八願に救済論の根拠を見出したとされ、そこには、「設《たと》ひ我、仏を得んに、十方の衆生至心に信楽して、我が国に生ぜんと欲して乃至十念せん。若し生ぜずんば正覚を取らじ。唯だ五逆と誹謗正法とを除く」とある。ここで注目されるのは、阿弥陀仏が因位としての法蔵菩薩の時に立てた本願において、十方の衆生の往生を保証しながらも、「五逆」と「謗法」を「唯除」すると説かれている点である。

「五逆罪」とは一般に、殺父、殺母、殺阿羅漢、出仏身血、破和合僧をさし、釈尊在世の提婆達多と阿闍世が犯した逆罪をまとめたものといえる。すなわち提婆達多は釈尊の従弟でありながら、嫉妬心から釈尊に敵対して殺阿羅漢、出仏身血、破和合僧の罪を犯し、加えてマガダ国の王子であった阿闍世を教唆して殺父と殺母（未遂）の罪を犯させた。釈尊在世中における逆罪の典型であり、このうちの一つでも犯せば無間（阿鼻）地獄に堕ちるとして仏教史上、強く戒められてきた。提婆達多は「三逆罪」を犯して反省がなかったために現身のまま無間地獄に堕ちたとされ、阿闍世は悪瘡に冒されたが釈尊の教化に浴することによって懺悔して救いを得たとされる。

『無量寿経』に説かれた阿弥陀仏の本願には、上記のように「唯除」という付帯条件があり、「五逆」と「謗法」の者は救済の対象から除かれたと見ることができる。いっぽう『観無量寿経』には、不善の業たる「五逆」「十悪」を作り、諸の不善を行うような下品下生の衆生であっても念仏によって往生できると説かれている。浄土三部経の中の両経の説に矛盾があるため、これは浄土教における重要課題とされ、さまざまな会通が試みられている。

中国の曇鸞（四七六—五四二）は『往生論註』において、『無量寿経』では五逆と謗法の二罪を犯しているから救われないが、『観無量寿経』では五逆の一罪だけだから往生できると解釈する。また五逆を犯しても謗法を犯さなければ往生できるならば、謗法を犯して五逆を犯さない者は救われるのかとの設問に対して、謗法の罪は極重であるから、一罪であっても浄土を願生する理がないので往生することはできないと答えている。しかしながら、驕り高ぶる心によって正法を誹謗した者であっても、苦しみの報いを受けながら阿弥陀仏の名号を聞けば、如来の家に入ることができると説いている。

中国浄土教の大成者とされる善導（六一三—六八一）は『観無量寿経疏』散善義において、「抑止門《おくし》」と「摂取門」という会通を示している。「抑止門」とは、如来の慈悲心から、五逆と謗法の二罪を犯さないように抑え止める願いをあらわしたものとする解釈である。「摂取門」とは、五逆はすでに犯した者がいる（已造業）ために大悲を発して摂取して往生させ、謗法は未造業であるとしながら、万一犯す者が出たとしても、本願の真意からはすべての罪人を救いとって往生させるというものである。さらに善導は『法事讃』において、すでに五逆や謗法の重罪を犯した者であっても、真に回心懺悔すれば、本願力によって浄土に生まれる道があることを説いている。

このように浄土教では、阿弥陀仏の本願による救いの絶対性が強調され、五逆と謗法という重罪でさえも許容するのが阿弥陀仏の慈悲であると解釈されている。法然の開いた浄土宗の教義は「ひとえに善導一師に依る」とされ、また先述したように法然は、末法の人間が「謗法」を犯すことはありえないとする立場を標榜していた。法然の弟子である親鸞は絶対他力の信仰から、さらに「唯除」の機について主体的な解釈を展開し、いわゆる「悪人正機」説を徹底することになる。

親鸞の阿闍世解釈

親鸞（一一七三―一二六二）は『教行信証』信巻末「逆謗摂取釈」において、『涅槃経』梵行品と迦葉菩薩品に説かれる阿闍世の罪と救いに関する「王舎城の悲劇」の物語を長文にわたって引用し、阿闍世を「唯除」の機の典型として捉えている。このことから「唯除」とは、特定の極悪人を排除するという意味でなく、阿闍世のように深くその罪を懺悔し回心して救われるべき者を指し、五逆と謗法の者こそが逆説的に本願の正機であるという独自の解釈を展開するのである。

親鸞は『教行信証』総序において、王舎城の悲劇の意義について次のように記している。浄土の教えを説き明かす機縁が熟し、提婆達多が阿闍世をそそのかして、父王の頻婆沙羅を殺害する逆罪を犯させたことによって浄土往生の行を修める正機が明らかになり、釈尊が母の韋提希を導いて阿弥陀仏の浄土を願わせた。これは「権化《ごんげ》の仁」すなわち菩薩たちが人間の姿をとって、苦しみ悩むすべての人々を救済しようとされたのであり、また如来が慈悲心から、五逆の罪を犯す者や、仏の教えを誹謗中傷する者や、さとりを求める心のない一闡提に、恵みを施そうと思われた、と。すなわち提婆達多と阿闍世、および頻婆沙羅や韋提希も、いずれも本来は菩薩であると解釈されている。つまり親鸞は王舎城の悲劇を、表層的には凡夫の罪による苦しみと救いをあらわしているが、深層的には、仏および菩薩が仮に姿を変えて現れ、愚かな人間たちを浄土に誘引するための物語として捉えていた。

また親鸞は阿闍世物語を父と母と子の家族間の愛憎ドラマとして捉え、人間の煩悩にまつわる「罪」は人間相互の関係の中で連鎖しており、縁起と空の思想によって「罪」は解消されるという見解に立っている。このことから、阿闍世を煩悩具足の凡夫の典型として捉え、親鸞自身の内省的な意識の中で阿闍世と自己の同一化を図り、浄土念仏の信心を確立しようとしたものと考えられる。

日蓮の悪人成仏論

いっぽう日蓮は『涅槃経』の阿闍世物語を、教主釈尊に対する違背の「罪」をめぐる社会的ドラマとして捉え、悪知識に惑わされて仏法の秩序が混乱し、社会全体が「罪」に陥ったためにマガダ国にも災難が続出したという『守護国界主蛇羅尼経』の説示に注目する。「救い」の側面については、阿闍世が父王殺しの罪による慚愧の念から、全身に悪瘡を生じて苦悶したが、耆婆大臣の勧めによって釈尊に帰伏し、その教えを信受することによって救われたというプロセスを重視する。ただし日蓮は『涅槃経』梵行品の経説に依拠しながら、阿闍世の救いはあくまでも法華経の教理に立脚すると主張している。

そもそも法華経では、序品の会座に同聞衆として阿闍世が登場し、また提婆達多品では提婆達多は釈尊の過去世の師（阿私仙人）であったとされ、釈尊の成道にとって不可欠の「善知識」として肯定した上で、未来成仏（天王如来）の授記が示される。日蓮の行動理念は法華経の深い教理に根ざしており、悪人成仏というテーマを抽象的な観念論にとどめることなく、末法の歴史社会における実践倫理として具現化することを目指している。

法華経の教理的特色としては「一仏乗」と「開会《かいえ》」の思想を挙げることができる。「一仏乗」とは、人間の能力の相違や思想的対立などを克服して融和させ、統合する理念である。それは無理やりに一つの色に染めるのでなく、互いに相手を尊重し、違いを認め合いながら、全体として調和を保つ機能を有する。「開会」の思想もまた同様で、法華経の精神に反発する存在があっても、単に排除するのでなく、むしろ積極的に向き合うことによって、対立を乗り越える道が開かれるという考え方である。釈尊に敵対して「逆罪」を犯した提婆達多にも成仏の道が開示されたのは、こうした敵対的相即の理念に基づいている。日蓮自身も「敵なければ我が非を知らず」（『開目抄』）、「諸の悪人は又善知識也」（『富木殿御返事』）、「かたうど（方人）よりも強敵が人をばよくなしけるなり」（『種種御振舞御書』）と述べるように、敵対する他者によってこそ、自己の精神性が高められるという認識に立っていたのである。

日蓮の使命感と他宗批判の意義

日蓮の他宗に対する批判は生涯を通じて展開されたが、そもそも日蓮はなぜ他宗を批判したのであろうか。他宗批判の文面に見られる「謗法」という用語は、仏法を自分本位に受容したり恣意的に解釈して教主釈尊の御心に背く罪を意味する。ここで問題なのは各自がその「罪」に気づかないことである。自分では正しいと思いながら、罪に陥る矛盾。いわば小さな善意の積み重ねが巨大な悪を生むという悲劇に直面している。こうした事態は、大局的な見地に立たなければ認識できるものではない。そこで日蓮は、各宗の人師の仏法受容と教義解釈のあやまちを是正するための行動を起こした。すなわち「謗法」の実態を闡明化し、まずは指導者に対して自己反省を促そうとしたわけである。そこには当然のことながら反発が予想され、法難を忍受することを覚悟の上で仏法の秩序の立て直しを図ろうとする日蓮の姿があった。

法華経には教主釈尊の「未来記」として、末法の時代に仏陀の根本精神を弘通すべき必然性と、その担い手となる「法華経の行者」が克服しなければならない種々の法難について予言的に説かれている。なかでも勧持品には、増上慢に陥った俗人・出家者、特に高僧達から、法華経の行者が受ける法難について具体的に予見される。たとえば「数数見擯出」（しばしば擯出せられん）という一節は、複数回にわたり布教の拠点を追放されるという意味である。日蓮はこの経文を二度の流罪体験によって色読し、法華経の教えの真実性を立証できたとしている。法難とは、けっして自虐的なものではない。批判精神を積極的に発揮するが故に法難は起こるのであり、仏法が生きた教えとして機能している証拠と見なければならない。特に法華経は、混迷する社会の中で真実・正義・和平の実現をめざして、前向きに努力しようとする人間を根底から支える理念を有しているのである。

法華経の教えは、個人レベルのさとりや救いに安住させるものではない。社会的存在としての人間が、それぞれの役割と責任にめざめ、使命を貫くことが課題とされ、法華経の理念を社会に機能させるための担い手が要請される。それゆえ釈尊滅後の弘経者（如来使）には必ず法難が起こると予言され、しかも真の弘経者は仏から「衛護」（法師品）されると説かれるのである。

常不軽菩薩の受難と滅罪

日蓮が「法華経の行者」としての生き方の模範としたのは、法華経の第二〇章に登場する常不軽菩薩であり、久遠の仏陀釈尊の因位（過去世における菩薩行）の一齣《ひとこま》とされる存在である。常不軽菩薩は威音王仏の像法時代において、出会う人々ごとに「私はあなた方を尊敬します。けっして軽蔑しません。なぜならあなた方は皆、菩薩行を全うして仏に成る方々だからです」と述べて、礼拝行を徹底的に実践した。ところが慢心を起こしている人々は彼を軽蔑し、罵りの言葉と暴力によって彼を迫害した。それにもかかわらず、常不軽菩薩はすべての衆生が成仏するという法華経の精神を具体的に身をもって実践し続けたわけである。常不軽菩薩を迫害した人々は「謗法」の罪により、きわめて長期間にわたって地獄に堕ちたが、幾多の紆余曲折を経て常不軽菩薩と再会し、ついに真実の教えに帰依することができたという。

この物語におけるキーワードは「受難と滅罪」であり、法難を堪え忍ぶことによって自己の滅罪を果たし、それと同時に社会全体の人々の罪を贖うことができたとされている。すなわち常不軽菩薩の行軌には、「受難」による自己の「滅罪」という側面と同時に、敵対する他者の「罪」をあえて顕在化させ、それを逆縁として法華経の救済の世界へと導くという宗教的課題が内包されているのである。

日蓮が目指した社会の救い

日蓮は末法の日本国という歴史社会において、あらゆる人間存在が教主釈尊の真意を見失い、それとは知らずに「謗法」の罪に陥っていることを発見した。そこで日蓮は、「法華経の行者」としての弘経活動によって、あえて敵対者を興起させ、「罪」を顕わし出そうとしたものと考えられる。たび重なる受難体験は、社会に潜在している「罪」を顕在化するための宗教実践であり、日蓮はそれを貫くことによって自己の滅罪と社会の贖罪を果たそうとしたわけである。

このことは『顕仏未来記』に「幸なる哉、一生の内に無始の謗法を消滅せんことよ。悦ばしい哉、未だ見聞せざる教主釈尊に侍へ奉らんことよ。願はくは我を損する国主等をば最初に之を導かん。我を扶くる弟子等をば釈尊に之を申さん。我を生める父母等には未だ死せざる已前に此の大善を進《まい》らせん」と説かれるように、自己の「滅罪」意識とともに社会への回向として明示されている。

また『報恩抄』には「日蓮が慈悲広大ならば南無妙法蓮華経は万年の外《ほか》未来までもながるべし。日本国の一切衆生の盲目をひらける功徳あり。無間地獄の道をふさぎぬ」と述べられる。これは、「謗法」の罪によって堕地獄の危機に直面していた日本の社会全体を、日蓮は自己の宗教実践によってかろうじて救い得たとする「贖罪」の表明にほかならないのである。

第八章　日蓮の法華仏教

北川　前肇・関戸　堯海

はじめに

安房の清澄寺を出発点として、日蓮は鎌倉・比叡山・園城寺・四天王寺・高野山などで仏教研鑽を重ねた。鎌倉新仏教の祖師たちの多くがそうであったように、日蓮にとって比叡山延暦寺における天台教学の研究がその中心となっている。その修学の成果として、天台大師智顗の主張に基づき、日蓮は『法華経』がまさしく釈尊の本意が説かれた最も優れる経典とみた。日蓮は末法という時代性を背景とし、智顗の教義を進めて『法華経』の教えを受持することを第一義とし、唱題による末世の衆生救済を主眼とした法華仏教を確立した。そして、建長五年（一二五三）四月二八日の早暁、輝く朝日に向かって力強く南無妙法蓮華経の題目を唱えた。これが、立教開宗であり、このときが日蓮宗の開創とされる。

日蓮が永年の研鑽に基づき構築した広大無辺な法華経世界は、限られた紙数で容易に表現できるものではないが、ここでは「日蓮の五大部」と称される代表的な五大著作を取り上げ、日蓮の法華仏教の基幹となった重要教義のいくつかについて論じることとする。なお、どの著作をもって五大部とするかについては諸説あるが、ここでは『立正安国論』『開目抄』『観心本尊抄』『撰時抄』『報恩抄』と考えたい。

諫暁の書──『立正安国論』──

『立正安国論』は、文応元年（一二六〇）七月一六日に前執権北条時頼に奏進された諫暁の書である。正嘉元年（一二五七）の鎌倉大地震を契機として、日蓮が岩本実相寺（静岡県）の一切経蔵にこもって、災難を克服するための答えを仏典に求め、その結論を書き上げたとされる。『立正安国論』は「四六騈《しろくべん》儷体《れんたい》」の典雅で流暢な文体が用いられ、字体もはっきりと堂々としている。執権職を辞したが実権を握っていた北条時頼に奏進するにあたり、日蓮は親交のある大学三郎などの有識者からアドバイスをうけ、修辞・訂正を重ねた。「立正」とは、真実の法（正法《しょうぼう》）を明らかにすること。「安国」とは、正法によって日本国と一閻浮提《いちえんぶだい》（世の中すべて）の人々を安穏にすることである。日蓮は、表面的には隆盛のように見えても、内実は釈尊の本意である『法華経』が見失われている当時の仏教界を批判した。そして、人々の心が間違った方向に行くばかりでは、『薬師経』の「三災七難」などのうち、いまだ発生していない自界叛逆難《じかいほんぎゃくなん》（内乱の勃発）と他国侵逼難《たこくしんぴつなん》（外国からの侵略）が興起するであろうと予言した。

『立正安国論』では法然の浄土教を厳しく批判した。専修念仏を主張する法然の教義が結果的には『法華経』を謗ることになるからである。日蓮の生涯は迫害の連続であったが、その端緒となったのが『立正安国論』の奏進であった。奏進の翌月の八月二十七日に松葉ヶ谷の草庵が焼き討ちされ、翌年の弘長元年（一二六一）に伊豆伊東（静岡県）に配流される。さらに、文永元年（一二六四）十一月十一日には東条松原大路（千葉県）で熱心な念仏信者であった地頭の東条景信に襲撃され、文永八年（一二七一）九月十二日には松葉ヶ谷の草庵で逮捕された上、龍口で斬首にされかけ、佐渡へと流罪された。また、日蓮は数次にわたって『立正安国論』を自ら書写しており、臨終間近の弘安五年（一二八二）九月二十五日には、最後の法談として『立正安国論』を講述したといわれる。このことによって、日蓮にとって『立正安国論』がいかに重要な著作であったことがわかるが、日蓮の法華仏教の根幹となる重要教義については、明確に論じられない。それは「勘文《かんもん》」という形式であったことに由来している。

『立正安国論』は「九問九答」と「客の領解」（十番問答）によって構成されている。第一問答から第八問答（序分）は「災難の由来と経証」「謗法の人と法」「災難対治」「謗法の禁断」について説かれており、念仏批判とその禁断によって国難を防ぐことを明らかにする「破邪」の段であるとみることができる。第九問答（正宗分）は他国侵逼難と自界叛逆難を予言し『法華経』に帰依すべきことを勧める「顕正」の段であり、第十段は「客の領解」（流通分）である。鎌倉幕府に『立正安国論』を奏進したことによって、幕府が日蓮を召喚することがあれば、公場の論争の場において仏教の根本教義を開陳することを目指していたため、眼前にある災難の事実を提示し、その原因が釈尊の精神に違背する法然浄土教に由来していることを強調するために（破邪）、その根底にある教義理論（顕正）についてはあえて詳細に論述しなかったとされている。

五義の教判

日蓮はあらゆる仏教典籍を比較検討した結果、『法華経』が末法の衆生を救済する教えであることを教・機・時・国・序（師）の五方面から明らかにした。これを「五義」あるいは「五綱」の教判という。「教判」とは教相判釈の意味で、諸経典がもつ教理を一定の規準のもとに比較検討して浅深勝劣を判断し、最も優れた経典を判定するための理論体系である。「五義」は伊豆流罪の地で弘長二年（一二六二）に著述された『教機時国鈔』において初めて表明された教判で、日蓮が諸経典のなかから妙法蓮華経という題目（妙法五字）を選び取る理由を説明している。言うまでもなく「五義」は日蓮にとって妙法五字を布教する「法華経の行者」に必要な心構えの基準となるものである。

「教」とは、教法の浅深を明らかにすること。すべての経典の中から『法華経』を選び取ることで、『法華経』のなかでも本門の肝心である妙法五字の題目を最高の教法とみることである。

「機」とは、教法を受ける者の宗教的理解能力。日蓮は末法の衆生は機根、すなわち教法を理解する能力が劣る者であるとみた。さらに、その見解を進めて、末法の衆生は釈尊の本意にかなわずに、かえって『法華経』の教えに背く「逆縁の機」であるとみなす。

「時」とは、『法華経』が流布する時代のこと。『法華経』は釈尊が在世の弟子・信徒たちのために説いた経典だと一般に考えられるが、釈尊入滅後の教法が滅尽していく時代経過に着目して考えたとき、釈尊は末世の衆生のために『法華経』を説いてくださったのだというのが日蓮の立場である。このため、末法の初めにこそ、『法華経』が流布すべきであることを論証する。

「国」とは、教法が弘まるべき国土のこと。宗教的空間を意味する。日蓮は、日本国こそが『法華経』に有縁の国であり、『法華経』が流布すべき国であることを強調する。

「序」とは、教法が流布していく順序のこと。日蓮は、教法が弘まっていく順序として、まず初めに小乗仏教があり、続いて『法華経』より以前に説き示された方便の教えである大乗の諸経典（権大乗）があるとする。そして、そこからさらに釈尊が『法華経』で明らかにした真実の教え（実大乗）に帰入すべきであると主張した。小乗仏教から権大乗、そして実大乗という順序で教法が流布していくべきとするのである。日蓮は佐渡流罪を契機として法華経の行者としての自覚を深めていく。このため、佐渡流罪以後は「序」が「師」と表現されていくようになる。「師」は、その時、その国で教法を弘める主体者。客観的な歴史考察としての「教法流布の前後」ということが、教法流布を担う仏使としての「師」の自覚に発展していったことを知ることができる。

二乗作仏と久遠実成――『開目抄』――

文永八年（一二七二）十一月、佐渡の塚原三昧堂に到着すると同時に、日蓮は『開目抄』を書きはじめ、翌年二月に書き上げる。塚原三昧堂は、京都の蓮台野のような死者を葬る場所に建てられた堂であり、寒風が吹きつける明日をも知れぬ極限状態の中で執筆された。『開目抄』は「日蓮のかたみ」として門下に法門を伝えるための論述で、『法華経』こそが末法の人々を救う教えであることを力説した。このため、『開目抄』では「日蓮といゐし者は去年《こぞ》九月十二日子丑《ねうし》の時に頸《くび》はねられぬ。此《これ》は魂魄佐土《こんぱくさど》の国にいたりて、返年《かえるとし》の雪中にしるして、有縁の弟子へをくれば、をそろしくてをそろしからず」（定五九〇頁）と述べられ、「日蓮という者は、龍の口で首を刎ねられ死んでしまった。魂だけが佐渡の国に到着して書き上げたのである。身命を惜しまぬ決心がなくて、この『開目抄』を目にする人にはどんな恐ろしいものだろう」と壮絶な決意が表明される。

『開目抄』では、『法華経』のすぐれた教説の特色として「二乗作仏《にじょうさぶつ》」と「久遠実成《くおんじつじょう》」挙げている。二乗作仏とは、『法華経』方便品以下の教説で、爾前《にぜん》の諸経（『法華経』が説かれる以前の説法）で否定されてきた声聞《しょうもん》（仏の声を直接聞いて修行し、自已の悟りを求める者）・縁覚《えんがく》（無仏の世に出て、十二因縁などの法によって修行し、自已の悟りを求める者）の二乗が成仏できることを明らかにしたことである。大乗菩薩道は「上求菩提《じょうぐぼだい》　下化衆生《げけしゆじょう》」という、自己の修練につとめ悟りの境地を目指すと同時に、他の人々を悟りの世界へと導くことを根本精神とする。しかし、二乗は自已の悟りを追究するが、他を顧みることがないので、諸経典では成仏が否定されてきた。『法華経』では方便品を中心として、二乗の成仏を明確に説いている。また日蓮は、提婆達多品の「悪人成仏」「女人成仏」も、方便品に開顕される一仏乗の教えに集約されると考えていた。仏教の根本理念である「一切衆生悉有仏性」（『涅槃経』）が『法華経』において完結されるとみていたのである。また、如来寿量品では久遠実成を説いて、釈尊はインドのブッダガヤの菩提樹の下で始めて成道した（始成正覚《しじょうしょうがく》）のではなく、真実には五百億塵点劫《ごひゃくおくじんでんごう》の過去に成仏し、過去から未来にわたって衆生を教化してきた永遠の釈尊であることが明らかにされる。『開目抄』には、二乗作仏と久遠実成という『法華経』の思想的な二大特色について次のように述べる。

迹門方便品は一念三千・二乗作仏を説て爾前二種《にぜんにしゅ》の失《とが》一つを脱《のがれ》たり。しかりといえどもいまだ発迹《ほっしゃく》顕本《けんぽん》せざれば、まことの一念三千もあらはれず、二乗作仏も定まらず。水中の月を見るがごとし。根なし草の波上に浮《うかべ》るににたり。（定五五二頁）

『法華経』迹門（前半部分）の中心をなす方便品は、一念三千《いちねんさんぜん》・二乗作仏を説いて、『法華経』以前の諸経の二つの失点のうち一つをまぬがれることができた。しかし、いまだ迹門の教えを開いて、本門（後半部分）の趣旨を顕《あき》らかにしていない。真実の一念三千は明らかにされず、二乗作仏も根底が明らかにされていない。あたかも、水面に浮かんだ月の影を見るようなものであり、根無し草が波の上に浮かんでいるようなものである。釈尊から、はるかな時を隔てた末法の時代に生きる衆生にとって、釈尊の永遠性が明らかになってこそ、釈尊の救いの世界にことができると述べている。

また『開目抄』には、「我れ日本の柱とならむ、我れ日本の眼目とならむ、我れ日本の大船とならむ」（定六〇一頁）の三大誓願が示される。「日蓮は日本の柱として日本国を背負っていこう。日本の眼目となって精神の行く末を見守ろう。日本の大船となって人々を安穏な世界に渡そう」という誓願を達成することを目指し、立教開宗以来、人々を幸福な世界へと導くという大目的に邁進してきたことを表明されている。

なお、見宝塔品の後半で釈尊は「如来はまもなく涅槃に入るだろう。誰かこの娑婆世界に妙法蓮華経を弘める誓願を起こす者はいないか」と問いかける。その要請に対して多くの菩薩たちが申し出るが、釈尊は受け入れない。そして、従地涌出品において地涌の菩薩が登場し、あらためて如来神力品において釈尊は十神力を現わして、上行菩薩を代表とする地涌《じゆ》の菩薩に妙法蓮華経の五字を与え、末法救済の使命を付嘱《ふぞく》（付託）する。数々の迫害を体験した日蓮は、この教説によって上行菩薩の再誕としての自覚に立つ。これを「上行自覚」「法華経の行者自覚」と言うが、ことに龍口法難《りゆうこうほうなん》（佐渡流罪）の大法難を体験した「日蓮は法華経の行者」であることをと確信した。

一念三千と妙法五字――『観心本尊抄』――

『観心本尊抄』は詳しくは『如来滅後五五百歳始観心本尊抄《にょらいめつごごごひやくさいしかんじんほんぞんしょう》』という。文永十年（一二七三）四月二十五日、佐渡の一谷《いちのさわ》で執筆された。日蓮の教義は天台大師智顗《ちぎ》の『法華玄義《ほつけげんぎ》』『法華文句《ほつけもんぐ》』『摩訶止観《まかしかん》』を基盤とするが、それは、『法華経』を中心とする教義の樹立を意味する。なかでも智顗が提唱した「一念三千の法門」について、末法という時代性に即して、より実践的な立場から「南無妙法蓮華経」の題目の受持によって末世の衆生が救われると主張した。

「一念三千」とは、凡夫の一瞬一瞬の心に、三千の世界を具えていることである。『摩訶止観』に創設された法門であるが、日蓮は末法の凡夫を救うための中心理念となり得ると考えた。『観心本尊抄』の冒頭には、「一念三千の世界」について次のように述べる。

摩訶止観の第五に曰《いわ》く、〈世間と如是と一なり、開合の異《ことなり》なり〉、夫《そ》れ一心に十法界《じっぽうかい》を具す。一法界にまた十法界を具すれば百法界なり。一界に三十種の世間を具すれば、百法界に即《すなわ》ち三千種の世間を具す。この三千、一念の心にあり。もし心なくんば已《や》みなん。介爾《けに》も心あれば即ち三千を具す。乃至《ないし》、所以《ゆえ》に称して不可思議境となす。意《こころ》ここにあり等云云。〈或《あ》る本に云《いわ》く、一界に三種の世間を具すと〉

（定七〇二頁）

『摩訶止観』第五巻（十章のうち第七章の正修止観章）を取り上げ「一念に具わる三千の世界は十界・十如是・三世間によって構成される。このうち、十如是と三世間をかけ合わせれば三十種世間になる。別々に記すか、合わせて記すかの相違にすぎない。人間の一念の心には十法界（地獄界・餓鬼界・畜生界・修羅界・人間界・天上界・声聞界・縁覚界・菩薩界・仏界）が具わり、その一法界は、それぞれにまた十の法界を具える。このため、一念に百法界を具えることになる。さらに、百法界はそれぞれ一法界ごとに三十種の世間を具えるので、全体では三千種の世間が具わっていることになる。この三千の世間が、一瞬をよぎる心に具わっている。もし心がなければ始まらない。一刹那《せつな》のわずかな時間でも、心がはたらくならば、そこに三千の世間が具わる。このように、心の移りゆく世界を〈不可思議な境地〉と呼ぶ。（ある本には〈一界に三種の世間を具える〉という表現になっている）」などと示す。

三千の世界の構成は、まず十界それぞれに十界が具わって「百界」になる。それに十如是が具わって「千如是」になり、さらに三種世間が具わって「三千世間」となる。十界とは、迷えるものと悟れるものとの境地を仏・菩薩・縁覚・声聞・天人・人間・修羅・畜生・餓鬼・地獄の十種に分類したもので、『華厳経』などに説かれている。十界それぞれに十界が具わると百法界になるので、これを「十界互具」という。その上、一瞬一瞬の心には「十如是」と「三種世間」が具わるとされる。十如是は『法華経』方便品に説かれるもので、諸法（あらゆる存在）に十のカテゴリイ（範疇・部類）があり、これらが緊密に連関し合ってはたらいていることを言う。十如是とは①如是相（外面にあらわれたすがた）②如是性（内的な本体・本性）③如是体（相や性を統一する主体）④如是力（体がそなえている潜在的能力）⑤如是作（力が現れて作動するもの）⑥如是因（果を招く直接原因）⑦如是縁（因を補助する条件）⑧如是果（因と縁から生じた結果）⑨如是報（因果に報われた後世の果報）⑩如是本末究竟等（如是相から如是報までが一貫してそなわっており、おもむくところは実相にほかならないこと）になる。「三種世間」は、うつろい行く現象世界を三種に分類したもので、『大智度論《だいちどろん》』に説かれる衆生世間（生命あるもの）・国土世間（生命あるものが住む所）・五蘊《ごうん》世間（前二者を構成する要素）である。智顗は一念三千の法門によって衆生の心に仏性が具わること理論的に論証するが、日蓮は妙法五字の受持によって末法の凡夫の成仏が達成されるという実践的な観点から一念三千と妙法五字の関係性を提示する。このようなことから、智顗の一念三千の観法を「理の一念三千」、日蓮の観法を「事の一念三千」と称する。

日蓮は『観心本尊抄』で、釈尊の因行と果徳の功徳のすべてが妙法五字に具足することを論証する。

しかりといえども、文の心は、釈尊の因行・果徳の二法は妙法蓮華経の五字に具足す。我等この五字を受持すればぼ、自然《じねん》にかの因果の功徳を譲り与えたもう。（定七一一頁）

ここで、釈尊の因行の法（修行の因によって得た功徳）と、果徳の法（仏の果を悟り得た功徳）は、すべて妙法蓮華経の五字に具足していると述べる。凡夫が、妙法蓮華経の五字を受持すれば、おのずから釈尊によって成就された因行と果徳の功徳が譲り与えられるという。そして「四十五字法体段《ほったいだん》」と呼ばれる重要な一節では、娑婆世界《しゃばせかい》が本因《ほんいん》（久遠の仏の妙因の修行）・本果《ほんが》（久遠の仏の感得した果徳）・本国土《ほんこくど》（久遠の仏の永遠なる国土）の「三妙」が具わった永遠不滅の寂光土であることを明らかにする。

　今本時《いまほんじ》の娑婆世界は、三災を離れ四劫を出《い》でたる常住の浄土なり。仏すでに過去にも滅せず、未来にも生ぜず、所化《しょけ》以て同体なり。これ即ち己心の三千具足《さんぜんぐそく》、三種の世間なり。（定七一二頁）

移り変わる無常の仏土とはちがって、今「本時」という本門久遠絶対時間によって明らかにされた娑婆世界は、火災・水災・風災（根本的な大災害）を超克し、また成劫《じょうこう》・住劫・壊劫《えこう》・空劫（世界の成立と破壊の雄大な循環）を超克した永遠の浄土であるという。であるから、久遠実成《くおんじつじょう》の教主釈尊は、もはや過去世において入滅したこともなく、将来の世にも生まれることはない永遠の仏陀であり、教化を受ける題目受持者も永遠の釈尊と一体であると述べる。これこそ、凡夫の心に三千の法界を具えていることであり、国土世間・衆生世間・五蘊世間《ごうんせけん》を具えているとする。さらに『観心本尊抄』には「妙法五字即一念三千」という成仏の原理念が明確に述べられている。

　一念三千を識《し》らざる者には、仏大慈悲を起して、五字の内にこの珠をつつみ、末代幼稚の頸《くび》に懸《か》けさしめたもう。（定七二〇頁）

一念三千の法門を理解できない者には、教主釈尊が大いなる慈悲の手を差し伸べてくださり、妙法蓮華経という五字のなかに、一念三千の宝珠をつつみ、末代のいとけなき凡愚の衆生の首にかけてくださっている、というのである。

また『観心本尊抄』には、曼荼羅本尊の様相についても語られている。

その本尊の為体《ていたらく》、本師の娑婆の上に、宝塔空《くう》に居《こ》し、塔中《たっちゅう》の妙法蓮華経の左右に、釈迦牟尼仏・多宝仏。釈尊の脇士《きょうじ》は上行等の四菩薩なり。文殊・弥勒等の四菩薩は、眷属《けんぞく》として末座に居し、迹化《しゃっけ》・他方の大小の諸菩薩は、万民の大地に処して雲閣《うんかく》・月卿《げっけい》を見るがごとし。（定七一二～三頁）

「ご本尊の相貌《そうみょう》（すがた）を仰ぎ見ると、久遠実成の本師釈尊がおわして理想境が実現した娑婆世界の上に、多宝塔が虚空《こくう》（おおぞら）に浮かんでいる。多宝塔の中央の南無妙法蓮華経の左に釈迦牟尼仏（釈尊）、右に多宝如来、その両側に釈尊の脇士の上行《じょうぎょう》菩薩・無辺行《むへんぎょう》菩薩・浄行《じょうぎょう》菩薩・安立行《あんりゅうぎょう》菩薩の四大菩薩（地涌《じゆ》の菩薩の代表）がいらっしゃる。文殊菩薩、弥勒菩薩の迹化《しゃっけ》（迹門の教主によって教化された菩薩）の代表の四菩薩は、侍者として末座に坐す。その他の迹化の菩薩、他方から来訪したさまざまな菩薩たちは、万民が大地に坐って、雲閣（雲のうえびと）月卿（公家）を仰ぎ見るようである」と述べている。

『観心本尊抄』執筆の約二ヶ月後、文永十年七月八日に、この説示にもとづく曼荼羅本尊が、はじめて図顕《ずけん》された。これを「佐渡始顕《しけん》本尊」といい、これにより前に、曼荼羅本尊の初発的なものは文永八年（一二七一）十月九日に書かれている。中央の題目の左下に日蓮の花押が記され、左右に不動明王・愛染明王が書かれる。その後、弟子や信徒に多くの本尊が授与され、現存する日蓮の曼荼羅本尊は百二十余幅が確認されている。

未来記――『撰時抄』――

建治元年（一二七五）六月に撰述された『撰時抄』の冒頭には、「それ仏法を学せん法は必ず先ず時をならうべし」（定一〇〇三頁）とある。仏法を学び修行しようとする者は、必ず時を知らなければならないという。そこでは、釈尊の入滅後のインド・中国・日本における三時（正法・像法・末法）にわたる仏教流伝の歴史を述べ、末法こそ『法華経』が広く流布する時代であることを明らかにする。

仏教では、釈尊滅後を三時に分けるが、『大集経』によれば三時とは、「正法《しょうぼう》」（一千年）仏説が正しく伝えられていく時代、「像法《ぞうぼう》」（一千年）仏説が次第に形式化していく時代、「末法《まっぽう》」（万年）仏法はすたれてしまい、効力を失って、衰退してしまう時代となる。末法算出の基準となる仏滅年代については、現在では紀元前四～五世紀頃と考えられているが、日蓮や親鸞などの鎌倉時代の諸師は、『周書異記《しゅうしょいき》』および『末法燈明記《まっぽうとうみょうき》』等を典拠として、周の穆王《ぼくおう》五二年（紀元前九四九年）を仏滅年次とする説に拠っていた。したがって、永承七年（一〇五二）が仏滅二〇〇一年に当たり末法元年であるとされていた。

このような末法思想を背景として、日蓮は釈尊の金言である『法華経』薬王品、あるいは勧発品に予言されている未来記によって、『法華経』こそが末世に広宣流布すべき正法であると受けとめた。「未来記」とは、未来世のできごとを予見した言葉や文章のことである。日蓮は『法華経』の経文と聖徳太子

（五七四～六二二）・天台大師智顗（五三八～五九七）・妙楽大師湛然（七一一～七八二）・東春智度法師（伝未詳）・伝教大師最澄（七六七～八二二）などの文章を自己に引き当てて未来記の論拠として引用している。たとえば、それらの用例は以下のようである。

聖徳太子の未来記

日蓮の『安国論御勘由来』に「聖徳太子の記に云く、我滅度の後、二百余年を経て山城の国に平安城を立つべし」（定四二三頁）、『祈禱抄』に「上宮太子の記に云く、我滅後二百余年に仏法日本に弘まるべし」（定六八一頁）とあり、聖徳太子の滅後二百年に山城の国に平安京を設立すべきと予言されたとする。平安京の遷都は桓武天皇により実施されたが、桓武天皇は最澄を登用し、帰依をささげて天台法華宗を外護した。

『法華経』の未来記

日蓮は末世に『法華経』を布教する修行者が必ず迫害にあうだろうことを『法華経』みずからが予言しているとして、法師品「如来の現在すらなお怨嫉多し況や滅度の後をや」、安楽行品「一切世間怨多くして信じがたし」、勧持品の二十行の偈の三類の強敵《ごうてき》の文や、「数々《しばしば》擯出《ひんずい》せられ塔寺を遠離せん」、常不軽菩薩品「悪口罵詈」「杖木瓦石を以て之を打擲《ちょうちゃく》すれば」、譬喩品「経を読誦し書持することあらん者を見て軽賤憎嫉して結恨を懐かん」を未来記の文とする。また、末法にこそ『法華経』が広宣流布すべきだという未来記として、薬王菩薩本事品「我が滅度の後、後の五百歳の中、閻浮提に広宣流布して、断絶せしむることなかれ」、普賢菩薩勧発品「如来の滅後に於て閻浮提の内に広く流布せしめて断絶せざらしめん」をあげる。

天台大師智顗

『安国論御勘由来』には「天台大師の記に云く、我滅後二百余年の已後、東国に生れて我正法を弘めん」(定四二三頁)とあり、智顗が自ら東国での再誕を予言したといい、最澄によって天台法華宗が日本国に興隆することを智顗《ちぎ》の予言に求めている。また『法華文句』の「後の五百歳遠く妙道に沾《うるお》わん」を日蓮は未来記として受けとめ、智顗自身が末法の初めを予見して、真の『法華経』の利益は末法にあり、『法華経』を弘通する仏使が必ず出現し、智顗が末法のはじめを渇仰していると解釈している。

妙楽大師湛然

日蓮は『守護国家論』に湛然の未来記として『摩訶止観輔行伝弘決《まかしかんぶぎょうでんぐけつ》』から「この円頓《えんどん》を聞きて宗重《そうじゅう》せざる者は、良《まこと》に近代大乗を習う者の雑濫《ぞうらん》するに由る故なり」「像末は情澆《こころうす》く信心寡薄《かはく》にして、円頓の教法は蔵に溢《あふ》れ函《はこ》に盈《み》つれども、暫くも思惟《しゆい》せず、すなわち瞑目《めいもく》に至る。徒《いたず》らに生じ徒らに死す。一に何ぞ痛ましきかな」と引用する。湛然は当時の中国の華厳宗・法相宗の学者を批判したのであるが、日蓮はまさに末の世の仏法謬乱の様相を予見された言葉として受けとめている。また『法華文句記』では『法華文句』の「後の五百歳遠く妙道に沾わん」について、末法のはじめに『法華経』の利益があり、「後五百歳広宣流布《ごごひゃくさいこうせんるふ》」の時代であると扶釈するのを引用して、ひとつには末法の様相として、もう一方には末法に『法華経』が必然的に広宣流布されるべき釈尊の予見を援証することを目的とすると日蓮は捉えている。また勧持品の二十行の偈に関する『法華文句記』の「三種の強敵」の指摘も、日蓮は受難色読の文証として重要視している。

東春智度法師

『法華文句』および『法華文句記』の末注にあたる智度法師の『天台法華疏義纉』では、法師品の「如来の現在すらなお怨嫉多し況や滅度の後をや」について「問う、在世の時、許多《あまた》の怨嫉《おんしつ》あり。仏滅度の後、この経を説く時、何が故ぞまた留難《るなん》多きや。答えて云く、俗に言うがごときは良薬は口に苦しと。この経五乗の異執を廃して一極《いちごく》の玄宗を立つるが故に凡を斥《そし》り聖《しょう》を呵し、大を排《はら》い小を破り、（中略）かくのごときの徒《やから》、悉く留難をなす。多怨嫉の言、あに唐《むな》しからんや」と解釈するが、日蓮は『開目抄』『顕仏未来記』において、門下にまで及ぶ大難の興起している事実について、法難興起の必然性の文証としている。また、勧持品の三類の強敵について智度法師が『天台法華疏義纉』に「初に有諸より下《しも》の五行は、○第一に一偈は三業の悪を忍ぶ。これ外悪の人なり。次に悪世の下の一偈は、これ上慢出家の人なり。第三に或有阿練若より下の三偈は、即ちこれ出家の処に一切の悪人を摂す」等と解釈していることについて、『開目抄』に法華経の行者迫害の事実を証する文、すなわち未来記として引用している。

伝教大師最澄

日蓮は最澄の未来記について、『顕戒論《けんかいろん》』『守護国界章』『法華秀句』などに言及して、法華経の行者に必然的に興起する迫害の予言、『法華経』が日本国に有縁であることの文証、末法に『法華経』が広宣流布するという予言、自界叛逆難・他国侵逼難の事実、最澄が末法を願楽（ねがうこと）したことなどを意図して引用している。なかでも『守護国界章』に「正像やや過ぎおわりて末法はなはだ近きにあり。法華一乗の機、今正しくその時なり」とあることについて、日蓮の『顕仏未来記』『富木殿御返事』『曽谷入道殿許御書』などでは、最澄が末法の始めを願楽していると解釈して、『法華経』の広宣流布は末法の始であって、最澄の当時ではないのであるから、最澄が正法流布の時代を願い、恋慕の念をもっていたと理解していた。

日蓮の著作に『顕仏未来記《けんぶつみらいき》』があるが、その題号は「仏の未来記を顕わす」という意である。仏の未来記を実現することは、仏の未来記がいつわりなき「真文」であり、未来を見通す「明鏡」であることを証明することである。日蓮は「如来の未来記」を現実に実践し、迫害の体験を通して身に読んだ（色読）。これは仏の教説を実証し、仏の教えを永遠の未来記として歴史的に位置づけたことになるだろう。

そして、日蓮は未来記を末法の人々に明らかにすることを目標としてきたが、龍口法難を契機として上行菩薩の自覚を得て、釈尊の如来使として末法における修行のあり方を提示するために三大秘法を開示した。三大秘法とは本門の本尊（定）・本門の戒壇（戒）・本門の題目（慧）であり、日蓮が示した信仰の三法である。本門の本尊とは、『法華経』本門の中心である寿量品にはじめて明らかにされた久遠実成の永遠不滅の本仏釈尊のことである。本門の戒壇とは、本門の本尊を安置し、妙法五字を受持する道場のことであり、南無妙法蓮華経と唱えることは仏教を修行する者が戒を受けることになる。本門の題目とは、本門の教主釈尊の因行と果徳をそなえた妙法蓮華経の五字であり、南無妙法蓮華経の七字である。久遠の本仏釈尊を仰いで本尊とし、妙法五字の題目を信じて唱題を実践し、釈尊と我々が一如であることを体験実証する境地にあることを目指すものである。そして、ここに本門の戒・定・慧の三学が成就することになる。

真実の報恩──『報恩抄』──

清澄寺にあった旧師道善房が建治二年（一二七六）三月十六日（宗門伝承）に死去した。その道善房への報恩感謝・追善回向を目的として、『報恩抄』が同年七月二十一日に身延で著述されている。『報恩抄』には、真実の報恩が「南無妙法蓮華経」の題目を広く流布せしめることであると述べられる。そこには、世俗的な概念を超越した日蓮の報恩観が示されている。

日蓮が慈悲曠大《こうだい》ならば、南無妙法蓮華経は万年の外《ほか》未来までもながるべし。日本国の一切衆生の盲目をひらける功徳あり。無間地獄の道をふさぎぬ。此《この》功徳は伝教天台にも超へ、龍樹・迦葉《かしよう》にもすぐれたり。極楽百年の修行は穢土《えど》の一日の功に及ばず。正像二千年の弘通は末法の一時に劣るか。是はひとへに日蓮が智のかしこきにはあらず。時のしからしむる耳《のみ》。（定一二四八～九頁）

ここで日蓮は「すべての人々を救いたいという、私の慈悲の心が広大であれば、南無妙法蓮華経のお題目は、万年どころか未来永劫までも布教され続けるだろう。そして、その仏道の修行は、日本国のすべての人々の目を開く功徳があり、無間地獄への道をふさぐものであり、この功徳は伝教大師や天台大師を超え、龍樹菩薩や迦葉尊者《そんじや》よりもすぐれている。極楽での百年間の修行の功徳も、娑婆《しやば》世界で積む一日の修行の功徳に及ばない。正法の時代と像法の時代にわたる二千年の仏法弘通の功徳も、末法の時代に題目を一時でも布教する功徳に及ばない。けれども、これは決して私の智慧が賢いからではなく、末法という時代の必然性によるのである」と述べている。

そして、『報恩抄』には、咲いた花は元の根にかえり、果実のまことの味は土にとどまるように、日蓮が『法華経』に身命をささげてきた功徳は、恩師道善房の聖霊の御身に集まるだろうと次のように述べる。

されば花は根にかへり真味《しんみ》は土にとどまる。此《この》功徳は故道善房の聖霊《しょうりょう》の御身《おんみ》にあつまるべし。南無妙法蓮華経。南無妙法蓮華経。（定一二四九頁）

なつかしく暖かい父母の恩、大切な師匠の恩に対して、仏法の真実、すなわち『法華経』の功徳のすべてをそなえる南無妙法蓮華経の題目を唱えることによって、末法の衆生救済の道を見出すという、真の智者として「報恩」を達成したのである。

日蓮教団の展開

弘安五年（一二八二）十月、臨終に際して日蓮は本弟子六人を定めた。日昭・日朗・日興《にっこう》・日向《にこう》・日頂・日持の六老僧である。日昭は鎌倉浜土の法華寺（のちの妙法華寺）、日朗は鎌倉比企谷の妙本寺・池上本門寺・下総平賀本土寺、日興は駿河富士の大石寺・重須本門寺、日向は身延山久遠寺、日頂と日常は中山法華寺・本妙寺（のち合寺して法華経寺）をそれぞれ拠点として各門流を形成発展させ、日持は海外布教の旅に出て、奥州・北海道を経て中国大陸に渡っている。また、日蓮からその弘通をゆだねられた日像は京都に進出し、有力商工人の帰依をうけ、妙顕寺は後醍醐天皇の勅願所となった。のちに洛内の日蓮宗は諸門流の活発な布教によって隆盛をきわめ、町衆とともに発展する。しかし、天文五年（一五三六）延暦寺などの既成仏教側からの襲撃により、京都二十一箇本山が焼失し、若狭の小浜や和泉堺に避難したが（天文法難）、同十一年に京都還住が許され、町衆の支援をうけ復興していった。

やがて、織田信長が統一政権の樹立を目指して上洛、豊臣秀吉から徳川家康へと強固な近世政権が確立される。そして、政治の一環としての政治政策が推し進められていった。中世の日蓮宗は折伏《しゃくぶく》（厳しく仏教信受のありようを論難する）による弘通をしていた。また、不受不施《ふじゅふせ》の思想はすでに日蓮のときに形成と展開がみられ、中世から近世初頭にあっては教団全体を通じて、伝統的宗制法度とされるほどであった。不受とは、日蓮宗以外からの布施・供養を受けないこと、不施とは日蓮宗以外の僧侶には供養しないことである。天正七年（一五七九）五月に安土の浄厳院で信長の命によっておこなわれた日蓮宗と浄土宗の論争（安土宗論）では、政治的に敗退させられ、文禄四年（一五九五）九月の豊臣秀吉の京都方広寺大仏供養会の出仕についても、『法華経』信奉者でない秀吉の法会に出席することは不受の制法にそむくが、出仕を拒絶するには秀吉の権力があまりに大きすぎ、出席せざるを得ない状況であった。さらに寛永七年（一六三〇）に受派の身延山久遠寺と池上本門寺などの関東不受派が論争したが、幕府の裁量によって不受派は敗退した（身池対論《しんちたいろん》）。

けれども、やがて僧侶の教育機関である檀林の設立として整備、日蓮遺文の出版刊行、祖師信仰の隆盛などを背景として、近世以降は信仰が高揚していった。加藤清正（一五六二〜一六一一）は、文禄の役には秀吉授与の題目旗をひるがえして戦功をあげ、本妙寺を熊本城内に移建するなど日蓮宗の外護につとめた。徳川家康の側室の養珠院お万の方（一五七七〜一六五三）は、身延山久遠寺の日遠《にちおん》に帰依し、慶長法難に連座して日遠が死刑にされようとしたとき、喪服をととのえて殉じようとしたほどの日蓮宗の熱心な信徒であった。女人禁制の身延の七面山に、女性としてはじめて登ったことでも知られている。草山元政《そうざんげんせい》（一六二三〜一六六八）は、はじめ彦根藩主の井伊直孝に仕え、病弱だったため京都妙顕寺日豊のもとで出家、のち洛南深草に隠棲して、漢詩や和歌の世界に身をおき、法華律《ほっけりつ》を提唱し僧道の復興を目指した。

現代においては、詩人・童話作家の宮沢賢治（一八九六〜一九三三）は岩手県花巻市に生まれた。生家は熱心な浄土真宗の信徒であったが、島地大等の編集した『漢和対照妙法蓮華経』（明治書院刊）を拝読して心うたれ、日蓮の法華仏教に深い思いを懐くようになっていった。死後に黒革の手帳の「雨ニモマケズ」のメモが発見されるや、その中に、いくつかの日蓮の曼荼羅本尊が記されるなど、賢治の生き方が常不軽菩薩の精神に基づくことが知られるようになった。第十六代立正大学長の石橋湛山（一八八四〜一九七三）は、東京市麻布区芝二本榎に生まれ、父の杉田湛誓は承教寺境内の東京大教院の助教補で、のちの身延山久遠寺第八十一世の法主である（杉田日布）。湛山は東洋経済新報社社長を経て、第一次吉田内閣蔵相、昭和三一年に首相となるなど、幅広い活動で日蓮の法華仏教の広宣に貢献した。

このような人々によって、日蓮の法華仏教の精神は脈々と今日まで受け継がれてきたのである。

【参考文献】

望月歓厚『日蓮教学の研究』平楽寺書店、一九六一年
茂田井教亨『観心本尊抄研究序説』山喜房佛書林、一九六四年
渡辺宝陽『日蓮宗信行論の研究』平楽寺書店、一九七六年
立正大学日蓮教学研究所編『日蓮教団全史』上、平楽寺書店、一九八〇年
上田本昌『日蓮聖人における法華仏教の展開』平楽寺書店、一九八三年
庵谷行亨『日蓮聖人教学研究』山喜房佛書林、一九八四年
北川前肇『日蓮教学研究』平楽寺書店、一九八七年
冠　賢一『京都町衆と法華信仰』山喜房佛書林、二〇一〇年など多数。

第三部

『法華経』の事典

あ

阿逸多　○あいった

Ajita（アジタ）の音写で、征服されないの意。阿逸多・阿迭多・阿耆多・阿氏多などとされ、『法華経』『阿弥陀経』『華厳経』『華手経《けしゅきょう》』などでは、弥勒菩薩の別称とする。『中阿含』巻十三の説本経や『賢愚経』巻十二では弥勒菩薩と阿逸多は別人として説かれる。『法華経』涌出品・分別功徳品・随喜功徳品で、釈尊は弥勒菩薩に向って「阿逸多」と呼びかけている。涌出品には「爾の時に世尊、是の偈を説き已って、弥勒菩薩に告げたまわく、我今此の大衆に於いて汝等《なんだち》に宣告《せんごう》す。阿逸多よ、是の諸《もろもろ》の大菩薩摩訶薩の無量無数阿僧祇にして地より涌出せる、汝等昔より未だ見ざる所の者は、我是の娑婆世界に於いて阿耨多羅三藐三菩提を得已《えおわ》って、是の諸の菩薩を教化示導し、其の心を調伏して道《どう》の意《こころ》を発《おこ》さしめたり。此の諸の菩薩は皆是《みなこの》の娑婆世界の下、此の界の虚空の中に於て住せり」とあり、聴衆を代表した弥勒菩薩の疑念に釈尊が答えて、成道後四十余年しか経過していないのに、大地から出現した地涌菩薩を釈尊がどうやって教化したのかという問題を通して、釈尊の永遠性が明らかにされて行く。

（関戸）

→弥勒菩薩

赤染衛門　○あかぞめえもん

平安中期の女流歌人（生没年不詳）で中古三十六歌仙の一人。父は赤染時用《ときもち》で、父の官によってこの名があるとされるが、平兼盛《かねもり》の妻が時用と再婚後に生まれたことから、兼盛の娘かともいわれる。大江《おおえの》為基《ためもと》との恋愛を経て、その従弟の大江匡衡《まさひら》に嫁し、藤原道長の妻の倫子《りんし》ならびにその子の上東門院彰子《しょうし》に仕えた。清少納言、和泉式部、紫式部とも交友があった。序品の釈尊の眉間の白毫について詠んだ「いにしえの妙なるのりを説きければ今の光もさかとこそ見れ」などが作品集の『赤染衛門集』に収録されている。また『拾遺和歌集』『後拾遺和歌集』などの勅撰集に作品が入集され、「栄花物語」上編の作者ともいわれる。（関戸）

悪人成仏《あくにんじょうぶつ》

仏教でいう悪人とは、殺生・偸盗・邪淫（以上身業）、妄語・綺語・悪口・両舌（以上口業）、貪欲・瞋恚・邪見（以上意業）の十悪や殺母・殺父・殺阿羅漢・出仏身血・破和合僧の五逆罪を犯す者、仏説を誹謗中傷する者のことで、本来地獄に堕ちるとされているこのような悪人が成仏する可能性があること、あるいは成仏することをいう。声聞・縁覚の二乗や女人等と共にさまざまな経典で排斥されていた悪人は、『法華経』において仏の記莂を受ける。すなわち提婆達多品において、提婆達多が天王如来の記莂を受けるのがこれである。提婆達多は斛飯王の子で阿難の兄、釈尊の従弟にあたるとされ、釈尊にしたがって一度は出家するが、釈尊を恨んで三逆罪を犯したため、生身のまま地獄に堕したという。ところがこうした事跡は『法華経』「提婆達多品」で一切触れられず、前生において国王であった釈尊が『法華経』を求めて阿私仙人のもとで不退転の給仕の修行をはじめ、阿私仙人より『法華経』を得て成仏する。この善知識たる阿私仙人こそ現世での提婆達多であることが明かされ、天王如来として成仏するという記莂を与えられる。『法華経』に登場するもう一人の悪人が、この提婆達多に釈尊の殺害をそそのかされた阿闍世王である。『大般涅槃経』梵行品には、提婆達多が阿闍世王をそそのかして、狂酔した象を釈尊と弟子に向かって放ち、殺害しようとしたことが述べられている。また、同品で描写される阿闍世王は、性格が悪く、殺戮を喜び、口業の四悪を具し、意業に三毒強盛で、未来を考えず、現世の五欲に執着するというものである。阿闍世王は父王に逆害を加えた結果、地獄の果報である悪瘡に罹り、外道の教えではなく仏の教えによって懺悔回心することで治したという。浄土三部経の『観無量寿経』にも阿闍世王の物語があり、それによると、提婆達多にそそのかされて実の父王と母后を籠牢したことが説かれ、母である韋提希の願いにより釈尊が下品上生の念仏、すなわち悪人往生の念仏を教示するというものである。法然と親鸞はこうした念仏の功徳に基づいて、善人と悪人の往生について、悪人を優位に置く説を展開していく。『法華経』序品で阿闍世王が聴衆の中に名を連ねていることが説かれ、提婆達多品の悪人成仏説に基づき日蓮は法華会座に阿闍世王が列座することを重視し、その成仏を認めている。（三輪）

→阿闍世王・提婆達多品《法華三部経とは（提婆達多品）》、《鎌倉新仏教と法華経》

阿私仙人

○あしせんにん

提婆達多品第一二で、釈尊の前生譚に登場する仙人。釈尊は過去、『法華経』を求めてこの仙人について不退転の修行を行っていたことを説き始める。そのとき釈尊は国王であった。王は仙人から『法華経』の教えを聴くために給仕の日々を過ごし、ついに妙法蓮華経に出会って成仏する。釈尊は、そのときの阿私仙人が釈尊の時代において三逆罪を犯した提婆達多であることを明らかにしたうえで、善知識として仏の記莂を授ける。（三輪）

→悪人成仏・阿闍世王・提婆達多・《法華三部経とは〈提婆達多品〉》

阿闍世王

○あじゃせおう

Ajātaśatru（アジャータシャトル）の音写。古代インド・マガダ国の王子で、未生怨と訳す。父は王である頻婆娑羅（Bimbisāra、ビンビサーラ）、母はその后である韋提希（Vaidehī、ヴァイデーヒー）である。『大般涅槃経』梵行品の描写によると、阿闍世王は性格が悪く、殺戮を喜び、口業の四悪を具し、意業に三毒強盛で、未来を考えず、現世の五欲に執着していたという。提婆達多にそそのかされて父王を殺害した果報として悪瘡に罹り、大医耆婆のすすめにより釈尊に救われたことによって仏教に帰依したという。また、提婆達多が阿闍世王をそそのかして、狂酔した象を釈尊と弟子に向かって放ち、殺害しようとしたことも述べられている。『法華経』では序品にその名が記されている。（三輪）

↓悪人成仏・涅槃経・《法華三部経とは（序品）》

阿修羅

○あしゅら

↓十界

阿僧祇

○あそうぎ

asaṃ-khya、もしくは asaṃkhyeya の音写。無数・無央数と漢訳される。一般的には数えることのできないの意であり、インドの数目では無量の数をあらわす。また中国の命数法においては一〇の五六乗であるとされ、『法華経』や他の仏典においては巨大な数の単位として表現される。「阿僧祇劫」の略として広大な時間の単位として表現される場合もある。（木村）

↓劫

阿那律

○あなりつ

Aniruddha（アヌルダ）と音写され、阿㝹楼駄・阿那律陀とも。釈尊のいとこにあたり、十大弟子の一人で天眼第一とされる。釈尊の説法の座にあって眠ってしまい、なんのために出家したのかと叱責されて、それ以後は釈尊の前で決して眠らないという誓いを立て、常坐不《じょうざふ》臥《が》の行を修すること長年に及んだ。その不眠の修行の結果として失明したが、天眼を得たとされる。釈尊の信頼あつく最後の旅にも同行していた。釈尊の入滅の際には、阿難に指示して葬儀を取り仕切っている。第一回結集には『増一阿含』の集成に貢献した。阿那律が天眼を得た因縁譚は有名で、『今昔物語集』阿那律、得天眼語第十九に「其の灯明を挑《かかげ》たる故に、九十一劫の間善処に生れて、遂に我れに値て、出家して果を証して天眼を得たる也」とあり、『三宝絵』『注好選』など諸書に散見する。阿那律は『法華経』序品の会座に阿㝹楼駄と音訳されて登場する。また、五百弟子受記品には「爾の時に千二百の阿羅漢の心自在なる者、是の念を作さく、我等歓喜して未曾有なることを得つ。若し世尊各《おのおの》に授記せらるること、余の大弟子の如くならば亦快《またこころよ》からずや。仏此等《これら》の心の所念を知しめして、摩訶迦葉に告げたまわく、是の千二百の阿羅漢に、我今当に現前に次第に阿耨多羅三藐三菩提の記を与え授くべし。此の衆の中に於て我が大弟子・憍陳如比丘、当に六万二千億の仏を供養し、然《しか》して後に仏に成為《な》ることを得べし。号《な》を普明如来・応供・正遍知《しょうへんち》・明行足《みょうぎょうそく》・善逝《ぜんぜい》・世間解・無上士《むじょうじ》・調御丈夫《じょうごじょうぶ》・天人師・仏・世尊といわん。其の五百の阿羅漢、優楼頻螺迦葉《うるびんらかしょう》・伽耶《がや》迦葉・那提《なだい》迦葉・迦留《かる》陀夷《だい》・優陀夷《うだい》・阿㝹楼駄・離婆多《りはた》・劫賓那《こうひんな》・薄拘《はく》羅《ら》・周陀《しゅだ》・莎伽陀《しゃかだ》等、皆当に阿耨多羅三藐三菩提を得べし。尽《ことごと》く同じく一号にして名けて普明といわん」とあり、千二百人の阿羅漢たちが、自分たちに授記されればどれほどうれしいことかという思いをいだき、それに応えて釈尊が代表して憍陳如に授記を与え、次に五百人の阿羅漢や阿㝹楼駄などの弟子たちに普明如来の授記を与えている。さらにこの場にいない余の七百人の阿羅漢たちにも、迦葉を通じて間接的に授記される。（関戸）

→十大弟子・声聞

阿難　○あなん

Ānanda（アーナンダ）と音写され、阿難陀とも。釈尊のいとこで十大弟子の一人。侍者として二五年のあいだ釈尊につかえた。説法を聴聞することが特に多かったので、多聞第一と称される。釈尊入滅後の第一結集のときは、経典を誦する役割を果たしている。釈尊の養母の摩訶波闍波提《まかはじゃはだい》が出家を希望したとき、その手助けをして仏教教団に女性の出家者をゆるすきっかけとなった。容姿端麗で情に篤い人として知られるが、厳格な迦葉とあい容れず、第一結集が開かれようとしたときには、いまだ有学であることが明らかにされてしまった。また、女性の出家の道を開いたことや、釈尊の寿命を縮めたことなど五過をあげて迦葉は阿難を非難したが、阿難は結集の直前に修行を完成して有学から無学に進み、結集に加わることができた。釈尊の入滅に際して阿難は、悲しみのあまり気を失い、地に倒れてしまったという。その阿難を阿那律が介抱している様子が涅槃図に描かれている場合が多い。阿難は『法華経』序品で会衆として列座しているほか、授学無学人記品では、阿難と釈尊が太子であったときの長子の羅睺羅に記莂が与えられている。阿難と羅睺羅を上首とする二千人の声聞が、将来の成仏を保証されることを念願した。そこで釈尊は、阿難が常立勝幡《じょうりゅうしょうばん》という国土、妙音遍満《みょうおんへんまん》という劫において、将来、山海慧自《せんかいえじ》在通王《ざいつうおう》如来となると授記を与えた。また、羅睺羅には蹈七宝華《とうしっぽうけ》如来、続いて二千の声聞に宝相《ほうそう》如来の将来成仏の保証が与えられた。このとき新たに菩薩道の実践を誓った新発意《しんぼっち》の八千人の菩薩は、菩薩に記莂が与えられないのに、どうして声聞に授記されるのかとの疑念を起こした。釈尊は、阿難らとともに過去において空王仏《くうおうぶつ》のもとで修行したという深い因縁を示して疑問に答えている。（関戸）

→十大弟子・声聞

雨ニモマケズ　○あめにもまけず

宮沢賢治（一八九六—一九三三）の代表作。「雨ニモマケズ」に示された「デクノボウ」精神は、『法華経』の菩薩道を詠ったものとして世に高く評価されている。賢治は、「法華経詩人」と称されるほど熱心な『法華経』信仰者で、日蓮の「本化の菩薩」として生きた不惜身命《ふしゃくしんみょう》の志に深く感化された。そのことは、本詩末尾に、南無妙法蓮華経の七字・釈迦多宝の二仏・本化の四菩薩（一塔両尊四士《いっとうりょうそんしし》）がしたためられていることからも窺える。（高森）

→常不軽菩薩・宮沢賢治・《近代文学と『法華経』》

阿羅漢　○あらかん

サンスクリット語のアルハン（arhan）に相当する音写。応供（尊敬、施しを受けるに値する聖者）、殺賊（煩悩の賊を殺す）、不生（涅槃に入って迷いの世界に生まれない）、真人、離悪などと漢訳する。声聞の四果（須陀洹・斯陀含・阿那含・阿羅漢）の第四位で、三界（欲界・色界・無色界）の見惑・思惑の煩悩を断じて学道を完成し、もはや学ぶべきことがなくなり、世の供養を受けるべき位に至ったもの。これ以上に学修すべきものがないので阿羅漢果を無学位ともいう。大乗仏教においては、阿羅漢は小乗の聖者であって、大乗の菩薩には及ばないとされた。なお、羅漢とも略称し、十六羅漢、五百羅漢などが知られている。（関戸）

→縁覚・声聞・二乗

安立行菩薩

○あんりゅうぎょうぼさつ

『法華経』従地涌出品で、仏の招請に応じて大地から涌き出た地涌の菩薩の上首である上行・無辺行・浄行・安立行の四菩薩の一。如来神力品において四菩薩を首導とする地涌の菩薩は滅後末世の『法華経』の布教を託された（結要付嘱）。智顗は『法華文句』九で四菩薩を開示悟入の四十位（住・行・向・地）にあてて解釈している。それによると安立行菩薩は「入の十地」、入仏知見、自行化他を満足する大涅槃を現わすとされる。なお上行は「勝れた所行の者」、無辺行は「無限の所行の者」、浄行は「清浄な所行の者」、安立行は「確固たる所行の者」の意。（関戸）

→地涌の菩薩

威音王仏

○いおんのうぶつ

『法華経』常不軽菩薩品第二十にて説示される仏。同一号の仏が二万億存在し、その最初の威音王仏を指す。不軽菩薩はこの威音王仏の像法末に出現し、但行礼拝をもって教化を行うのである。この行により最終的には不軽菩薩は六根清浄の功徳を得、さらにこの行いを誹謗した四衆もすべて、『法華経』を聞いて成仏するという。（木村）

→不軽菩薩・《法華三部経とは〈常不軽菩薩品〉》

一乗

○いちじょう

一仏乗ともいう。一は唯一無二の意。乗とは「乗り物」のことで、人々を乗せて仏教の悟りの世界に赴かせる教えをたとえる。声聞・縁覚・菩薩の三乗に対する語。仏教にはさまざまな教えがあるが、それは仏が人々を導くための巧みなるてだてとして説いたものである。したがって、真実の教えはただ一つであり、その教えによってすべてのものが等しく仏になると説く。インドの初期大乗仏教において成立した思想で、『法華経』の中心思想となっている。『法華経』以前の諸経典において、仏の教えは人々の資質や能力に応じて声聞乗（仏弟子の乗り物）・縁覚乗（ひとりで覚った者の乗り物）・菩薩乗（大乗の求道者の乗り物）の三乗に分けられる。そして、菩薩乗は成仏できても、声聞乗・縁覚乗では成仏できないとされてきた。声聞と縁覚の修行者は、小乗の教えに従って、自分自身の悟りの境地を追究することを目的として、他の人々を顧みることがなかった。このため、「上求菩提　下化衆生」（上に向かっては真理と智慧の悟りを求め、下に向かっては衆生を教化すること）という菩薩の根本的な立場である利他を満たすことがなかった。このような理由によって、諸経典においては成仏することが許されなかったのである。しかし、『法華経』では「十方仏土の中には唯一乗の法のみあり、二なく亦《また》三なし」（方便品）と説いて、声聞乗と縁覚乗、そして菩薩乗もすべて一仏乗に帰入すると説く。さらに、三乗が各々別に説かれたのは一乗に導くための方便であって、究極的にはすべて真実なる一乗に帰すと説き、三乗を設けた意義が明らかにされ、声聞乗・縁覚乗も成仏が可能であることが述べられる。これを開三顕一といい、迹門の重要なテーマとなっている。一乗思想は大乗仏教の精髄を示すものとして後代の仏教に大きな影響を与えており、中国の天台宗や華厳宗において重視されてきた。また、日蓮は一仏乗の教えを『法華経』の重要な思想的特色と考えた。迹門の二乗作仏（一仏乗の思想に基づく）および、本門の久遠実成を諸経にまさる『法華経』の二大特色と位置づけている。（関戸）

→開三顕一・三乗

一大事因縁　○いちだいじいんねん

『法華経』方便品の語。仏（如来）がこの世に出現せられた唯一・真実の目的（出世の本懐）をいう。諸仏に共通の出世の本懐とは、衆生をして仏知見《ぶっちけん》（仏の知見・智慧）に開示悟入《かいじごにゅう》せしめることにある。開示悟入とは、一切衆生に諸法実相（森羅万象の真の在り方）の理を悟る仏知見を開かしめ、仏知見を示し、仏知見を悟らせ、仏知見の道《どう》に入らせることで、これを四仏知見という。日蓮は、『法華経』こそが一切諸仏の出世の本懐であることを説き、更に諸仏出世の本懐である『法華経』に生きることこそが釈尊からの要請であるから、この教を信受しなければ救われがたいだけでなく謗法の重罪を犯すことになると主張した。そして、日本国の一切衆生に妙法五字の題目受持（南無妙法蓮華経の題目を受けたもつこと）を勧奨し、自ら死身弘法《ししんぐほう》（身を賭して法を弘めること）・忍難弘経（受難を忍び経を弘めること）に専心したのである。（高森）

→開示悟入・四仏知見・出世の本懐・《法華三部経とは（方便品）》

一念三千　○いちねんさんぜん

一念とは、凡夫の一瞬一瞬の心のことで、その心に三千の世界をそなえること。すなわち、人が平常持ち合わせている心に、全宇宙の事象が具わっているとする、中国の天台大師智顗が確立した天台の根本教義。「三千」とは、『華厳経』の十界《じっかい》（仏・菩薩・縁覚・声聞・天・人・修羅・畜生・餓鬼・地獄）のそれぞれが互いに他の九界を具足しあっていることから百界（これを十界互具《じっかいごぐ》という）。その百界それぞれに『法華経』方便品の十如是《じゅうにょぜ》（如是相・如是性・如是体・如是力・如是作・如是因・如是縁・如是果・如是報・如是本末究竟等《くきょうとう》）があるから千如是。そして千如是は、三種世間のそれぞれにわたるので「三千世間」（一念三千）の法数《ほっすう》が成立する。三種世間（『大智度論』）とは、移ろい行く現象世界を三つに分類したもので、衆生世間（上は仏界から下は地獄界まで衆生に各々違いがあること）・五蘊世間《ごうんせけん》（人間の精神と肉体を五つに分けて示した「色」人間とすべての物質・「受」感受作用・「想」形に表わす作用・「行」意思作用・「識」認識作用）・国土世間（衆生が拠りどころとする所に、十界それぞれの違いがあること）。理念としての極小と極大の相即（差別なく一つに融けあっていること）した統一的宇宙像を示す一方で、自己の心に具足する仏界を観る実践的な修行法を示している。智顗は『摩訶止観《まかしかん》』五に「それ一心に十法界を具す。一法界にまた十法界を具すれば百法界なり。一界に三十種の世間を具すれば、百法界に即ち三千種の世間を具す。この三千は一念の心にあり。もし心なくんば已《や》みなん。介爾《けに》（一刹那のわずかな時間）も心あれば即ち三千を具す」と述べている。湛然《たんねん》は『摩訶止観輔行伝弘決《ぶぎょうでんぐけつ》』五に、これが「智顗の終窮・究竟の極説である」と解説し指南としている。また、日蓮は『観心本尊抄』で智顗と湛然の著述を引用して一念三千について論じているが、『富木入道殿《ときにゅうどうどの》御返事』に「一念三千の観法に二つあり。一には理、二には事なり。天台・伝教等の御時《おんとき》には理なり。今は事なり」と述べ、智顗の理念的な修行方法を「理の一念三千」、日蓮の唱題による実践的な修行を「事の一念三千」として、末法の機根の劣った衆生には、題目こそ下種（仏性を植えつけること）の要法であると主張した。（関戸）

↓十如是・智顗

一念信解

○いちねんしんげ

一念の心に一心に信じる、の意味。『法華経』分別功徳品に修行者の段階を説く四信五品の第一。四信とは、釈尊在世の弟子についての四つの体得段階。

五品とは、釈尊の入滅後の弟子についての五種の実践修行とその功徳。分別功徳品には「阿逸多《あいった》（弥勒菩薩）、其れ衆生あって、仏の寿命の長遠是《かく》の如くなるを聞いて、乃至《ないし》能《よ》く一念の信解を生ぜば、所得の功徳限量あることなけん。若し善男子・善女人あって、阿耨多羅三藐三菩提《あのくたらさんみゃくさんぼだい》の為の故に、八十万億那由他劫に於て五波羅蜜を行ぜん。檀波羅蜜《だんはらみつ》・尸羅《しら》波羅蜜・羼提《せんだい》波羅蜜・毘梨耶《びりや》波羅蜜・禅波羅蜜なり、般若《はんにゃ》波羅蜜をば除く。是の功徳を以て前《さき》の功徳に比《くら》ぶるに、百分・千分・百千万億分にして其の一にも及ばず。乃至算数《さんじゅ》・譬喩も知ること能《あた》わざる所なり。若し善男子、是《かく》の如き功徳あって、阿耨多羅三藐三菩提に於て退するといわば、是の処《ことわり》あることなけん」とあって、もし道を求める人がいて、如来寿量品で説かれた通りに、久遠の釈尊が衆生を教化し続けてきたことを聞いて心から喜びを感じ、ひとたび心に信じ理解したとすれば、その人々が得る功徳は際限がないであろうとする。そして、八十万億那由他劫という長時にわたって布施・持戒・忍辱・精進・禅定という五波羅蜜を修行したことよりも、釈尊の久遠の教化を一瞬の心に信じる功徳が百倍・千倍・百千万億倍すぐれているという。日蓮の『四信五品鈔』には「現在の四信の初《はじめ》の一念信解と、滅後の五品の第一の初随喜と、この二処は一同に百界千如《ひゃっかいせんにょ》、一念三千《いちねんさんぜん》の宝篋《ほうきょう》、十方三世の諸仏の出門なり」とあり、滅後の五品の初随喜品《しょずいきほん》とあわせて、ともに百界千如・一念三千の宝を収める箱のようなものであり、十方の三世にわたるすべての仏の出生された門であると述べて、末法にふさわしい信行のあり方としている。（関戸）

→四信五品

一仏乗

○いちぶつじょう

→一乗

一切衆生喜見如来

○いっさいしゅじょうきけんにょらい

『法華経』勧持品第十三にみえる。一切衆生が見て喜ぶ、の意。勧持品では、摩訶波闍波提《まかはじゃはだい》比丘尼と学・無学（学修中と、学修の成った）の比丘尼六千人が一切衆生喜見如来、耶輸陀羅《やしゅだら》比丘尼（釈尊が皇太子だったときの妃）は具足千万光相《せんまんこうそう》如来という記莂（将来成仏の保証）が与えられている。釈尊の生母の摩耶夫人は釈尊生誕後七日目に亡くなり、釈尊はその妹である叔母の憍曇彌《きょうどんみ》（摩訶波闍波提比丘尼）に養育された。彼女は釈尊の父である浄飯王の死後に出家を決意し、釈尊に懇請して阿難のとりなしによって出家することができた。阿難の母でもある。（関戸）

一切衆生悉有仏性

○いっさいしゅじょうしつうぶっしょう

この世に生を受けたすべてのもの、生きとし生けるものに仏となる可能性が具わっていること。仏性とは、「仏の本性」「仏となるべき因」の意で、衆生の中にある仏と同じ徳性であり、それが成仏を可能にするという。「如来蔵」と同じ意味合いであるが、如来蔵のように、煩悩におおわれて隠れているという意味は表さない。『如来蔵経』の「すべての衆生は如来蔵である」という宣言を承けて、衆生のうちなる如来・仏は煩悩にかくれてまだ現れないが、将来は如来の因と成長していくとみて、『涅槃経』巻二十七師子吼菩薩品に「一切衆生に悉く仏性有り。如来は常住にして変易《へんやく》あることなし」「究竟畢竟《くきょうひっきょう》とは一切衆生所得《しょとく》の一乗にして、一乗とは名づけて仏性と為す。是の義を以ての故に、我一切衆生に悉く仏性有りと説く」などとあるように、新たに「仏性」と表現したのに始まる。また仏性は、仏となるべき能力を生まれつきのものとみる点で「仏の種《しゅ》姓《しょう》」を意味する。仏性がすべての衆生に有るのか、それを有しない衆生（無性・無仏性）が存在するのかをめぐって意見がわかれる。それがすべての衆生にあると主張するのが如来蔵思想で、その根拠に仏の一乗思想をあげる。これに対し、種姓は三乗で異なるとし、菩薩と不定種姓のものにだけ仏となる可能性を認める唯識説が対立した。『涅槃経』も「一《いっ》闡提《せんだい》」（断善根・信不具足の徒）を無仏性のように取り上げるが、最終的には一切衆生悉有仏性の基本理念に基づき「信」による一闡提成仏を主張するに至る。智顗は『涅槃経』を『法華経』と同味の醍醐味とし、捃拾教（落ち穂拾い）と位置づける。このことから日蓮は『涅槃経』如来性品巻九の「法華の中に八千の声聞記莂を受くることを得て、大菓実を成ずるが如く、秋収め冬蔵《おさ》めて更に所作《しょさ》無《な》きが如し」に基づいて、『涅槃経』の一切衆生悉有仏性の理念も『法華経』の一乗思想に収められるという立場にある。また、道元は『正法眼蔵』の「仏性」の巻は「一切衆生悉有は仏性なり。如来は常住にして変易あることなし」と大きく読みかえて、一切衆生がそのまま仏性であり、全存在が仏性によって成立しているとみる。なお『法華経』には方便品のほか譬喩品に「若し人信ぜずして此の経を毀謗《きほう》せば則ち一切世間の仏種を断ぜん」と「仏種」の語がみえるが、道生の『妙法蓮花経疏』、智顗『法華文句』によれば「仏の因としての仏性」「如来蔵」を表現していると解釈できる。（関戸）

有頂天

○うちょうてん

天のなかの最高の天。有頂 bhava-agra は有の頂きを意味する。『法華経』では「阿迦尼吒」akaniṣṭha をさし、色界の最高の場所である色究竟天のこととされる。また三界のうち最高位の場所とされ、形ある世界の中で最頂であるという。このようにもっとも高い頂を極める意味から現在では最高の喜びを得たことを「有頂天になる」と表現される。（木村）

→六難九易

優婆塞・優婆夷

○うばそく・うばい

優婆塞はupāsakaの、優婆夷はupāsikāのそれぞれ音写。漢訳語において前者を優婆裟迦・清信士・善男、後者を優婆斯迦・清信女・善女などと表現し、仏教教団を構成する七衆もしくは四衆のうち、在俗信者の男女二衆をさす。原語が仕える者を意味することより、出家に随侍し世話を行う在俗信者に対してこの語が用いられるようになったといわれる。（木村）

優波離

○うばり

Upāli（ウパーリ）の音訳。優婆離・鄔波離などとも。釈迦族に仕えた理髪師で、釈尊の十大弟子の一人。持律第一と称せられる。釈尊が成道したのち故郷に帰ったときに、釈迦族の阿那律・阿難・提婆達多たち六人は、教化を受けて出家の決心をした。そのときに使用人であった優波離も同じように出家を希望したので、まず釈尊は優波離を出家させたのちに六人を出家させて、阿難たちの高慢さを去らせたという。釈尊の入滅後、ラージャグリハ（王舎城）郊外に五百人の比丘が集まり、最初の結集が開かれたとされる（第一結集・五百結集）。このとき摩訶迦葉が座長となり、阿難と優波離がそれぞれ経（教法）と律（戒律）を記憶によって誦出して、編集主任を担当したとされる。このため、『法華経』をはじめ、仏教の経典は「如是我聞」（私はこのように聞いた）という句から始まっている。（関戸）

→十大弟子・声聞

衣裏繋珠喩

○えりけいじゅのたとえ

法華《ほっけ》七喩《しちゆ》のうち、三乗方便一乗真実《さんじょうほうべんいちじょうしんじつ》・一切衆生《いっさいしゅじょう》悉皆成仏《しっかいじょうぶつ》を説いた開三顕一《かいさんけんいつ》・開権顕実《かいごんけんじつ》の義を譬えて仏性《ぶっしょう》の普遍性を明かす『法華経』迹門《しゃくもん》の六喩の一。『法華経』五百弟子受記品《ごひゃくでしじゅきほん》に説かれる。化城喩品で大通久遠が明かされたのを受けて、過去下種結縁の命題から開顕思想を述成したものである。大意は以下の通りである。ある貧人（二乗）が親友（仏）の所へ行き、酒（無明《むみょう》煩悩）に酔って眠ってしまったところ、友人は外出の際に宝珠（一乗法華）を衣裏に縫い付けて去った（過去結縁）。その後、貧人はそれに気付かず貧苦に悩んだが（退大取小《たいだいしゅしょう》）、後日友人に再会（釈尊今番出世《こんばんしゅつせ》）して、そのことを知らされ豊かな生活（二乗作仏）を送るようになった。即ち、二乗が過去世に大通智勝仏のもとで下種結縁《げしゅけちえん》を受けたが、無明《むみょう》に覆われて悟ることができないまま小乗の薄徳に甘んじていたのを、今番の化導で釈尊が開三顕一したことによって、一仏乗に入ることができたことに譬えている。（高森）

→法華七喩

縁覚

○えんがく

サンスクリット語プラティエーカ・ブッダ(pratyeka-buddha 独りで覚った者）の訳語。独覚、辟支仏とも訳す。仏の教えによらないで、師なく、みずから道をさとった孤高の聖者。静寂を好み、他人に教えを説かないとされる。縁覚の観念は、もとインドの隠遁的な修行者（仙人）に由来している。十二因縁を観じて理法をさとり、飛花落葉のような様々な世の無常を縁としてさとったので縁覚という。仲間を作って修行する部行独覚と、麒麟の一角のように独りで道を得る麒麟独覚があるとされる。仏教では、仏と仏弟子との中間に位置する聖者とされ、声聞乗・縁覚乗・菩薩乗の三乗の一つに数えられるようになった。大乗仏教では、その修行のありかたが自己中心的な立場に位置するとして、声聞とともに二乗と称する一方で、三乗すべてが一乗（一仏乗）に帰することも強調されている。『法華経』では、提婆達多品に「恒河沙の衆生、阿羅漢果を得、無量の衆生、縁覚の心を発し、恒河沙の衆生、無上道の心を発《おこ》し、無生忍《むしょうにん》を得て不退転に至らん」とあるほか、序品・方便品・譬喩品・薬草喩品・五百弟子受記品・分別功徳品などにみえる。（関戸）

→一乗・三乗・声聞

円融三諦

○えんゆうさんだい

「えんにゅうさんたい」とも読まれる。円融とは円満融通、または円融無礙の義で、欠けることなく完全に円満一体となって互いに妨げないこと。三諦とは真俗二諦説を天台大師智顗が三観思想によって展開させた空諦・仮諦・中諦の三観をさすといわれる。つまりこの三諦は、それぞれが独立した真理ではなく、他の二諦を含み融和していることをいう。空・仮・中の用語はあっても、空諦・仮諦・中諦という語は記されていない。空諦とはあらゆる存在は実体のない空であるとする。また真諦、無諦とも。仮諦とは実体はないが縁起による仮の存在とする。また俗諦・世俗諦・有諦とも。中諦とは空諦・仮諦を超えた本体性を意味する。また中道第一義諦とも。従来これらは三諦の同義語として取扱われているが、そこには種々と検討すべき事柄が存在し、諸研究において空諦・仮諦・中諦といわれる場合には、『中論』第四観四諦品の「衆因縁生法、我説即是無、亦為是仮名、亦是中道義」と記されることに直接的な関係をもって天台教学に展開したものといわれる。円融三諦は天台教学・華厳教学において主に用いられ、化法の四教に蔵教・通教・別教・円教の異なりを認め、この四教のうち三諦をとくのは別教と円教のみであり、別教において説示される三諦は、円教の円融三諦に対して隔歴の三諦、または次第の三諦といわれる。それに対し円教にとかれる三諦は一諦の中において三諦を具有するとし即空即仮即中の円

融三諦、また不次第の三諦・不思議の三諦ともいう。（木村）

→智顗

王舎城《おうしゃじょう》

Rājagṛha の音写。古代インド、マガダ国の首都名で現在ではラージギールと呼ばれている。釈尊が在世中、もっとも長く居住した都市であり、釈尊の説法地として名高い竹林精舎や霊鷲山などが付近に存在する。頻婆娑羅王や阿闍世王、韋提希夫人などが登場する都城でもある。（木村）

→《法華経の成立》

か

開会《かいえ》

天台教学の用語で、方便権教を開して真実教に帰入し一つにする『法華経』の根本思想を示す。『法華経』前半一四品の迹門では、声聞・縁覚・菩薩の三乗のために説かれた教えが一仏乗の教えに帰入せしめるための方便であると説き、すべての衆生が平等に成仏が可能であることを示す。具体的には二乗作仏・悪人成仏・女人成仏などのことをいい、このような開顕思想を開権顕実・会三帰一とも称する。（三輪）

→一乗・開三顕一・三乗・方便・《法華三部経とは（方便品）》

開三顕一

○かいさんけんいつ

天台教学の用語で、『法華経』前半一四品の迹門における中心思想である。声聞・縁覚・菩薩の三乗に対する教えが方便の教え（三乗方便）であり、『法華経』で顕かにされる一仏乗の教えこそが真実の教え（一乗真実）であることを示したことをいい、開権顕実・会三帰一ともいう。智顗は『法華文句』で、光宅寺法雲が『法華義記』で科段分けをする際に、方便品第二から安楽行品第一四までの教えを開三顕一段とあげていることを指摘している。方便品から授学無学人記品まで、釈尊は上根の舎利弗、中根の四大声聞、下根の大衆に対して、それぞれの能力に応じた説法形態、直接釈尊の意向を伝える方法（法説）、譬喩を用いる方法（譬説）、過去の因縁譚を用いる方法（因縁説）を用いてこれを説いていく。まず、方便品において釈尊は舎利弗の三度の要請に対して仏出現の一大事因縁を説く。それは衆生に仏知見を開き、示し、悟らせ、そのための道に導入させるためであった。つまり、釈尊はただ一仏乗を説くためにこの世に出現したのである。しかし、悪世の時代においては衆生の機根が充分に整っていないため、直ちに一仏乗を説くことができず、方便力を使って一仏乗を三乗の教えに分けて説いたことを明かす。譬喩品では、釈尊の意図を理解し、華光如来として未来成仏の保証を得た舎利弗に、釈尊が「開三顕一」を譬喩を持って再説する。それが法華七喩の中の「三車火宅喩（三車一車喩）」である。上根の舎利弗に対して三乗方便一乗真実が説かれたのち、信解品では中根の須菩提・大迦旃延・大迦葉・大目犍連の四大声聞が「長者窮子喩」によってその理解を再説する。さらに薬草喩品では「三草二木喩」によって、釈尊の慈悲がすべての衆生に等しくそそがれることの譬えによって一仏乗が明らかにされる。化城喩品では「化城宝処喩」によって、過去の因縁譚が示され、五百弟子受記品では「衣裏繋珠喩」によって大通智勝仏のもとで下種結縁された二乗が、釈尊の開三顕一によってそれを悟り、一仏乗に入ることができたとされる。　（三輪）

↓一乗・三乗

開示悟入　○かいじごにゅう

『法華経』方便品に、「諸仏世尊は衆生をして仏知《ぶっち》見《けん》を開かしめ、仏知見を示し、仏知見を悟らしめ、仏知見の道《どう》に入らしめんがために、世に出現した」と説かれている。これを開示悟入・四仏知見といい、釈尊が諸仏の出世の本懐を述べた語である。「開」は開発の意で、衆生の無明煩悩（心の迷い）を破り本質として具えている如来蔵を開き実相の理を見ること。「示」は顕示の意で、現象に即して実相の理《り》を見、事物のすべての徳があらわになること。「悟」は覚悟の意で、事《じ》（現象）と理（本体）とが融合してそのままに悟ること。「入」は証入の意で、自由自在に悟りの海に流れ入ること。即ち仏がこの世に出現されたのは、一切衆生に仏の知見（智慧）を開示悟入させることによって成仏させるためである。この四仏知見が仏の出世の本懐であり、一切衆生を等しく仏道に入らしめることが諸仏出世の一大事因縁である。　（高森）

↓一大事因縁・四仏知見・出世の本懐・《法華三部経とは（方便品）》

開目抄　○かいもくしょう

六六紙一帖（『昭和定本日蓮聖人遺文』五三五頁脚注）、二巻（日蓮遺文『種種御振舞御書《しゅじゅおふるまいごしょ》』九七五頁、『日蓮聖人遺文辞典』歴史篇「開目抄」の項）。真蹟は、明治八年（一八七五）一月一〇日の大火で焼失するまで身延山《みのぶさん》久遠寺《くおんじ》に存在した（真蹟曾存《そうそん》）。文永九年（一二七二）二月の撰述で、日蓮五一歳の筆になる。文永八年（一二七一）九月一二日の龍口法難《たつのくちほうなん》の危難を脱れた日蓮が、同年一〇月に佐渡配流となり、雪中の塚原三昧堂《つかはらさんまいどう》の配所にて本抄を執筆し、翌文永九年（一二七二）二月に脱稿したことが知られる。述作の由来は、（一）龍口法難によって直面した教団瓦解の危機を打開するため、（二）日蓮自身が、釈尊の遺命を受け末法において『法華経』を行ずる真の「法華経の行者」すなわち本化上行《ほんげじょうぎょう》（本化の菩薩の上首《じょうしゅ》である上行《じょうぎょう》菩薩）の末法応現《まっぽうおうげん》たることを表顕するのため、（三）日蓮なきあとの後世への形見とするため、とされている。題号の「開目」の二字の解釈は、古来より多くの先師によって試みられているが、要約すれば、『報恩《ほうおん》抄《しょう》』に「日本国の一切衆生の盲目をひらける功徳あり」（一二四八頁）とあるように盲目を開く意がある。その盲目には、人に対する盲目と、法に対する盲目との二種がある。習学すべき真実の仏法が何であるかを知らず、尊敬《そんぎょう》すべき導師が誰であるかに盲目である一切衆生に対し、この盲目を開いて法華一乗の信智の目を開かしめるのである。即ち真実の法とは『法華経』如来寿量品を中心とする本門の世界であり、真実の正導師とは本化上行の応現日蓮であることを知らしめるための述作であるとして、『開目抄』と名づけられた。このことから、本抄は、翌文永一〇年の『観心本尊抄《かんじんほんぞんしょう》』における「法開顕《ほうかいけん》」に先立って、自身こそが末法の正導師、法華経の行者であることを宣言した点において、「人開顕《にんかいけん》」の書と位置づけられている。（高森）

↓観心本尊抄・日蓮・法華経の行者・《日蓮の法華仏教》

迦葉　○かしょう

サンスクリット語 Mahākāśyapa（マハーカーシヤパ）の音写。摩訶《まか》迦葉・大迦葉ともいう。釈尊の十大弟子の一人、衣食住に関して少欲知足に徹した修行をつらぬいたので頭陀《ずだ》第一と称される。王舎城近くの婆羅門の家に生まれた。釈尊に帰依して八日目に阿羅漢果に達したとされ、釈尊の信頼を得て教団の長老になった。釈尊の入滅後、説法を編纂するために五百人の修行者を集めて、迦葉が主幹となって結集（第一回の五百結集）を開いた。なお、釈尊が霊鷲山《りょうじゅせん》で説法した時、一枝の華をひねってまばたきしたのを見て、迦葉ひとりがその意味を解してほほえんだという拈華微笑《ねんげみしょう》の故事がよく知られている。『法華経』では序品第一の会座に登場している。方便品第二の教えによって仏の真実の教えに目覚めた舎利弗は仏子の自覚に至り、華光如来という名の仏に将来なるであろうと予言された。そこで、舎利弗は自分以外の領解していない声聞たちにも法を説くことを釈尊に願い出た。信解品第四では、「爾の時に慧命《えみょう》須菩提・摩訶迦旃延・摩訶迦葉・摩訶目犍連、仏に従いたてまつりて聞ける所の未曾有の法と、世尊の舎利弗に阿耨多羅三藐三菩提の記を授けたもうとに希有《けう》の心を発《おこ》し、歓喜踊躍《ゆやく》して、即ち座より起って衣服《えぶく》を整え、偏《ひとえ》に右の肩を袒《あらわ》にし右の膝を地《じ》に著《つ》け、一心に合掌し曲躬恭敬《こくぐうくぎょう》し、尊顔《そんげん》を瞻仰《せんごう》して仏に白《もう》して言《もう》さく」と、中根の四大声聞の須菩提《しゅぼだい》・摩訶迦旃延《かせんねん》・摩訶迦葉・摩訶目犍連《もっけんれん》の四大声聞たちは、釈尊の説法を聞いて真実の教えを領解し、「長者窮子《ちょうじゃぐうじ》の喩」によってその領解を申し述べた。薬草喩品第五では「善哉《ぜんざい》善哉、迦葉、善《よ》く如来の真実の功徳を説く、誠に所言の如《ごと》し」と領解が正しいことが釈尊によって認められる。そこで、授記品第六に至って「我が此の弟子摩訶迦葉、未来世に於て当《まさ》に三百万億の諸仏世尊を奉覲《ふごん》して、供養・恭敬・尊重《そんじゅう》・讃歎《さんだん》し、広く諸仏の無量の大法を宣《の》ぶることを得べし。最後身《さいごしん》に於て仏になることを得ん、名を光明《こうみょう》如来・応供《おうぐ》・正遍知《しょうへんち》・明行足《みょうぎょうそく》・善逝《ぜんぜい》・世間《せけん》解《げ》・無上士《むじょうじ》・調御丈夫《じょうごじょうぶ》・天人師《てんにんし》・仏・世尊といわん。国を光徳と名け、劫を大荘厳《だいしょうごん》と名けん」と四大声聞たちの最初に迦葉に成仏の記が与えられ、他の三人にも順次記が与えられていく。

→十大弟子・声聞

迦旃延

○かせんねん

サンスクリット語 Kātyāyana（カーティヤーヤナ）の音写。詳しくは Mahā を付けて摩訶《まか》迦旃延・大迦旃延ともいう。釈尊の十大弟子の一人。西インドのアバンティ国の出身とされ、釈尊の教えを詳細に解説する第一人者（論議第一）といわれた。釈尊の教線の外であった西インドのアバンティ Avanti 国の周辺の布教に貢献した。『法華経』では序品第一の会座に登場している。方便品第二において舎利弗は、釈尊が説いた真実の教えに目覚めて仏子の自覚に至る。そして、将来、華光如来という名の仏になるであろうと予言された。さらに、舎利弗は領解していない他の声聞たちにも法を説くことを釈尊に願い出る。信解品第四に「爾の時に慧命《えみょう》須菩提・摩訶迦旃延・摩訶迦葉・摩訶目犍連、仏に従いたてまつりて聞ける所の未曾有の法と、世尊の舎利弗に阿耨多羅三藐三菩提の記を授けたもうと希有《けう》の心を発《おこ》し、歓喜踊躍《ゆやく》して、即ち座より起って衣服《えぶく》を整え、偏《ひとえ》に右の肩を袒《あらわ》にし右の膝を地に著《つ》け、一心に合掌し曲躬恭敬《こくぐうくぎょう》し、尊顔《そんげん》を瞻仰《せんごう》して仏に白《もう》して言《もう》さく」とあるように、中根の四大声聞の摩訶迦旃《かせん》延《ねん》および須菩提《しゅぼだい》・摩訶迦葉・摩訶目犍連《もっけんれん》は、釈尊の説法を聞いて真実の教えを領解して、その領解の内容について「長者窮子《ちょうじゃぐうじ》の喩」を申し述べる。そして、授記品第六に至って迦葉に光明《こうみょう》如来の記が与えられたのに続いて、「是の大迦旃延は当来世に於て、諸《もろもろ》の供具《くぐ》を以て八千億の仏に供養し奉事《ぶじ》して、恭敬尊《くぎょうそん》重《じゅう》せん。諸仏の滅後に各《おのおの》塔廟《とうみょう》を起《た》てて高さ千由旬《ゆじゅん》、縦広正等《じょうこうしょうとう》にして五百由旬ならん。（中略）是の諸仏を供養し已《おわ》って、菩薩の道を具して、当に作仏《さぶつ》することを得べし。号を閻浮那提金光《えんぶなだいこんこう》如来・応供《おうぐ》・正遍知《しょうへんち》・明行足《みょうぎょうそく》・善逝《ぜんぜい》・世間解《せけんげ》・無上士《むじょうじ》・調御《じょうご》丈夫《じょうぶ》・天人師《てんにんし》・仏・世尊といわん」と、迦旃延に閻《えん》浮那提金光《ぶなだいこんこう》如来（産出の黄金の輝き）の記が与えられ、また須菩提が名相《みょうそう》如来、目犍連が多摩羅跋栴檀《たまらばっせんだん》香《こう》如来となるであろうとの記が与えられる。なお、閻浮とは樹木の名で、この樹木の下を流れる河を閻浮那提、そこからは閻浮那提金《えんぶなだいごん》（閻浮檀金《えんぶだんごん》）という最上質の金が採れるとされる。（関戸）

葛飾北斎　○かつしかほくさい

一七六〇—一八四九。江戸中期から後期の浮世絵師。本姓中島、幼名を時太郎といい、のち鉄蔵と改めた。別号として春朗、宗理、可候などと号す。十四、五歳のころ木板版下彫りを学び、貸本屋の徒弟となったといわれる。安永七年（一七七八）のころ、役者絵の大家として知られていた勝川春章の門に入り、本格的に浮世絵の世界に入った。役者絵、美人画、絵本、さし絵などを描き、さらに狩野派、土佐派、琳派や、中国画、洋風画の画法を修している。肉筆画・版画・絵本・さし絵本などに手腕をふるう。代表作に「富嶽三十六景」「千絵の海」などがあるが、なかでも「北斎漫画」は、全巻で約三千余図が載せられ絵の百科事典といえ、フランス印象派の人々に大きな影響を与えたとされる。熱心な日蓮の信者で、居宅には日蓮の像が安置され、池上本門寺や堀之内妙法寺に参拝していたことが知られている。「七面大明神応現図」（古河市妙光寺蔵）は北斎が没する二年前の八十八歳の時に描かれた。日蓮が身延山で説法をしているとき、聴聞していた妖艶な美女が七つの顔を持った龍の姿に変わり、身延山の守護を誓ったという所伝を描いている。なお、北斎については多くの奇行が伝えられ、生涯のうち転居すること九十三回、画号を改めること二十数度といわれる。（関戸）

伽耶城

○がやじょう

Gayā の音写。マガダ国の都城。古代より宗教の中心地として遺跡が多く、付近に尼連禅河・伽耶山・仏陀伽耶・前正覚山などの仏蹟も多く点在する。伽耶の南方10キロにある仏陀伽耶（釈尊成道の地）に対して、この地をブラフマガヤと称し、スッタニパータによると釈尊はこの地において説法をしたという。

（木村）

→釈尊

烏丸光栄

○からすまるみつひで

江戸時代の中期の公卿で歌人（一六八九―一七四八）。正二位内大臣。烏丸宣定の子。和歌、歌論ともにすぐれ、今人麻呂と呼ばれた。十代の中頃からすでに頭角をあらわし、五一歳のときに古今伝授を受けた。桜町天皇や有栖川宮熾仁親王《たるひとしんのう》に伝授を献上した。家集『栄葉和歌集』のほか聞書集の『聴玉集』などがある。「いまぞ思ふつかれ休めしかりの宿もおなじ仏の法《のり》のみちしば」では、『法華経』化城喩品の「化城宝処の喩」によって示される、釈尊の永遠の教化と私たちの深いいわれについて詠んでいる。

迦陵頻伽

○かりょうびんが

kalaviṅka の音写。「迦陵頻」「歌陵頻伽」「好声」「妙声」などと漢訳の同義語も多い。ヒマラヤ山中において生息するとされる想像上の鳥。絵画などでは人頭鳥身の姿で表現され、妙音（美声）を発し、法を説くとされることから「仏の妙音」の形容としてあらわされることが多い。仏城喩品・法師功徳品などに、その名がみえる。

（木村）

ガンジス河　○がんじすがわ

Gaṅgā の音写。「ガンガー」ともいわれ、「恒河」と漢訳される。インドの東北を流れる広大な流域を有する大河であり、インド三大河の一に数えられる。仏教が興起し、広まったのも主としてこの大河の流域が中心であったという。恒河沙は数のはかり知れなく多いことのたとえとして『法華経』に散見される。（木村）

→劫・恒河沙

観心　○かんじん

己心《こしん》（自分の心）を観ずること、またはその修行。観念・観法・観道・観門・止観などともいう。教相《きょうそう》に対す。天台大師智顗は『摩訶止観』において、空《くう》諦《たい》・仮《け》諦《たい》・中道諦《ちゅうどうたい》の円融を説き、諸法を三諦円融《さんだいえんゆう》の姿として観念する一心三観《いっしんさんがん》の観心行を説く。すなわち、一心三観の観念法を用いて、己心の不可思議境《ふかしぎきょう》である一念三千《いちねんさんぜん》を証得《しょうとく》することを修行の目的とする。（高森）

→摩訶止観

観心本尊抄　○かんじんほんぞんしょう

一巻。『如来滅後《にょらいめつご》五《ご》五百歳始《ごひゃくさいし》観心本尊抄』。「観心本尊抄」または「本尊抄」「観心抄」とも略称す。真蹟一七紙完、一帖、表裏記載、計三四頁。千葉県正中山法華経寺蔵（国宝）。文永一〇年（一二七三）四月二五日、佐渡国一谷《いちのさわ》にて述作。日蓮五二歳の著述。古来本書は日蓮の三大部・五大部に数えられ、『開目抄』が人開顕《にんかいけん》の書であるのに対して、法開顕の書と定められている。対告《たいごう》（充所）は『観心本尊抄副状《そえじょう》』に「観心の法門少々之を注し、太田殿・教信御房等に奉る。この事、日蓮当身《とうしん》の大事なり。これを秘して無二の志を見ば、これを開拓せらるべきか（略）富木殿」とあるので、日蓮が自信の「当身の大事」をしたためて下総国中山の富木常忍に賜い、兼ねて近在の太田乗明・曽谷教信、および門下一同に示された書とされる。「当身の大事」とは、日蓮が永年にわたる宗教体験と思索を結集して得た信仰的核心の表白であるということ、観心について日蓮独自の見解を顕示することにあった。著述の動機は、日蓮が、佐渡へ渡る直前に越後国寺泊にて富木常忍に充てた『寺泊御書』の中で自身の教説に対する門弟等からの疑念を列挙する中に、「唯教門計《ただばか》りなり」の指摘があったことに由来すると思われる。すなわち、日蓮は諸経に対する『法華経』の優勝性の理論（教相判釈）を明確に構築したが、『法華経』に立脚した具体的な実践修行法（観心）が確立されていないとの疑難に応えるべく、執筆された。

題意を要約すれば、「如来滅後五五百歳」とは、『大集経』に如来滅後の仏法衰退の推移を区分して解脱堅固《けんご》・禅定堅固・読誦多聞堅固・多造塔寺堅固・闘諍言訟白法隠没《びゃくほうおんもつ》堅固の五箇の五百歳（五堅固）とする中の第五の闘諍堅固の五百歳、つまり正法千年・像法千年の次の末法万年の初めの五百年を意味する。本書の著述年代は仏滅後二二二二年に当るとされ、「如来滅後五五百歳」とは、実は日蓮が生きる末法の現時点を指す。「始」とは正法千年・像法千年には開出《かいすい》されず、末法の初めに「始めて明らかにされる」の意。「観心本尊抄」とは、信行の方法（観心）と信仰の対象（本尊）について論じた書の意で、本書では、後にまとめられる三大秘法のうち「本門の題目」と「本門の本尊」が示されることになる。「本門の戒壇」については詳述されないが、密示されていると解釈される。

漢文体で、三十番の問答からなり、その構成を分節すれば、「能観題目段」と「所観本尊段」と「末法本化弘通段」からなる。能観題目段では、冒頭に天台教学における一念三千論の重要性を知らしめ、一念三千に十界と国土世間が互具されていることに言及する。十界互具とりわけ人界に仏界を具足することは、能観題目段の結論として説かれる「三十三字段（受持譲与《じゅじじょうよ》段《だん》・自然譲与《じねんじょうよ》段《だん》）」に先立ち、国土世間に関しては木画二像を本尊に恃《たの》むことは一念三千に依らねば無益となることが説かれており、これによって、所観本尊段の結論として説かれる「四十五字法体段《ほったいだん》」の伏線になっていることがわかる。

三十三字段とは「釈尊の因行果徳の二法は妙法蓮華経の五字に具足す、我等此の五字を受持すれば、自然に彼の因果の功徳を譲り与へたまふ」の文をいう。「釈尊の因行果徳の二法」とは、釈尊の本因（久遠の成道を得るまでの修業の功徳）本果（久遠の成道以来、釈尊が衆生を教化した功徳）を指す。「妙法蓮華経の五字に具足す」とは、天台の一念三千論が『法華経』迹門に立脚して開出された法門（理の一念三千）で、理論的には一切衆生に釈尊の因行果徳が性具《しょうぐ》されるべき道理（理即《りそく》成仏）であるが、本門に立脚して樹立された法門ではない。末法という現実に立ち還ったとき、如来寿量品の久遠の釈迦牟尼仏を具足する本門の一念三千（事の一念三千）でなければ、末法の衆生を救済することはできず、この釈尊の久遠の因果（本因・本果）を具足する「南無妙法蓮華経」こそが末法救済の大法「本門の題目」であり、我々は信仰心をもととしてこの本門の題目を「受持信奉」することで、釈尊の久遠の因行果徳を自然に譲り与えられること（名字即《みょうじそく》という初心の位でも成仏できること）を力説するものである。

四十五字法体段とは、「今、本時の娑婆世界は三災を離れ四劫を出たる常住の浄土なり。仏既に過去にも滅せず、未来にも生ぜず、所化《しょけ》以て同体なり。此れ即ち己心の三千是足三種の世間なり」の文をいう。諸経には種々の浄土が説いてあるが、それらの浄土の教主はみな久遠本仏の釈尊の応現（分身・垂迹身）であり、無常の仏であるから、無常の仏が入滅すれば、その仏の浄土も消滅することになる。しかし、『法華経』如来寿量品所説の久遠の釈尊が常住する娑婆世界は、不変不滅の仏土（常寂光土）であり、釈尊は『法華経』を信ずる者のそば近くでいつも見守って下さっているのであり、二千五百年前の過去世に滅してもいないし、未来世に降誕する必要もなく、すなわち娑婆に住する一切衆生も、題目受持の当処《とうしょ》において久遠の釈尊とともに不二であり同体であるという、救済の世界が示される。

結びの末法本化弘通段は、末法には本化地涌の菩薩が出現して妙法五字の要法を衆生に下種することを、『法華経』の文を示して説き、末代の具体的行法として摂受《しょうじゅ》（緩やかに他者の長所を育成して行おうとする教化の方法）と折伏《しゃくぶく》（厳しく仏教の信受について追求して、それに相違する信受のありかたを激しく論難する方法）の問題に言及する。

最後に本書の趣旨を総結して、題目・本尊の法体たる「一念三千を識らざる者には、仏大慈悲を起し、五字の内に此の珠を包み、末代幼稚の頸に懸けさしめたまふ」と題目を受持することの功徳の大なることを強調して結ぶ。（高森）

→開目抄・観心本尊抄・日蓮・法華経の行者・曼荼羅本尊・《日蓮の法華仏教》

観世音菩薩　○かんぜおんぼさつ

大乗仏教の代表的な菩薩で、仏教の慈悲の精神を人格化したもの。観音・観自在とも。アバロキタスバラといい、サンスクリット語のアバロキタavalokita（観）とスバラ iśvara（音）の合成語で、世間の人々の音声を観ずるという意。『法華経』序品や観世音菩薩普門品第二十五（観音経）などに登場する。観音経には、観世音の名前を唱える人々の声を観じて、三十三のあらゆる姿に身を変えて、さまざまな場所や場面に出現し、大いなる慈悲によって人々を救うことが説かれる。観音信仰の起源は、大乗仏教の菩薩思想に培養されたと考えられる。弥勒菩薩と同様、早い時期にインドで成立した。さらに、イランの光明《こうみょう》思想がインドに展開したとする説もあり、インドのシバ神・ビシュヌ神の説話とも関係深いとされる。『華厳経《けごんきょう》』入法界品では五十三人の善知識の一人として補怛洛迦山に住むという。これが古来、観世音の住所とされた南海摩頼耶《まらや》山中の補陀落《ふだらく》（ポータラカ）を指し、中国では浙江《せっこう》省舟山群島の普陀山《ふださん》普済寺《ふさいじ》、わが国では那智山（青岸渡《せいがんと》寺《じ》）を当てる。

また、観世音菩薩と地蔵菩薩は、本性や功徳において重なる部分がある。観世音は宝冠をいただき、天衣をゆるやかにまとい、美しく知的な容貌に微笑をたたえる。活動は人間的で、『今昔物語集』（わらしべ長者）、『御伽草子』（蛤の草子）などをみても山水や海の自然と関係が深いことがわかる。地蔵は、清らかで愛くるしい僧形で、野や山、村や辻、峠の頂などにたたずむ。毘盧遮那《びるしゃな》大仏・薬師如来などの如来は厳かだが遠い感じがする。大黒天・鬼子母神・毘沙門天・閻魔大王などの天の神々はいかめしく、畏怖の感がある。親しみやすいのが観音と地蔵である。その観世音には女性的な雰囲気があるが、実際は女性と男性の両面の特徴を持っている。女性だけの観音講では子授け・子育ての仏として尊崇され、京都六角堂の観世音は親鸞の前に女性の姿で現れたという。高崎・大船の白衣の観音、京都泉涌寺《せんにゅうじ》の楊貴妃観音、キリシタンのマリア観音、子育て観音が女性的な特徴を示す。これには『法華経』提婆達多品の女人成仏が思想的背景にあると考えられる。一方で、狩野芳崖《かのうほうがい》が描いた慈悲観音、長谷寺の十一面観音にはヒゲがあり、観音経では釈尊と無尽意菩薩が「良家の子息よ」と呼びかけている。

観世音の現世利益は有名で、阿弥陀信仰と結びつき、その本処の補陀洛《ふだらく》への渡海の信仰もあるが、本来その功徳は『仏説十一面観世音神呪経』や「観音経」の十種の果報に集約される。観世音の名前を心に念ずる十種の果報は、①身体に病気がない②つねに十方の諸仏に守護される③財物・衣服・飲食が満たされる④怨敵を打ち破ることができる⑤人々に慈悲の心を起こさせる⑥毒や熱病におかされない⑦刀杖の災難からのがれる⑧水難をまぬがれ、溺死することがない⑨火難をまぬがれ、焼死することがない⑩不慮の死をとげない。また臨終にあたって、観世音は他の清衆の先頭に立って、蓮台を持って信仰者を迎えに来るという。臨終の観世音の四種果報は、①十方の無量の仏にみまえることができる。②永遠に地獄に堕ちることはない。③鳥や獣に身を害されることがない。④命終ののち、無量寿国（阿弥陀如来の浄土）に生まれる。なお、鳩摩羅什《くまらじゅう》が四〇六年に訳出した『妙法蓮華経』「観世音菩薩普門品」には本来、偈頌《げじゅ》の部分がなかったが、六〇一年に闍那《じゃな》崛多《くった》が訳出した『添品妙法蓮華経』から付加した。そして、『法華経』よりやや遅い成立とされる『無量寿経』には、阿弥陀如来の脇侍《きょうじ》として観世音菩薩・勢至菩薩があげられる。観世音の慈悲と現世の衆生救済が優れているので、阿弥陀如来にとってかわる補処《ふしょ》の菩薩とされる。

観世音信仰が、律令時代の国家的受容から、個人的な現世利益信仰へ移っていくにつれ、鎌倉・室町・江戸へと観音霊場が日本各地に設定されていく。長谷《はせ》寺《でら》、石山寺《いしやまでら》、清水寺《きよみずでら》、粉《こ》河寺《かわでら》などがよく知られ、観世音三十三身に合わせた西国三十三所の霊場信仰が定着していく。寺院の境内や峠道に観音石仏が出現し、浅草観音、名古屋大須観音、銚子飯沼観音など門前町の形成に貢献している。近世には、坂東《ばんどう》三十三所、秩父《ちちぶ》三十三所など地方的な札所巡礼が盛んになった。

観音像はその変化《へんげ》相《そう》により種々ある。それは聖観音《しょうかんのん》、十一面観音、如意《にょい》輪《りん》観音、馬《ば》頭《とう》観音、准胝《じゅんてい》観音、千手観音の六観音の信仰や、不《ふ》空羂索《くうけんさく》観音を加えた七観音の信仰へと発展する。ヒンドゥー教の影響もあって、絶大的で超人的な威神力による救済への期待が、千手観音など造像に変化を生じさせていく。

→観音経・三十三身

（関戸）

観音経 ○かんのんぎょう

『法華経』観世音菩薩普門品の偈頌《げじゅ》（詩文）。普門品は、観世音菩薩の衆生救済のさまを、さまざまな具体的事例をあげて説き、その名を唱え供養することを勧めているが、この章が独立し「観音経」として広く読まれて現在に至っている。「観音」「観世音」の名称の由来について普門品には「若し無量百千万億の衆生ありて諸《もろもろ》の苦悩を受け、この観世音菩薩を聞きて一心に名を称うれば、観世音菩薩は即時に其音声《そのおんじょう》を観《み》て皆《みな》解脱《げだつ》を得《え》せしむ」とある。観音経には、観世音菩薩が娑婆世界に遊び、三十三身を現して衆生を救済することが説かれている（普門示現《ふもんじげん》）。そして、苦悩する衆生が観世音菩薩の名を聞いて一心にその名を称えるならば、その音声に応じて苦悩から解脱せしめるとする。すなわち、口に観音の名号を称えれば、火難・水難・羅刹《らせつ》難・刀杖《とうじょう》難・鬼難・枷鎖《かさ》難・怨賊《おんぞく》難の七難を脱れ、意に観音を念ずれば貪《とん》（むさぼり）・瞋《じん》（いかり）・癡《ち》（おろか）の三毒を離れ、男子を望めば立派な男子が、女子を望めば端正な女子が得られるという功徳を説く。なお、鳩摩羅什《くまらじゅう》が四〇六年に訳出した『妙法蓮華経』観世音菩薩普門品には本来、偈頌《げじゅ》の部分がなかったが、六〇一年に闍那崛多《じゃなくった》が訳出した『添品妙法蓮華経』から付加された。現今のサンスクリット本やチベット本の韻文には、漢訳にない阿弥陀仏との関係について述べる偈文がみえる。また、観世音菩薩の信仰に基づいて別行していた経典が『法華経』に編入されたとの説もある。観音経はアジア各地の観音信仰のよりどころとされ、現世利益的性格や世俗的な欲望を肯定する面は、中国固有の宗教思想との共通性が見出されれる。中国では、観音経が広まる六朝《りくちょう》時代から唐代に、密教の流行と相まって、さまざまな変化観音が登場する。白衣《びゃくえ》観音・魚籃《ぎょらん》観音などが中国で誕生し、日本に伝来して信仰をあつめた。観音は現世利益を重んじる中国各地の道教信仰と習合し、授児・育児、眼病や病気の治癒、海上安全などの女神として知られる娘娘神（ニャンニャン：道教の女神）との習合は特徴的である。（関戸）

→観世音菩薩・三十三身

観普賢経　○かんふげんぎょう

『観普賢菩薩行法経』のこと。観普賢経《かんふげんぎょう》・普賢観《ふげんかん》経《ぎょう》などとも略す。説処は、霊鷲山から涅槃の地拘尸《くし》那竭羅《ながら》（クシナガラ）に向かう途上の毘舎離国《びしゃりこく》（バイシャーリ）の大林精舎《だいりんしょうじゃ》。曇摩蜜多《どんまみった》訳（四四二年）。他に祇多蜜《ぎたみつ》訳一巻・鳩摩羅什《くまらじゅう》訳一巻があったが現存していない。法華三部経の一つで、『法華経』の説法をしめくくる結びの経典という意味で、結経《けっきょう》と呼ばれる。冒頭において「却《さ》って後《のち》三月、我まさに般《はつ》涅槃《ねはん》すべし」と、釈尊が三ヶ月後の入滅《にゅうめつ》（入般涅槃《にゅうはつねはん》）を予告し、これを受けて阿難尊者・摩訶迦葉尊者・弥勒菩薩が如来滅後の修行について質問をする。これが本経の序分にあたる。これに答えて説かれた普賢菩薩観、六根懺悔法《ろっこんさんげほう》、大乗読誦、菩薩戒・善戒受持、破戒悪懺悔の教えを正宗分、懺悔法修習者の得益についての説法を流通分とする。自誓受戒作法や六根懺悔法等の『法華経』修行者の具体的な実践方法を明かすもので、『法華経』の懺悔滅罪《ざんげめつざい》思想を象徴する経典といえる。日蓮は「此の大乗経典は諸仏の宝蔵なり。十方三世の諸仏の眼目なり。三世の諸の如来を出生する種なり。此の経を持つ者は、即ち仏身を持ち、即ち仏事を行ずるなり。当に知るべし、是の人は即ち是れ諸仏の所使なり。諸仏世尊の衣に覆はれ、諸仏如来の真実の法の子なり。汝大乗を行じて法種を断たざれ」の文から法華最勝を主張し、とくに『観心本尊抄』においては「法種」を「仏種」と表記して一念三千仏種について論じている。

↓《法華三部経とは》

（高森）

鬼子母神

○きしぼじん

Hārītī の音写で訶梨帝・訶梨底・訶梨帝母と呼ばれ、歓喜母・愛子母とも。鬼神王の般闍迦パーンチカの妻であり、一万（一説では五百や千）の子を産んだという。元来悪鬼・鬼神として王舎城に行っては他人の子を誘拐し食していた。ある日、この行いを諌めようとした釈尊は鬼子母神の子を一人隠した。すると鬼子母神は探し回るが見あたらず悲嘆に暮れた。その姿を見た釈尊は隠した子を返し、一子ですらこのように悲しむのであるから鬼子母神に食われた子の親はどう思うかと説いたという。この教化にふれた鬼子母神は以後、子を食することを止め、教説を守り、子授け・子安・子育ての善神として人々を助けると誓ったとされる。これより母の慈悲深重をあらわす教説として鬼子母神の名は広く伝わっていった。『法華経』陀羅尼品において薬王菩薩・勇施菩薩・毘沙門天王・持国天王とともに、釈尊の前に十羅刹女と進み出でて、声をそろえて末法世において『法華経』弘通の行者を守護すると陀羅尼をもって誓願する。この二天、二聖と鬼子母神十羅刹女の誓願と守護を五番神呪と称する。これにより日蓮は鬼子母神・十羅刹女を法華行者擁護の守護神として位置づける。この鬼子母神と十羅刹女は同格、もしくは母子関係としてともに尊崇されていたが、鎌倉後期以降では鬼子母神と十羅刹女が単独で崇敬されるようになる。日蓮宗では鬼子母神が単独で祈禱本尊として中心的役割を果たしている。この独特の鬼子母神信仰は鬼子母神の形相をも変化させ、鬼形であるが胸に子どもを抱く姿をなす像を生み出した。子育て・子安の善神として鬼子母神は庶民・町衆の信仰を集め、正中山法華経寺・雑司ヶ谷の鬼子母神・入谷の鬼子母神などは江戸時代の庶民信仰

の中心となった。　（木村）

→五番神呪・十羅刹女・《法華三部経とは（陀羅尼品）》

記莂　○きべつ

vyākaraṇa（ヴヤカーラーナ）の訳語で、釈尊が弟子の未来成仏を確約することをいい、記別とも書き、授記ともいう。釈尊は譬喩品で舎利弗へ、授記品で大迦葉・大目犍連・須菩提・大迦旃延の四大声聞へ、五百弟子受記品では十大弟子の一人である富楼那弥多羅尼子をはじめ、千二百人の弟子たちに、授学無学人記品では阿難と釈尊の太子時代の子である羅候羅、そして学無学の二千人に記莂を授ける。さらに提婆達多品で悪人・提婆達多へ最後には勧持品で乳母の摩訶波闍波提比丘尼と王妃である耶輸陀羅比丘尼に授記をして終わる。　（三輪）

→授記

行基　○ぎょうき

奈良時代の僧（六六八—七四九）。和泉国大鳥郡蜂田郷の人で、父は渡来系氏族の高志才知《こしのさいち》、母は蜂《はち》田古爾比売《だのこにひめ》。元興寺《がんごうじ》で出家得度し、唯識学を学んで民衆に説教したといわれる。のちに寺を出て郷里に帰り、さらに諸国を行脚して説法した。民衆教化と社会事業に尽力し、四十九院と称される道場を建立して、道路の修理、堤防の築造、橋梁の架設、貯水池の設置などに努めた。東大寺大仏造立が発願されたときには、事業に協力し大僧正に任ぜられた。行基菩薩。「法華経をわが得しことは薪《たきぎ》こり菜つみ水くみつかへてぞえし」は、法華八講で朗詠される提婆達多品についての行基作と伝える和歌。　（関戸）

教行信証《きょうぎょうしんしょう》

浄土真宗の開祖・親鸞（一一七三―一二六二）の代表的著作。正式には『顕浄土真実教行信証文類』といい、浄土教における真実の教・行・信・証を顕す文類を集めた書という意味で、教・行・信・証・真仏土・方便化身土の六巻からなる。本書が書き始められたのは元仁元年（一二二四）で、親鸞晩年まで改定がなされた。「教」巻では廻向に往相と還相があることを述べられ、一切衆生の往生を願う往相の廻向に真実の教行信証があるとする。とりわけ真実の教とは『大無量寿経』であることを明かす。「行」巻では往相の廻向の大行として阿弥陀の名を称える称名念仏が示される。ただしこの大行はあくまでも阿弥陀仏の本願に基づくものであり、称える数にはよらないとする。さらに唯一の仏道として、如来の本願力である他力について説かれる。「信」巻では、念仏の行を受け入れる信も自力ではなく、如来の本願によって発起することが示される。信心については曇鸞・善導・源信の文を引き、正因としての三心である至誠心・深心・廻向発願心を説く。この巻の最後には信行の困難な例を示すなかで、阿闍世と提婆達多の事跡が述べられ、成仏できず地獄に堕ちるとされている謗法・一闡提でさえ仏の本願力によって信行すれば滅罪することを明らかにしている。「証」巻では往生する人が至る阿弥陀仏と同じ大涅槃の境地と徳を示し、続いて現世にもどって罪深い衆生を導く還相廻向を行ずる必然性を明かす。「真仏土」巻では、真実の信行によって到達する真仏土が「無量光明土」であると説かれる。この真仏土は仏の涅槃界であり、凡夫衆生の方便化身土ではない。そこで次の巻に、続けて方便化身土が説かれる。最後「方便化身土」巻では、他力真実の教ではなく、修しがたき自力聖道によって顕れる仮の仏と土が述べられ、『阿弥陀経』に基づく専修念仏を勧めるなかで、信行の困難を示している。本書は多く

の経典や浄土教祖師たちの書を引用しながら、徹底的に本願に基づく他力念仏を勧奨している。（三輪）

→《鎌倉新仏教と『法華経』》

憍陳如　○きょうじんにょ

Ajñātakauṇḍinya。釈尊と六年間の苦行をともにした五比丘（阿若憍陳如《あにゃくきょうじんにょ》・阿説示《あせつじ》・婆提《ばだい》・摩訶《まか》男《なん》・十力迦葉《じゅうりきかしょう》または婆数《ばす》）の一人。五比丘は、釈尊が苦行を取りやめて村に入り食を得たのを見ていったんは離れたが、釈尊の成道後に鹿野苑で最初の説法を聞いて悟りを開き、最初の仏教僧伽《そうぎゃ》の構成員となった。憍陳如は序品の会座に登場し、方便品では阿若憍陳如たちをはじめとする千二百人と、声聞や辟支仏を志そうとした比丘・比丘尼・優婆塞《うばそく》・優婆《うば》夷《い》が、釈尊の体得した法が深遠で理解することが難しいと考えたことが説かれている。そして、五百弟子受記品では憍陳如に将来、普明如来となるであろうとの記莂が与えられている。すなわち釈尊は千二百人の阿羅漢のうち富楼那をはじめ憍陳如らの五百人の阿羅漢たちに授記し、さらに五百人以外のこの場にいない阿羅漢たちにも迦葉を通じて間接的に授記する。（関戸）

教相　○きょうそう

教相とは、教法のすがた・かたち（相）のこと。教門ともいう。観心に対する語。経典の意味を理論的に究明する部門。経典の構成（科段《かだん》）を把握し、教説の意味を解明し、諸経との関連を尋ねて、経典の主旨を把握することを教相判釈《きょうそうはんじゃく》という。天台大師智顗は、教相面で三種教相（根性の融不融の相・化導の始終不始終の相・師弟の遠近不遠近の相）を、観心面で一心三観を確立した。ほかにも、南三北七《なんさんほくしち》の教判、華厳宗の五教十宗判、法相宗の三時教判、三論宗の三輪教判《さんりんきょうはん》、真言宗の十住心《じゅうじゅうしん》・顕密二教判《けんみつにきょうはん》などがある。
↓観心

（高森）

教相判釈

○きょうそうはんじゃく

「教相《きょうそう》」とは、教法のすがた・かたち（相）のこと。「判釈《はんじゃく》」とは、教法の説かれた順序・次第を体系的に序列し、教説の内容を比較・整理・分析して、教義の優劣（勝劣）・浅深を分別・判断・解釈すること。略して「教判《きょうはん》」と呼ぶ。仏教の各宗派・学派の多くは、それぞれの拠り所となる経論を至高と定める教相判釈をもつ。『法華経』に基づいた教判論の代表的なものとしては、天台大師智顗《ちぎ》の三種教相《さんしゅきょうそう》（五時八教《ごじはっきょう》を含む）がある。

（高森）

↓教相・五時八教・智顗

久遠実成

○くおんじつじょう

『法華経』における開会《かいえ》（開顕会融《かいけんえゆう》）思想の一。爾前経および『法華経』の迹門までは、釈尊は三〇歳（一説に三五歳）に菩提樹下で成道したと説いてきたことをくつがえして、五百億塵点劫という久遠の過去世に成道してより衆生を教化し続けてきたこと。始成正覚《しじょうしょうがく》に対す。『法華経』迹門（前半部分）の「二乗作仏」と本門（後半部分）の「久遠実成」とを併称して「記小久成《きしょうくじょう》」といい、ともに『無量義経』を含め『法華経』以前の爾前経では、まさに「未顕真実」（いまだ真実を明らかにしていない）の法門と位置づけられる。

『法華経』本門では、如来寿量品を中心として、「仏という存在の時間的不変性・永遠性（如来常住・久遠実成・常住仏性）」が説かれ、これにより能化（衆生を教化する側）の如来の実事が開陳される。爾前経および『法華経』迹門の所説では、釈尊は印度の伽耶の菩提樹下で初めて成道した始成《しじょう》正覚《しょうがく》の仏とされるが、『法華経』本門の如来寿量品に来って「我れ実に成仏してより已来《このかた》、無量無辺百千万億那由佗劫なり」と、実には五百億塵点劫の久遠の過去世に成仏し、それ以来常に娑婆世界にあって人々を教化してきたと説かれる。このように、本門の中心的教義は、近成《こんじょう》の仏（近く三〇歳で成道を果たした釈尊の垂迹身《すいじゃくしん》）を開いて、遠成《おんじょう》の仏（遠く久遠の過去世に成道を遂げた釈尊の本地身）が顕されたところから、開近顕遠・開迹顕本とも呼ばれる。

天台大師智顗は、如来寿量品の「我れ本菩薩の道を行じて成ぜし所の寿命、今猶いまだ尽きず、復上《またかみ》の数に倍せり」と「我れ実に成仏してよりこのかた無量無辺百千万億那由陀劫なり」の文について本因妙・本果妙を論じ、『法華経』本門の久遠釈尊の因行（因位の菩薩行・釈尊の永劫にわたる修行の功徳）を「本因」、久遠成道の果徳（果位の成仏・永劫の修行によって得られた釈尊の功徳）を「本果」と規定した。

日蓮は、これを受けて「本因本果の法門」を説き、迹門の二乗作仏も本門に久遠実成が明説されたこと（開迹顕本《かいしゃくけんぽん》）によって根拠づけられると主張する。即ち『開目抄』に「迹門方便品は一念三千・二乗作仏を説て爾前二種の失《とが》一つを脱れたり、しかりといえどもいまだ発迹《ほっしゃく》顕本せざれば、まことの一念三千もあらはれず、二乗作仏も定まらず。（略）本門にいたりて、始成正覚をやぶれば、四教の果をやぶる。四教の果をやぶれば、四教の因やぶれぬ。爾前迹門の十界の因果を打やぶて、本門十界の因果をとき顕はす。此れ即ち本因本果の法門なり」と述べて、迹門の教説も本門が説かれてこそ真実のものとなるとして、『法華経』は仏の慈悲による久遠の救済を説いたものとする。本門の教主釈尊は、如来寿量品において、自ら久遠実成を開顕（方便の意義を開き真実を顕わし示す）し、無始無終（三世常住）の仏であることを示したが、久遠実成という本因・本果の開顕は、爾前経や『法華経』迹門の始成正覚という仏の因行果徳（迹因・迹果）を開いて、久遠釈尊の因行果徳に包摂するもので、これによって無始無終にわたる究極の十界互具（九界即具仏界・仏界即具九界）が完成（究竟）する。爾前・迹門では、三十成道八十入滅という有始有終の仏界と九界とが互具しているだけであるから、釈尊在世中であればともかくも、その関係は永遠ではない。よってその救いも永遠たりえない。無始無終の久遠の本仏と九界とが互具する関係が成立して初めて、「師弟ともに久遠」という永遠の救いがなしとげられる。

さらに、如来寿量品には「我れ常に此の娑婆世界に在って説法教化す」「衆生劫尽《つ》きて大火に焼かると見る時も、我が此の土は安穏にして」とあるところから、日蓮は「今爾前迹門にして十方を浄土と号して、此土を穢土《えど》とかれしを打かへして、此土は本土となり、十方の浄土は垂迹の穢土となる」（『開目抄』）と本国土（本仏の所在する国土が不可思議であること）について述べ、娑婆即寂光という考え方を提示している。このことから、如来寿量品の説示が日蓮の立正安国思想の基盤となっていることを理解できる。

（高森）

→開会・二乗作仏・《法華三部経とは（寿量品）》

鳩摩羅什

○くまらじゅう

古くは「くもらじゅう」とも読まれたこともある。また究摩羅什・鳩摩羅什婆・鳩摩羅時婆・拘摩羅耆婆・鳩摩羅者婆。略して羅什・什公・什ともよばれる。中国南北朝時代初期における訳経僧。父であるは鳩摩炎（鳩摩羅炎とも）はもともとインドの国相の家柄の人であったが亀茲国に赴き、そこで若い国王と義兄弟となり、その妹・耆婆（耆婆伽とも）を娶る。そして二人の間に生まれたのが鳩摩羅什である。鳩摩羅什は七歳の時に母とともに出家し、はじめは毘曇学を学び、九歳の時には槃頭達多を師とし、小乗を学び『雑蔵』『中阿含』『長阿含』などおおよそ四百万偈を受けたという。このように幼少より諸仏教に精通し、やがて具足戒を受けた後に須利耶蘇摩と出会い、彼より『阿耨達経』を聞いたことにより大乗へと転向、主に中観派の諸論書を研究していく。前秦建元二〇年（三八四）、呂光が亀茲国を攻略したことにより鳩摩羅什は捕虜となる。そのとき鳩摩羅什がまだ若年なのを見た呂光は強いて亀茲国王の娘を娶らせ戒を犯させたともいわれる。このように捕虜となって以後一八年間にわたり呂光・呂纂の下で鳩摩羅什は涼州での生活を余儀なくされることとなる。この間に鳩摩羅什が漢語に熟達していったことは、後に後秦弘始三年（四〇一）五月、第二代姚興が呂隆を討ち、鳩摩羅什を長安に招致、そして長安において訳経に従事するようになってから、大なる効果をあげたことから推察される。世俗的な生活の中において鳩摩羅什は精力的に経論の翻訳などを行い多くの門弟教育に尽力した。主な訳出経典として『坐禅三昧経』三巻、『阿弥陀経』一巻、『大品般若経』二四巻、『法華経』七巻、『維摩経』三巻、『大智度論』一〇〇巻、『中論』四巻などが挙げられる。このように大量の訳経が完成した背景には、鳩摩羅什以前の訳経僧は概ね単独でインドに入っていたため見ること、持ってくることができる梵訳経典（梵本）の量が限られていたが、鳩摩羅什は呂光軍などと共にインドに入ったことにより大量の梵本が一時に長安に運ばれたことが大きな要因となっているといえる。さらには鳩摩羅什の前半生が示すように、大・小乗を兼学し熟知していたこと、出会った師も当代一流の人物であったこと、また長安に来たという情報は直ちに中国各地に伝わり、その学徳を慕って長安に集まる人材が多く、これらの人々もまた訳場に列座し、鳩摩羅什の訳場はそのまま講説の場であったことなど枚挙にいとまがない。『維摩経』の訳出には一二〇〇人。『法華経』では二〇〇〇人の僧が翻訳事業に参画したといわれる。つまり従来訳出された経典が外国僧によるたどたどしい漢訳であったのに対し、中国人にも容易に理解し得るものとなったことは特筆されるべきである。（木村）

→《中国仏教と『法華経』》

髻中明珠喩

○けいちゅうみょうじゅのたとえ

「けちゅうみょうじゅ」とも。法華《ほっけ》七喩《しちゆ》のうち、三乗方便一乗真実《さんじょうほうべんいちじょうしんじつ》・一切衆生悉皆成仏《いっさいしゅじょうしっかいじょうぶつ》を説いた開《かい》三顕一《さんけんいつ》・開権顕実《かいごんけんじつ》の義を譬えて仏性《ぶっしょう》の普遍性を明かす『法華経』迹門《しゃくもん》の六喩の一。『法華経』安楽行品《あんらくぎょうほん》に説かれる。転輪聖王《てんりんじょうおう》が戦いにおける勇者といえども髻《もとどり》に蔵する宝珠を安易には与えず、最大の戦功者のみに授けるように、仏もまた一切衆生悉皆成仏の『法華経』を容易に説かず、一切の煩悩を断じ尽くす真の智者だけに説き与えることを示したものである。仏が『法華経』を説いて権教を開いて実教を顕し、二乗作仏の記莂を与えたことの譬喩である。

→法華七喩　（高森）

華果同時

○けかどうじ

蓮華は花が咲くときにすでに種子を確固なものとしているが、それと同じように、『法華経』後半の本門の教えが中心にあって、前半の迹門の教えがその道を開くことをいう。蓮華の花は生育する際に、同時並行して花の下にある蓮台の中に種子を成長させている。蓮台の成熟のために蓮華が開き、蓮の華が開くと蓮台の存在がわかり、華が咲き落ちると蓮台の全容が明らかになる。これと同様に、真実の法を説くために迹門が説かれ、それが真実を顕わし示して開顕されると、本門の真実の教えが明らかとなる。すなわち、衆生が未熟なので釈尊の教えの入り口を示し、教えになじんでくるにしたがい次第に本懐を明らかにしようとして、釈尊の教えを理解するのに十分な素地が形成されたときに、迹門の仮の教えから、真実を開顕した本門の真実の教えに転換するのである。また、「泥中《でいちゅう》の蓮華」とは、汚い泥に染まらず清らかで美しい蓮華のことを、清浄な仏の姿などに喩える。『妙法蓮華経』の経題には「白蓮華のように優れた教えを説く経」という意味で「蓮華」が用いられている。おおよそ仏道修行とは、一定の修行によってそれぞれの悟りの段階を確かめることができるものであるが、『法華経』は修行のなかに、すでに釈尊の教導の世界が内包されていると考える。すなわち、妙法の教えは蓮華の成熟の様子と一致しており、蓮華はただの比喩にとどまらず、妙法をそのまま明らかにしており、妙法と蓮華が一体のものとして崇敬されていく。なお、『法華経』の迹門を開いて本門の実義が明らかになることを、迹門を蓮の華に、本門を果に喩えて「華《け》開蓮現《かいれんげん》」という。（関戸）

→蓮華

偈頌　○げじゅ

gāthā（伽陀）の音訳の「偈」と、意訳の「頌」を合わせたものをいう。「伽陀」「諷誦」とも漢訳される。経典中で詩句の形式をとり、仏の教えやその徳の讃嘆、教理を述べたもの。偈頌には「通偈」と「別偈」が存在し、「通偈」とは散文と韻文（詩）とに通じて偈と称し、経典の字数を八字四句の三十二字をもって一頌または一偈とする。「別偈」とは散文でない偈頌を指す。これにはさらに「重頌」「孤起偈」の二種があり、「重頌」とは散文に説く内容を重ねて偈頌をもって説くもの。「孤起偈」とは前に散文がなく単独に説き示される偈を指し、『法華経』提婆達多品における竜女の讃仏偈のように、海中より仏前にて偈をもって仏を讃嘆することなどはその一例として挙げられる。（木村）

化城宝処喩

○けじょうほうしょのたとえ

法華《ほっけ》七喩《しちゆ》のうち、三乗方便一乗真実《さんじょうほうべんいちじょうしんじつ》・一切衆生《いっさいしゅじょう》悉皆成仏《しっかいじょうぶつ》を説いた開三顕一《かいさんけんいつ》・開権顕実《かいごんけんじつ》の義を譬えて仏性《ぶっしょう》の普遍性を明かす『法華経』迹門《しゃくもん》の六喩の一。『法華経』化城喩品《けじょうゆほん》に説かれる。その説き示すところは、旅人（一切衆生）が五百由旬先にある宝処（法華一乗の果）に至ろうとして険難悪道（生死煩悩）にはばまれ中途で断念しそうになったとき（懈《け》怠《たい》・退大取小《たいだいしゅしょう》）しかけた時、優れた導師（釈尊）が三百由旬の所にまぼろしの城（化城・三乗の権果）を出現させて休息させ、その上で遂に宝処（一仏乗）に至らしめたというものである。すなわち、仏が二乗に涅槃があると説くのは化城と同じく真実ではない。仏道を途中で断念する者のために仮に涅槃を説いたもので、真実の涅槃は一仏乗の『法華経』によってのみ可能であることを喩える。（高森）

→法華七喩・《法華三部経とは（化城喩品）》

結跏趺坐

○けっかふざ

インドの円満安坐の相であり、結加趺坐・全跏坐・本跏坐とも。跏は足の裏、趺は足の背を指す。つまり両膝を曲げ、両足の裏を上向けにする坐法をあらわす仏語である。さらに左右の足の上下により意味が異なり、右足が左足を圧する形を「吉祥坐《きちじょうざ》」といい、その反対を「降魔坐《ごうまざ》」という。（木村）

→《法華三部経とは（見法塔品）》

華徳菩薩

○けとくぼさつ

「華徳」とは「紅蓮のような光を放つ者」という意味で、妙音菩薩品と妙荘厳王本事品に登場する菩薩である。妙荘厳王本事品では華徳菩薩の過去の前生譚が示される。過去世の雲雷音宿王華智仏の時代に外道を信仰する妙荘厳王という王がいた。仏に帰依していた王妃である浄徳とその子である浄蔵と浄眼は、父である王の信仰を改めさせ、ついに仏のもとで『法華経』を修行するようになる。釈尊はこの妙荘厳王こそが華徳菩薩であり、二子のそれぞれが薬王・薬上の二菩薩であることを明らかにする。妙音菩薩品では釈尊の対告衆として登場し、妙音菩薩がどのような善根を植え、どのような功徳を積んで、この神通力を得たのかを問うている。（三輪）

源氏物語　○げんじものがたり

平安時代中期の十一世紀初め、紫式部によって創作された長編の物語。正しい呼称は「源氏の物語」で「光源氏《ひかるげんじ》の物語」「紫の物語」「紫のゆかり」などと称される。『源氏物語』五四巻は、1桐壺《きりつぼ》、2帚木《ははきぎ》、3空蟬《うつせみ》、4夕顔《ゆうがお》、5若紫《わかむらさき》、6末摘花《すえつむはな》、7紅葉賀《もみじのが》、8花宴《はなのえん》、9葵《あおい》、10賢木《さかき》、11花散里《はなちるさと》、12須磨《すま》、13明石《あかし》、14澪標《みおつくし》、15蓬生《よもぎう》、16関屋《せきや》、17絵合《えあわせ》、18松風《まつかぜ》、19薄雲《うすぐも》、20朝顔《あさがお》、21少女《おとめ》、22玉鬘《たまかずら》、23初音《はつね》、24胡蝶《こちょう》、25蛍《ほたる》、26常夏《とこなつ》、27篝火《かがりび》、28野分《のわき》、29行幸《みゆき》、30藤袴《ふじばかま》、31真木柱《まきばしら》、32梅枝《うめがえ》、33藤裏葉《ふじのうらば》、34若菜《わかな》上、35若菜下、36柏木《かしわぎ》、37横笛《よこぶえ》、38鈴虫《すずむし》、39夕霧《ゆうぎり》、40御法《みのり》、41幻《まぼろし》、42匂宮《におうのみや》、43紅梅《こうばい》、44竹河《たけかわ》、45橋姫《はしひめ》、46椎本《しいがもと》、47総角《あげまき》、48早蕨《さわらび》、49宿木《やどりぎ》、50東屋《あずまや》、51浮舟《うきふね》、52蜻蛉《かげろう》、53手習《てならい》、54夢浮橋《ゆめのうきはし》。主人公の光源氏とその一族さまざまの人生について、七十年余にわたって構成される。王朝文化の最盛期における宮廷貴族の生活を優艶《ゆうえん》かつ克明に描く。紫式部は中古三十六歌仙の一人で、女房名の紫式部は『源氏物語』の「紫の上」と、父の旧官名による。藤原為時《ためとき》の女。藤原宣孝《のぶたか》と結婚し賢子《けんし》をもうけたがまもなく夫と死別。そのころ『源氏物語』を書き始め、一巻ないし数巻ずつ世に問われたようである。最初の数巻が流布することにより評判になり、道長に認められて中宮彰子《しょうし》に仕えた。智顗の『摩訶止観』を読破したともいわれる。『源氏物語』は架空の物語ではあるが、女人成仏（提婆達多品）を説く『法華経』への貴族の女性を中心とした信仰のありかたがよく示されている。平安時代に仏教は貴族の教養的なたしなみとして受け入れられていた。特に『仁王般若経』『金光明最勝王経』『法華経』は国を鎮め護る鎮護国家三部経として重んじられ、清少納言も枕草子に「経は法華経さらなり」と『法華経』が最高であると記している。当時は念仏信仰が盛んで、厭離穢土《おんりえど》・欣求浄土《ごんぐじょうど》（煩悩に汚れた現世をきらい離れ、極楽浄土を心から願い求めること）を人々は望んでいた。特に貴族は現世の豪奢な生活が死後も続くことを願っていた。そのため、『法華経』の思想に注目しつつ、念仏を唱えて極楽往生を願うという信仰形態が『源氏物語』にもよく示されている。「蜻蛉」には「蓮の花の盛りに、御八講せらる。六条院の御ため、紫の上などみな思し分けつつ、御経仏など供養せさせたまひて、いかめしく尊くなんありける。五巻《ごのまき》の日などは、いみじき見物《みもの》なりければ、こなたかなた、女房につきつつ参りて、もの見る人多かりけり」とあって、『法華経』五巻に所収の提婆達多品が講説される「五巻の日」を中心に法華八講が盛んに開催されていたことがわかる。紫式部もその盛況な様子について「たへなりや今日は五月の五日とていつつの巻にあへる御法も」と詠んでいる。また「賢木」に「今日の講師は、心ことにえらせたまへれば、薪《たきぎ》こるほどよりうちはじめ同じういふ言の葉も、いみじう尊し」とあるように、釈尊が過去世に薪を拾うなどして、仙人であった提婆達多に仕え、『法華経』の教えを受けた話が講じられたことが記される。行基作と伝えられる「法華経をわが得しことは薪こり菜《な》摘水汲《つみみずく》み仕えてぞ得し」（『拾遺集』）を歌って、薪や水桶などを捧げながら行道する様子はすばらしいとされる。このほか、物の怪の祈禱や仏事に際して『法華経』が読誦されていたことが処々に記されている。

（関戸）

元政　○げんせい

一六二三—六八。江戸前期の日蓮宗の学僧で、漢詩文家、歌人。毛利輝元の元家臣の石井元好《もとよし》の五男として京都に生まれる。十三歳で近江彦根藩主の井《い》伊《い》直孝《なおたか》に仕えたが、病弱だったため京都妙顕寺日豊《にっぽう》のもとで出家した。のち京都洛南の深草に隠棲し、漢詩や和歌に精進し四十六歳で没するまで病魔とたたかいながら、法華律を提唱し僧道の実践・復興に努めた。漢詩文集に『草山集《そうざんしゅう》』があり、詩書をはじめ製陶や拳法など多芸多才の人であった明の陳元贇《ちんげんぴん》との親交に基づく『元元唱和集』がある。和歌は松永貞徳《ていとく》の門人で家集に『草山和歌集』があり、和文では『身延《みのぶ》道《みち》の記』、漢文では『扶桑隠逸伝《ふそういんいつでん》』、初心の修行者の心得を示した『草山要路』など多くの著書がある。深草の住居であった称心庵《しょうしんあん》は現在、瑞光《ずいこう》寺《じ》となっており、遺命による三竿竹《さんかんちく》の質素な墓所は元政の生き方をよく示している。譬喩品で衆生の苦しみを救うのは釈尊ただ一人であると説く「唯我《ゆいが》一《いち》人能為《にんのうい》救護《くご》」の経文によせて「たのめ猶《なお》ただ我ひとり救ふべきをしへ（教）たへ（妙）なる法《のり》のこころを」と詠じている。（関戸）

劫　○こう

kalpaの音写。劫は略称であり、詳しくは「劫波」という。大時・長時・分別時節などと訳される。きわめて長い時間をいい、古代インドでは最長の時間の単位とされる。広大な時間の流れをあらわすのに用いられることが多い。仏典において劫は多種にわたる比喩として用いられ、「芥子劫」（四方と高さ一由旬の鉄城に芥子を満たし、百年に一度芥子の一粒を持ち去り、それがなくなるほどの長い時間）や草木劫・沙細劫・拂石劫などの例がある。また世界の成立から破滅に至る四大時間について仏教では成劫《じょうこう》・住劫・壊《え》劫・空劫とする。（木村）

→恒河沙・五百億塵点劫・三千塵点劫

恒河沙　○ごうがしゃ

恒沙とも略される。恒河とはガンジス川の意味で、はるかに広大な流域を有するガンジス川の砂の数のように無数であるという比喩として用いられる。『法華経』でも、諸仏・諸菩薩、もしくは仏国土の数が計り知れないことを表現する語として多用されている。（木村）

→ガンジス河

高原鑿水の喩　○こうげんさくすいのたとえ

「こうげんじゃくすい」とも。『法華経』法師品《ほっしほん》において、釈尊は『法華経』の三説超過（已説の爾前経・今説の『無量義経』・当説の『涅槃経』の三説を超越して、『法華経』は難信難解・随自意《ずいじい》の最上の教法であること）の偉大さを様々に説かれ、無上等正覚に辿りつく方法を五種法師《ごしゅほっし》（受持・読・誦・解説・書写）や十種供養（華・香・瓔珞《ようらく》・抹香・塗《ず》香《こう》・焼香・繒蓋・幢幡《どうばん》・衣服・妓楽）に示した。こうした中で『法華経』の信仰によって正しい悟りに近づけることを譬喩に仮託して説かれたのが高原鑿水喩である。そこでは、清水（無上等正覚・仏性）を渇望する人が高原（煩悩）を掘削するとき、乾いた土を見れば水が遠く、湿った土を見れば水が近くにあることを知るように、菩薩が仏道を求めるとき、『法華経』は難信難解であるが諦めずに信心を貫けば、必ず無上のさとり（等正覚）に近づくことを確かめることができると明説されている。なお、この譬喩は授記品の「大王膳の喩え」と同様、なぜか法華七喩に数えられることはない。（高森）

→《法華三部経とは（法師品）》

広長舌
○こうちょうぜつ

仏や転輪聖王における三十二の優れた特徴の一つである広く長い舌。『法華経』如来神力品において釈尊は大神力をあらわして、その広く長い舌を出し、それは梵天にまで至るほどであったという。（木村）

→三十二相・十神力・神通力・《法華三部経とは（神力品）》

後柏原天皇
○ごかしわばらてんのう

一四六四～一五二六。第一〇四代。後土御門《ごつちみかど》天皇の第一皇子。当時は応仁の乱後の朝廷衰微のころにあり、即位の大礼を行うことができず、大永元年（一五二一）に大坂本願寺僧光兼の献金により、これを挙行するをえた。和歌は後土御門天皇や飛鳥井《あすかい》雅親《まさちか》、三条西実隆らに学び、宮中に法華和歌会を催すなど、室町期歌壇の指導的役割をはたした。作品集に『柏玉集』などがある。方便品の説法について、妙法を信受しているうちに、おのずから悟りの道へと歩んでいる自分を自覚するとして「いはじたゞ妙なる法《のり》の言《こと》の葉は知らぬぞやがて悟りなりけり」と詠んでいる。（関戸）

五逆罪
○ごぎゃくざい

仏教ばかりではなく人倫にもとる五つの罪。第一に父親を殺す「殺父《しいぶ》」、第二に母親を殺す「殺母《しいも》」、第三に仏教の修行者を殺す「殺阿羅漢」、第四に仏を傷つけ出血させる「出仏身血」、第五に仏教教団を破壊する「破和合僧」である。これらの罪を犯すものは八大地獄の最下層である無間地獄（大阿鼻地獄ともいう）に堕ちるとされている。また、殺阿羅漢・出仏身血・破和合僧の三罪を三逆罪という。『法華経』では五逆罪について直接説かれないと思われるが、譬喩品では「もし人信ぜずしてこの経を毀謗せば、則ち一切世間の仏種を断ぜん。（中略）その人命終して阿鼻獄に入らん」と『法華経』を誹謗するものが阿鼻地獄に堕ちると説かれ、常不軽菩薩品では「彼の時の四衆の比丘・比丘尼・優婆塞・優婆夷は、瞋恚の意をもって我を軽賤せしが故に、二百億劫常に仏に値わず、法を聞かず、僧を見て、千劫阿鼻地獄において、大苦悩を受く」と釈尊の前世であった常不軽菩薩を軽蔑した四衆が阿鼻地獄に堕ちると示される。すなわち、『法華経』を誹謗する者や『法華経』を弘める行者に危害を加える者は五逆罪を犯すに等しい罪に問われると説いている。経説の中で五逆罪に間接的に関係する存在として提婆達多が存在する。提婆達多は阿羅漢を殺し（殺阿羅漢）、崖から岩を落として釈尊を傷つけ出血させ（出仏身血）、釈尊の教団の秩序を乱そうとした（破和合僧）と伝えられている。『法華文句』「釈提婆達多品」において智顗は提婆達多の事跡をあげ、釈尊に対する怨みをはらすために三逆罪の他に阿闍世王をそそのかして酔った象を放ち釈尊を踏み殺させようとした罪、十本の指に毒を塗って釈尊の足に傷をつけて殺そうとした罪の二つを加えて五逆罪を犯したとしている。提婆達多品では悪人として知られていた提婆達多を、釈尊前生での善知識であるとして、未来成仏の記莂を与えている。（三輪）

→三逆罪

虚空会 ○こくうえ

二処三会と表現される『法華経』説法の場（三会座）の一。序品より法師品まで『法華経』は霊鷲山にて説かれていた（前霊山会）が、見宝塔品において虚空に宝塔が出現、その会座が虚空へと移る。この虚空会にて釈尊が久遠実成であることが説かれ、釈尊滅後法華経弘通の付属がなされる。嘱累品で釈尊は多宝如来にもとのとおりになされよと呼びかけ、虚空会の説法が終わる。（木村）

→霊山会

後五百歳 ○ごごひゃくさい

仏滅後の仏教衰退を五つの五〇〇年で表した時代観の中で、最後に訪れる五〇〇年を指す。『大集経』には仏滅後二五〇〇年間に仏教が衰退することが予言される。五つの時代区分とは解脱堅固・禅定堅固・読誦堅固・多造塔寺堅固・闘諍言訟《とうじょうごんしょう》白法隠《びゃくほうおん》没《もつ》堅固（闘諍堅固）で、最後の闘諍堅固の時代を後五百歳という。薬王菩薩本事品では如来滅後、後の五百年間における女人往生の功徳と『法華経』広宣流布の要請が説かれ、普賢菩薩勧発品ではこの時代の『法華経』受持者を普賢菩薩が守護するという誓願が示される。

（三輪）

→《法華三部経とは（薬王品）》

五時八教 ○ごじはっきょう

智顗が創唱した天台宗の教相判釈《きょうそうはんじゃく》（釈尊一代の全生涯に説かれた教法を形式、内容、順序などによって分類し体系づけること）。五時とは、すべての経典を釈尊が一生の間に順に説いたと考え、その順序によって五段階をたてた。八教とは、化《け》儀四教《ぎのしきょう》（教えの形式）と化法四教《けほうのしきょう》（教えの内容）の八つに分類したものの総称。五時は①〔華《け》厳時《ごんじ》〕釈尊が悟りを開いてただちに二十一日間（あるいは十四日間）に、悟りの境地のままに能力がすぐれた者だけが理解できる『華厳経』として説かれた。②〔鹿苑《ろくおん》時〕次の十二年間は能力の劣った者のために小乗の『阿含経《あごんきょう》』を説いて、教えを聞いて修行しうる能力のある小乗の機根を教え導いた。③〔方等《ほうどう》時〕続いての八年間は小乗から大乗に引き入れるために『維《ゆい》摩経《まぎょう》』『勝鬘経《しょうまんぎょう》』などを説いた。④〔般若《はんにゃ》時〕次の二十二年間には『般若経』を説いて大乗と小乗を別なものとする執着を捨てさせた。⑤〔法華《ほっけ》涅《ね》槃《はん》時〕晩年の八年間には、理解能力の熟した者に『法華経』の一乗真実の教えを説き、さらに臨終に際しての一日一夜には『涅槃経』を説いて、これまでの教導に漏れた者をすべて救う。八教の化儀四教《けぎのしきょう》は頓《とん》教《ぎょう》（悟りを開いた直後に真理をそのまま説いた教えで、主として華厳時の説法を指す）・漸教《ぜんきょう》（衆生の機根に応じて、浅い教えから深い教えに次第・順序を追って段階的に説いた教えで、鹿苑・方等・般若を指す）・秘密教（秘密不定教。一部の機根のために秘密に法を説き、同じ教えであっても機根によって異なった利益を受け、互いにそれを知らないもの。秘密教と不定教は前四時に通じ、別段特定の部経はない。釈尊の説法の不思議自在さを示す）・不定教《ふじょう》（順露不定教。一会に一法を説き、得るところの利益が定まらないもの）。化法四教《けほうのしきょう》は蔵教《ぞうきょう》（三蔵教の略称で智顗は小乗の教えとした）・通教《つうぎょう》（大乗の初門で声聞・縁覚・菩薩の三乗に共通する教え）・別《べっ》教《きょう》（中段階の大乗の教えで、前の蔵通二教とも別、後の円教とも別の教え）・円教《えんぎょう》（すべてを包摂する円満・円備の教え。完全なる大乗のこと）。また智顗は五時八教を『涅槃経』の五味（乳味・酪味・生《しょう》蘇味《そみ》・熟蘇味《じゅくそみ》・醍醐味《だいごみ》）、『華厳経』の日光三照（照高山・照幽谷・照平地）および食時《じきじ》・禺中《ぐうちゅう》・正中《しょうちゅう》、『法華経』信解品の「長者窮子《ちょうじゃぐうじ》の譬喩」（擬宜《ぎぎ》・誘《ゆう》引《いん》・弾呵《たんが》・淘汰《とうた》・開会《かいえ》）に配当している。すなわち華厳時は、文殊菩薩などの大弟子は醍醐味を味わったが、舎利弗らの声聞には全く理解できないので乳味にすぎず、日が出てまず高山を照らす照高山の段階であり、釈尊が悟りの内容を衆生にあてがって、法を受け入れることができるかどうかを試みた擬宜の段階であるとする。鹿苑時は、日光が高山に次いで幽谷を照らす段階であり、声聞たちも初めて利益を受けた乳味から酪味への進展であり、長者が方便によって窮子を誘い導く誘引の段階であるとする。方等時は、それを代表する『維摩経』で維摩居士が舎利弗たち声聞に灰身滅智を恥じて大乗を慕わせていることから、長者が窮子の誤りを責めて導く弾呵の段階にあて、酪味より進んだ生蘇味、日光が平地を照らすとき照平地の食時（辰の時、午前八時）であるとした。般若時は照平地の禺中《ぐうちゅう》（巳の時、午前十時）、熟蘇味であるとして、大乗と小乗を対立的に考えていた方等時を諸法皆空の理を説き一切空の立場からすべての執情を打ち破る淘汰《とうた》とみる。法華涅槃時については前番と後番に分けて、前番の『法華経』には釈尊の出世の本懐が明らかにされて、少しも影のない照平地の正中（午の時、正午）、醍醐味、長者が窮子をわが子であると家業を付して、隠されたものを開いてその中の真実性を顕す開会《かいえ》であるとする。そして、その後（後番）の『涅槃経』は法華時に開悟できずに救いにもれた者を救う、追《つい》説追泯《せっついみん》（『法華経』に諸経を開会して一度終わったものを、更に立ち帰って説き、さらにそれを融け合ってなくなる状態にすること）、法華の大収に対して捃拾《くんじゅう》と位置づける。中国仏教においては、次第・順序がまちまちに次々と将来されてきた教説の異なる複数の仏典について、内容的にどの経典が勝れるかという研究が進展して、教相判釈が発展していった。智顗は『法華玄義』において当時主流であった南山北七の江南の三師と江北の七師の教判を精査して、五時八教判を立てた。南岳慧思の法華主義を継承した上で、各師の教判を整理して法華至上を学問的に証明したのである。　（関戸）

→五味

五重玄義　○ごじゅうげんぎ

天台大師智顗が『法華玄義』で経題を詳説する際に設けた五つの項目をいう。五重玄、五玄、または五章ともいい、順に釈名《しゃくみょう》・弁体・明宗《みょうしゅう》・論用《ろんゆう》・判教である。名《みょう》・体・宗・用《ゆう》・教と略される。玄義とは奥深い意味のこと。釈名とは経の題名の解釈、弁体とは題名の表す本質、明宗とは教えの目的を明らかにすること、論用とは教えのはたらきを論ずること、判教とは仏教全体のなかでその教えの位置を定めることである。智顗の経典注釈書には『法華経』を解釈した『法華玄義』、『金光明経』を解釈した『金光明玄義』、『仁王経』を解釈した『仁王経疏』、『金剛般若経』を解釈した『金剛般若経疏』、『維摩経』を解釈した『維摩経玄疏』などがあり、すべてで五重玄義が説かれているが、とりわけ『法華玄義』は五重玄義に比重をおいている。『法華玄義』は通釈と別釈に別れており、通釈とは『法華経』の五重玄義を総合的に説明し、別釈は一つ一つの項目について詳説している。別釈の第一釈名章においては、まず妙法蓮華経の五字の経題が解釈される。この釈名について大半の紙面が割かれており、巻数で示せば第二巻から第八巻までに及ぶ。初めに便に従って「法」が解釈せられ、法は即ち、十界三千の諸法であって、これを心・仏・衆生の三法に概括し、さらに円融三諦の理によって、その法の融妙不可思議、無差別であることを説いている。次いで、「妙」を解釈してこの妙は融妙不可思議の当処なりと説いて、これに通釈と別釈とを立て、通釈において相待《そうだい》・絶《ぜっ》待《だい》の二妙を説いて、法華の独勝と開会を示し、別釈において本迹二門を説いている。迹門においては境妙・智妙・行妙・位妙・三法妙・感応妙・神通妙・説法妙・眷属妙・功徳利益妙の十妙を分別し、爾前の諸経の十麁に対して、法華所説の境智等がことごとく絶妙なることを詳論し、本門においては、本因妙・本果妙・本国土妙・本感応妙・本神通妙・本説法妙・本眷属妙・本涅槃妙・本寿命妙・本利益妙の十妙を説き、迹門の十麁に対して久遠本仏の因果等がすべて絶妙なることを細説している。次いで「蓮華」の二字を解釈し、妙法は蓮華をもって譬喩するに他なしと説き、終りに「経」の一字を解釈する。以上で釈名の章を終り、さらに第二弁体章において諸法実相を本経の経体となすこと、第三明宗章においては、一仏乗の因果をもって経の宗旨となすこと、第四論用章においては、断疑生信、増道損生を経用となすこと、第五判教においては、南三北七など諸家の教判を述べ、次いで自らの教判を説いて法華の純円独妙を顕している。（三輪）

→法華玄義

五十展転《ごじゅうてんでん》

『法華経』随喜功徳品に説かれる。如来寿量品で釈尊の久遠実成が明らかにされたのち、分別功徳品から法師功徳品では如来の寿量が久遠であることを信解し、如来滅後に『法華経』を聞いて随喜し、『法華経』を受持・読・誦・解説・書写する者の功徳が説かれる。ことに随喜功徳品では、弥勒菩薩の、如来の滅後に『法華経』を聞く者が得る功徳がどれほどのものであるかという問いに対して、釈尊はその功徳を次のように答える。すなわち、『法華経』を聞いて随喜した人々が、その場を離れてさまざまな場所で、両親や友人などのさまざまな人々に自分の能力に応じて『法華経』を説いていく。その場で聞いた人が随喜してまた他の場所、他の人々に『法華経』を説き示していく。こうして次から次へと『法華経』を伝えていき、第五十番目に聞法する人の功徳は薄くなっているだろうが、それでも無量無辺であるという。ここに説かれる大施主の福徳というのは、四百万憶阿僧祇の世界のありとあらゆる衆生に対して、八〇年の間世界中の金銀などの宝、荘厳された宮殿や楼閣を与えたのち、衆生が歳を取り、老齢化した時に仏法によって引導して阿羅漢果を得させたというものである。この大いなる功徳よりも五十人目に『法華経』の一句一偈を聞いて随喜した人の功徳は百万倍にも及び、はかり知ることができないことを示している。このことによって、『法華経』を聞くことの功徳がいかに大きいかを明らかにしている。（三輪）

→《法華三部経とは（随喜功徳品）》

五種法師

○ごしゅほっし

法師品で説かれる『法華経』修行をする人で、受持・読・誦・解説・書写の五種をいう。「五種法師」という名称は、隋の嘉祥大師吉蔵（五四九―六二三）の『法華玄論』に基づき、天台大師智顗が『法華文句』「釈法師品」で論じられている。「受持」は『法華経』を信念をもって受け持つこと、「読」は経文を読むこと、「誦」は経文を暗誦すること、「解説」とは経を理解して説き示すこと、「書写」とは経文を写すことである。『法華文句』では五種法師を三業に配し、受持行は意業、読・誦・解説は口業、そして書写は身業とする。さらに、自行と化他行とに区別すると一応は解説以外は自行であるが、すべてが自行化他行に及ぶことを示している。また、法師品に説かれる布教の心得である衣・座・室の三軌に対応させ、読・誦・書写は外に現れる行であるから「如来の座」、解説は化他であるがゆえに「如来の室」であるという。『法華経』の中で五種の名称がすべて示されているのは法師品・法師功徳品・如来神力品で、まず法師品では、釈尊が入滅したのち、この『法華経』を受持し、読誦し、解説し、書写して、仏のように敬い見る者は、過去のおいて十万億の仏を供養した者であり、衆生救済のために人間として生じた者で、未来世において必ず成仏するのだから、如来の使者として供養しなければならないと説かれる。智顗は法師功徳品には「若し善男子・善女人にして、この『法華経』を受持し、若しくは読み、若しくは誦し、若しくは解説し、若しくは書写せば、この人は当に八百の眼の功徳、千二百の耳の功徳、八百の鼻の功徳、千二百の舌の功徳、八百の身の功徳、千二百の意の功徳を得べし。この功徳をもって六根を荘厳して皆、清浄ならしめん」と、五種法師を行ずる者は眼・耳・鼻・舌・身・意の六根を清浄する功徳を得るとする。如来神力品では地涌の菩薩に『法華経』弘通の付嘱が行われ、仏が持つすべての法、すべての神力、すべての秘要の教え、すべての深遠なる事がこの『法華経』に顕説されているのだから五種の修行をすべきであると説かれている。（三輪）

→《法華三部経とは（法師功徳品）》

五障　○ごしょう

提婆達多品に説かれる女性が持つ五つのさまたげ。娑竭羅龍王の娘である八歳の龍女が、文殊師利菩薩の教化によって成仏したことに対して舎利弗が疑問を呈する中、女性は従来、梵天・帝釈天・魔王・転輪聖王・仏身になることができないと示されている。これが五障である。日本仏教ではヒンドゥー教の『マヌ法典』などで説かれる子供の時には親に従い、結婚したら夫に従い、老いては子に従えという三従説と相俟って五障三従が女性の身にそなわる宿命的なものという認識が定着するようになった。提婆達多品では八歳の龍女の成仏を説くことによって五障三従の思想を起克して、すべての女人の成仏を明らかにしている。（三輪）

→女人成仏・《法華三部経とは（提婆達多品）》

五千起去　○ごせんきこ

『法華経』方便品において、真実の教えを説いても理解することは難しいとする釈尊と、説いて欲しいと懇請する舎利弗《しゃりほつ》との三止三請《さんしさんしょう》の様子を目の当たりにして、苛立ちと増上慢《ぞうじょうまん》をおこし、釈尊の本懐《ほんがい》を聞く前に、中途退座してしまった五千人の四衆《ししゅ》（比《び》丘《く》・比丘尼《びくに》・優婆塞《うばそく》・優婆夷《うばい》）のことをいう。五千起去ののち釈尊は「この会衆には枝葉《しょう》が除かれ、純粋で正しい者だけとなった」と述べ、一仏乗についての説法を進めていく。これら増上慢の者は、捃《くん》拾《じゅう》を役目とする『涅槃経《ねはんぎょう》』において『法華経』の説法と同じ義理（悉有仏性《しつうぶっしょう》と如来常住《にょらいじょうじゅう》）を聴聞し救われることになるとされる。（高森）

→三止三請・増上慢

近衛信尹 このえのぶただ

一五六五—一六一四。桃山時代から江戸初期にかけての公卿、歌人。本阿弥光悦《ほんあみこうえつ》、松花堂昭乗《しょうかどうしょうじょう》と並んで寛永《かんえい》の三筆と称される。父は前久《さきひさ》。初名は信基《のぶもと》、のちに信輔《のぶすけ》と改め、三十代なかばには信尹と名のった。二十一歳ですでに従《じゅ》一位左大臣に上ったが、三十歳のとき、豊臣秀吉の朝鮮出兵に従軍しようとしたことにより、薩摩へ配流となる。のち還任《げんにん》し、関白・氏長者《うじのちょうじゃ》となり、三宮に準じられた。歌道、書道に秀で、書道では一流派を開いた。『和漢色紙帖』は代表作。日記に『三藐院記《さんみゃくいんき》』がある。安楽行品に説かれる初心の修行者の心構えについて「身をやすく心おさめてのりの花ひらくを口のことわざにこそ」と詠んでいる。（関戸）

五番神呪 ごばんじんじゅ

『法華経』陀羅尼品では、守護の善神の二聖（薬王菩薩・勇施菩薩）・二天（毘沙門天・持国天王）・鬼子母神と十羅刹女が、神呪を五回に分けてそれぞれ説いて、『法華経』修行者の守護を誓ったので五番神呪という。神呪とは神秘的な呪語のことで陀羅尼の訳語の一つ。日蓮の『日女御前御返事』に「陀羅尼品と申すは、二聖・二天・十羅刹女の法華経の行者を守護すべき様を説きけり。二聖と申すは薬王と勇施となり。二天と申すは毘沙門と持国天となり。十羅刹女と申すは十人の大鬼神女、四天下の一切の鬼神の母なり。又十羅刹女の母あり、鬼子母神是也」と示すなど、五番善神の守護を信じて重要視している。このため、日蓮滅後の教団でも重視され、

五番神咒の修法が発展し現在に至っている。（関戸）

五比丘

○ごびく

釈尊と六年間の苦行をともにした阿若憍陳如《あにゃくきょうじんにょ》(Ājñāta-kauṇḍinya)・阿説示《あせつじ》(Aśvajit)・婆提《ばだい》(Bhadrika)・摩訶男《まかなん》(Mahānāman)・婆数《ばす》(Bāṣpa) または十力迦葉《じゅうりきかしょう》の五人の比丘の一人。五人については伝承によって多少の出入がある。かつて釈迦族の太子であった釈尊は二十九歳（一節には一九歳）のとき、人生の根源に潜む苦の本質を追究するために、いっさいを放棄して城を出て出家した。父の浄飯王が太子の身を案じて、五人の家来を比丘にして跡を追わせ、一緒に修行をさせたのが五比丘である。当時、ガンジス川辺にはアーラーラ・カーラーマとウッダカ・ラーマプッタという高名な仙人がいた。釈尊はそこを訪ねて禅定を学んだが、解脱に到達することはできず、さらにガヤーの地に赴き、山林にこもって苦行に専念した。その苦行は激烈を極め身体は骸骨のようになるほどであった。六年間にわたって苦行を続けたが、かえって精神的にも肉体的にも消耗するばかりで、無益だと感じた釈尊は苦行をやめて、山林を出てナイランジャナー川（尼《に》連禅河《れんぜんが》）で沐浴した。仏伝文学によるとセーナーニー村の長者の娘スジャータが捧げた乳粥《ちちがゆ》（牛乳で調理した食物）によって体力を回復し、ブッダガヤの菩提樹の下で観想し正覚を得たという。このとき五比丘は、釈尊が苦行を取りやめて村に入り、食を得たのを見ていったんは離れた。しかし、釈尊の成道後に鹿野苑《ろくやおん》で最初の説法（初転法輪《しょてんぼうりん》。四諦《したい》・八正道《はっしょうどう》の教えが説かれたとされる）を聞いて悟りを開き、最初の仏教僧伽《そうぎゃ》の構成員となった。『法華経』五百弟子受記品では五比丘の一人である憍陳如に将来、普明如来《ふみょうにょらい》となるであろうとの記莂が与えられている。釈尊は千二百人の阿羅漢のうち富楼那《ふるな》をはじめとして憍陳如たち五百人の阿羅漢に授記する。そして、この場にいない五百人以外の阿羅漢たちにも、迦葉を通じて間接的に授記している。授記された五百人の阿羅漢たちは感激して、これまでの間違った見解を改めて、自分たちの領解を「髻中《けいちゅう》明珠《みょうじゅ》の譬喩」によって申し述べる。（関戸）

→憍陳如・髻中明珠喩

五百億塵点劫　○ごひゃくおくじんでんごう

『法華経』如来寿量品に、釈尊自らその成道が久遠であることを明らかに（開顕会融《かいけんえゆう》）する際に用いた譬喩で、久遠のはかりしれない時間を譬えたもの。五百千万億那由佗阿僧祇の三千大千世界をつぶして微塵となし、東方の五百千万億那由佗阿僧祇の国をすぎて一塵を下し、このように東方に行き、これらの微塵を尽して、今度は過ぎ去ったあらゆる国をすべて微塵となし、この一塵を一劫としたものを五百億塵点劫という。（高森）

→劫・三千塵点劫・《法華三部経とは（如来寿量品）》

五品　○ごほん

分別功徳品第十七では、『法華経』を修行する行者の段階として、釈尊在世の弟子の四信（四つの体得段階）と、釈尊の入滅後の五品（五種の部類）が説かれる。四信によって、久遠の釈尊の導きを確信することが大いなる目標であることが明かにされ、かさねて五品を説いて釈尊入滅後の人々が仏道を求めるありかたを改めて述べる。「滅後の五品」とは①随喜品（釈尊の入滅後に寿量品の教えを聞いて喜びの心を起す位）。②読誦品（『法華経』を受持・読誦し、その内容を理解する位）。③説法品（自分の理解したところを他の人に説く位）。④兼行六度品（『法華経』を信行しつつ兼ねて六波羅蜜〈布施・持戒・忍辱・精進・禅定・智慧〉を修行する位）。⑤

正行六度品（六波羅蜜を実践し、自行化他を行う位）である。（関戸）
→四信五品

五味　○ごみ

『大般涅槃経』巻一四聖行品に説かれる譬喩で、乳味・酪味・生酥味《しょうそみ》・熟酥味・醍醐味の五種の味のことをいう。経文では「譬えば牛より乳を出し、乳より酪を出し、酪より生酥を出し、生酥より熟酥を出し、熟酥より醍醐を出すが如し、醍醐は最上にして若し服するものあらば衆病皆除く、あらゆる諸薬は悉くその中に入ればなり、善男子よ、仏も亦是《かく》の如し。仏より十二部経を出し、十二部経より修多羅を出し、修多羅より方等経を出し、方等経より般若波羅蜜を出し、般若波羅蜜より大涅槃を出す。猶《な》ほ醍醐の如し、醍醐というは仏性に喩う。仏性はすなわちこれ如来なり」とあり、釈尊の経説の次第を牛乳が発酵していく五段階に喩えて説明している。天台大師智顗は『法華玄義』で展開する五重玄義の最後の項目である「判教」について述べる際にこの五味を援用している。まず衆生の教化方法（化儀）といわれる頓・漸・不定の三つの大綱を述べ、次いで方便品・『無量義経』・信解品を証文として引用して第一時『華厳経』・第二時三蔵教（阿含経典）・第三時方等経・第四時般若経典・第五時『法華経』『涅槃経』と次第を定める。さらに『法華経』を『涅槃経』について前番と後番の五時を立て、前番の『法華経』で救われなかった未熟者に対して後番の『涅槃経』を説くとしている。そこでこの二経を「第五の醍醐」と定めてのち、五時を五味に即して「華厳の若《ごと》きは、頓満大乗の家業にして但一実を明かすのみにして、方便を須《もち》いず。唯だ満のみにして半ならず。漸に於いては乳を成ず。三蔵の客作は但だ是れ方便なるのみ。唯だ半なるのみにして満ならず。漸に於いては酪を成ず。方等の弾訶《たんが》の若きは、則ち半満相対して、満を以て半を斥《しりぞ》く。漸に於いては生蘇を成ず。大品の領教の若きは半を帯びて満を論ず。半は則ち通じて三乗の為めにし、満は則ち独り菩薩の為めにす。漸に於いては熟蘇を成ず。法華の付財の若きは、半を廃して満を明かす。若し半字の方便もて鈍根を調熟《じょうじゅく》すること無ければ、則ち亦た満字の仏知見を開くこと無し。漸に於いては醍醐を成ず」と示す。『華厳経』を方便を用いない蔵教・通教・別教・円教の化法の四教の中の円教であって、次第でいえば乳味であり、阿含経典は方便のみの小乗経で酪味、方等経は小乗を棄てさせ大乗に入らしめる蔵・通・別・円にわたる教えで生蘇味、般若経典は三乗に通じた教えと菩薩だけの教えを説いているため熟蘇味、『法華経』は蔵・通・別の三教を衆生の能力を成熟させるための方便として廃棄し、一仏乗の円教を明らかにするために醍醐味だとしている。こうして『華厳経』は乳味、阿含経典は酪味、『維摩経』『思益経』『楞伽経』『楞厳三昧経』『金光明経』『勝鬘経』等の諸経を生蘇味、『摩訶般若経』『光讃般若経』『金剛般若経』『大品般若経』等の般若経典を熟蘇味、最後に『法華経』と『涅槃経』を醍醐味とする。（三輪）

後霊山会 ○ごりょうぜんえ

→霊山会

権大納言宗家 ○ごんだいなごんむねいえ

保延《ほうえん》五年に生まれる（一一三九〜八九）。藤原宗能《むねよし》の子。本名は信能。長寛《ちょうかん》二年（一一六四）に宗家に名を改めた。仁安《にんあん》三年（一一六八）に中納言、安元二年（一一七六）に正二位に任じ、治承《じしょう》三年（一一七九）に権大納言となる。晩年出家し、文治《ぶんじ》五年閏四月二十二日に五十一歳で没。「紫式部のため結縁経供養のところに薬草品を贈り侍《はべ》るとて」として、「法《のり》の雨に我もや濡れんむつまじき若むらさきの草のゆかりに」（『新勅撰和歌集』）と薬草喩品の「三草二木の譬喩」に寄せて紫式部の追善のために詠んでいる。

（関戸）

さ

西行

○さいぎょう

平安末期から鎌倉初期にかけての歌人、僧（一一一八—九〇）。佐藤康清《やすきよ》の子で、俗名は佐藤義清《のりきよ》。法名円位。西行は号。鳥羽上皇の北面の武士だったが、二十三歳のときに突然に出家して諸国を行脚。諸国を遊歴し、旅の体験を通して自然と心境とを詠み、人間的な独自の詠風を築いた。歌集に『山家《さんか》集』『聞書集』『聞書残集』、自撰秀歌選に『御裳濯《みもすそ》河《がわ》歌合』『宮河歌合』、歌論書に『西行談抄』がある。『新古今和歌集』には九十四首の最多歌数を占め、代表的な歌人の一人となっている。「行く末のためにと説かぬ法《のり》ならばなにか我が身にたのみあらまし」と如来神力品に寄せて、『法華経』が末代の私たちのために説きおかれた法でないならば、なにをよりどころとして生きたらよいのかと詠んでいる。
（関戸）

最澄　○さいちょう

七六七—八二二。日本天台宗の開祖。伝教大師と諡号《しごう》され、根本大師、山家《さんげ》大師などと称される。最澄が比叡山に建立した庵が、のちに比叡山延暦寺と称されるようになる。近江（滋賀県）の帰化人系の三津首百枝《みつのおびともえ》の子（幼名広野）として比叡山麓の古市《ふるいち》郷（大津市坂本本町）に生まれ、宝亀十一年（七八〇）に近江国分寺（滋賀県）の行表《ぎょうひょう》を師として出家。延暦四年（七八五）に東大寺戒壇《かいだん》で具足戒を受け国家公認の僧となったが、南都の仏教を避けて比叡山に登り、禅を修し華厳を学び、さらに多くの天台典籍を求めて学んだ。入山後の最澄は、世の無常を見つめて自己の未熟を恥じ、仏道修行が成就するするまで下山しないと五つの誓願（願文）をたてた。この間、一乗止観院《いちじょうしかんいん》（根本中堂の前身）を創建し、薬師如来像を安置した。延暦二一年（八〇二）に和気《わけの》弘世《ひろよ》・真綱《まつな》らに招かれて初めて山を下り、京都高尾《たかお》山寺《さんじ》（神護寺）で『摩訶止観《まかしかん》』『法華玄義《ほっけげんぎ》』『法華文《もん》句《ぐ》』の講義を行う。同二三年（八〇四）には、桓武天皇の天台振興の志により還学生《げんがくしょう》として入唐。天台山修禅寺《しゅぜんじ》で行満座主《ぎょうまんざす》、台州龍興寺で道邃《どうずい》和尚から天台教義を学び、道邃からは大乗菩薩戒を授かった。さらに禅法や密教の研鑽も重ね、翌年六月に対馬に帰着した。同二五年（八〇六）には、南都六宗に加えて天台法華宗にも年分度者《ねんぶんどしゃ》二名を請願し、勅許が下った。この日を日本天台宗の開宗とする。最澄は密教修得について空海に師事した時期もあったが、弟子の泰範の処遇などをめぐって両者の仲は離れていった。弘仁八年（八一七）には東国を訪れ、それより会津（福島県）の法相宗の徳一《とくいつ》と「三一権実論争」（法相宗の三乗思想と天台宗の一乗思想の論争）を数年にわたって展開した。弘仁九年（八一八）と翌年には『山家学生式《さんげがくしょうしき》』（六条式・八条式・四条式）を朝廷へ提出し、比叡山に戒壇を設け大乗戒によって授戒し、授戒以後十二年間比叡山にあって学問・修行させる制度の樹立を図ったが、南都の反対にあって実現しなかった。円頓戒壇の独立の勅許がおりたのは没後である。著作に『守護国界章』『顕戒論』『法華秀句』など、受法の系譜に『内《ない》証仏法相承血脈譜《しょうぶっぽうそうじょうけちみゃくふ》』がある。法師品では、釈尊滅後に『法華経』を演説する人は、如来の救済を実践する如来使であると説かれるが、これに寄せて最澄は「この法をただ一言《ひとこと》も説く人は四方《よ も》のほとけのつかひならずや」と詠んでいる。（関戸）

三界

○さんがい

生死をめぐる迷いの世界を三つに分けたもので、欲界・色界・無色界の三つをいう。欲界とは淫欲・食欲などに代表される欲望にとらわれた者の世界。色界とは先の欲からは脱却したが未だ物質的条件にとらわれた者の世界。無色界とは先の二つを脱却し精神条件のみ有する者の世界。『法華経』譬喩品においてこの三界は燃えさかる館であると表現されている。（木村）

→三車火宅喩・法華七喩・《法華三部経とは（神力品）》

三戒三請

○さんかいさんしょう

『法華経』如来寿量品で『法華経』本門の開会（開顕会融）である開迹顕本（開近顕遠）の法門（久遠実成）が説き明かされる際に、聴衆との間でやりとりされた儀式。三誡三請重請重誡・三誡四請ともいう。「誡」とは、仏が会座《えざ》の大衆に教説をよく信受するようにいましめること。「請」とは、大衆が仏に説法を請うこと。如来寿量品では、釈尊が弥勒菩薩等に向って「汝等、当《まさ》に如来の誠諦の語を信解すべし」と三度繰り返されたのが三誡で、弥勒菩薩が大衆を代表して「我等、当に仏の語を信受したてまつるべし」と三度請うてさらに「唯《ただ》願くはこれを説き給え、我等当に仏の語を信受したてまつるべし」と重ねて請うたのが四請にあたる。これによって釈尊は仏寿の長遠《じょうおん》なることを説き明かす。なお、如来寿量品の三誡三請と対照的に、『法華経』方便品でも、釈尊と舎利弗との間で三止三請重請重許（三止三請《さんしさんしょう》・三止四請）が取り交わされ、『法華経』迹門の開会である開三顕一（開権顕実）の法門（二乗作仏）が説き顕されている。　（高森）

→開会・久遠実成・三止三請・二乗作仏・《法華三部経とは（如来寿量品）》

三迦葉　○さんかしょう

優楼頻螺迦葉《うるびんらかしょう》、那提《なだい》迦葉、伽耶《がや》迦葉の三兄弟のこと。いずれも火を崇拝する儀式を行なっていたが、成道後間もなく釈尊に教化され弟子となった。三人あわせて千人の弟子があり、弟子たちも釈尊に帰依したため、釈尊の教団は一気に大集団に発展し基盤が確立した。優楼頻螺迦葉（Uruvilvā-kāśyapa・ウルヴィルヴァー・カーシヤパ）は、三迦葉の長兄で、ブッダガヤの南のウルヴィルヴァー（苦行林《くぎょうりん》）の村に住んでいたのでこの名がある。火を崇拝する儀式を修し五百人の弟子があった。釈尊に教化されて弟子とともに帰依。次弟の那提迦葉と三弟の伽耶迦葉もこれに続いた。那提迦葉（Nadī-kāśyapa・ナディー・カーシヤパ）も火を崇拝する儀式を修し三百人の弟子があったが、兄の優楼頻螺迦葉とともに、弟子と一緒に釈尊に帰依した。伽耶迦葉（Gayā-kāśyapa・ガヤー・カーシヤパ）は、象《ぞう》迦葉ともいう。マガダの婆羅門の身分として生まれ出家した修行者。頭に螺髻《らけい》（まげ）を結ってヴェーダの聖典を暗誦していた。聖火を絶やさないことを義務とし、火神アグニを祀る儀式を修していた。伽耶山または伽耶近郊の尼連禅河《にれんぜんが》の河畔に住しており、二百人の弟子があった。五百弟子受記品で釈尊から富楼那《ふるな》と憍陳如《きょうじんにょ》たち千百人の阿羅漢に将来、普明《ふみょう》如来となるであろうとの記莂が与えられている。そこには「其の五百の阿羅漢、優楼頻螺迦葉・伽耶迦葉・那提迦葉・迦留陀夷《かるだい》（釈尊が太子であったころの侍臣で、釈尊の成道後に出家して帰依した）・優《う》陀夷《だい》（カピラ城の国師の子で、釈尊の太子時代の学友。釈尊の成道後に出家して帰依し、仏弟子中で勧導第一とされる）・阿㝹楼駄《あぬるだ》（阿那律）・離婆多《りはた》（舎利弗の実弟ともいう）・劫賓那《こうひんな》（天文暦数に通じており、知星第一とされる）・薄拘羅《はくら》（無病第一とされ、釈尊の入滅後に百六十歳で寂したとされる）・周陀《しゅだ》（周利槃特《しゅりはんどく》。兄の摩訶槃特とともに出家したが、なかなか悟りを得られず「箒《ほうき》」の字を覚えた時に悟りを得たとされる）・莎伽陀《しゃかだ》（善来と訳す。実在の人物かどうかは不明）等、皆当《みなまさ》に阿耨多羅三《あのくたらさん》藐三菩提《みゃくさんぼだい》を得《う》べし。尽《ことごと》く同じく一号にして名《な》づけて普明といわん」と、三迦葉らの五百人の阿羅漢たちに普明如来の記莂が与えられ、この場にいない五百人以外の阿羅漢たちにも迦葉を通じて間接的に授記されていく。（関戸）

三逆罪　○さんぎゃくざい

殺父《しいぶ》・殺母《しいも》・殺阿羅漢・出仏身血・破和合僧の五逆罪の中で殺阿羅漢・出仏身血・破和合僧の三罪を三逆罪という。『涅槃経』梵行品には、提婆達多が釈尊に対して犯した罪として述べられ、この重罪を犯した提婆達多が大良医の仏に救済されることが示される。日蓮はしばしば三逆罪について言及しているが、特徴的な用例として『一谷《いちのさわ》入道御書』では主・師・親三徳を具えた釈尊に対する違背行為を三逆罪としている。（三輪）

→五逆罪

三時

○さんじ

釈尊入滅後における仏法流布の受けとらえ方や次第などを三区分して示すこと。正法時・像法時・末法時の（正像末）三時代。正法時とは釈尊滅後五〇〇年、もしくは一〇〇〇年間をいい、この間は仏法とそれを実践する行、また行ずる者、そしてその証として得られる悟りの三つが正しく具わっている時代。また像法時は次の一〇〇〇年間をいい、仏法と行、また行ずる者はあっても証としての悟りは完成されない時代。さらに末法時は仏法のみが存在し、いかにして行を修しても悟りを完成することができない時代を指す。この三区分は衆生が時代を経るにつれ、仏法を受け入れる能力の衰えを示唆する仏法史観であり、『法華経』はこの三区分の末法時において流布する経典とされ、また同時に末法時においての衆生の救済を説くことにその特色がみられる。『法華経』ではそれまでの諸経において記莂を受けられなかった者に対して記莂を与えるのと同時に末法時において衆生の心は転倒し救済は難しいことを説示する。そのため真実の教法を衆生に説くとし、法華七喩に代表される多くの比喩などを用いて仏法を表現し、さらに末法時において『法華経』を流布する師を指名、付嘱していく。このようなことから末法時の教法であるとされる。正像末の時代算定基準は釈尊入滅時であり、日本においては『周書異記』の説に従って、周の穆王五二年（紀元前九四九）を一応の基準とした時代がある。伝最澄とされる『末法灯明記』などにもこれがみられ、永承七年（一〇五二）入末法とする説も正法時一〇〇〇年、像法時一〇〇〇年としてこれを依拠とする。（木村）

↓末法

三止三請

○さんしさんしょう

三止四請、三止三請重請《じゅうしょう》重許《じゅうきょ》ともいう。『法華経』方便品において開三顕一の法門が説き明かされる際に、釈尊と声聞《しょうもん》の十大弟子のひとり舎利弗《しゃりほつ》との間で取り交わされたていねいで荘厳な儀式。三止三請の「請」とは、仏に説法を請うこと、「止」とは、仏がそれを制止すること。釈尊は方便品において、爾前諸経で説かれた三乗各別の教えを否定し、真実平等の一仏乗の法を説かんとして、その一仏乗の思想が難解であることから詳説することを止め、これに対して舎利弗が再三に亘って説法を請うた。「欲《よく》聞具足道《もんぐそくどう》（具足の道《どう》を聞かんと欲す）」は、その第一請の語。第三の請を仏が許し、重ねて舎利弗の四回目の請（重請）を受けて、ついに仏の本懐・一大事因縁が示される。如来寿量品の三誡三請重請重誡《さんかいさんしょうじゅうしょうじゅうかい》と対をなす。（高森）

→舎利弗

三車火宅喩　○さんしゃかたくのたとえ

法華七喩《ほっけしちゆ》のうち、三乗方便一乗真実《さんじょうほうべんいちじょうしんじつ》・一切衆生《いっさいしゅじょう》悉皆成仏《しっかいじょうぶつ》を説いた開三顕一《かいさんけんいつ》・開権顕実《かいごんけんじつ》の義を譬えて仏性《ぶっしょう》の普遍性を明かす『法華経』迹門《しゃくもん》の六喩の一。『法華経』譬喩品《ひゆほん》に説かれる。衆生の住する五濁《ごじょく》充満の世界を火宅（三界＝舎宅、煩悩＝火災）に譬え、生死の迷いの生活に執着している二乗・三乗の人々を三十子に、仏を長者に譬える。また三乗教を羊《よう》車《しゃ》・鹿車《ろくしゃ》・牛車《ごしゃ》の三車に、一乗『法華経』を大白牛車《だいびゃくごしゃ》に、一門を一乗通路に見立てて、開三顕一の譬説とする。釈尊は生死の迷いの世界から人々を救済するために方便を設けて、火宅に遊ぶ子供らに各々が望む羊車《ようしゃ》（声聞乗《しょうもんじょう》）・鹿車《ろくしゃ》（縁覚乗《えんがくじょう》）・牛車《ごしゃ》（菩薩乗《ぼさつじょう》）の三車を与えることを告げて門外に誘引し、火宅を脱した三十子に大白牛車《だいびゃくごしゃ》（一仏乗《いちぶつじょう》・一《いち》乗《じょう》・仏乗《ぶつじょう》・大乗《だいじょう》）を与えた。このようにして、三乗の教えが方便であることを明らかにして一乗の教え

（三乗方便一乗真実）を開示《かいじ》悟入《ごにゅう》せしめた。（高森）
→法華七喩・《法華三部経とは（譬喩品）》

三十三身 ○さんじゅうさんしん

観世音菩薩が衆生を救済するために、三十三種に化身すること。『法華経』観世音菩薩普門品第二十五（観音経）では、観世音の名前を唱える人々の声を観じて、観世音菩薩が三十三のあらゆる姿に身を変えて、さまざまな場所や場面に出現して人々を救うことが説かれる。三十三身とは、①仏身、②辟支仏身《びゃくしぶつ》（縁覚の聖者）、③声聞身《しょうもん》（声聞の仏弟子）、④梵王身《ぼんのう》（梵天王の姿）、⑤帝釈身《たいしゃく》（帝釈天）、⑥自在天身《じざいてん》（ヒンドゥー教のヴィシュヌ神に当たる）、⑦大自在天身（ヒンドゥー教のシヴァ神に当たる）、⑧天大将軍身（天界の大将軍の姿。梵本では転輪聖王という）、⑨毘沙門身《びしゃもん》（四天王のうちの一神）、⑩小王身（小国の王の姿）、⑪長者身（商主の富豪）、⑫居士身《こじ》（裕福な資産者）、⑬宰官身《さいかん》（宰相・大臣など）、⑭婆羅門身（出家者）、⑮比丘身《びく》（僧）、⑯比丘尼身《びくに》（尼）、⑰優婆塞身《うばそく》（在家の男性信徒）、⑱優婆夷身《うばい》（在家の女性信徒）、⑲長者婦女《ぶにょ》身（富豪の夫人）、⑳居士婦女身（裕福な資産者の夫人）、㉑宰官婦女身（宰相・大臣の夫人）、㉒婆羅門婦女身（バラモンの夫人）、㉓童男身《どうなん》（童子）、㉔童女身（童女）、㉕天身（天上の神々。以下32までが天龍八部衆）、㉖龍身（龍神）、㉗夜叉身《やしゃ》（鬼神）、㉘乾闥婆身《けんだつば》（天上の楽神）、㉙阿修羅身《あしゅら》（闘争を好む鬼神）、㉚迦楼羅身《かるら》（金色で龍を食すという金翅鳥《こんじちょう》）、㉛緊那羅身《きんなら》（天上の楽神）、㉜摩睺羅伽身《まごらが》（大蛇神）、㉝執金剛身（手にダイヤモンドの杵《きね》を持った神。金剛力士）。（関戸）
→観世音菩薩・観音経・三十四身

三十四身　○さんじゅうししん

妙音菩薩が衆生を救済するために、三十四種に化身すること。観世音菩薩の三十三身と共通する部分が多い。『法華経』妙音菩薩品には妙音菩薩が現一《げんいっ》切色身三昧《さいしきしんざんまい》（すべての身体を現出する力をもたらす三昧。深い禅定体験に至ると不思議な能力が得られるとされる）によって、種々に身を変えて身体を現わし、娑婆世界の多くの衆生を救い護ることが説かれる。三十四身とは①梵王《ぼんのう》の身（梵天王の姿）、②帝釈《たいしゃく》の身（帝釈天）、③自在天《じざいてん》の身（ヒンドゥー教のヴィシュヌ神に当たる）、④大自在天の身（ヒンドゥー教のシヴァ神に当たる）、⑤天大将軍の身（天界の大将軍）、⑥毘沙門《びしゃもん》天王の身（四天王のうちの一神）、⑦転輪聖王《てんりんじょうおう》の身（正義によって世を治める最高の王）、⑧諸《もろもろ》の小王の身（小国の王の姿）、⑨長者の身（商主の富豪）、⑩居士《こじ》の身（裕福な資産者）、⑪宰官《さいかん》の身（宰相・大臣など）、⑫婆羅門の身（出家者）、⑬比丘《びく》の身（僧）、⑭比丘尼《びくに》の身（尼）、⑮優婆塞《うばそく》の身（在家の男性信徒）、⑯優婆夷《うばい》の身（在家の女性信徒）、⑰長者の婦女《ぶにょ》の身（富豪の夫人）、⑱居士の婦女の身（裕福な資産者の夫人）、⑲宰官の婦女の身（宰相・大臣の夫人）、⑳婆羅門の婦女の身（バラモンの夫人）、㉑童男《どうなん》の身（童子）、㉒童女《どうにょ》の身（童女）、㉓天上の神々の身、㉔龍の身（龍神）、㉕夜叉《やしゃ》の身（鬼神）、㉖乾闥婆《けんだつば》の身（天上の楽神）、㉗阿修羅《あしゅら》の身（闘争を好む鬼神）、㉘迦楼《かる》羅《ら》の身（金色で龍を食すという金翅鳥《こんじちょう》）、㉙緊那羅《きんなら》の身（天上の楽神）、㉚摩睺羅伽《まごらが》（大蛇神）、人・非《ひ》人《にん》の身（人間以外の者たち。精霊）、㉛あらゆる地獄、㉜餓鬼、㉝畜生、㉞王の後宮における女身。

（関戸）

→三十三身・妙音菩薩

三周説法

○さんしゅうせっぽう

『法華経』前半の迹門《しゃくもん》の正宗分の説法を三段に分けたもの。法説周《ほっせつしゅう》・譬説周《ひせつ》・因縁周《いんねん》のこと。『法華経』の聴衆の声聞の機根（理解能力）に応じて、一乗真実を説くための三つの教化の方法。法説周（段）は方便品第二から舎利弗の授記が説かれる譬喩品第三の前半までで、上根の者（舎利弗）に対する法理を説く。方便品では諸法実相一乗真実が説かれている。『法華経』以前の諸経では声聞乗・縁覚乗の教えに安住している者は、とうてい一仏乗には到達できないとされていたが、すべての修行者に一仏乗の道が開かれていることが明らかにされた。そして、譬喩品の前半では、方便品の説法を聞いてよく理解した（領解）舎利弗が「真《しん》に是れ仏子なり」の信念に安住したことを釈尊に申し述べる。すると釈尊は、舎利弗が未来世において華光如来となるだろうとの授記を与える。譬説周は譬喩品第三の後半・信解品第四・薬草喩品第五・授記品第六で、中根の者（須菩提・迦旃延・迦葉・目連の四大声聞）に、譬喩によって一乗真実の法理を知らしめる。そのため、三車火宅喩・長者窮子喩・三草二木喩が説かれていく。因縁周は、化城喩品第七・五百弟子受記品第八・授学無学人記品第九で、それでもなお理解出来ない下根の者に、過去の大通智勝《だいつうちしょう》如来と凡夫の因縁を説いて、久遠よりの仏縁を明らかにする。これらの説法によって領解し授記された声聞を「三周の声聞」というが、日蓮は『兄弟抄』に「三周の声聞と申して舎利弗・迦葉・阿難・羅云《らうん》なんど申す人人は、過去遠遠劫《おんおんごう》三千塵点劫《じんでんごう》のそのかみ、大通智勝仏と申せし仏の、第十六の王子にてをはせし菩薩ましましき。かの菩薩より法華経を習ひけるが、悪縁にすかされて法華経をすつる心つきにけり」と述べ、三周の声聞が悪縁によって『法華経』を捨てたことを通して、『法華経』信仰の重要性を強調している。

（関戸）

三十二相

○さんじゅうにそう

相とは内面の本質を見るべき外面のようすをあらわす。つまり仏や転輪聖王に具わる三十二の優れた特徴をいう。仏はこの三十二相を種々にあらわし、もって仏が覚者であることを人々に知らしめる。これによりその相を見る者は愛敬し尊敬をもって仏が人々救済の導き手であることを理解する。いうなれば三十二相と八十の相（八十種好、仏の身に具わる微細な八〇の特徴）を具えることにより、仏が仏としてその尊容をあらわせる。『法華経』提婆達多品など、数多くその三十二相の説はあるが一説を挙げると、一、足下安平立相《そくげあんぺいりゅうそう》（足裏が平らである）・二、千輻輪《せんぷくりん》相（足裏に千輻輪がある）・三、手指繊長相（指が繊細にして長い）・四、手足柔軟相《しゅそくにゅうなん》（手足が柔軟である）・五、手足縵網《まんもう》相（手足の指に水かきがある）・六、足跟満足相（踵が豊かである）・七、足趺《そくふ》高好相（足の皮が豊かである）・八、踹如鹿《く》王《おう》相（こむらが豊かである）・九、手過膝相（手が膝をすぎている）・十、馬陰蔵相（男性器が肉体に隠れている）・一一、身縦横相（身の縦横が等しい）・一二、毛孔《もうく》生青色相（毛穴一つに青い毛が一本が生えている）・一三、身毛上靡相（身の毛が上向きである）・一四、身金色《しんこんじき》相（身が金色に輝く）・一五、身光面各一丈相（身の光が各一丈である）・一六、皮膚細滑相（皮膚が繊細である）・一七、七処平満相（両手、両肩など七所が豊かである）・一八、両《りょう》腋満《えきまん》相（両脇が豊かである）・一九、身如師子相（身が師子のようである）・二十、身瑞直相（身が瑞直である）・二一、肩円満《けんえんまん》相（肩が豊かである）・二二、四十歯相（四十本の歯がある）・二三、歯白斉《しびゃくせい》密《みつ》相（歯が白く細密である）・二四、四牙白浄相（犬歯が白く、大きい）・二五、頬車如師子《きょうしゃにょしし》相（頬が師子のようである）・二六、咽中津液得上味相（最上の味感をもつ）・二七、広長舌相《こうちょうぜつそう》（舌が薄く、広く長い）・二八、梵音深遠相（声がきれいでよく通る）・二九、眼色如金精相（眼が金色である）・三十、眼睫如牛王相《げんしょうにょごおう》（眼が鋭く、美しい）・三一、眉間白《みけんびゃく》毫《ごう》相（眉間に右回りに巻いている白い毛があり、それより毫光《ごうこう》という光を放つ）・三二、頂成肉髻《にくけい》相（頭頂部が肉の髻《もとどり》の形に隆起している）。（木村）

三乗 ○さんじょう

「三つの乗り物」の意。「乗」とは、人々を乗せて彼岸の悟りの世界に運ぶ教えを譬えたもの。声聞乗・縁覚乗・菩薩乗のこと。小乗の三乗はともに灰身滅智（身を灰燼にし、心を滅する。涅槃の究極理想の境界に入って、身心を無に帰すること）を得る。大乗の三乗は、声聞乗は四諦（苦諦・集諦・滅諦・道諦の四つの真理）を悟って阿羅漢果を、縁覚乗は十二因縁（無明・行・識・名色・六処・触・受・愛・取・有・生・老死の有情の生存を構成する十二の要素）の理を観じて辟支仏果を、菩薩乗は六波羅蜜（布施・持戒・忍辱・精進・禅定・智慧）を修して無上菩提を得るとする。諸大乗経では、菩薩は利他の行を有するが、声聞・縁覚の二乗は自行に執着しているので成仏できないとされる。『法華経』では、三乗は一乗に導くための方便であることを説き、三乗を開して、真実には一乗だけであることを明らかにして、二乗に成仏の道を開いた（二乗作仏）。『法華経』譬喩品の「三車火宅の喩」では、火宅から子供たちを救いだすために、羊車・鹿車・牛車を与えるとするが、実際には門外に大白牛車があった。それらの車をそれぞれ声聞乗・縁覚乗・菩薩乗と一仏乗に譬えるが、牛車（菩薩乗）と大白牛車（一仏乗）が同じか別かで三車・四車の論争がある。三車家には光宅寺法雲、三論の吉蔵、法相の基、四車家には天台の智顗、華厳の法蔵がある。そして、方便品の「唯有一仏乗無二亦無三」がサンスクリット文によると「二」は第二乗（縁覚乗）、「三」は第三乗

(声聞乗)の意味で、文意は「唯一乗(菩薩乗)のみあって、それ以外に第二・第三のものはない」と理解されている。しかし、二乗も三乗ないという解釈も提出されて意見が対立した。さらに、三乗が真実か、一乗が真実かという問題について、五性各別を主張する法相の徳一と、伝教大師最澄との間で三一権実論争がなされた。日蓮は権教(三乗)を開いて真実教(一仏乗)を顕した『法華経』迹門に、釈尊の出世の本懐(一大事因縁)があるとみている。(関戸)

→一乗・縁覚・開三顕一・声聞

三条西実隆　○さんじょうにしさねたか

一四五五—一五三七。室町後期の公卿で歌人、学者。父は内大臣公保《きんやす》。後花園、後土御門、後柏原、後奈良の四天皇に仕えて内大臣に至り、朝廷と幕府のパイプ役を務めていたが、武家社会への失望によって政治の世界から距離を置くようになった。出家して逍遥院堯空《しょうよういんぎょうくう》と号す。二十歳のころより和歌を学び、『古今集』への加点、慈円の経文和歌の書写を命ぜられ、このことによって才能が高く評価された。また、当代一流の能書家としても知られる。著書に『詠歌大概抄《たいがいしょう》』『源氏物語細流抄』、歌集に『雪玉《せつぎょく》集』『聴雪《ちょうせつ》集』、歌日記に『再昌草《さいしょうそう》』などがある。六十年にわたる日記「実隆公記」は貴重な史料。釈尊の久遠の教化に感激して「いにしへの命のほどを言《こと》の葉《は》にのべしほとけのけふ(今日)の尊とさ」と詠んでいる。(関戸)

三世　○さんぜ

traiyadhvika もしくは traikālya の音写。「過去(atita)」「現在(pratyutpanna)」「未来(anāgata)」。過現未とも略すことがあり、また「三際」や「前世・現世・後世」「已今当」とも。部派仏教などでは過未現の順で列挙されることもある。仏教において時間は実体的にとらえられず、また実在せずに移り変わる現象や存在上にて仮に三つの区別を立てるにすぎず、これにおいて過去とは過ぎ去ったものを意味し、仏法がすでに過ぎ去った状態を示す。さらに現在とは生起したものや状態を意味し、また未来とはいまだ来ないものを意味し、いまだ起こっていない、もしくはこれから起こるであろう状態を示す。この過去・現在・未来を細分すると三世中にそれぞれ過去・現在・未来の三世が存在し三三九世となる。また各々が互具することによりさらに無量の三世があらわれる。三世が我々人間と深い関連性があるのは、輪廻（saṃsāra）と業（karman）などの思想との関連においてであるが、釈尊の教法では、何よりも現実（現世）に主眼がおかれ、過去と未来にこだわることを却ける。つまり三世という時間概念にありながら三世を超越するところに悟りがあるとするのである。『法華経』において釈尊は三世常住であり、またその寿命はこの三世を超克した久遠実成、無始無終であると説示されている。（木村）

三千塵点劫

○さんぜんじんでんごう

『法華経』化城喩品に説示される。過去仏である大通智勝仏が存在・滅度した深遠なる過去世までの時間を表す。化城喩品において、この世における三千大千世界には無数の大地が存在し、その大地をある人が粉々に砕き粉末にし、その中の一つの原子（微塵）をとって東の方向にある幾千の国々を過ぎ去り、もっとも微小な微塵の下に置く。同じように一つの微塵を取って、さらに遠くの幾千の国々を過ぎ去り、今度は二番目に微小な微塵の下に置くというように繰り返していき、微塵が東方の全ての大地の微塵下に置かれるまでの深遠なる時間をさす。釈尊は算師（数学者や計算）がこのような時間を計ることができるかと諸々の比丘に告げるが、比丘たちは「否」と答える。つまり大通智勝仏はこのような深遠なる過去世より常に『法華経』を説き衆生を教化していたとし、さらにこの仏の下において十六人の王子が成仏した因縁を説き示す。そしてその第十六番目の王子こそ今の釈尊であり、衆生のために『法華経』を説き示しているという因縁を示される迹門の下種を説くものとして説示される。（木村）
→劫・五百億塵点劫・《法華三部経とは（化城喩品）》

三千大千世界　○さんぜんだいせんせかい

tri-sāhasra-mahā-sāhasrāh loka-dhātavaḥ の音写。一大千世界・一大三千大千世界・三千世界・大千世界とも。古代インドより受け継がれる仏教の世界観における全宇宙。世界の中心をなす巨大な山、須弥山を中心としてその周囲、東西南北には四つの島（四大洲）があり、九山八海と呼ばれる九つの山と八つ海が存在し、上は色界の初禅天、下は風輪にいたるまでの範囲を小世界という。その小世界が一〇〇〇集まって小千世界をなし、小千世界が一〇〇〇集まって中千世界をなす。そしてその中千世界が一〇〇〇集まって大千世界を形成し、これらが小・中・大の三種の千世界によって構成されているところから三つの千世界からなる大千世界、つまり三千大千世界などと呼ばれる。一〇〇〇の三乗、十億の須弥世界からなる三千大千世界は一仏刹、または一仏世界といい、一仏の教化する範囲であるとされる。『雑一阿含経』第九には「小千世界より数満じて千に至る。是れを中千世界と名づく。（中略）中千世界より数満じて千に至る。是を三千大千世界と名づく」と示される。『法華経』化城喩品には、三千大千世界の地種（物質を構成する四元素）をすりつぶして墨にすることなどによって三千塵点劫の長時を描写して大通智勝如来が遙かなる過去に出現したこと

を譬える。　（木村）

三草二木喩　○さんそうにもくのたとえ

法華七喩《ほっけしちゆ》のうち、三乗方便一乗真実《さんじょうほうべんいちじょうしんじつ》・一切衆生《いっさいしゅじょう》悉皆成仏《しっかいじょうぶつ》を説いた開三顕一《かいさんけんいつ》・開権顕実《かいごんけんじつ》の義を譬えて仏性《ぶっしょう》の普遍性を明かす『法華経』迹門《しゃくもん》の六喩の一。『法華経』薬草喩《やくそうゆ》品《ほん》に説かれる。一雨《いちう》等潤《とうにん》（雨が等しく大地を潤すこと）をもって平等大慧の一乗思想を述成するものである。大地に生ずる草木は種々雑多であるから、雨がいかに均等に降り注いでも、草木の大小高低に従って生長に差別《しゃべち》（それぞれ違いがあること）がある。同様に三乗・五乗の区別は衆生の素質や能力による差別であって、その仏性は平等である。仏の所説も一相一味（衆生すべてに等しく慈悲の心が汲がれること）の一仏乗のほかにないのであるが、受け取る機根（衆生の理解能力）によって三乗の相違が生じる。それぞれ機根のことなる衆生を教導するために設けられたのが三乗教で、すべてみな導いて一仏乗に入らそうとするのが『法華経』である。天台大師智顗は、仏の方便の法雨を受けるべき衆生を三草二木に配当し、小草を人天乗、中草を二乗、上草を蔵教の菩薩、小樹を通教の菩薩、大樹を別教の菩薩に譬えている。なお、薬草喩品の経文の「密雲」は仏の出世、「降雨」は仏の説法、「受潤」は聞法、「増長」は得益を意味する。（高森）

→法華七喩・《法華三部経とは（薬草喩品）》

三転読　○さんてんどく

『法華経』方便品の「諸法実相」を十如是として詳説する経文、「所謂《いわゆる》諸法の如是相、如是性、如是体、如是力、如是作、如是因、如是縁、如是果、如是報、如是本末究竟等なり」を三度読むことをいう。天台大師智顗が『法華玄義』で十如是について述べる「義に依りて文を読むに三転有り」という説に基づく。三とは空諦・仮諦・中諦の三諦の義を表し、「是相如」等と読むのは即空の読み、「如是相」と読むのは即仮の読み、「相如是」読むのは即中の読みとされる。（三輪）

→円融三諦・法華玄義・《法華三部経とは（方便品）》

三毒　○さんどく

衆生の善心に害毒を与える三つの煩悩、貪・瞋・癡のことである。「三不善根」「三垢」ともいう。貪は貪欲のことでむさぼりの心、瞋は瞋恚のことでいかりの心、癡は愚癡のことでおろかさ、無知をいう。『法華経』譬喩品の三車火宅喩では、煩悩の尽きない欲界・色界・無色界の三界を火宅に譬え、「衆生の生・老・病・死・憂悲苦悩・愚痴・暗蔽・三毒の火」と、煩悩を火宅の原因たる火に喩えて、三界を離れることを説き示している。（三輪）

→煩悩即菩提

三変土田　○さんぺんどでん

『法華経』宝塔品で、十方分身諸仏が来集するのに先立ち、釈尊が穢土の娑婆世界を神通力によって三度にわたって変じて、清浄な浄土に変えたこと。宝塔品では七宝づくりの多宝塔が大地の下から忽然として出現した。そして「善哉善哉、釈迦牟尼世尊よ」と多宝如来が『法華経』が真実であることを証明する。このとき、多宝如来を拝したいという聴衆の意向をうけた釈尊は、十方の分身諸仏を来集させようと、白毫の光を放つ。これに応じて分身の諸仏は娑婆世界に集まって来るが、そのとき釈尊は分身の諸仏が坐るべき場所を三回にわたって整える。宝塔品には「その時に娑婆世界は変じて清浄になった。大地は瑠璃《るり》でできており、宝樹が荘厳に飾り、黄金を縄にして八重に交差する道の境界とし、多くの聚落・村・都城・大海・江河・山川・林や茂みはなく、大きな宝玉のような香をたき、曼陀羅華《まんだらけ》を散り敷き、宝玉づくりの網や幕がかけられて、多くの宝の鈴がかけられている。釈尊は、法座の会衆を留めおいて、天の神々や人々を他の国土に移し置いた」とあり、釈尊が十方分身の諸仏を迎えるために、娑婆世界を清浄な国土にしたことが説かれる。けれども、十方の諸仏を容れることができなかったので、「そこで釈迦牟尼仏は、自らの分身の仏たちを容受しようとして、八方に各々二百万億那由他《なゆた》の国土をみな清浄にした。そこには地獄・餓鬼・畜生、そして阿修羅の世界もなかった」等々と、さらに二度にわたって二百万億那由他の広大な国土を拡げて、それらを一仏国土としたと説かれている。「三変土田」は、三乗の方便の教えが一仏乗の真実の教えにつつみこまれるという妙旨、および娑婆世界が寂光の浄土であるという深理を、譬喩的に説いたものとされる。

（関戸）

→神通力

三類の増上慢

○さんるいのぞうじょうまん

三類の強敵、三類の怨敵とも。俗衆増上慢・道門増上慢・僭聖増上慢のこと。増上慢とは、いまだ悟りを得ていないのに、悟ったとして思い高ぶること。自負のあまり思い上がること。『法華経』勧持品第十三では、菩薩が釈尊の入滅後の悪世において布教する時には、かならずこの三種類の怨敵に出会うだろうと説かれる。三類の増上慢とは①俗衆《ぞくしゅう》増上慢（在家の俗男俗女が正法を弘める人師に対して悪口や罵詈し、刀や杖で打とうとする）。②道門増上慢（仏道修行を志している出家・沙門が、比丘なのに心が曲がっていて、正法弘通者に対し、危害を加えようとしたり、軽蔑したりする）。③僭聖《せんしょう》増上慢（世間の人々から、さながら生き仏のように尊敬されている僧が、あたかも聖者のような態度をして、正法の弘通者を迫害し誹謗したりする。「勧持品二十行の偈」（「唯願わくは慮《うらおもい》したもうべからず」から「仏自《みずか》ら我が心を知しめせ」まで）と称されるように、勧持品では他方の国土から来た八十万億那由他の菩薩たちが「忍耐の誓い」（釈尊の入滅後の悪世における難を忍び布教することの誓い）示している。日蓮はこの偈文を仏の未来記（未来を予言した言葉）とみて、『法華経』の布教活動の支えとし、迫害多難な自己の体験を通して「法華経の行者」としての自覚を深めた。（関戸）

→勧持品

四安楽行　○しあんらくぎょう

『法華経』安楽行品第十四に説く、初心の修行者が菩薩道を実践していくための方法。初心の菩薩が悪世において、どのように『法華経』を布教すべきかが示され、心静かな修行が求められている。身・口《く》・意・誓願の四種がある。すなわち①身安楽行（静寂なところで身心を安定させ、好ましくない十種のことを身から遠ざけて修行する）。②口安楽行（他人を責めずに、おだやかな心で述べ説く）。③意安楽行（論争を避け、敬虔〈敬い慎む〉な心で修行する）。④誓願安楽行（大いなる慈悲の心で衆生を救うという誓願を立てる）である。そして、ここで髻中明珠《けいちゅうみょうじゅ》の比喩が語られている。勧持品では、菩薩はいかなる困難にも屈することなく、末世に出現するであろう三類の強敵《ごうてき》のもたらす苦難を堪え忍び、毅然として菩薩の誓願を達成すべきことが説かれた。それに対して安楽行品では、同じように誓願を持ちながらも、修行の浅い初心の修行者が、どのように菩薩の誓願を実践していくべきかが示される。『法《ほっ》華験記《けげんき》』に「常に善き夢想を見ること、四安楽行の夢に八想を唱ふるがごとし」とみえる。（関戸）

自我偈

○じがげ

『法華経』如来寿量品の偈文「自我得仏来」から「速成就仏身」に至る文をいう。初めの「自我」の二字をとって「自我偈」といい、本仏釈尊の久遠実成を説き顕していることから「久遠偈」ともいう。如来寿量品の長行《じょうごう》では仏身の常住を強調するが、偈文では仏身の常住のみならず、依報《えほう》（そのよりどころ）である国土の常住を重視し説くのである。

日蓮は「自我偈」について、「夫れ法華経は一代聖教の骨髄なり。自我偈は二十八品のたましひ（魂）なり。三世の諸仏は寿量品を命とし、十方の菩薩も自我偈を眼目とす」（『法蓮鈔』）と述べて、「自我偈」は、釈尊一代仏教の中心である如来寿量品の真の精神を説き顕わしたもので、全仏法中の最も大切な経文であるとの認識を示している。釈尊が久遠であるということは、その救済も永遠であるということになる。結文の「毎自作是念　以何令衆生得入無上道　速成就仏身（毎《つね》に自《みずか》らこの念をなす。何をもってか衆生をして仏道に入り、速《すみ》やかに仏身を成就することを得せしめんと）」の四句は、釈尊の大慈悲の発露たる「毎自（毎に自ら）」という大願の表明で、ここに、釈尊（自ら）による永遠（毎に）の救済が約束される。

ただし、久遠の釈尊にまみえるには必須の条件があり、「信」すなわち釈尊が久遠であることを信じ、『法華経』を受け持つ、信念・信心が欠かせない。他の仏、他の経典では無益となる。経文には、「一心欲見仏（一心に仏を見たてまつらんと欲す）」の者の前にこそ、釈尊は出現し、常に法を説いて、苦悩を除き、安息・安心を与えてくれると説く。釈尊を信ずる者のところに、釈尊はその音声を留めて常住不滅なることを説き、またその者の眼前に出現するのである。

なお、自我偈では仏身の常住のみならず、その国土（娑婆世界）の常住も説かれている。即ち「我此

土安穏　天人常充満（わがこの土は安穏にして、天人つねに充満せり）」「我浄土不毀（わが浄土は毀《やぶ》れざるに）」などのように、衆生の住するこの娑婆世界がそのまま永遠の浄土（常寂光浄土）であることを説く。これによって日蓮は「今本《いまほん》時《じ》の娑婆世界は三災を離れ四劫を出でたる常住の浄土なり」（『観心本尊抄』）と国土常住論を確立したのであり、「立正安国」の主張もこのような『法華経』の国土観に基づいている。　（高森）

（娑婆即寂光《しゃばそくじゃっこう》）

→開目抄・観心本尊抄・久遠実成・立正安国論・《法華三部経とは（如来寿量品）》

此経難持　○しきょうなんじ

宝塔偈とも。『法華経』見宝塔品第十一の後半の偈文で、「此経難持　若暫持者」から最後の「一切天人　皆応供養」まで。宝塔品では、いかにこの経をたもつことが困難であるかが語られ、釈尊の入滅後に一心にこの経を説くという誓願を実践する人が求められる。「此経難持」では、この経をしばらくでも保持できる者がいたならば、諸仏はおおいに讃嘆するであろうと説かれる。見宝塔品の偈文には六《ろく》難《なん》九《く》易《い》が説かれており、仏滅後に布教するにあたっての六の難しいことと九の易しいことが示される。これは、釈尊の入滅後に『法華経』を受持し布教することの難しさを、六難と九易とを対比させて説示したもので、その九易も必ずしも容易なことではなく、どれもとても難しく不可能なことばかりである。しかし、釈尊滅後の受持弘教に比較すれば、どれも容易なことだとして、布教実践の誓願を持つことを求める。「此経難持」の偈文の訓読と要旨を示すと次のようになる。「此の経は持《たも》ち難し　若し暫《かく》くも持つ者は　我即ち歓喜す　諸仏も亦《また》然《しか》なり　是の如きの人は　諸仏の歎めたもう所なり　是れ則ち勇猛《ゆうみょう》なり　是れ則ち精進なり　是れを戒を持ち　頭陀《ずだ》を行ずる者と名く　則ち為《こ》れ疾《と》く　無上の仏道を得た

り　能く来世に於て　此の経を読み持たんは　是れ真の仏子　淳善《じゅんぜん》の地に住するなり　仏の滅度の後に
　能く其の義を解《げ》せんは　是れ諸の天人　世間の眼《まなこ》なり　恐畏《くい》の世に於て　能く須臾《しゅゆ》も説かんは　一切の天人　皆供養すべし」（この経は保持することが困難である。もし、しばらくでも保持できる者がいたならば、我れ仏はすぐさま歓喜するだろう。他の多くの仏たちも同様である。そのような人は多くの仏に讃嘆される。その人こそ勇猛であり、精進の人である。その人を戒をよく守り、衣食住にとらわれない修行をする者と名づける。その人は、すみやかにこの上ない仏道を体得した者である。よく未来の世において、この経典を読み、保持する者は、これこそ真の仏の子であり、まじりけのない善の境地にとどまる。仏の入滅後に、この経典の意義をよく理解する者は、多くの天の神々や、その世界の眼となる。恐ろしい世にあって、ほんのわずかな時間でも、この経を説く者には、天の神々・人々が供養するだろう）。（関戸）

→六難九易

竺法護　○じくほうご

Dharmarakṣa、竺曇摩羅刹《どんまらさつ》、二三九―三一六。敦煌に生まれ、八歳で出家したのち、師である竺高座に付いて西域を遊歴する。三六の言語を習得したといわれ、洛陽を中心として経典の翻訳に勤めた。訳出した経典はおよそ一五〇部と伝えられる。その中でも重要な経典として『正法華経』『光讃般若経』『維摩経』『普曜経』などがあげられる。『正法華経』は『法華経』の最初の漢訳として有名である。尊称として月支菩薩・敦煌菩薩などと呼ばれ七八歳で入滅した。（三輪）

→正法華経

持国天王
○じこくてんのう

dhṛtarāṣṭra の音写。「提頭頼吒」とも。帝釈天に仕える四天王の一であり、須弥山の第四階層の賢上城に住する東方の守護天。他の三州をも兼ね守護することより持国というようで、その形像は一定ではないが右手に宝珠、左手には槊もしくは剣を持つのが一般的である。『法華経』陀羅尼品において末法世における法華行者の擁護を陀羅尼呪をもって誓願する。（木村）

→陀羅尼・《法華三部経とは（陀羅尼品）》

自在天
○じざいてん

īśvara の音写。白牛に乗り、三目八臂の姿で形容される。バラモン教やヒンドゥー教では世界創造の神、シヴァ神の別称とされることから仏教では外道神としての性格を色濃くする。『法華経』や諸仏典において仏・菩薩の化身として表現されることが多い。（木村）

→三十三身

四信
○ししん

→四信五品

四信五品
○ししんごほん

『法華経』を修行する行者の段階で、釈尊在世の弟子の四信《ししん》（四つの体得段階）と、釈尊の入滅後の五品《ごほん》（五種の部類）のこと。分別功徳品第十七に説かれる。分別功徳品では、如来寿量品に説かれる釈尊の久遠の救いを信じる功徳が明らかにされている。分別功徳品の前半には、如来寿量品の久遠釈尊の教えを聴いた者が阿耨《あのく》多羅《たら》三藐三菩提《さんみゃくさんぼだい》（無上の真実なる完全な悟り）に安住することが保証され、天台教学では従地涌出品の後半・如来寿量品と合わせて「本門正宗分《ほんもんしょうしゅうぶん》」（後半十四品の本門について、中心となる教説を述べる部分）に位置づけられる。そして、分別功徳品の後半「爾《そ》の時に仏、弥勒菩薩摩訶《みろくぼさつまか》薩《さつ》に告げたまはく」から、常不軽菩薩品第二十までは「本門流通分《るつうぶん》」（経典が後世、普及・流布することをすすめる部分）のなかの「功徳流通《くどくるつう》」に位置づけられる。『法華経』を弘める功徳が広大であることを説いて流布を勧めるのである。分別功徳品では、四信五品によって心から信じることとの功徳の大きさを明らかにしている。「現在の四信」とは、①一念《いちねん》信解《しんげ》（わずかな心でも信心を起す位）。経文に「其《そ》れ衆生あつて、仏の寿命の長遠《ちょうおん》是《かく》の如《ごと》くなるを聞いて、乃至《ないし》能《よ》く一念の信解《しんげ》を生ぜば、所得の功徳限《げん》量《りょう》あることとなけん」とある。②略解言趣《りゃくげごんしゅ》（経の内容をほぼ理解する位）。「若《も》し仏の寿命長遠なるを聞いて、其の言趣《ごんしゅ》を解《げ》するあらん。是の人の所得の功徳限量あることとなし」。③広為他説《こういたせつ》（自分でも深く理解し、他の人のためにすすんで法を説く位）。「広く是の経を聞き若しは人をしても聞かしめ、若しは自《みずか》らも持《たも》ち若しは人をしても持たしめ」。④深信観成《じんしんかんじょう》（深い信心に到達し、真理を体得する位）。「若し善男子善女人、我が寿命長遠なるを説くを聞いて深心に信解せば、則《すなわ》ち為《こ》れ仏常《つね》に耆闍崛《ぎしゃくせん》山に在《あ》つて、大菩薩・諸《もろもろ》の声聞衆の囲繞《いにょう》せると共に説法するを見」。「滅後の五品」とは、①随喜品《ずいきほん》（釈尊の入滅後に寿量品の教えを聞いて喜びの心を起す位）。「又復《またまた》如来の滅後に、若し是の経を聞いて毀呰《きし》せずして随喜の心を起さん。当《まさ》に知るべし、已《すで》に深信解《じんしんげ》の相となずく」。②読誦品《どくじゅ》（『法華経』を受持・読誦し、その内容を理解する位）。「何《いか》に況《いわ》んや、之《これ》を読誦し受持せん者をや」。③説法品（自分の理解したところを他の人に説く位）。「如来の滅後に、若し受持し読誦し、他人の為に説き、若しは自らも書き若しは人をしても書かしめ」。④兼行六度品《けんぎょうろくど》（『法華経』を信行しつつ兼ねて六波羅蜜《ろくはらみつ》〈布施・持戒・忍辱《にんにく》・精進《しょうじん》・禅定・智慧〉を修行する位）。「況んや復《また》人あって能く是の経を持ち、兼ねて布施・持戒・忍辱・精進・一心・智慧を行ぜんをや。其の徳最勝《さいしょう》にして無量無辺ならん」。「一念信解」について説かれる部分に「信解の功徳は五波羅蜜の実践より大きいが、般若波羅蜜は除く」とあるによる。⑤正行《しょうぎょう》六度品（六波羅蜜を実践し、自行化他《じぎょうけた》を行う位）。「復能く清浄に戒を持ち、柔和《にゅうわ》の者と共に同止《どうし》し、忍辱にして瞋《いかり》なく志念堅固《しねんけんご》にして、常に坐禅を貴《たっと》び諸の深定《じんじょう》を得、精進勇猛《ゆみょう》にして諸の善法《ぜんぽう》を摂《せつ》し、利根智慧にして善《よ》く問難を答えん」。日蓮は四信の初信（一念信解）と五品の初品（随喜品）を末法における『法華経』信仰のありかたであるとみた。そして、末法悪世の愚鈍の凡夫は、智慧で得道することはできないから、「信」によって「慧」に代え、仏道を完成すべきだと述べる（以信代慧《いしんだいえ》）。

（関戸）

四諦　○したい

catur-ārya-satya の音写で、四聖諦《ししょうたい》とも。諦は真理のことであり、四つの真理をあらわす。「苦《く》諦《たい》・集諦《じったい》・滅諦《めったい》・道諦《どうたい》」の総称。釈尊が長き瞑想を止め、鹿野苑にて初めて説法（初転法輪《しょてんぽうりん》）をなした際に説かれた教説であり、「十二因縁」などとともに仏教全般にわたる根本教説であるとされる。苦からの脱却の方法を示す教説であり、苦諦とは苦の認識、迷い・執着などはすべて苦であるという真理。集諦とは迷いや執着はつきることがなく、それにより苦（因）と業（縁）が生じ、新たな苦が生まれるという真理。滅諦とは欲望や執着がなくなった状態こそが理想であり、求めるべき境地であるという真理。道諦とは滅諦にて示された苦の滅却は八つの方法・修行法（八正道《はっしょうどう》）によらねばならないという真理。つまり苦諦・集諦は迷いの世界の因果関係を示し、滅諦・道諦は悟りの世界の因果関係を示す。さらに道諦に示される八正道と四諦をあわせ「四諦八正道」ともいう。『涅槃経』聖行品には、四諦が四種に説かれ、天台大師智顗はこれを蔵・通・別・円の四教に配当し四種の四諦を説く。四種とは、一に「生滅四諦」、苦諦・集諦・道諦の三諦は因と縁とによって生滅があり、滅諦は生法に対する滅法であるとする四諦。二に「無生四諦」、滅諦は不生不滅であり、苦諦・集諦・道諦の因果はすなわち空であると理解し、生滅を見ないことをいう。三に「無量四諦」、十法界の果法は同じでないから、苦諦に無量の相があり、煩悩は不同であるから、集諦に無量の相があり、恒沙の仏法は不同であるから、道諦に無量の相があり、諸波羅蜜は不同であるから、滅諦に無量の相がある。これは声聞・縁覚の知ることのできないところであり、菩薩が修学するところであるとする。四に「無作四諦」、煩悩即菩提であるから、集諦を断じて道諦を修する造作はなく、生死即涅槃であるから、苦諦を滅して滅諦を証とすることは造作を必要としない。このように断・証の造作を離れているから無作というのであるという。また、智顗は『摩訶止観』において四種の四諦を四土（同居・方便・実報・寂光）に配し、さらに四諦と十二因縁との惣別開合を論じている。『法華経』では序品・常不軽菩薩品に「声聞を求める者のために四諦の法を説いた」などとみえる。（木村）

→《法華三部経とは（常不軽菩薩品）》

四大声聞 ○しだいしょうもん

→十大弟子・迦葉・須菩提・迦旃延・目連

慈鎮 ○じちん

慈円（一一五五—一二二五）のこと。鎌倉初期の天台宗の僧、歌人。慈鎮は諡《おくりな》。父は摂政藤原忠通《ただみち》。久寿《きゅうじゅ》二年四月十五日の生まれ。永万《えいまん》元年（一一六五）に延暦寺に入り、青蓮院門跡《しょうれんいんもんぜき》の覚快《かくかい》法親王の弟子となる。建久《けんきゅう》三年（一一九二）に天台座主となり、翌年には後鳥羽天皇の御持僧となった。政変もあって諸職を辞するが、後年天台座主に還補。病のため嘉禄《かろく》元年九月十五日、比叡山の麓の坂本で没した。家集に『拾玉集《しゅうぎょくしゅう》』があり、史書の『愚管抄《ぐかんしょう》』七巻はよく知られている。宝塔品における虚空にとどまる多宝塔の二仏並坐《びょうざ》の情景について「いづれか日いづれか月とながむれば鷲の高嶺《たかね》のみ空なりけり」と詠んでいる。（関戸）

十界

○じっかい

迷悟の差別を、地獄道・餓鬼道・畜生道・修羅道・人間道・天上道の六道（六趣・六凡）と声聞乗・縁覚乗・菩薩乗・仏乗の四乗（四聖《ししょう》）に分けたもの。十法界ともいう。地獄・餓鬼・畜生の三界を三悪道、これに阿修羅を合せて四悪趣、また阿修羅・人間・天上を三善道、三悪道と三善道を合せて六道・六趣・六凡といい、迷界に属する。生前の善悪の業《ごう》に応じて六道を輪廻転生するといわれる。次に声聞（仏の声を直に聞いた仏弟子たちで、四諦八正道の教えに基づいて修行する者）・縁覚（自ら十二因縁という縁起の法を覚って覚者となった者）・菩薩（上求菩提下化衆生《じょうぐぼだいげけしゅじょう》の誓願に基づいて六度《ろくど》・六波羅蜜の修行によって菩提を求める者）・仏（阿耨多羅三藐三菩提・無上正等覚を得た者）の四聖は悟界に属し、輪廻転生を出離・解脱《げだつ》した存在である。しかし究極的な悟界は仏界だけであるから、九界を迷界とすることもある。部派仏教では、声聞・縁覚・菩薩という概念がないので、四聖は説かないが、大乗仏教では『華厳経』十地品（『正蔵』一〇巻三七七頁c）などに十界が示され、天台大師智顗もこれを採用し一念三千論を構築した。十界は一念三千の法数の最初の構成要素であるところから、日蓮は十界という法数を重んじた。この十界の特性について、『観心本尊抄』では、人間界に具足する十界を例示する中に、「瞋《いか》るは地獄、貪《むさぼ》るは餓鬼、癡《おろ》かなるは畜生、諂曲《てんごく》（媚びへつらい他人を陥れること）は修羅、喜ぶは天、平《たいら》かなるは人《にん》なり」「世間の無常は眼前に有り、あに人界に二乗界なからんや。無《む》顧《こ》の悪人もなお妻子を慈愛す、菩薩界の一分なり」「末代の凡夫出生して法華経を信ずるは、人界に仏界を具足する故なり」と説明する。　（高森）

→一念三千・本因本果法門

七宝　○しっぽう

sapta-ratna。「しちほう」とも読む。七種の貴金属や宝石の総称。金・銀・瑠璃《るり》・頗黎《はり》（玻璃・水晶とも）・硨磲《しゃこ》・珊瑚・瑪瑙《めのう》の七種といわれるが『法華経』や諸仏典において異同が多く、その順序なども一様ではない。仏を供養する宝塔などがこの七宝で飾られ、さらに仏に対しての供物や装飾物として『法華経』に多出する。　（木村）

→多宝如来・《法華三部経とは（見宝塔品）》

十方世界　○じっぽうせかい

娑婆世界を中心にして東・西・南・北の四方、東南・西南・東北・西北の四維、それに上・下を加えた十方向の世界をいう。『法華経』方便品で、釈尊が舎利弗に対し「十方世界の中には尚《な》お二乗なし、何に況《いわ》んや三あらんや」と『法華経』以前に説いた三乗に対する教えは方便であり、一仏乗こそが全世界の真実の教えであることを顕かにする。また宝塔品では、多宝塔開塔のために、十方世界で法を説く分身仏が、釈尊によって娑婆世界へ集められる。　（三輪）

→分身仏

此土六瑞

○しどろくずい

此土とは釈尊が教化をする世界である娑婆世界のことをいい、六瑞とは仏が『法華経』を説く際に現れる六つの瑞相のこと。光宅寺法雲は『法華経義記』に此土に六瑞、他土に六瑞あるとし、天台大師智顗も法雲の説を採っている。説法瑞・入定瑞・雨華瑞・地動瑞・衆喜瑞・放光瑞をいう。なお嘉祥大師吉蔵は雨華・動地。放光の三瑞とする。釈尊は『法華経』を説こうとするにあたって、まず諸菩薩のために「大乗経の無量義・教菩薩法・仏所護念」と名付けられた経、すなわち『無量義経』を説いた（説法瑞）。『無量義経』を説き終わると結跏趺坐して無量義処三昧に入り、微動だにしなくなる（入定瑞）。そのとき、天から大小の曼陀羅華と曼珠沙華が釈尊と大衆の上に降り注ぎ（雨華瑞）、次いで仏の世界が上・下・東・西・南・北の六とおりに震動する（地動瑞）。この瑞相を見ていた比丘・比丘尼・優婆塞・優婆夷・天・龍・夜叉・乾闥婆・阿修羅・迦楼羅・緊那羅・摩睺羅伽といった人間と人間以外のものたち、さらに王侯や転輪聖王といった大衆が歓喜し合掌礼拝する（衆喜瑞）。するとそのとき、釈尊の眉間にある白毫相から光が放たれ、その光が東方一万八千の世界、下は阿鼻地獄から上は阿《あ》迦《か》尼《に》吒《た》天《てん》までの地獄・餓鬼・畜生・修羅・人・天の六道世界を照らし出す（放光瑞）。こうして娑婆世界以外の世界も明かになり他土六瑞が示される。すると、弥勒菩薩がこの神変の相の因縁を問い、文殊師利菩薩が日月燈明如来という過去仏の話を始める。日月燈明仏というみな同じく一つの名の二万の仏が出現し、声聞に四諦、縁覚に十二因縁、菩薩に六波羅蜜を説いてきたとされる。文殊菩薩は『法華経』が説かれる時には必ず不思議な瑞相が現われるとし、ともに『法華経』の説法を聴聞すべきことを弥勒菩薩に述べる。　（三輪）

→瑞相・他土六瑞・《法華三部経とは（序品）》

四仏知見　○しぶっちけん

一切衆生に諸法実相（森羅万象の真実のすがた）の理を悟る仏知見（仏の知見・智慧）を開かしめ、仏知見を示し、仏知見を悟らせ、仏知見の道《どう》に入らせること。『法華経』方便品において、諸仏がこの世に出現する共通の大目的（出世の本懐）として説かれる。（高森）

→一大事因縁・開示悟入・出世の本懐・《法華三部経とは（方便品）》

四菩薩　○しぼさつ

四人の菩薩のことで、諸経に説かれる。①『華厳経』の会座に来集した諸尊の上首、法慧・功徳林・金剛幢・金剛蔵の四菩薩。②『大日経』胎蔵界曼荼羅の中央大日如来の四方の普賢（東南）・文殊（西南）・観自在（西北）・弥勒（東北）の四菩薩。③『金剛頂経』金剛界曼荼羅の四方の四仏にそれぞれ親近する四菩薩で、阿閦について述べれば金剛薩埵・金剛王・金剛愛・金剛喜の四菩薩。④『法華経』では、大地より涌出した地涌の菩薩の上首である上行・無辺行・浄行・安立行の四菩薩を本門の四菩薩とする。また、『法華経』の説法の展開に重要な役割を果たす文殊・普賢・薬王・観音を迹門の四菩薩とする。⑤娑婆世界の衆生に最も因縁の深い文殊・普賢・観音・弥勒（または勢至）の四菩薩。（関戸）

→地涌の菩薩

釈迦　○しゃか

→釈尊

釈教歌　○しゃくきょうか

仏や菩薩、高僧を讃嘆するなど、仏教信仰を表白した歌。あるいは、経典の教えを表現した歌、法会の際の歌などの総称。「しゃっきょうか」とも。『拾遺《しゅうい》和歌集』の「哀傷」に行基《ぎょうき》の詠と伝える「霊山《りょうぜん》の釈迦のみまへに契りてし真如《しんにょ》朽ちせずあひ見つるかな」が早いが、勅撰集の部立《ぶだて》としては『後拾遺和歌集』雑《ぞう》六に「釈教」として「神祇《じんぎ》」「誹諧《はいかい》歌《か》」とみえるのが最初で、『千載《せんざい》和歌集』で一巻の独立した一部立となった。平安時代の中頃には、法《ほう》文《もん》（経・論・釈の文）や思想内容を和歌に詠むことが流行し、「法華経二十八品歌」「維摩経十喩歌」が私家集中にみえ、釈教歌ばかりを集めた『発心《ほっしん》和歌集』もある。その後、源俊頼《みなもとのとしより》の『散木《さんぼく》奇歌集』のような私家集、『久安百首』の定数歌に「釈教」の部立が設けられるようになり、『新古今和歌集』などの勅撰集には、欠かすことのできないものとされていく。『法華経』各品の釈教歌に次のようなものがある。『法華経』全般〈霊鷲山〉「たちわたる身のうき雲も晴れぬべし絶えぬ御法《みのり》の鷲のやま風」（日蓮・録内御書）、序品〈大光普照〉「あきの空こゝろより澄む法の月てらしのこせる山の端もなし」（足利義尚・常徳院殿御集）、方便品〈一乗思想〉「一言によりてぞ世々に出でければ二つも三つも無きなり皃」（藤原公任・公任卿集）、譬喩品〈三車火宅喩〉「のり知らぬひとをぞげには憂しと見る三つの車に心かければ」（西行・山家集）、信解品〈長者窮子喩〉「親とだに知らでまどふがかなしさにこの宝をも譲りつるかな」（赤染衛門・赤染衛門集）、薬草喩品〈三草二木喩〉「おほ空の雨はわきてもそゝがねど潤ふ草木はおのがさまざま」（源信・千載和歌集）、授記品〈光明如来〉「あきらけき光をおのが名に聞きてたちまひし人の嘸《さぞ》な嬉しき」（烏丸光廣・黄葉和歌集）、化城喩品〈化城宝処喩〉「これもなほこゝろにとまる旅人のかりのやどりの後の通ひぢ」

（慈鎮・拾玉集）、五百弟子受記品〈衣裏繋珠喩〉「あま衣なれにし友にめぐり逢ひてみぬめの浦の玉藻をぞ苅る」（兼好・兼好法師集）、授学無学人記品〈授記〉「もろともに思ひそめける紫のゆかりのいろも今日ぞ知らるゝ」（藤原定家・拾遺愚草）、法師品〈如来使〉「説きおける御法の花のことの葉や今ゆくすゑの世の人のため」（近衛信尹・信尹卿廿八品歌）、宝塔品〈此経難持〉「いかにして暫し持たん憂き身さへ受け難き世に逢へる御法を」（元政・草山和歌集）、提婆達多品〈女人成仏〉「さゝげてし玉にも見ずやわたつみの果も隔てぬ法のひかりは」（烏丸光栄・栄葉和歌集）、勧持品〈我不愛身命〉「数ならば惜しくやあらまし惜しからぬ憂身を聞けば嬉しかりける」（藤原俊成・長秋詠藻）、安楽行品〈四安楽行〉「名をあげてほめもそしらじ法をただ多くも説かじ少くもせじ」（赤染衛門・赤染衛門集）、従地涌出品〈如蓮華在水〉「水の面に出づるはちすの色は皆この世の外のものとこそ見れ」（寂然・法門百首）、寿量品〈良医治子喩〉「なき身ぞと思ひし親のながらへて今もある世と聞くぞ嬉しき」（松永貞徳・逍遊集）、分別功徳品〈四信五品〉「いそぎ行く宿しかはらぬ道なれや五つの品の四つのまことを」（慈鎮・拾玉集）、随喜功徳品〈五十展転〉「谷川のながれの末を汲む人も聞くはいかがはしるしありけり」（藤原俊成・長秋詠藻）、法師功徳品〈六根清浄〉「いさぎよく咲き出でにけり生れ出し六つの根ざしに法の花房」（近衛信尹・信尹卿廿八品歌）、不軽菩薩品〈不軽菩薩〉「塵の身と思ふに捨てん軽からぬことわりを知る人もある世に」（三条西実隆・雪玉集）、神力品〈於我滅度後〉「行く末のためにと説かぬ法《のり》ならばなにか我が身にたのみあらまし」（西行・山家集）、嘱累品〈総付属〉「三たびなづる我が黒髪の末までもゆづる御法《みのり》をながく頼まん」（藤原定家・拾遺愚草）、薬王菩薩品〈焼身供養〉「ひろむべき法の為とも思ひせば燃ゆとも身をば惜まざらまし」（藤原家隆・玉吟集）、妙音菩薩品〈普現色身〉

「法の為きぬと見れども身を分けて到らぬ方はあらじとじ思ふ」（藤原公任・公任卿集）、観世音菩薩普門品〈三十三身〉「三十あまり三のちかひの嬉しきはさまざまになる姿なりけり」（慈鎮・拾玉集）、陀羅尼品〈十羅刹女〉「仰ぐなり十の少女のかざしにもさすらんものぞ法のはなぶさ」（正徹・草根和歌集）、妙荘厳王品〈浮木の穴〉「たとふなる波路の亀の浮木かはあひても幾世しをれ来ぬらん」（藤原定家・定家集）、勧発品〈作礼而去〉「ちりぢりに鷲の高嶺をおりぞ行く御法のはなを家づとにして」（寂然・新勅撰和歌集）。（関戸）

→法文歌

寂然　○じゃくぜん

生没年未詳。平安末期の歌人。「じゃくねん」とも。俗名は藤原頼業《よりなり》。藤原為忠《ためただ》の子で、兄の為業《ためなり》（寂念）、為経《ためつね》（寂超）はともに歌人であり、大原三寂または常磐《ときわ》三寂とよばれる。生年は元永《げんえい》元年（一一一八）のころと推定され、寿永《じゅえい》元年（一一八二）には家集『寿永百首』を編纂している。西行とも親交があったとされる。家集に『寂然法師集』『唯心房集』があり、『千載集』などの勅撰集に四十余首の作品が入集《にっしゅう》している。従地涌出品の「世間の法に染まざること蓮華の水に在るがごとし」という経文に寄せて「世の中のにごりに何かけがるべき御法《みのり》の水にすすぐこころは」と詠じている。（関戸）

釈尊　○しゃくそん

釈迦牟尼世尊の略称で、釈迦牟尼仏ともいい、原名シャーキャムニ・ブッダ Śākya-muni Buddha の音訳。「釈迦」は種族の名前で、「牟尼」は聖者、仏陀は覚者という意味で、姓は Gautama ゴータマ（瞿曇）、太子名を Siddhārtha シッダールタ（悉達多）というところから瞿曇沙門、悉達太子とも呼ばれる。日本では釈迦・お釈迦様と知られる仏教の教祖。父Śuddhodanaシュッドーダナ（浄飯）王と母Māyāマーヤー（摩耶）夫人の長男として、釈迦族の住むKapilavastuカピラヴァストゥ（迦毘羅衛）で生まれた。伝承では、摩耶夫人が迦毘羅衛の近くにあるLumbinīルンビニー（藍毘尼園）で休息中に、急に産気づいて右脇腹から生まれたという。また、玄奘三蔵の『大唐西域記』には、誕生後すぐに七歩あるいて「天上《てんじょう》天下《てんげ》唯我《ゆいが》独尊《どくそん》」と宣言したことが記されている。誕生日は北伝仏教で四月八日、南伝ではインド歴二月の満月の日であるとされている。摩耶夫人は産後の肥立ちが悪く、出産後七日で亡くなってしまい、夫人の妹のMahāprajāpatīマハプラジャーパティー（摩訶波闍波提）が養育した。一六歳の時、Yaśodharāヤショーダラー（耶輸陀羅）を妃に迎え、一子Rāhulaラフーラ（羅睺羅）をもうけた。耶輸陀羅と結婚する際に、従兄弟であるDevadattaデーヴァダッタ（提婆達多）と競ったという説もある。伝承によると、ある日、悉達太子は住まいであった城の東西南北にある門から順に外出したところ、東門で老人、南門で病人、西門では葬列（死者）に遭遇し、最後に北門から外出したとき、清浄なる出家者との出会いが王子を出家へと誘ったという。二九歳（一説では一九歳）の時である。ある夜、密かに侍者と共に城をあとにした。妻子を城に残し、王子という身分を捨てての出家であった。この若き釈尊の一連の行動を「四門出遊」という。śramaṇaシュラマナ（沙門）となった太子は二人の仙人のもとで修行し、禅定を習得したが、満足する境地に至らなかった。さらなる修行に打ち込むため、Magadhaマガダ（摩竭陀）国のUruvilvāウルヴィルヴァー村にある森に入った。以来六年間に及ぶ食事もとらない難行苦行生活を送り、ついには肋骨がみえるほどになった。しかし、苦行によって覚りに至らないことに気づき、Nairañjanāナイランジャナー（尼連禅河）で沐浴後、村の娘が供養した乳糜（牛乳で炊いた粥）を飲んで気力を回復させる。その後、太子は独りBuddhagayāブッダガヤーのaśvatthaアシュヴァッタ樹（畢鉢羅樹）の下で瞑想に入り、一二月八日に大悟したという。王子、三五歳（一説では三〇歳）であった。この時から畢鉢羅樹は菩提樹と呼ばれている。成道後、以前苦行を共にした五人の修行者に法を説くためにMṛgadāvaムリガダーヴァ（鹿野園）に赴いた。釈尊は快楽と苦行との両極を離れて中道を行ずべきこと、四諦、八正道を説いたという。これが釈尊の初転法輪《しょてんぼうりん》である。さらにKāśyapaカーシヤパ（迦葉）三兄弟、摩竭陀国のBimbisāraビンビサーラ（頻婆娑羅）王などを教化し、王は竹林精舎を建立して釈尊を招いた。釈尊の教化によって、舎利弗をはじめとする弟子が入信し、さらに義母の摩訶波闍波提や妃の耶輸陀羅、羅睺羅、阿難、提婆達多などの王家の人々も帰依していった。その後も釈尊は旅に出ては法を説いたが、旅はKuśinagaraクシナガラ（拘尸那掲羅）で終焉を迎える。釈尊は頭を北に向け、右脇をしたに横臥し、「もろもろの現象は移ろいゆく、怠らず努めよ（不放逸）」という教えを最後に、二月一五日、八〇歳で入滅した。仏滅年代については諸説あり、南伝に基づく紀元前五四四年とする説、スリランカの歴史資料伝承に基づく紀元前四八二年、四八三年、四八四年・四八五年各説、中国僧である法琳の定めた紀元前九四九年説、アショーカ王即位年代から算定した紀元前三八三年、三八六年、四〇〇年各説などである。日本中世では『周書異記』（現存せず）の説により、周の昭王二四年（紀元前一〇二四）四月八日を誕生、周の穆王五二年（紀元前九四九）二月十五日を仏滅とした。こうした釈尊の生涯は伝統的に、降兜率《ごうとそつ》・託胎・出胎・出家・降魔《ごうま》・成道《じょうどう》・初転法輪・入滅の「八相成道」によって表現されている。釈尊の教説について、天台大師智顗は従来の南三北七の学説を整理し、五時に分類した。これが五時判である。釈尊は梵天の要請によりまず『華厳経』を説き（華厳時）、次いで小乗仏教である長・中・雑・増一の四阿含経（阿含時）、小乗を捨てて大乗に入るための様々な経典（方等時）、空を説く般若経典（般若時）、そして聴衆の能力が成熟したときに説く『法華経』と遺言の『涅槃経』（法華涅槃時）という順で、生涯教えを説いたとしている。そして『法華経』如来寿量品では、晩年入滅を前にした釈尊が、菩提樹下で覚りを開いた自分の存在を破斥して、久遠実成の仏身を開顕する。（三輪）

→《『法華経』の成立》

迹門

○しゃくもん

『法華経』二十八品のうち、序品第一から安楽行品第十四までの前半の十四品のこと。本門に対する語。迹とは本体の垂迹《すいじゃく》という意味で、仏が衆生教化のために種々に身を現わすことを垂迹という。智顗の『法華文句』巻一上の二経六段の科文により、「序分」が序品第一、「正宗分」が方便品第二から授学無学人記品第九、「流通分」が法師品第十から安楽行品第十四となる。『法華経』以前の諸経においては、声聞・縁覚・菩薩はそれぞれの悟りがあるとされていたが、仏の真実の教えによれば、そのような違いを超えた一仏乗に帰するということが明らかにされる（開三顕一）。そして、その考えに基づき、どのような人でも仏になれることが説かれる（二乗作仏）。智顗は本迹に一往の勝劣を立てるが、その体は同じとして、迹門中心の理の法門を示している。また、日蓮は本門を中心とした教義を立てるが、本門が説かれることによって迹門も生きてくるという立場にある。（関戸）

→開三顕一・二乗作仏・本迹・本門

娑婆世界

○しゃばせかい

sahā の音写。娑槃・娑訶などと漢訳され、saha が忍耐を意味することから忍土または堪忍土とも訳される。我々が住するこの世界を意味し、この世界は苦しみにまみれた穢土《えど》であるとされる。釈尊化導の世界であり、滅後五十六億七千万年後に弥勒菩薩により再び化導されるという。（木村）

→娑婆即寂光

娑婆即寂光

○しゃばそくじゃっこう

我々の存在する娑婆世界が即ち仏の常寂光土であるという意。娑婆即寂光土とも。娑婆とは我々の存在する世界であり、煩悩にまみれた人々が住むが故に悪縁が充満し、常に苦悩に堪えねばならない「忍土」。常寂光土とは永遠絶対の浄土であり、智顗がたてた四土（同居《どうご》・方便・実報《じっぽう》・寂光）の内、最後に置かれた久遠実成の釈尊の法身の本土である。したがってこのことにより煩悩と苦悩が充満する娑婆世界が、そのまま法身釈尊の永遠の浄土であることを意味する。『法華経』如来寿量品には釈尊が常に娑婆世界にいて法を説き、人々を導く。また常に娑婆世界に住して法を説くと娑婆世界に存在することを数回にわたり説き明かす。これらの経文より智顗や湛然はこの娑婆世界こそが久遠実成釈尊の永遠の浄土なのだと説明し、このような解釈により法華教学において娑婆即寂光の法門を打ち立てる。娑婆即寂光は現実社会を仏の世界と受け止めることであり、したがって現実重視・現実肯定の教説である。現実肯定であるが故に、悪縁に満ちた娑婆世界を仏の浄土として無条件に肯定するのではなく、現実社会を本来の仏の浄土へと復元しようとするのである。釈尊の住する娑婆世界は人々の悪縁によって満ちあふれ、苦悩が充満しているのであって、人々の心の救済がなされれば娑婆世界が本来の仏の浄土となる。

したがって人々の心の救済をなすために身命を捧げ『法華経』の教説を弘通することが法華行者の使命となる。（木村）

舎利弗

○しゃりほつ

釈尊の十大弟子の第一とされ、智慧第一と称される。サンスクリット語のシャーリプトラ（Śāriputra）の音写。舎利子《しゃりし》、鶖鷺子《しゅうろし》ともいう。舎利弗の名は母シャーリの子（プトラ）という意味。中インドのマガダ国のバラモンの出身。王舎城の近くのウパティッサ村に生まれたので、ウパティッサ（Upatissa）とも称される。懐疑論者のサンジャヤ（Sañjaya）の弟子であったが、釈尊の弟子のアッサジ（Assaji）に出会い、目連と一緒に釈尊に帰依して、サンジャヤの弟子二百五十人を引き連れて弟子となった。舎利弗は、あらゆる所で釈尊の代わりに説法できるほど信任が厚く、多くの弟子を擁したが、釈尊より年長で先に世を去った。釈尊の実子羅《ら》睺羅《ごら》の後見人でもある。釈尊が出現する以前には、自由な思想家が多くあって、その代表的な六人を「六師外道《ろくしげどう》」と称している。その一人がサンジャヤで、王舎城のあたりに止住していたという。その思想は懐疑論あるいは不可知論ともいうべきものであり、人生の命題について捉えどころないの答えを示すというような特色を持ち、不思議な魅力によって多くの門下を惹きつけていた。舎利弗と目連はおよそ二百五十人といわれる門下にあって、たちまち頭角をあらわした。しかし、すべての懐疑論・不可知論がそうであるように、不思議な魅力があっても、人生を託すべき究極の思想ではあり得なかった。『法華経』で舎利弗は方便品での対告として、「諸法実相《しょほうじっそう》」「二乗作仏《にじょうさぶつ》」の重要教義を説く上で重要な役割を演じている。釈尊は『法華経』以前の諸経で説かれた三乗思想を否定して、方便を捨てて真実平等の一仏乗を説こうとするが、一乗思想が難解であるとして詳説することを止める（三止《さんし》）。これに対し舎利弗が三度にわたって説法を願い（三請《さんしょう》）、それを釈尊が許可して（許説）、重ねての舎利弗の願い（重請）によって「一乗思想」が明説されていく。方便品で釈尊は、瞑想の世界からゆったりと静かに起ちあがり、舎利弗に向かって「あらゆる仏陀の智慧は、甚だ深く、しかもはかりしれない。したがって、仏陀の智慧に入る門は理解することが難しく入りにくい」と表明した。さらに「やめておこう舎利弗よ、どのようにしても、仏陀の悟りの世界を説き明かすことは困難である。仏陀が到達した境界は、崇高であり到達しがたい難解な法であり、ただ仏陀と仏陀のみが、究め尽くすことができるからである」と語った。そして、ここに「十如是」が説き示されて、すべての事物のありのままの姿、真実のありようについての「諸法実相」の重要教義が明らかにされる。また、譬喩品では舎利弗が未来世において、離垢《りく》という国土、大宝荘厳《だいほうしょうごん》という劫において、華《け》光如来《こうにょらい》という仏陀になるであろうとの記莂が与えられている。（関戸）

→十大弟子

十神力　○じゅうじんりき

『法華経』如来神力品に説かれる、仏の十種の神通力。釈尊が滅後の未来世において要法を付属する際に一会の大衆の前にあらわした神通力である。それは一、吐舌相《とぜっそう》（広長舌を出し、その舌が梵天にまでとどいたという相。これは『法華経』本迹二門の教説があらゆる思想を超越することを示す）・二、通身放光《つうしんほうこう》（釈尊の全身より放たれる光が十方世界を照らしたこと。『法華経』本迹二門の教説が至極であることを示す）・三、一時謦欬《いちじきょうがい》（大きく咳払いをすること。四十余年の秘奥の教説を説き示し、未来世の為に付属をなすことを示す）・四、倶共弾指《くぐたんじ》（指を大きく弾く。指を弾くことは随喜をあらわし、一会の大衆が悉く記莂を与えられたことを随喜し、さらに未来世のために『法華経』の付属がなされたことにより、後世もまた大利益を受けることができるのを随喜することを示す）・五、地六種動《じろくしゅどう》（謦欬・弾指の音が十方世界に聞こえ、大地が六種に震動すること。六種とは六根清浄などをあらわす）・六、普見大会《ふげんだいえ》（十方世界の人々が遍く虚空の仏を見、それにより心に大いなる歓喜が生じたこと。未来世においても大いなる利益が受けられることを示す）・七、空中唱聲《くうちゅうしょうしょう》（諸天が空中より大衆に向かって、釈尊が『法華経』を説いたことを深く随喜し供養せよと声を発したのを聞くこと。未来世にも同様の利益が受けられることを示す）・八、咸皆帰妙《げんかいきみょう》（十方世界の人々が一同に釈尊に帰依すること。これも未来世にも同様の利益が受けられることを示している）・九、遙散諸物《ようさんしょもつ》（十方世界より供養された品々が一同に諸仏の上に降り注がれる。これも未来世に同様の利益が受けられることを示している）・十、通一仏土《つういちぶつど》（十方世界は皆仏土であること。十方世界が仏土であるが故に、未来世においても利益が受けられることを示している）。つまり十神力は未来世の人々の為に示されたのであり、末法の世においてもこの『法華経』によって釈尊在世中と同様の大利益を受けることができるという。（木村）

→神通力・《法華三部経とは（如来神力品）》

十大弟子 ○じゅうだいでし

釈尊の十大弟子の名前は文献によって一定しないが、今日一般的な十大弟子は、『維摩経《ゆいまぎょう》』弟子品によれば、舎利《しゃり》弗《ほつ》（智慧第一）、大目犍連《だいもくけんれん》（目連・神通第一）、大迦葉《だいかしょう》（摩訶《まか》迦葉・頭陀《ずだ》〈浄行〉第一）、須菩《しゅぼ》提《だい》（解《げ》空《くう》第一）、富楼那弥多羅尼子《ふるなみたらにし》（富楼那・説法第一）、摩訶迦《か》旃延《せんねん》（迦旃延・論義第一）、阿那《あな》律《りつ》（天眼第一）、優波離《うぱり》（持律《じりつ》第一）、羅睺羅《らごら》（密《みつ》行《ぎょう》第一）、阿難（多聞《たもん》第一）。①舎利弗は、もとは目連と同じく六師外道の一人サンジャヤの弟子であった。釈尊の晩年に、提婆達多が、教団を分裂させ、弟子の一部を引き抜くが、目連とともに説得し、弟子五百人を帰属せしめたという。親友の目連が執杖バラモンに殺されてのちに、釈尊より早く入滅する。②目連は舎利弗とともに六師外道の一人サンジャヤの弟子であった。サンジャヤのもとでは七日間ですべてを学び終り、教師として二百五十人の弟子を教えていたが、サンジャヤの教義に満足できずにいた。そこで舎利弗と相談して、どちらかが善い師に出会ったときは、教えあおうと約束していたところ、舎利弗は仏弟子アッサジの威風堂々たる姿にうたれ、目連と相談して弟子二百五十人とともに釈尊の弟子となった。執杖バラモンから瓦石をこうむって、釈尊より早く寂す。③迦葉は妻を娶ったが五欲の楽を好まず、両親がなくなるや妻とともに出家し釈尊の弟子となる。常に少欲知足の生活をし、頭陀を行じ、粗末な身形をしていたので、人々は彼を軽んじていた。あるとき、釈尊は訪ねて来た迦葉に半坐を分ち「ここに坐し給え」と言ったので、弟子たちは迦葉が偉大なる人物であると驚いたという。釈尊入滅のときは、その場に居合わせず行乞の地で聞く。そのとき、ともにいた弟子の一人が、「これで我々の自由を束縛する人がいなくなった」と発言したのに驚き、葬儀のあと教えの散失を防ぐために第一結集を開き、長老として釈尊入滅後の教団を統率する。禅宗では拈華微笑《ねんげみしょう》の故事によって重視されている。④須菩提は、もともと聡明で怒りやすい性格であったが、釈尊から瞋恚《しんに》の過ちを聞くや、たちまちにして悟りを開き、以後、無諍《むじょう》三昧に住して二度と怒ることがなかったことから無諍第一ともいわれる。⑤富楼那は釈尊と同じ日に生れる。ヴェーダに精進していたが、釈尊が出家するや、その友人三十人とともに出家し、雪山で苦行する。釈尊が成道したのを聞いて弟子となり、九万九千人を教化したといわれる。⑥迦旃延はアシダ仙人の弟子であった。アシダ仙人が高齢のため、悉達太子が悟りを開いて仏となったときに、法を聞くことができないので、自分の弟子の迦旃延に遺言して、釈尊の弟子にしたといわれる。論議を得意とし、よく法相に通じる。⑦阿那律は阿難とともに釈尊の弟子となる。説法のときの居眠りを悔い、二度と寝まいという誓いを立て、これがために、失明してしまうが天眼を得たといわれる。この天眼によって、釈尊入滅のときに、忉利天《とうりてん》に昇り、釈尊の生母マヤ夫人に知らせたといわれる。⑧優波離は理容を生業としていたが、阿難らとともに釈尊の弟子となる。第一結集では、戒律を誦する役目をおう。⑨羅睺羅は釈尊が太子であったときに、妃の耶輸陀羅《やしゅだら》との間に生まれた子。十五歳で出家して、仏教々団はじめての沙弥となる。まだ遊び盛りの子供であったため、しばしばいたずらをして父親である釈尊を困らせたという。⑩阿難は釈尊の従弟に当る。容姿端麗であったため、いくつかの女難の話が残っている。釈尊入滅後、迦葉によって、第一結集が開かれんとしたとき参加を望むが、未だ阿羅漢果を得ていないことと、一、釈尊が養母摩訶波闍波提《まかはじゃはだい》の出家を許さなかったのに、阿難が請うて許されたため、女性の出家により正法五百年を衰滅せしめた。二、釈尊が入滅されるときに水を給仕しなかった。三、釈尊は長い間この世に留まることができたのに、釈尊にそれを請わなかった。四、釈尊の衣をたたむとき、足でそれを踏んだ。五、釈尊入滅後、釈尊の陰馬蔵《おんめぞう》を女性に見せた、という五罪によって許可されなかった。このため阿難は大衆の前に懺悔し、禅定に入って深く反省した。そして夜半、寝ようとして頭が枕につかんとしたとき初めて悟りが開け、結集に参加して経蔵を誦する役目についたという。『法華経』では、序品の会座に迦葉・舎利弗・目連・迦旃延・阿那律・富楼那・須菩提・阿難・羅睺羅らが列し、方便品で舎利弗が二乗の作仏が説かれていく上で重要な役割を演じている。そして、譬喩品では舎利弗に華光如来、授記品で四大声聞の迦葉に光明如来、須菩提に名相《みょうそう》如来、迦旃延に閻浮那提《えんぶなだい》金光《こんこう》如来、目連に多摩羅跋栴檀香《たまらばっせんだんこう》如来、五百弟子受記品で富楼那に法明《ほうみょう》如来、阿那律に普明《ふみょう》如来、授学無学人記品で阿難に山海慧自在通王《せんかいえじざいつうおう》如来、羅睺羅に蹈七宝華《とうしっぽうけ》如来の記莂が与えられている。（関戸）
→阿那律・阿難・優波離・迦葉・迦旃延・舎利弗・須菩提・富楼那・目連・羅睺羅

十二因縁

○じゅうにいんねん

人間の実存としての苦悩がいかに生起するかを分析した釈尊の覚りの内容。十二の項目によって説明され、十二支縁起ともいう。「縁起」とは「縁《よ》って起こる」という意味で、十二支とは無明《むみょう》・行《ぎょう》・識・名色《みょうしき》・六処（入）・触《そく》・受・愛・取《しゅ》・有《う》・生・老死をいう。無明とは無知のこと、行とは心の作用、識とは識別作用、名識とは認識対象の名称と形態、六入は眼《げん》・耳《に》・鼻・舌・身・意の六根のこと、触は対象との接触をいい、受は感受すること、愛は渇愛すること、取は執着すること、有は生きること、生は生まれること、そして老死は老いて死ぬことである。仏教の根本思想として四諦八正道があるが、四諦は苦についての真理であり、八正道は四諦中の道諦についての内実、つまり苦を克服するための正道を示している。では、苦とは何か、どのように起生するのか。釈尊が到達した答えが十二因縁であった。この十二支を「縁って起こる」方向で説明すると、無知であるがゆえに心が動き（行）、識別をし（識）、ものが実体化し（名色）、身体の感覚器官によって知覚され（六処）、身体と接触し（触）、感受し（受）、やがて渇愛するようになり（愛）、執着し（取）、そうしながら生きる自分がいる（有）。生きるという苦しみは生まれ、老い、やがて死んでいくという流れの中にある（生老死）。この「無明によって行あり、行によって識あり」と観ずる観法を順観といい、「無明滅すれば行滅す。行滅すれば識滅す」と観ずる観法を逆観という。さらに、十二因縁説に三世という時間を組み込む解釈もあり、無明と行を過去世の因、識から受までを現在世における果、愛から有までを現在世の因、生と老死を未来世の果と見る因縁説を「三世両重の因果」という。『法華経』序品では、過去仏である日月燈明仏が昔、『法華経』を説く前に声聞に四諦を、縁覚に十二因縁を、菩薩に六波羅蜜を説いたことが記され、常不軽菩薩品でも過去仏である威音王仏の教化として同様の説が見える。また、化城喩品には順観と逆観双方の十二因縁説が見られる。（三輪）

→《法華三部経とは（常不軽菩薩品）》

十如是

○じゅうにょぜ

あらゆる存在（諸法）のありのままのすがた（実相）に十の範疇があり、これらのことが緊密に連関しあってはたらいていること。それらの十のはたらきを十如是という。『法華経』方便品に「ただ仏と仏とのみいまし能《よ》く諸法の実相を究尽《くじん》したまえり。いわゆる諸法の如是相・如是性《しょう》・如是体・如是力・如是作《さ》・如是因・如是縁・如是果・如是報・如是本《ほん》末究竟等《まつくきょうとう》なり」とあるのに基づく。十如是とは①如是相（外面にあらわれたすがた）②如是性（内的な本体・本性）③如是体（相や性を統一する主体）④如是力（体がそなえている潜在的能力）⑤如是作（力が現れて動作となったもの）⑥如是因（果を招く直接原因）⑦如是縁（因を補助する条件）⑧如是果（因と縁から生じた結果）⑨如是報（因果に報われた後世の果報）⑩如是本末究竟等（相から報までが一貫しており、おもむくところは実相にほかならないこと）。人やものには必ず、姿かたちや性質・能力があって、いろいろな動作やはたらきをする。はたらきの結果には、それを生じる要因があり、これらのすべての要素がお互いに関連しあって成り立っていることを明らかにする。十如是の典拠は鳩摩《くま》羅什《らじゅう》訳の『妙法蓮華経』であるが、梵本には十如是に相当するものはみられない。鳩摩羅什が『大智度論』を参照し補って訳したと考えられている。鳩摩羅什に師事し『法華経疏』を著述している道生《どうしょう》（三五五～四三四）は、本と末を分けて「十一事縁」とする。最初に「十如」をまとめたのは南岳慧思《なんがくえし》（五一五～五七七）であるとされ、天台智顗《ちぎ》は十如是をもとにして十界互具《じっかいごぐ》・百界千如《ひゃっかいせんにょ》・一念三千の法数を立て、これを終窮究竟《じゅうぐうくきょう》の極説《ごくせつ》（究極の教説）とした（『摩訶止観』巻五、第七正修止観章）。また『法華玄義』巻二には十如是の三転読文《さんてんどくもん》（三種の読み方）を「是相如《ぜそうにょ》（即空）如是相（即仮）相如是（即中）……」と示す。十如是のはたらきは、空の思想（空《くう》諦《たい》）に立脚しているが、にもかかわらず現実存在のありのままに（仮諦《けたい》）認識しようとして、さらにそれらを集約して中道の認識（中諦《ちゅうたい》）としてみるという立場からである。これは空諦・仮諦・中諦の三諦が互いに相即し連関しあっているという円融三諦《えんゆうさんだい》の考えに基づく。三諦（三つの真理）とは、あらゆる存在は実体のない「空」であるが、実体はないが縁起による「仮」の存在とみなし、空・仮のいずれにもかたよらず、高い次元において統合した真理であり言語や思慮を超越したものを「中」とする。そして、その三諦が互いに個別としてではなく、別なく融けあっていることを三諦円融という。（関戸）

↓一念三千・諸法実相・智顗

十羅刹女

○じゅうらせつにょ

十体の羅刹女。羅刹とは悪鬼・鬼神のことで、インドの神話・伝承などでは凶暴な食人鬼女と表現されることが多い。しかし『法華経』においては陀羅尼品に説示される法華行者擁護の諸天善神の一として鬼子母神とともに釈尊の前に進み出で、陀羅尼をもってそれを誓願（五番神呪）する善神として描かれている。しかしながらその誓願は「もし法華の行者を苦悩させる者がいたならば、またその修行をさまたげようとする者がいたならば、その者の頭は阿《あ》梨《り》樹《じゅ》の枝のように七分に割れてしまうであろう」というものであり、これより荒々しい鬼神としての一面を感じさせる。十羅刹女それぞれは一に藍婆《らんば》、二に毘《び》藍婆、三に曲歯《こくし》、四に華歯《けし》、五に黒歯、六に多髪、七に無厭足《むえんぞく》、八に持瓔珞《じようらく》、九に皐諦《こうたい》、十に奪一《だついっ》切衆生精気《さいしゅじょうしょうけ》とそれぞれに名があり、その形像も一様ではないが個別の持物がある。また『法華経』陀羅尼品において、唯一個別名称にて説示されるのが九番目の皐諦であり、これより十羅刹女の上首は皐諦であるとされている。また鬼子母神が十羅刹女の母であるとする説もある。十羅刹女の詳細について説かれる経典は『法華経』以外にあまりなく、またその儀軌も『法華経』中に説かれる弥勒・普賢に代表される他の諸大菩薩らのように多くはない。これより十羅刹女信仰は法華信仰とともにあるといっても過言ではない。

（木村）

→五番神呪・陀羅尼・《法華三部経（陀羅尼品）》

十六王子　○じゅうろくおうじ

『法華経』化城喩品に説かれる十六人の王子で、第一番目は智積《ちしゃく》（智慧の鉱脈を有する）という。大《だい》通智勝仏《つうちしょうぶつ》は三千塵点劫《さんぜんじんてんごう》の昔に王位を捨てて出家し、やがて仏陀となったが、この如来に十六人の王子がいたとされる。この十六人の王子は、大通智勝仏が悟りを開いたと聞いて、さっそくそのもとに行き小乗教の四諦・十二因縁の教えを聞いて出家の志をいだいた。十六王子は大通智勝仏のもとで他の弟子たちと修行し、やがて機が熟したことを知った大通智勝仏は『法華経』を説く。そして十六王子（菩薩沙弥）はこれを信受して、大通智勝仏が八万四千劫の間禅定に入っているときに人々のために『法華経』を覆講《ふくこう》（父の大通智勝仏が説いた『法華経』を繰り返し説くこと）した。十六王子は、それぞれの世界を救う誓願を立て成仏しそれぞれ仏の名を得るが、第十六番目の王子が釈迦牟尼仏として娑婆世界に応現した。東方に阿閦仏《あしゅくぶつ》・須彌頂仏《しゅみちょう》（歓喜国）、東南方に師子音仏《ししおん》・師子相《そう》仏、南方に虚空住《こくうじゅう》仏・常滅《じょうめつ》仏、西南方に帝相《たいそう》仏・梵相《ぼんそう》仏、西方に阿弥陀《あみだ》仏・度一切《どいっさい》世間苦悩《せけんくのう》仏、西北方に多摩羅跋栴檀香神通《たまらばつせんだんこうじんづう》仏・須弥《しゅみ》相《そう》仏、北方に雲自在《うんじざい》仏・雲自在王仏、東北方に壊《え》一切《いっさい》世間怖畏《せけんふい》仏、第一六番目の王子が娑婆国土の釈迦牟尼仏である。（関戸）

→三千塵点劫・大通智勝仏

授記　○じゅき

もともとは、ある教説を分析し、あるいは問答体を用いて解説することなど、種々な意味に使用されている。大乗経典では「授記作仏」すなわち「未来成仏の予言」という意味に限定されるようになり、「釈尊による死後の再生についての記説」と、生者に対する「釈尊による証果の記説」「自己による証果の記説」との意味で用いられている。主として将来の成仏の証言の意味として用いられ、過去世における釈尊の燃燈仏からの授記、弥勒菩薩の釈尊からの授記、法蔵比丘（後の阿弥陀仏）の世自在王仏からの授記などがよく知られている。釈尊の在世や、滅後も人々に釈尊の記憶が強く残っていたときは、釈尊による証果の記説を得る必要はなく、同じように人間として生れて修行した結果、完全円満な人格を完成した釈尊を目前にして、誰もが修行をして仏となる可能性を疑うものはなかった。そして、自己の実践する法を釈尊によって保証される必要もなかった。しかし、時代を経過するにつれ、釈尊を我々とは異なる偉大な能力を持った人格と考えるようになると、我々が仏となる可能性はそれだけ薄らぐ。そのため偉大な人格である釈尊によって、自己の実践する法の保証、証果の記説を得るという形式が生じたと考えられている。『法華経』では二乗が作仏するという根拠を、この授記という形式をかりて表現していることが重要である。『法華経』の授記はおおむね次のようになる。「上根の授記」〈譬喩品第三〉舎利弗（華光如来）。「中根の授記」〈授記品第六〉摩訶迦葉《かしょう》（光明如来）、須菩提《しゅぼだい》（名相《みょうそう》如来）、摩訶迦旃延《かせんねん》（閻浮那提金光《えんぶなだいこんこう》如来）、摩訶目犍連（多《た》摩羅跋栴檀香《まらばっせんだんこう》如来）。「下根の授記」〈授記品第六〉威徳具足せる五百人のもろもろの弟子、〈五百弟子受記品第八〉富楼那《ふるな》（法明如来）・憍陳如《きょうじんにょ》（五比丘の一人）を初めとする千二百の阿羅漢（優楼頻螺《うるびんら》迦葉・伽耶《がや》迦葉・那提《なだい》迦葉・迦留陀夷《かるだい》・優陀夷《うだい》・阿㝹《あぬ》楼駄《るだ》・離婆多《りはた》・劫賓那《こうひんな》・薄拘羅《はくら》・周陀《しゅだ》・莎伽陀《しゃかた》などの五百人の阿羅漢）（普明如来）、〈授学無学人記品第九〉阿難（山海慧《せんかいえ》自在通王如来）・羅睺羅（蹈《とう》七宝華《しっぽうけ》如来）・学無学の二千の声聞（宝相如来）、〈法師品第十〉薬王菩薩と八万の大士、〈提婆達多品第十二〉提婆達多（天王《てんのう》如来）・龍女、〈勧持品第十三〉摩訶波闍波提《まかはじゃはだい》比丘尼と学無学の六千の比丘尼（一切衆生喜見《きけん》如来）・耶輸陀羅《やしゅだら》比丘尼（具足千万光相如来）。

（関戸）

宿王華菩薩 ○しゅくおうけぼさつ

『法華経』薬王菩薩本事品にみえる菩薩。星宿王によって開華された神通を有する者という意。薬王菩薩本事品では、宿王華菩薩が釈尊に薬王菩薩の過去の由来について質問し、それについて釈尊から、薬王菩薩が過去世において一切衆生喜見菩薩として、日月浄明徳仏に『法華経』を聞いた恩を報ずるために、臂を焼いて供養した因縁（焼身供養）が説かれている。

（関戸）

出世の本懐 ○しゅっせのほんがい

諸仏がこの世に出現する大目的。『法華経』方便品では、諸仏の出世の本懐が、開示悟入《かいじごにゅう》仏知見《ぶっちけん》（四仏知見）にあることが説かれる。日蓮は、『法華経』の教えをこの世に弘め伝えることこそが釈尊出世の本懐であるとみなす。（高森）

↓一大事因縁・開示悟入・四仏知見・《法華三部経とは（方便品）》

地涌の菩薩

○じゆのぼさつ

『法華経』従地涌出品において大地より涌き出で、仏滅後の『法華経』弘通を誓った菩薩たちのこと。釈尊の滅後末法弘通の召命に応じて大地より涌出したところから「地涌の菩薩」「地涌の大士」「地涌千界の大菩薩」という。『法華文句』における下《げ》方《ほう》（娑婆世界の下方の空中に住する本化の菩薩）・他《た》方《ほう》（娑婆世界以外の十方世界から来集した観世音菩薩ほか）・旧住《くじゅう》（娑婆世界に旧くから住する文殊師利菩薩ほか）の三種菩薩のうちでは「下方の菩薩」にあたる。また、従地涌出品に「我は久遠よりこのかた、これらの衆を教化せしなり」と説かれているように、本仏たる釈尊によって久遠の過去世に教化された本仏の所化（本弟子・本眷属《ほんけんぞく》）であるところから、「本化の菩薩」とも呼ばれ、爾前・迹門の教主によって教化された「迹化の菩薩」に対する。地涌の菩薩のうち、上行菩薩・無辺行菩薩・浄行菩薩・安立行菩薩を、本化の四菩薩・四導師と呼ぶ。経文には「是の菩薩衆の中に四導師あり。一を上行と名づけ、二を無辺行と名づけ、三を浄行と名づけ、四を安立行と名づく。是の四菩薩、其の衆中に於て最も上首唱導の師なり」とみえ、本化四菩薩は、地涌の菩薩の中において最も上首の唱導の師であるとする。従地涌出品では、迹化他方来の菩薩が滅後の『法華経』弘通を請願したところ、仏は「止みね善男子、汝等が此の経を護持せんことを須《もち》いじ」と拒絶し、『法華経』弘通の特別な弟子があることを「我が娑婆世界に自ら六万恒河沙等の菩薩摩訶薩あり。一々の菩薩に六万恒河沙の眷属あり。是の諸人等、能く我が滅後において、護持し読誦し広く此の経を説かん。仏是れを説きたもう時、娑婆世界の三千大千の国土、地皆震裂して、其の中より無量千万億の菩薩摩訶薩有りて同時に涌出せり」と説く。この地涌の菩薩の出現によって、次章の如来寿量品において、釈尊は自らの久遠を開顕し、『法華経』本門の大法が説かれる。そして、釈尊は、如来神力品で上行等の四菩薩を上首とする地涌の菩薩に「妙法蓮華経」を付嘱し、末法の弘通を命じた。すなわち、「要を以て之を言わば」と『法華経』の秘要の玄旨《しよう》(玄義)を四句の要法に結び、「如来の一切の所有の法、如来の一切の自在の神力、如来の一切の秘要の蔵、如来の一切の甚深《じんじん》の事《じ》、みな此の経において宣示顕説す」とみえる。法華一経の玄旨を、「如来一切所有之法」「如来一切自在神力」「如来一切秘要之蔵」「如来一切甚深之事」の四句に要約して、「皆於此経宣示顕説」と結ぶので、この四句を結要四句《けっちようしく》・四句要法とも呼ぶ。また、釈尊は、多宝塔の中に坐して、この四句の要法をもって本化の菩薩に特別に『法華経』の滅後弘経を勧奨・付嘱したので、この付嘱の儀式を結要付嘱・結要勧持・別付嘱・塔中《たつちゆう》付嘱などともいう。『法華文句』(『正蔵』三四巻一四二頁a)では、この付嘱の儀式について、称歎付嘱・結要付嘱・勧奨付嘱・釈付嘱の四義が釈される。さらに同書(『正蔵』三四巻一四二頁a)では、法・力・蔵・事の四句を、それぞれ五重玄義中の名・用・体・宗に配当する。また、「皆於此経宣示顕説」の文は、教の最勝を意味するので教玄義の依文といえる。地涌の菩薩、なかでも本化の四菩薩は、法華説法の中でも最も重要な場面に登場し、重大な役割を担う菩薩である。日蓮はこの地涌の菩薩の出現、ならびに結要付嘱を重要視して、迫害の体験を通して如来使としての自覚を深め、上行菩薩の再誕たる意識を持って弘経に努めていく。（高森）

↓四菩薩・《法華三部経とは（従地涌出品）》

須菩提

○しゅぼだい

釈尊の十大弟子の一人。サンスクリット語ではSubhūti（スブーティ）。古代北インド、コーサラ国の都の舎衛城《しゃえいじょう》（シュラーバスティー）に住む商人であった。釈尊がしばしば滞在した祇園精舎《ぎおんしょうじゃ》は、この都の大商人の須達《しゅだつ》（スダッタ・給孤独長者《ぎっこどくちょうじゃ》）が祇《ぎ》陀《だ》太子の樹林を黄金を敷き詰めて買い取って寄進したもの。須菩提は須達の弟スマナの子であり、祇園精舎が完成したのを記念した釈尊の説法を聞いて出家した。空の理解が深かったので解空《げくう》第一といわれ、般若系経典では釈尊の中心的な対告衆《たいごうしゅ》（説法の相手）として登場する。また、布教活動において非難・中傷・迫害を受けても決して争わないのを主義とし、つねに円満柔和を心がけたので無諍《むじょう》第一ともいわれる。『法華経』信解品第四では、中根の四大声聞の須菩提《しゅぼだい》・摩訶迦旃延《かせんねん》・摩訶迦葉・摩訶目犍連《もっけんれん》の四大声聞たちが、釈尊の説法を聞いて真実の教えを領解し、「長者窮子の喩《ちょうじゃぐうじ》」によってその領解を申し述べた。そして、授記品第六に至って迦葉に記莂が与えられたのをまのあたりに見た目連・須菩提・迦旃延は三人そろって我らにも記莂を与えたまえと願い、目連に続いて「是の須菩提は当来世《とうらいせ》に於て、三百万億那由佗《なゆた》の仏を奉覲《ぶごん》して、供養・恭敬《くぎょう》・尊《そん》重《じゅう》・讃歎《さんだん》し常に梵行《ぼんぎょう》を修し、菩薩の道《どう》を具して最後《さいご》身《しん》に於て仏になることを得ん、号《な》を名相《みょうそう》如来・応《おう》供《ぐ》・正遍知《しょうへんち》・明行足《みょうぎょうそく》・善逝《ぜんぜい》・世《せ》間解《けんげ》・無上士《むじょうじ》・調御《じょうご》丈夫《じょうぶ》・天人師《てんにんし》・仏・世尊といわん。劫を有《う》宝《ほう》と名け、国を宝生《ほうしょう》と名けん」と須菩提、さらに迦旃延へと順次記莂が与えられていく。

（関戸）

→迦葉・十大弟子・声聞

須弥山

○しゅみせん

須弥（Sumeru）の音写で、妙高山と訳す。古代印度の世界観（宇宙観）では、世界は地下から風輪・水輪・金輪が重なってできており、金輪の上には九山（鉄囲山《てっちせん》・七金山《しちこんせん》・須弥山《しゅみせん》）・八海（大海・七香海）・四洲（南閻浮提《なんえんぶだい》・東弗婆提《とうほつばだい》・西瞿耶尼《さいくやに》・北鬱単越《ほくうつたんのつ》）があり、その中央にそびえ立つのが標高八万由旬の須弥山であるという。六道（地獄・餓鬼・畜生・修羅・人間・天上）の衆生は須弥山の側面・周囲・上方・地中に住するといわれる。（高森）

→閻浮提・六難九易

章安　○しょうあん

中国天台宗第五祖の章安《しょうあん》大師灌頂《かんじょう》（五六一―六三二）のこと。天台《てんだい》大師智顗《ちぎ》（五三八―五九七）の門人にして、智顗講述の天台三大部（『妙法蓮華経文《もん》句《ぐ》（法華文句）』『妙法蓮華経玄義《げんぎ》（法華玄義）』『摩《ま》訶止観《かしかん》』）などを筆録した人物。灌頂はよく智顗の遺教を領持し、大小部帙百余巻を集記して後世に伝えた。主著に『大般涅槃経玄義』『大般涅槃経疏』『観心論疏』『天台八教大意』『国清百録《こんせいひゃくろく》』などがある。（高森）

→智顗・天台三大部

上行菩薩　○じょうぎょうぼさつ

『法華経』従地涌出品において、仏の招請に応じて大地から涌き出でた地涌の菩薩の上首である上行・無辺行・浄行・安立行の四大菩薩の筆頭。如来神力品では上行菩薩を代表とする地涌の菩薩が、滅後末法の濁世に『法華経』を弘めるようにとの仏勅を受ける。これを嘱累品の総付属に対して、別付属（結要付属）という。地涌の菩薩は、釈尊が久遠の昔に成道して最初に教化した所化の菩薩なので、本化の菩薩と称される。日蓮はみずから上行菩薩の再誕と自覚して『法華経』の布教活動を行った。そして、その自覚のもと末法の人々と社会を救おうという信念に基づき、たび重なる法難を乗り越え『法華経』の弘通にその生涯を捧げた。『法華取要抄』には「かくのごとく国土乱れて後、上行等の聖人出現し、本門の三つの法門これを建立し、一四天四海一同に妙法蓮華経の広宣流布《こうせんるふ》疑いなきものか」とあり、末世に上行菩薩が出現して、その使命である『法華経』の布教を実践して、真実の教えが弘まるだろうと述べている。（関戸）

→地涌の菩薩・法華経の行者

浄行菩薩

○じょうぎょうぼさつ

『法華経』従地涌出品において、仏の召命に応じて大地から涌き出た地涌の菩薩の上首である上行・無辺行・浄行・安立行の四菩薩の一。如来神力品において四菩薩を首導とする地涌の菩薩は滅後末世の『法華経』の布教を託されている（結要付属）。智顗の『法華文句』九に四菩薩を開示悟入の四十位にあてて解釈しているが、それによると浄行菩薩は「悟の十回向」、悟仏知見の菩提、事理融妙する「教一」を現わすとされる。浄行とは、清浄な行い、戒を守り、欲を離れること、梵行。そのことから、浄行菩薩は煩悩の汚れを浄める菩薩として信仰されている。身体健全を祈念し、身代り菩薩として患っているところを洗う人が多くある。（関戸）

→地涌の菩薩

浄華宿王智仏

○じょうけしゅくおうちぶつ

蓮華の花弁のようにけがれのない星宿王によって開かれた神通を有するという仏。『法華経』妙音菩薩品にみえる。妙音菩薩品は、釈尊が眉間の白毫相《びゃくごうそう》から光を放って、東方の浄光荘厳国《じょうこうしょうごんこく》の浄華宿王智如来の説法の場と、そこにいた多くの菩薩たちのなかの、妙音菩薩の姿を照らし出したことからはじまる。妙音菩薩は娑婆世界の釈尊のもとで供養をしたいと申し出て、それを浄華宿王智如来が許可する。深い智慧を完成し法華三昧などの不思議な力を得ていた妙音菩薩は、八万四千の菩薩たちと娑婆世界の霊鷲山に来至して、釈尊のもとで多宝如来や文殊師利菩薩に出会って、『法華経』を聴聞する。妙音菩薩はかつて一万二千年にわたって雲雷音王仏《うんらいおんのうぶつ》に仕えた功徳によって、浄華宿王智仏の国に生まれて神通力を具え、さまざまな身をあらわして衆生のために法を説いてきたという。そこで、妙音菩薩は現一切色身《げんいっさいしきしん》三昧《ざんまい》（すべての身体を現出する三昧）の力によって三十四の変化身《へんげしん》を現して、娑婆世界および十方世界の衆生に『法華経』を説いて救護《くご》することが明らかにされる。やがて、妙音菩薩と八万四千の菩薩は本土に帰り、浄華宿王智如来にこれらのできごとを報告した。（関戸）

浄眼 ○じょうげん

『法華経』妙荘厳王本事品に登場する二王子（浄蔵・浄眼）の一人。遠い昔、雲雷音宿王華智仏の時代に妙荘厳王と夫人の浄徳、そして浄蔵と浄眼の二人の息子がいた。妙荘厳王は婆羅門の教えに帰依していたが、浄蔵と浄眼が示した不思議な神通力を見た上に、仏には容易に出会うことができないと知った。そこで、息子たちの導きにしたがって雲雷音宿王華智仏のもとへおもむき、『法華経』を聴聞し未来成仏の記莂が与えられたという。妙荘厳王は今の華徳菩薩、浄徳夫人は光照荘厳相菩薩、浄蔵と浄眼は薬王菩薩と薬上菩薩の前生の姿である。（関戸）

長行 ○じょうごう

gadya。仏教経典の文体。韻文の偈頌《げじゅ》に対して散文の部分をいう。字句に制限がなく、行数が長いことから「長行」と呼ばれる。吉蔵によれば経・論は長行のみで構成されるもの、偈頌のみで構成されるもの、長行と偈頌の混合文で構成されるものの三種に分類されるという。

↓偈頌

（木村）

生死即涅槃《しょうじそくねはん》

人間が持つ生死という苦しみが、相反する覚りである涅槃と一体不二であることをいう。縁起思想に基づく空観によって説明される。龍樹は『中論』観涅槃品で涅槃は有である生老死でもなく、かといって無でもないとし、そのようなことからさまざまな因縁によって生死という人間存在に迷っているのであるから、因縁を離れることで涅槃に到達すると述べている。天台大師智顗は『法華玄義』で煩悩と菩提、生死と涅槃を相対的に見る見方を迷いとし、仏の円満なる覚りは煩悩即菩提・生死即涅槃と見ることだと説く。

（三輪）

↓煩悩即菩提

正宗分《しょうしゅうぶん》

↓序分・正宗分・流通分

常精進菩薩《じょうしょうじんぼさつ》

常にたゆまず努力する者の意。『法華経』序品に文殊師利や観世音などの菩薩たちと一緒に会座にある。これは、法師功徳品で釈尊の対告として登場する常精進菩薩と同一であると考えられる。この菩薩は実在するのではなく、その行徳から名を得て創作された菩薩と思われる。法師功徳品では、常精進菩薩に『法華経』を受持・読・誦・解説・書写する五種法師を成就して得る功徳について説き、五種法師の修行を実践する者は六根清浄を得るという。

（関戸）

↓《法華三部経とは（法師功徳品）》

焼身供養

○しょうしんくよう

修行・報恩のために、自分の身体を火で焼いて、仏に供養すること。薬王菩薩本事品では、薬王菩薩の過去世における苦行の功徳をあげて、修行者の『法華経』実践を勧奨する。すなわち、薬王菩薩が過去世に一切衆生喜見菩薩として、日月浄明徳仏に『法華経』を聞いた恩に報ずるため、みずからの臂を焼いて供養した因縁を述べて、『法華経』受持の功徳を説く。一切衆生喜見菩薩は、神通力によって日月浄明徳仏を供養したが、それでも身をもって供養するにはとうてい及ばないと述べ、栴檀（香木）・薫陸《くんろく》（芳香ある樹脂）・兜楼婆《とるば》（香草をまぜあわせたもの）・畢力迦《ひつりきが》（丁子《ちょうじ》の木など）・沈水（比重が重く水に沈む香木）・膠香《きょうこう》（ねばりけのある香）などの香を服し、瞻蔔《せんぼく》（モクレン科の芳香のある花）などの華の香油を飲み、それを身に塗って、日月浄明徳仏の前で天の宝衣をまとい、みずからの身を焼いて、その光明であまねく八十億恒河沙の世界を照らしたという。（関戸）

→日月燈明仏・薬王菩薩

浄蔵

○じょうぞう

子が親を導く物語が説かれている『法華経』妙荘厳王本事品には、妙荘厳王の二王子の浄蔵と浄眼が登場する。遠い昔、雲雷音宿王華智仏の時代に妙荘厳王と夫人の浄徳、そして浄蔵と浄眼の二人の息子がいた。浄蔵と浄眼は婆羅門の教えに帰依している妙荘厳王を導くために、母に一緒に雲雷音宿王華智仏が『法華経』を説くのを聴聞しに行くことを申し出ると、母は父王を同行させようと考えた。そこで、二人の息子は虚空にのぼり、身から火や水を出したり、大身や小身を示したり、地にもぐったり、水の上を歩くなどの不思議な神通の力をあらわした。さらに、仏から教えを受ける機会が容易に得られるものではないことを、三千年に一度だけ咲くという優《う》曇鉢羅華《どんばらげ》に出会うことや、一眼の亀が浮木の孔に遭遇すること（大海に漂泊する木片の穴に頭を入れることは極めて難しい）にたとえる。不思議な光景を見て感激した妙荘厳王は、雲雷音宿王華智仏のもとへおもむき、そこで『法華経』を聴聞し未来成仏の記莂が与えられたという。妙荘厳王は実は今の華徳菩薩、浄徳夫人は光照荘厳相菩薩、浄蔵と浄眼は薬王菩薩と薬上菩薩の前生の姿であることが明らかにされる。（関戸）

正徹　○しょうてつ

室町前期の歌人僧（一三八一—一四五九）。備中国（岡山県）の人。幼い頃上洛して、今川了俊（南北朝時代の武将で歌学者）に師事、十五歳ころから月次歌会に参加して、冷泉為尹《ためまさ》や為邦《ためくに》らと交わる。定家に傾倒した夢幻的で独特な歌風は、当時の主流とは趣を異にしており、『新続古今集』にも入集しなかった一方で、崇拝者も多くあった。一万一千余首を収めた家集の『草根集《そうこんしゅう》』、『源氏物語』の注釈書『一滴集』などがある。歌論書の『正徹物語』二巻は、成立について文安五年（一四四八）と宝徳二年（一四五〇）の両説があるが、正徹の歌論を知るための重要な書で、定家崇拝を宣言していることで知られている。譬喩品の「三車火宅喩」について「ありと見し門を出でては小車の三つは一つに乗ると知らずや」と詠んでいる。（関戸）

聖徳太子　○しょうとくたいし

生歿は、敏達天皇三年（五七四）—推古天皇三〇年（六二二）と伝えられる。用明《ようめい》天皇の第二皇子で、厩戸皇子《うまやどのおうじ》・上宮《じょうぐう》太子とも呼ぶ。その伝記は時代が下るに従って神格化され、史実と区別することが困難である。政治上の業績は、まず推古天皇の摂政となって国政を皇室の手に回復しようとし、次いで冠位十二階を定めて世襲的氏姓政治から官僚制度への転換を計り、推古天皇一二年（六〇四）、憲法十七条を定めて中央集権国家建設の綱領を示した。また、遣隋使を派遣して隋朝との国交を開き、学僧や学生《がくしょう》を送って大陸文化の摂取に努めた。用明天皇二年（五八七）、用明天皇が崩御すると、穴穂部《あなほべ》皇子を擁立せんとする廃仏派の物部守屋と、炊屋姫尊《かしきやひめ》を擁立せんとする崇仏派の蘇我氏が対立するが、穴穂部皇子・宅部《やかべ》皇子・物部守屋らは蘇我馬子・厩戸皇子らによって誅殺されている。太子の文化的業績としては、推古天皇元年（五九三）に四天王寺を灘波玉《たま》造《つくり》より現在地に移し、用明天皇の遺命を受けて同一五年に斑鳩寺《いかるがでら》（法隆寺）と薬師如来像を完成した。また翌二年（五九四）には三宝興隆の詔を発令するなど、仏教興隆に尽力した。また、『勝鬘経義疏』『維摩経義疏』『法華経義疏』のいわゆる「三経義疏《さんぎょうぎしょ》」を著したことで知られるが、同書を太子撰述とすることには異説もある。なかでも『法華経義疏』四巻は、光宅寺法雲の『法華義記』に基づく注釈として注目される。古代末期から中世にかけて末法思想が流行すると、聖徳太子信仰が高まり、浄土教では特に崇敬し、親鸞は「和讃」を作って鑽仰している。日蓮の聖徳太子観としては、太子を観音菩薩の化身あるいは南岳慧思《なんがくえし》の再来とし、排仏派の物部守屋を倒して仏教興隆の礎を作った仏教伝持者として位置づける。また、小野妹子を隋朝に派遣して先生《せんしょう》所持の『法華経』を取り寄せて持経《じきょう》とし、法華・維摩・勝鬘の三部経を鎮護国家の法と定め、釈尊を本尊としたことなどを挙げて、『法華経』弘通史上の業績を評価する。そして「聖徳太子の未来記」として、太子滅後の二百年に山城の国に平安京が設立されることの予言をあげるが、実際に桓武天皇が伝教大師最澄を重用し天台法華宗が外護されている。さらに、太子が『梵網経』を書写し、外題に手の皮を剥いで押したとする故事を引き、不惜身命《ふしゃくしんみょう》の先例とする。

↓《日本仏教と『法華経』》　（高森）

浄徳夫人《じょうとくぶにん》

『法華経』妙荘厳王本事品に登場する妙荘厳王の夫人。遠い昔、雲雷音宿王華智仏の時代に妙荘厳王と夫人の浄徳、そして浄蔵と浄眼の二人の息子がいた。二王子は婆羅門の教えに帰依していた妙荘厳王のために、母と一緒に雲雷音宿王華智仏の『法華経』の説法を聴聞しに行くことを申し出た。そこで、不思議な力によって姿を変えれば父王も同行するだろうという母の考えにしたがい、二人の息子は不思議な神通の力をあらわした。その光景に感激した妙荘厳王は雲雷音宿王華智仏のもとへおもむいたのである。二王子は、父に菩提心を発させ導いたので、母に出家を願い出て、母はこれを許すのであった。妙荘厳王は実は今の華徳菩薩、浄徳夫人は光照荘厳相菩薩、浄蔵と浄眼は薬王菩薩と薬上菩薩の前生の姿であると本事が示される。　（関戸）

↓浄眼・浄蔵・妙荘厳王

常不軽菩薩《じょうふきょうぼさつ》

↓不軽菩薩

正法眼蔵《しょうぼうげんぞう》

日本曹洞宗の開祖である道元（一二〇〇―一二五三）の主著である。「正法眼蔵」とは禅仏教で真の仏法を指すことば。本書には六〇巻本、八四巻本、八三巻本、二八巻本、九五巻本等があるが、現在では七五巻本と一二巻本の通巻八七巻を道元禅師の意志を反映する編集としている。七五巻本は、現成公案・摩迦般若波羅蜜・仏性・身心学道・即心是仏・行仏威儀・一顆明珠・心不可得・古仏心・大悟・坐禅儀・坐禅箴・海印三昧・空華・光明・行持上／下・恁麼・観音・古鏡・有時・授記・全機・都機・画餅・渓声山色・仏向上事・夢中説夢・礼拝得髄・山水経・看経・諸悪莫作・伝衣・道得・仏教・神通・阿羅漢・春秋・葛藤・嗣書・柏樹子・三界唯心・説心説性・諸法実相・仏道・密語・無情説法・仏経・法性・陀羅尼・洗面・面授・仏祖・梅華・洗浄・十方・見仏・遍参・眼睛・家常・三十七品菩提分法・龍吟・祖師西来意・発菩提心・優曇華・如来全身・三昧王三昧・転法輪・大修行・自証三昧・虚空・鉢盂・安居・他心通・王索仙陀婆・出家で構成され、一二巻本は、出家功徳・受戒・袈裟功徳・発菩提心・供養諸仏・帰依仏法僧・深信因果・三時業・四馬・四禅比丘・一百八法明門・八大人覚となっている。道元が他の経典に比べて『法華経』に依拠していたことは、本書の至る巻で二八品中、授記品・随喜功徳品・法師功徳品・常不軽菩薩品・妙音菩薩品・陀羅尼品を除く大半の経文を引用していることから、また、ここに入らない道元真撰の他の巻に「法華転法華」「唯仏与仏」という巻があることからも理解できる。具体的には一二巻本の第六・帰依仏法僧では『法華経』如来寿量品の「是諸罪衆生、以悪業因縁、過阿僧祇劫、不聞三宝名」の経文を引用したのち、「法華経は諸仏如来一大事の因縁なり。大師釈尊所説の諸経のなかには、法華経これ大王なり、大師なり。余経・余法は、みなこれ法華経の臣民なり、眷属なり。法華経の中の所説、これまことなり。余経中の所説、みな方便を帯せり、ほとけの本意にあらず。余経中の説をきたして、法華経に比校したてまつらん、これ逆なるべし。法華の功徳力をかうぶらざれば、余経あるべからず。余経は、みな法華に帰投したてまつらんことをまつなり」と説いている。（三輪）

→《禅宗と『法華経』》

正法華経

○しょうほけきょう

『法華経』の漢訳には六種類あったとされる。『正法華経』は現存する三訳で最古のものといわれ、竺法護（二三九～三一六）によって翻訳された。成立は西晋太康七年（二八六）で十巻二七品からなる。各品の名称と順序は、光瑞品第一・善権品第二・応時品第三・信楽品第四・薬草品第五・授声聞決品第六・往古品第七・授五百弟子決品第八・授阿難羅云決品第九・薬王如来品第十・七宝塔品第十一・勧説品第十二・安行品第十三・菩薩従地涌出品第十四・如来現寿品第十五・御福事品第十六・勧助品第十七・歎法師品第十八・常被軽慢品第十九・如来神足品第二十・薬王菩薩品第二十一・妙吼菩薩品第二十二・光世音普門品第二十三・総持品第二十四・浄復浄王品第二十五・楽普賢品第二十六・嘱累品第二十七となっている。鳩摩羅什訳の『妙法蓮華経』との違いは、まず、『妙法蓮華経』を鳩摩羅什が翻訳した当時には提婆達多品がなかったとされるが、『正法華経』には提婆達多品がすでにあって七宝塔品の後半部分に一つになっているか、あるいは「梵志品」として独立して編入されているか、ということが挙げられる。次いで『正法華経』の薬草品には『妙法蓮華経』薬草喩品に見られない後半部分があること、また、羅什訳『妙法蓮華経』になかった観世音菩薩普門品の観音偈が『正法華経』にもないこと、そして、『正法華経』は嘱累品で終わっていることなどがあげられる。『正法華経』の薬王如来品は『妙法蓮華経』の法師品に相当するが、その内容は異なり、久遠劫の昔に、薬王如来のもとで転輪聖王宝蓋と太子善蓋が帰仏したことが述べられ、その太子が釈迦仏の前生であるという本生譚となっている。授五百弟子決品にも異なる経説が見られ、貧者が海中に入り如意宝を求める譬喩が説かれている。しかし翻訳の相異によって『法華経』の中心思想が大きな変更を受けることはないと考えられている。

『正法華経』はインドの大乗仏典として始めて中国に伝えられたものであり、それによって『法華経』の研究が盛んとなった。また、光世音菩薩普門品は観音信仰が普及することのよい契機となった。（三輪）

→竺法護

声聞　○しょうもん

サンスクリット語（śrāvaka）の訳語。声を聞くもの、教えを聴聞する者の意。門弟や弟子の意でも用いられ、縁覚・菩薩とともに三乗の一つ。縁覚・菩薩に対しては、仏の教説によって四諦（苦・集・滅・道）を悟り、阿羅漢になることを究極の目的としている。自己の悟りだけを得ることに専念し、利他の行を欠くので、大乗仏教の立場からは小乗の徒とされる。『法華経』授記品では、迦葉・須菩提・迦旃延・目連の四大菩薩に記莂が与えられている。（関戸）

→一乗・迦葉・迦旃延・三乗・須菩提・目連

諸経の王　○しょきょうのおう

『法華経』法師品第十に「若し是の深経の声聞の法を決了して、是れ諸経の王なるを聞き、聞き已つて諦《あきら》かに思惟せんに」（もしこの深い義趣の経が声聞の教えを解決し明らかにしていることから、諸経の王であるということを聞き、聞いた後によく考えるならば）とみえる。薬王菩薩本事品にも「一切の川流《せんる》・江河《ごうが》の諸水の中に、海為《こ》れ第一なるが如く（中略）此の法華経も亦復《またまた》是《かく》の如し。諸経の中に於いて、最も為れ其の上なり」「仏は為れ諸法の王なるが如く此の経も亦復是の如し。諸経の中の王なり」等と「十喩」をあげてこの経があらゆる経々の中で最第一であることを説いている。法師品には「我が所説の経典、無量千万億にして、已に説き、今説き、当に説かん。而も其の中に於いて、此の法華経、最も為《こ》れ難信難解なり」とある。〈已《い》〉すでに説いたところの爾前の諸経・〈今《こん》〉説いたところの『無量義経』（開経）・〈当《とう》〉まさに説こうとしているところの『涅槃経』などの一切の経典と比較して、『法華経』は最も信じがたく理解しがたい教えであるという。伝教大師最澄は『法華秀句』に「当に知るべし、已説の四時の経・今説の無量義経・当説の涅槃経は易信易解なり、随他意《ずいたい》の故に。此の法華経は最も為れ難信難解なり、随自意《ずいじい》の故に」と述べ、諸経典は信じやすく理解しやすいが、それは随他意（方便の教え）だからであり、『法華経』は釈尊の本意に随って説かれた随自意（真実の教え）であり、釈尊の出世の本懐であるとみる。日蓮も同様な立場から、末法の凡夫を救うのは最高の経典である『法華経』であると考えた。また、『開目抄』『観心本尊抄』では、『密厳経』『大雲経』『六波羅蜜経』『解深密経』『大般若経』『大日経』『華厳経』『涅槃経』にも、それぞれ最も勝れた経典と主張する記述を列記して、諸経典の比較の対象はまちまちであるが、法師品の已今当・難信難解、および宝塔品の六難九易の経文によって『法華経』が諸経に勝れていることは明白であるとする。なお、法然は、末代の凡夫は愚者（機根が劣る）なので難信難解の教え（『法華経』）を与えられても役に立たないと考え、難行ではなく、易行の念仏による極楽往生の思想を提唱した。（関戸）

初随喜　○しょずいき

『法華経』の一句・一偈を聞いて一念でも随喜・歓喜の心を起こすこと（聞法随喜・聞法歓喜）をいう。四信五品《ししんごほん》のうち五品（随喜品《ずいきほん》・読誦品・説法品・兼行六度品《けんぎょうろくどほん》・正行六度品《しょうぎょうろくどほん》）の第一で、随喜品・初随喜品ともよぶ。『法華経』分別功徳品に仏滅後に『法華経』を修行する段階として五品が説かれ、続く随喜功徳品において五品の第一である初随喜品の功徳の大なること（初随喜五十展転《しょずいきごじゅうてんでん》の功徳）が明かされる。

→四信五品

（高森）

序分・正宗分・流通分

○じょぶん・しょうしゅうぶん・るつうぶん

三分科・三分科経とも。一部の経典をその内容から三段に分け、はじめにその経を説くに至った由来や因縁・問いなどを述べる部分を序分。次にその経の中心・中核をなす説示が述べられる部分を正宗分。最後にその経を未来に弘通させる方法や行者擁護などが説示される部分を流通分という。この分科は多くの経典に適用されるが、短い経典には正宗分のみで他の二分がないものも存在する。『法華経』はその意味を理解するうえで全体を三段に分ける。その序分は序品が配当され、教説の導入が示されるとされる。正宗分は方便品より分別功徳品前半までで、教説の根本が示される。流通分は分別功徳品後半より普賢菩薩勧発品で教説の広布が説き示されるとされる。この俯瞰《ふかん》的《てき》な分段を「一経三段」という。また『法華経』を迹門と本門に分段する場合には迹門・本門それぞれに序分・正宗分・流通分をたてる。これを「二門六段」といい、迹門の序分に序品、正宗分に方便品から授学無学人記品、流通分に法師品から安楽行品までをそれぞれ配当。『法華経』迹門における教説の功徳・弘通法を三段にて説示する。また本門は、序分に従地涌出品前半を配当し、ここに釈尊の久遠実成が説かれる前段階が説示されるとされる。そして正宗分は従地涌出品後半より分別功徳品前半までとし、久遠実成の釈尊が人々を救済する教説を示す。流通分は分別功徳品後半より普賢菩薩勧発品までとし、本門における教説の功徳と法華行者擁護の諸天善神の誓願などを示す。この序分・正宗分・流通分の三分科により釈尊の説法の場所（会座）や聴衆（対告衆）、またさらに釈尊の様子など『法華経』の説示全般について理解することができる。さらには、末世の人々であっても等しく救済されることを明かし、無始無終で久遠永遠なる釈尊が娑婆世界における絶対的な存在であることを示し、釈尊の広大無辺の功徳は未来永劫にわたって流布するのだという必然性を論証することができる。

（木村）

諸法実相

○しょほうじっそう

この世のすべての物質と現象（森羅万象）の真の姿・ありのままのすがた、一切諸法の真実の在り方。諸法とは世間・出世間の一切諸法で、差別《しゃべつ》の現象、縁に随って生じる事象をいい、実相とはその真実の体相（すがた）で、平等の実在、不変の真理をいう。それぞれに、ありとあらゆる事象を示す一切の現象は、仏の世界から見れば平等の実相であるとみなすのが、諸法実相論である。

『法華経』迹門の中心的教義は、これまで釈尊が声聞・縁覚・菩薩の三乗に各別に説いてきた悟りの境界を方便の教え（権教）であるとして開き、一仏乗（一乗・大乗）という真実の教え（実教）を顕したところから、開三顕一・開権顕実とも呼ばれる。このようにして「仏なるものの空間的普遍性（悉皆成仏・二乗作仏・悉有仏性）」が説かれ、これにより所化（仏に教化される側）の一切衆生の救済が全うする。

諸法実相論は、この『法華経』迹門の主要命題で、方便品に「仏の成就したまへる所は、第一希有《だいいちけう》難解の法なり。唯《ただ》仏と仏とのみ乃《いま》し能《よ》く諸法の実相を究《く》尽《じん》したまへり。所謂《いわゆる》諸法の如是相・如是性・如是体・如是力・如是作・如是因・如是縁・如是果・如是報・如是本末究竟等なり」と説かれ、仏の悟りの世界は二乗の人々の信解することのできないところであり、その実相の世界は十如（十如是）を具足するという。そして、この実相の世界は仏知見（真実を明らかに見る仏の知見）によってのみその真実相が照らし出されるのであって、一切の絶対的平等の世界であり、三乗（声聞・縁覚・菩薩）の差別はなく、すべて一仏乗という世界に開会《かいえ》され、一切がみな成仏すると説かれる。ここに二乗作仏論が展開される。

天台大師智顗は三諦円融の実相観に立って止観修行による悟りの世界を志向し、一念三千の観法を説いた。これに対して、日蓮は、仏の悟りの境界を全一的に受けとめ、一念三千即妙法五字と信解することによって、南無妙法蓮華経を受持するところに末代凡夫の成仏はあるとした。（高森）

→開示悟入・十如是・二乗作仏・仏知見・《法華三部経とは（方便品）》

真空妙有 ○しんくうみょうう

仏教では縁起思想に基づき「空」を説くが、空とは無ということではなく、有ということでもないということを示したことば。真空にしてしかも妙有、真空即妙有の意味。『般若心経』の「色即是空、空即是色」という双方からの見方こそ、真空妙有である。覚りはすべて実相に基づくとする中国宋代の禅僧、永明延寿（九〇四―九七五）が記した『万善同帰集』には「空有相成とは、且つ夫れ一切の万法は本と定相なく、互に成じ互に壊し、相摂し相資く、空は有に因りて立つ、縁生の故に性空、有は空を仮りて成ず、無性の故に縁起なり、義に因りて別を顕わし、見に随て差を成ず、之れに迷う時は則ち万状同じからず、之れを悟る時は則ち三乗亦異なり。何となれば、且つ如有の一法、小乗は是れ実色と見る、初教は観じて幻有となし、終教は則ち色空無閡、空は自性を守らず、随縁して諸有を成ずるを以ての故に、頓教は一切の色法、真性にあらずと云うことなしと見る。円教は是れ無尽法界と見る。若し是くの如く融通すれば即ち、真空妙有を成じ、有能く万徳を顕わし、空能く一切を成ず」と、『華厳経探玄記』巻一に示される小乗教・大乗始教・大乗終教・頓教・円教の分類の基づき説かれている。すなわち、すべての存在は本来定まった相がなく、相互作用をもちながら、縁起によって存在しており、したがって、無性であることを空と有で示すが、小乗仏教では実態があると見て、大乗始教では幻と見ている。しかして、大乗終教では有と空は閉じることなく開かれ、頓教はすべての存在に実体がないということではないといい、円教はこの世界をあるがまま真理の世界と見る。こうした有と空が融通するところに真の空思想である真空妙有を体得すると説く。『万善同帰集』には真空妙有とは『法華経』の開三帰一と同じように常に相対しながら共存するものとしている。『法華経』は真空妙有を説く経典とされるが、それは、現実を踏まえた上で、空の精神をもって具体的現実に立ち向かう生き方を示しているからだと言えよう。（三輪）

神通力　○じんづうりき

神通・神力・通力とも。（一）超人的で自由自在な活動能力。外道・仙人が禅定を修するなどして獲得する五通（天眼通・神足通・天耳通・他心通・宿命通）。（二）仏・菩薩の具有する六神通（五通に漏《ろ》尽通《じんづう》を加えたもの）。（三）神変不可思議な仏・菩薩の自在の力。『法華経』如来寿量品では、釈尊が神通力をもって衆生教化することが説かれ、如来神力品では『法華経』付属のために仏が十種の神通力を発現している。

↓十神力・《法華三部経とは（見宝塔品）》（高森）

随喜　○ずいき

anumodanā。教説を聞き、心に大きな歓喜を感じること。もしくは他人の成した善事に対し随順し心底から歓喜を生ずることをいう。『法華経』では随喜功徳品などにおいてこの経を聞くことにより随喜することの功徳、また『法華経』を受持し、伝えることの功徳は広大無辺であると説く。（木村）

→四信五品

垂迹　○すいじゃく

迹を垂《た》れること。仏・菩薩が衆生を化導・済度するために種々のすがたに身を示し、足迹を垂れることをいう。垂迹身はまた応化《おうけ》身《しん》・分身《ふんじん》ともいう。本地垂迹説に基づく。本地とは、本体の意味で、仏・菩薩の真実身、根本身を指す。この思想のよりどころとなったものは、『法華経』の本迹二門、ことに如来寿量品の久遠実成の釈尊を絶対仏とする六或示《ろくわくじ》現《げん》の法門、および『大日経』の本地加持説などにあるといわれる。仏教が日本に伝来すると、日本古来の神祇と仏教の諸仏・諸菩薩との習合が行われ、仏・菩薩を本地と見なし、天神地祇を垂迹として両者の不二一体が説かれるようになった。奈良時代にはこの神仏習合思想の萌芽が見られ、平安時代末期には、ほとんどの神社・神宮の本地身が定められていたようである。鎌倉末期より室町期にかけて神道の教義が形成されるに及び、神本仏迹という反本地垂迹説が唱えられるようになった。これらの神仏習合は明治の神仏分離に至るまで続くことになる。なお、『法華経』では、爾前迹門の教主釈尊は、本門の教主釈尊の垂迹身として開会される。『法華経』本門の開会は、近成の仏（近く三十歳で成道を果たした釈尊の垂迹身、伽耶始成の釈尊）を開いて、遠成の仏（遠く久遠の過去世に成道を遂げた釈尊の本地身、久遠実成の釈尊）が顕されたところから、開近顕遠・開迹顕本とも呼ばれる。また、日蓮教学においては、十方三世一切の諸仏、阿弥陀如来・大日如来など顕教・密教の教主、ならびに日本の神祇は、みな久遠実成の釈尊の垂迹身であるとみなす。

（高森）

→久遠実成・《法華三部経とは（如来寿量品）》

瑞相

○ずいそう

pūrva-nimitta。良きことが起こる前兆の意。大地が震動したり、光を放ったりするなど、仏の説法の前兆として起こる現象、また大事な法門が説かれる前に、人々の心をひきつけるために顕される奇瑞をいう。『法華経』序品で釈尊は、文殊菩薩・観世音菩薩・弥勒菩薩などの一会の大衆である四衆にかこまれている。すでに『無量義経』を説き、この経を説き終って無量義処三昧という無念無想の瞑想に入っていた。そのとき天上から曼陀羅華・摩訶曼陀羅華・曼殊沙華・摩訶曼殊沙華という天の花々が仏および諸の大衆の上に散じ、仏国土全体が上下四方に六種に震動した。大衆は体験したこともないことに驚嘆し一心に釈尊を仰ぎ見る。そして釈尊の眉間にある白毫から光が放たれ、一万八千の仏国の上は有頂天から、下は無間地獄までが照らされ、これによりその各世界が明らかとなった。それぞれの仏国土では、六道の衆生、諸仏、諸仏が説かれた教え、比丘・比丘尼・優婆塞・優婆夷の四衆達の修行し、悟りを開いている様子、菩薩達の様子、諸仏のうち般涅槃された仏、般涅槃のあとに、仏舎利を供養して七宝の塔が建てられたことなどが、すべてを見られた。これらの奇瑞を見た弥勒菩薩は大衆を代表して「何が起こるのか」と過去世より諸仏に従い仕えてきた文殊菩薩に問うたところ、文殊菩薩は、遠い過去世において日月灯明仏がこれと同様の奇瑞を起こし真実の教説『法華経』を説いたことを話し、釈尊がこれより『法華経』を説かれる前触れであることに間違いないと教えた。これを聞いた大衆はこれらの瑞相を歓喜しさらに釈尊に対し合掌礼拝したという。（木村）

→此土六瑞・他土六瑞

誓願安楽行

○せいがんあんらくぎょう

『法華経』安楽行品第十四に説く四安楽行の一つ。四安楽行とは、初心の修行者が菩薩道を実践していくための四種の方法のことで、身安楽行・口安楽行・意安楽行・誓願安楽行を指す。誓願安楽行とは、大いなる慈悲の心で衆生を救うという誓願を立てること、無上の菩提を得たなら神通智慧力によって、衆生を悟りの境界へ導きいれようと誓願をおこすこと。

（関戸）

→四安楽行

施餓鬼

○せがき

餓鬼とは、三悪趣（三悪道）、四悪趣、三途、五道、六道、十界（十法界）の一で、常に飢餓に苦しむことから名づける。住処は地下五百由旬の閻魔王界であるという。名義・住処については『大毘婆沙論』（『正蔵』二七巻八六七頁a）に説かれる。施餓鬼とは、これら餓鬼道の衆生に種々の飲食《おんじき》を施す法《ほう》会《え》のこと。施食・冥陽会・施餓鬼神食などともいう。その起源については、『涅槃経』所説の曠野鬼の因縁、『鼻奈耶律』所説の訶梨帝母の因縁、『救抜焔口餓鬼陀羅尼経（焔口経）』所説の焔口餓鬼と阿難の因縁などの諸説があるが、このうち阿難が餓鬼道に堕ちた焔口餓鬼のために飲食を供養した因縁譚が有名である。殊に、中国宋代の天台僧遵式《じゅんしき》が、『焔口経』に依ってつくった「施食法」は、日蓮宗の施餓鬼法の底本で、深草元政は、これを改訂し、優陀那院日輝が、さらに手を加えたものが、毘尼薩台厳編『法華礼誦要文集』所載の「施餓鬼法会儀」である。なお、釈尊十大弟子のひとり目連が餓鬼道に堕在した母青提女《しょうだいにょ》の苦を救った『盂蘭盆経』の故事としばしば混同されるが、盂蘭盆と施餓鬼とは本来別のものである。なお施餓鬼の五色幡の「如以甘露灑　除熱得清涼　如従飢国来　忽遇大王膳」は『法華経』

授記品第六の経文。
↓目連
（高森）

栴檀　○せんだん

candana（チャンダナ）の音写で、旃弾那、真檀とも書かれる。白檀科の常緑樹でインドや東南アジアに広く分布している。材質は堅く、香りがよいため、仏像彫刻の素材や香としても用いられる。香の場合、粉末状にして薫香や塗香として使われる。『法華経』では随所に栴檀香の供養があげられ、また仏の名にも用いられており、授記品では大目犍連が釈尊から記莂を与えられ「多摩羅跋栴檀香如来」となると説かれている。

（三輪）

善知識　○ぜんちしき

サンスクリット語でkalyāṇa-mitraといい、善き友、真の友人、善き師という意味である。仏教の正しい教えを説き、覚りへと導く者をいい、「善友」とも翻訳される。提婆達多品では、本来悪人として成仏することができないとされていた提婆達多が、過去世において釈尊の善知識であり、国王であった釈尊は、阿私仙人であった提婆達多にしたがって千年の修行をし、その結果『法華経』を聞いて成仏したという因縁譚を説き、未来に天王如来となることが約束される。

（三輪）


↓悪人成仏・阿私仙人・阿闍世王・提婆達多・《法華三部経とは（提婆達多品）》

選択本願念仏集　○せんちゃくほんがんねんぶつしゅう

『選択集』と略称する。浄土宗の開祖である法然房源空（一一三三―一二一二）の主著書である。題名は「阿弥陀仏が選択された本願念仏の要文集」という意味で、その要文は全十六章に分けられている。

それぞれの題を示すと「道綽禅師、聖道・浄土の二門を立てて、しかも聖道を捨てて正しく浄土に帰するの文」「善導和尚、正雑二行を立てて、雑行を捨てて正行に帰するの文」「弥陀如来、余行をもって往生の本願としたまわずただ念仏をもって往生の本願としたまえるの文」「三輩念仏往生の文」「念仏利益の文」「末法万年の後に、余行悉く滅し、特に念仏を留むるの文」「弥陀の光明、余行の者を照らさず、唯念仏の行者を摂取するの文」「念仏の行者、必ず三心を具足すべきの文」「念仏の行者、四修の法を行用すべきの文」「弥陀化仏の来迎、聞経の善を讃歎せず、唯念仏の行を讃歎したもうの文」「雑善に約対して念仏を讃歎するの文」「釈尊定散の諸行を付属せず、唯念仏を以て阿難に付属したまうの文」「念仏をもって多善根となし、雑善をもって少善根となすの文」「六方恒沙の諸仏、余行を証誠したまわず、唯念仏を証誠したまうの文」「六万の諸仏、念仏の行者を護りたまうの文」「釈迦如来、弥陀の名号を以て慇懃に舎利弗等に付属したまうの文」である。その内容は、仏教を聖道門と浄土門に分け、真言・禅・天台・華厳・三論・法相・地論・摂論の大乗八宗や、倶舎・成実・律の小乗各宗について その依って立つ経典に触れ、教えが難解で修行が困難な聖道門では末法の今の時代には覚りを開くことは叶わず、仏を信じ、その力をたのむだけで救済される易行の往生浄土門こそがふさわしい教えであるとする。易行の浄土門の修行を往生浄土を目的とする正行と、目的の異なる経典の読誦や礼拝、讃歎供養などの雑行とに分け、さらに正行の中でも称名念仏こそが、阿弥陀仏が他の修行から選択して往生の本願とした正定業だと説く。こうして称名念仏の超勝性が説かれ、最後に釈尊も弥陀の名号を舎利弗に付属したことを明らかにして、浄土門が生死を離れる正行であるとして結んでいる。法然は機根の劣った末法の凡夫には、『法華経』は内容が高度にすぎ、その機根に相応しないという立場を取る。

→《鎌倉新仏教と『法華経』》

（三輪）

善男子　○ぜんなんし

kula-putra。良家の子、もしくはすぐれた家系の若者をいい、「善男」とも表現される。仏教諸経典では信心深い男性に用いることが多いが、『法華経』では善女人と共に、この経を受持する人を指し、また対告衆の菩薩などに対する呼びかけの語として使用される。なお善女人は仏教に帰依した女性のこと。

（木村）

善女人　○ぜんにょにん

→善男子

扇面法華経　○せんめんほけきょう

扇面に『法華経』の説法会座、もしくは『法華経』に示される説話や『法華経』経文などを記したもの。装飾経の一。四天王寺伝来の扇面法華経（扇面古写経、国宝）がよく知られる。

（木村）

→装飾経・法華曼荼羅

前霊山会　○ぜんりょうぜんえ

→霊山会

総持　○そうじ

→陀羅尼

増上慢 ○ぞうじょうまん

adhimāna。自らを他と比較し、他を軽蔑する心の働きである「慢」の一種。未だ悟ってはいないにもかかわらず悟ったと思い、また未だ得てはいないにもかかわらず得たと思い、おごり高ぶることをさす。七慢・八慢の一つとされる。一般的には自らおごり高ぶることの意として用いられる。『法華経』において増上慢はさまざまに説示されており、方便品では釈尊が『法華経』を説こうとした時に退席した（五千起去）五千人の人々を「罪根深重にして及び増上慢にして、未だ得ざるを得たりと謂《おも》い、未だ証せざるを証せりと謂えり」として増上慢とした。また法師品には釈尊滅後の弘通を「而も此の経は如来の現在にすら猶ほ怨嫉多し、況んや滅度の後をや」と誡められており、安楽行品にも「一切世間怨《あだ》多くして信じ難し」と説示され、『法華経』受持が困難であることを誡めている。さらに勧持品においては『法華経』の修行者に対して怨をなす三種類の人々を三類の強敵《ごうてき》、三類の敵人と称して三種類の増上慢としている。三類とは一に俗衆増上慢、二に道門増上慢、三に僭聖増上慢のことであり、俗衆増上慢とは在家の男・女が法華経を弘める師に対して悪口や罵詈し、刀や杖で打とうとする人達のことをさす。また道門増上慢とは出家・沙門の仏道修行を志している者が比丘でありながら邪智にたけ、心が曲がっていることから、これらの人々が法華経弘通者に対し、俗衆をあおり危害を加えようとしたり、軽蔑したりする人達をさす。僭聖増上慢とは、名誉欲や自惚れの強い出家者をさし、世間の人々からは、さながら生き仏のように尊敬・恭敬されており、あたかも聖者のような態度をしてみせる僭越な者で、法華経弘通者に対し国政に携わっている権力者をあおり迫害を加えさせ誹謗したりする人達のことをさす。（木村）

→三類の強敵・《法華三部経とは（勧持品）》

装飾経
○そうしょくぎょう

料紙《りょうし》その他に強い装飾性をもつ写経。日本では奈良時代の遺品（正倉院の『梵網経』など）が最古。平安時代のものとしては厳島神社の平家納経はじめ久能寺経、扇面法華経冊子、中尊寺経などが知られる。料紙の装飾が主で、巻子本《かんず》の場合は表紙や見返しに金銀泥《こんごんでい》や切箔《きりはく》を用いたり、華麗な彩色で文様や経絵《きょうえ》（経典の内容を絵画化した説相図《せっそう》・変相図《へんそう》あるいは説話画など）を描いたのが普通で、経文の部分や裏面に装飾を施したものも多い。（高森）

→扇面法華経・平家納経・法華曼荼羅

草木成仏
○そうもくじょうぶつ

無心・非情（感情のないこと）の草木・国土も、有情（心のはたらきを持っているもの）と同じく発心（悟りを得ようとする心を起こすこと）・修行し成仏することを表す。非情成仏のこと。三論宗吉蔵《きちぞう》（五四九―六二三）の『大乗玄論』、華厳宗法蔵《ほうぞう》（六四三―七一二）の『華厳経探玄記』、真言宗空海《くうかい》（七七四―八三五）の『吽字義』など、大乗諸宗は、多く草木成仏論を立てる。天台宗では天台大師智顗《ちぎ》（五三八―五九七）に草木成仏の原理があり、妙楽大師湛然《たんねん》（七一一―七八二）がこれを草木成仏論として発展させた。智顗は仏性《ぶっしょう》を、正因《しょういん》仏性（理）・了因《りょういん》仏性（智）・縁因《えんいん》仏性（行）の三種に分ち、この三因仏性《さんいんぶっしょう》は円融相即するから、正因仏性である真如理が万有に遍満するからには、三因仏性みな万有（宇宙に存在するすべてのもの）に具有されると説いたこと（『金光明経玄義』『法華玄義』）、一念三千を立てて国土世間にも三千を具するという見解を述べるとき、草木国土にも心あり、因果を具える義が発生することなどがその原理である。湛然は智顗のこの説をうけ、さらに一色一香無非中道（一つまみの香をとってみても、中道という真実にかなわないものはない）と依正不二（衆生とそのよりどころとなる国土が二つに見えて実は一つであること）とを論拠として、非情有仏性を論じて『金剛錍論《こんごうべいろん》』を著した。日蓮教学においては、草木国土の成仏は、木絵（木画《もくえ》）二像を本尊とすることや立正安国思想の根拠となる重要法門でもある。 （高森）

→三草二木喩・法華七喩

尊円親王《そんえんしんのう》 ○

伏見天皇の第六皇子（一二九八―一三五六）。出家して天台座主、四天王寺別当となる。平安中期の能書家の藤原行成（小野道風、藤原佐理とともに三蹟の一人）の末流をくむ世尊寺行房・行尹兄弟に教えを受けて独自の書風を完成した。その書風は青蓮院流として一つの大きな書流となり、江戸時代には御家流と呼ばれて、幕府の公文書や手本として広く流布した。著書の『入木抄』は後光厳天皇のために撰進したもので、尊円の書道観が示されている。慈円の歌集を撰集した『拾玉集』は、『新古今集』に数多く入集している慈円研究の根本資料となっている。方便品の「開示悟入」に関して「はるはただ花をぞおもふ二つなく三つなきものは心なりけり」と詠んでいる。 （関戸）

た

大楽説菩薩 ○だいぎょうせつぼさつ

『法華経』見宝塔品で説法の対告者となっている菩薩。偉大な弁舌の才のある菩薩という意味。「楽説」とは、こころよく法を説くことで、四無礙智の一つ（『倶舎論』）。四無礙智とは、菩薩や仏が実現する四種の自由自在な理解力・表現力などの智慧のこと。教法について自在な「法無礙」、教えの内容の理解について自在な「義無礙」、言葉の表現力について自在な「辞無礙（詞無礙）」、この三種の無礙智によって、衆生に明らかに教えを説くことが自在なことを「楽説無礙（弁無礙）」とする。「楽」には「願う」という意があり、「楽説」とは、相手のために説くことを願う、あるいは相手の願いを知って説くなどの種々の語義がある（『法華義疏』）。宝塔品では、宝塔の出現をまのあたりに見て驚いた一切世間の天の神々や人々、阿修羅たち聴衆を代表して、釈尊に宝塔出現と宝塔から聞こえてきた讃嘆の音声のいわれについて大楽説菩薩が質問している。また、見宝塔品で釈尊が仏滅後の弘経者を三度にわたって募ったのに対して、勧持品では薬王菩薩と大楽説菩薩が二万人の菩薩たちとともに『法華経』の受持と弘通を誓っている。（関戸）

帝釈天 ○たいしゃくてん

梵語でインドラ（Indra）といい、因陀羅と音写。釈提桓因・帝釈天王・帝釈・釈天・能天帝・天帝ともいう。須弥《しゅみ》山《せん》の忉利《とうり》天宮《てんぐう》に住し、三十三天の主として四天王天を統領する。梵天《ぼんてん》とともに仏法を守護する神とされる。また、定期的に眷属を派遣するなどして人間界を巡歴し、父母に孝順であるか、師長を尊敬するか、貧しい人に施しをするかどうか、衆生の善悪の事を監察するという。『法華経』では方便品の梵天勧請《かんじょう》にその名がみえ、提婆品では五障の第二として「女人は帝釈天にはなれない」とされ、妙音菩薩品・観世音菩薩普問品では三十四身・三十三身の一つとして「帝釈身」が挙げられる。（高森）

→五障

代受苦

○だいじゅく

他者の苦しみを代わって受けること。他者の苦を自己の苦として受けとめる仏・菩薩の慈悲行のひとつ。『涅槃経』に「一切衆生の異《い》の苦を受くるは、悉くこれ如来一人《いちにん》の苦なり」と説かれる。日蓮は、『諫暁八幡抄』にこの『涅槃経』の文を引用し、「日蓮云く、一切衆生の同一の苦は悉くこれ日蓮一人の苦と申すべし」と述べている。一切衆生が謗法によって堕獄する苦しみを自己の苦悩として受けとめ、日本国の謗法を糺さんとする不惜身命の『法華経』弘通に専心した日蓮の慈悲行は、釈迦の使命を蒙った末法の導師としての自覚に根ざすものである。また、浄土に生まれるべき者が、あえて罪業を造って悪世に生まれ、苦しみの衆生に寄り添って衆生済度を願うことを願兼於業《がんけんおごう》（菩薩が願って世に生まれて、人々を救うこと。『法華文句記』）というが、日蓮は『開目抄』に、「願兼於業と申して、つくりたくなき罪なれども、父母等の地獄に堕て大苦をうくるを見て、かたのごとく其の業を造て、願って地獄に堕て、苦に同じ、苦に代わるを悦びとするがごとし」と述べている。代受苦は衆生救済に身命をかける菩薩の行である。『法華経』に身命を捧げることは日本国の一切衆生の盲目をひらき、無間地獄の道をふさぐこと（『報恩抄』）にほかならない。そこに父母の救済はもとより、一切衆生の救済が実現する。このような『法華経』の救いを自己に問うところに日蓮の三大誓願（我れ日本の柱とならむ。我日本の眼目とならむ。我れ日本の大船とならむ）があり、そのこ

とが日蓮にとって真実に恩に報いることとの意味でもあった。（高森）

大智度論

○だいちどろん

原名はMahāprajñāpāramitopadeśa。『摩訶般若釈論』『大智釈論』『大智論』『大論』『智度論』『釈論』などとも。一〇〇巻。龍樹（Nāgārjna）著とされる。弘始七年（四〇五）に鳩摩羅什によって翻訳された。『摩訶般若波羅蜜多経』の註釈書。現存するものは漢本のみで、梵本・西蔵本などは確認されていない。古来、龍樹の真撰として尊重されてきたが、それには種々の問題が指摘されている。本論に付けられた鳩摩羅什門下の僧叡著『大智釈論序』や作者不明とされる『後記』などによれば、鳩摩羅什は翻訳にあたり、『摩訶般若経』の初品を解釈した部分のみはそのままに翻訳し三十四巻としたが、第二品以下九〇品までは中国人の好みに応ずるように略釈をし六十六巻に収め、全体で一〇〇巻としたという。またもしそのまま訳せば一〇〇〇余巻になったであろうとし、従って厳密には漢訳本はそのまま龍樹の著作そのものとはいえず、また全体にわたって多くは鳩摩羅什の解釈が含まれているとみられている。内容は『摩訶般若経』の経文の解釈の上に、関連する仏教用語解説や教理解釈、一般的な歴史や地理、広くは言語、風俗、さらには外教の教理など広範囲にわたる記述がなされ、百科辞典的な内容をもつ註釈書である。また龍樹は本論で、伝統的な諸経論及び『法華経』などの初期大乗仏教経典を多数引用、さらに肯定的に解釈をなし、当時統一的に理解されていなかった大乗仏教経典所説の教理や実践を組織的に統合・解釈し、大乗仏教教学確立への基礎を作った。従って後世の大乗仏教の諸説は、その淵源を『大智度論』を中心とした龍樹の諸論書に求め、彼を「八宗の祖師」として仰ぐこととなった。さらにインドでは『大乗起信論』の真如説、及び浄土教などの思想形成にも影響を与えたとされ、中国においては本書に続いて翻訳された『妙法蓮華経』の訳文が影響を受けたという。さらに慧文、慧思、智顗の思想に大きな影響を与えて、天台宗成立への根拠ともなったとされ、その後に展開した仏教は直接的・間接的に本書の影響を受けないものはないとされる。（木村）

大通智勝仏　○だいつうちしょうぶつ

『法華経』化城喩品に登場する。偉大な通慧によって勝れた仏という意。釈尊が久遠の過去の因縁譚として説いた仏。大通智勝仏は三千塵点劫の昔に王位を捨てて出家し、やがて仏陀となったが、この如来に十六人の王子がいた。十六王子も出家して大通智勝仏の説く『法華経』を聞いて信受し、悟りを得たという。そして、それぞれの世界を救う誓願を立て、それぞれの国土で法を説くとされる。東方の阿閦仏、西方の阿弥陀仏などに続いて、第十六番目が娑婆世界の釈迦牟尼仏である。（関戸）

→三千塵点劫・十六王子

提婆達多　○だいばだった

Devadatta の音写で、「調婆達多」とも書き、提婆・達多・調達と略される。「天から授かったもの」という意味から「天授」とも。提婆達多は斛飯王《こくぼんのう》の子で阿難の兄、釈尊の従弟にあたるとされ、釈尊とは幼なじみである。この三人の才は抜きん出て優れていたが、提婆達多は三人の中で三番目であった。少年時代から提婆達多は釈尊に競争心を抱いており、耶輸陀羅妃との結婚を競ったと伝える経典もある。釈尊にしたがって出家し、十二年間の修行をするが、神通力を得ようとして釈尊に諫められ、十力を持つ迦葉にしたがってその力を得ることとなった。提婆達多は得た神通力を使って阿闍世を帰伏させ、布施をさせるようになる。やがて、自ら教団を率いようとして釈尊と対立し、教団を去る。その際に五〇〇あまりの僧を連れ出し、破和合僧の罪過を犯した。その後、阿闍世の外護を受けて教団を維持していくなかで、多くの罪を犯していく。阿闍世をそそのかして、父王・頻婆沙羅王《びんばしゃらおう》を幽閉させて王位を継がせたこと、岩を落として釈尊の足にけがを負わせたこと、狂象を放って釈尊を襲ったこと、自分の爪に毒を塗って釈尊の足を傷つけようとしたことなどである。しかし、最後の悪業のときに、釈尊の足が硬かったために自らの手を痛め、毒によって命を落としたという。提婆達多の悪業について仏典には諸説あるが、提婆達多は五逆・三逆を犯した悪人として知られている。その提婆達多に釈尊が授記するのが『法華経』である。提婆達多品第十二では、釈尊と提婆達多の前生譚が説かれる。昔、ある国王が仏教の悟りの境地を求め、阿私仙人と出会う。国王は阿私仙人に従って薪や果物を採り、水を汲むなどの給仕をし、ついに『法華経』を聴くことを得る。その国王が今の釈尊であり、阿私仙人が今の提婆達多であることが明かされ、釈尊は提婆達多を善知識として、未来世に天王如来に成るという記莂をあたえる。

（三輪）

↓悪人成仏・阿私仙人・阿闍世王・五逆罪・《法華三部経とは（提婆達多品）》

大曼荼羅

○だいまんだら

「曼荼羅」は、梵語maṇḍalaの音写で、曼陀羅・漫荼羅とも。道場・壇・輪円具足・聚集の意。大曼荼羅は、日蓮が独自に考案し、携行に便なるよう主に紙本《しほん》（一部、絹本《けんぽん》あり）であることが最大の特徴とされる。日蓮の真蹟遺文中には「大曼荼羅」の語は見えないようであるが、『新尼御前御返事』ならびに大曼荼羅中に「大漫荼羅」「大曼陀羅」などの用語がみえる。

大曼荼羅の相貌を『観心本尊抄』『報恩抄』等の記述に照らしてみると、本門の本尊（久遠実成の本師釈迦牟尼仏）を勧請し、『法華経』の霊鷲山虚空会の説会を図顕したものと考えられる。南無妙法蓮華経の七字を多宝塔にみたてて、二仏並坐《にぶつびょうざ》の釈迦・多宝、ならびに本化四菩薩を配し、その周囲に『法華経』の説会に来集した諸仏諸尊を配している。古来より、「本門の本尊」には法本尊《ほうほんぞん》と仏本尊《ぶつほんぞん》とがあると解釈され、ひとまず大曼荼羅は法本尊に分類されている。日蓮は『報恩抄』において三大秘法を説明する際に、本門の本尊は「教主釈尊を本尊とすべし」と明言しているので、大曼荼羅は本門の教主である久遠の釈迦牟尼仏を勧請したと考えられる点にも着目すべきである。

現在、日蓮染筆の大曼荼羅は、一二〇余幅が確認されているが、『白蓮弟子分与申御筆《びゃくれんでしぶんにあたえもうすおんふで》御本尊目録事《ごほんぞんのもくろくのこと》（本尊分与帳）』などに筆録される未確認の大曼荼羅を含めると、さらに多くの大曼荼羅（計一八三幅か）が図顕されたと推察できる。

現存する最大の大曼荼羅は、弘安元年（一二七七）染筆の静岡県光長寺蔵本（立正安国会本尊番号五七）で、縦二三四・九㎝、横一二四・九㎝からなる全二八紙継ぎの大曼荼羅である。一方、最小のものは文永年間染筆の新潟県妙法寺蔵本（本尊番号一〇）で、縦二七・〇㎝、横一四・二㎝の一紙大のものである。多くの大曼荼羅は、三枚継または一紙のものが中心であることも特徴のひとつで、両者ともにそれぞれ五〇幅ほど存在する。大曼荼羅に大小の相異がみられるのは、その機能と深い関わりがあると推測され、大きな大曼荼羅は、堂宇に掲げられた可能性が考えられ、初期日蓮教団においてすでにこれを奉安する堂宇（法華堂）が存在していたことが指摘されている。一方で、一紙大の小型のものの中には、堂宇に掲げられたのではなく、恐らくは護符として懐中などに帯して用いられた可能性（本尊番号三八・三九・四〇）も確認されている。

大曼荼羅には、門弟に授与された際に授与書きが施されたものも多く、七四幅に認められ、身延草庵の修復が行われた弘安元年（一二七七）以降染筆の七八幅に限定すると、授与書きがあるもは六七幅にも及ぶ。大曼荼羅染筆の時期は、二・三・四・一〇・一一月に比較的多く、恐らくは釈尊涅槃会・降誕会、あるいは彼岸や天台大師講などの法会や行事に際して、門弟に授与されたものもあったと思われる。

また、大曼荼羅の中には、経論等から抄出した要文や、大曼荼羅の未曾有なることを讃嘆した讃文と称される文言がしたためられているものも多い。その内容としては、行者の守護、正法を信ずる者の福徳を讃ずるもの、謗法の者あるいは行者迫害の者に対する現罰を示唆するもの、謗法の病を療治する良薬の義を有するもの、末法における正法弘通の困難を示すもの、三種世間具足の一念三千を明示するものなどがあり、日蓮が大曼荼羅に付与したはたらきを読み取る手だてとなる。一方、讃文については、法華経虚空会を図顕した大曼荼羅が、釈尊滅後の一閻浮提において未有・未見であることを明示する意図のもと書き添えられたものと推察される。（高森）

↓日蓮

他土六瑞

○たどろくずい

天台大師智顗の『法華文句』釈序品にみえる。「此土六瑞」に対する。釈尊は諸菩薩のために「大乗経の無量義・教菩薩法・仏所護念」と名付けられた経、すなわち『無量義経』を説き、説き終わると結跏趺坐して無量義処三昧に入る。比丘・比丘尼・優婆塞・優婆夷の四衆に囲まれて微動だにしなくなる。そのとき、天から大小の曼陀羅華と曼珠沙華が釈尊と大衆の上に降り注ぎ、次いで仏の世界が上・下・東・西・南・北の六方向に震動する。この瑞相を見ていた比丘・比丘尼・優婆塞・優婆夷・天・

龍・夜叉・乾闥婆・阿修羅・迦楼羅・緊那羅・摩睺羅伽といった人間と人間以外のものたち、さらに王侯や転輪聖王といった大衆が歓喜し合掌礼拝する。するとそのとき、釈尊の眉間にある白毫相から光が放たれ、その光が東方一万八千の世界、下は阿鼻地獄から上は阿迦尼咤天までの地獄・餓鬼・畜生・修羅・人・天の六道世界を照らし出す。これらを説法瑞・入定瑞・雨華瑞・地動瑞・衆喜瑞・放光瑞の此土六瑞とする。こうして娑婆世界以外の世界である「他土」も顕かになり、他土の六瑞が現れる。他土の地獄・餓鬼・畜生・修羅・人の六趣が見え（見六趣瑞）、諸仏も見える（見諸仏瑞）。ここに十界が一つになる。さらに諸仏が説く法を聞き（聞諸仏説法瑞）、そこで比丘・比丘尼・優婆塞・優婆夷の四衆が修行して覚りを開く様子を見る（見四衆得道瑞）。この二瑞によって人と法が一つになる。そして、菩薩の諸行を見て（見行瑞）、諸仏が涅槃に入るのを見る（見帰涅槃瑞）。ここに仏の教化から涅槃までのすべてが明らかとなる。智顗によるとこの此土の六瑞と他土の六瑞はすべての仏道が同じであることを表しているという。こうして二処における六瑞のあと、瑞相を見て疑問を抱いた弥勒菩薩の問いに対して、文殊師利菩薩が『法華経』が説かれる時には必ずこうした不可思議な瑞相が現れることを過去の因縁譚によって明らかにする。　（三輪）

→此土六瑞、瑞相

多宝如来

○たほうにょらい

多宝とは、梵語 prabhūtaratna の訳で、大宝・宝勝とも訳す。『法華経』見宝塔品において、高さ五百由旬、縦広二百五十由旬に及ぶ七宝をもって荘厳された大宝塔に乗って大地より涌き出で、『法華経』の真実性を証明し、嘱累品までの一二品の説法にわたって霊鷲山虚空中の多宝塔にある仏。東方宝浄世界の教主で『法華経』を証明することを誓願とする。この本願に基づきて全身舎利の姿となった。多宝如来は、虚空の宝塔上から釈尊に呼びかけ、その半座を釈尊に分けてゆずり（二仏並座《にぶつびょうざ》）、ここから虚空会の説法が始まる。多宝塔の出現は、それ以前の説法を証明し、それ以降の説法を展開する契機になっているところから、証前《しょうぜん》・起後《きご》の宝塔と呼ばれる。同じく見宝塔品において多宝如来とともに来集した十方三世一切の諸仏とともに、釈尊の説法の真実性を証明し、如来神力品・嘱累品での滅後付嘱の儀式を終えて本土に還帰した。経には、「乃往《ないおう》過去に東方の無量千万億阿僧祇の世界に、国を宝浄と名く、彼の中に仏います。号を多宝という。其の仏、本《もと》菩薩の道を行ぜし時、大誓願を作したまわく、若し我れ成仏して滅度の後、十方の国土に於て法華経を説く処あらば、我が塔廟この経を聴かんが為の故に、其の前に涌現して、為に証明を作して讃めて善哉《ぜんざい》と言わん」と多宝如来の因縁が明かされる。すなわち多宝如来は入滅の後、本願をもって全身舎利となり、諸仏の『法華経』説法の場に必ず出現してその説法を証明するというのである。今の釈尊の霊山法華の会座へも、その本願によって大地より宝塔を涌出《ゆじゅつ》せしめ、塔中より大音声を出して、「善哉善哉（善きかな善きかな）、釈迦牟尼世尊、能《よ》く平等大慧・教菩薩法・仏所護念の妙法華経を以て大衆の為に説きたまふ。是《かく》の如し是の如し。釈迦牟尼世尊、所説の如きは皆是れ真実なり」と証明した。ちなみに、法師品の「已説今説当説（略）最為難信難解」を釈迦証明、見宝塔品の「善哉善哉（略）皆是真実」を多宝証明、如来神力品の「出広長舌」を分身証明といい、これらを総称し「三仏の証明」と呼ぶ。そして、多宝如来は塔中の自分の座を分けて釈尊を坐せしめ、釈尊は宝塔の中に入り多宝如来と並んで坐した。ここに二仏が並座して虚空会の儀式が始まり、『法華経』の中心思想が説き出される。このように、多宝如来は法華説法の証明のために出現した仏で、『法華経』中では重要な役割を担っている。日蓮は遺文中にしばしば「釈迦・多宝」と並べ記して、多宝如来の証明を法華最勝の論拠の一つとしている。また、日蓮染筆の大曼荼羅では、中央の「南無妙法蓮華経」の左に釈迦如来、右に多宝如来を勧請する。日蓮宗の一塔両尊四士（二尊四士）の奉安形態は、この『法華経』虚空会の教説に基づいている。（高森）
→《法華三部経とは（見宝塔品）》

陀羅尼　○だらに

梵語dhāraṇīの音写。総持・能持・能遮・遮持と訳す。仏教における呪文の一種で、修行者が心の散乱を防ぎ、教法の記憶や保持に集中するための呪文。呪文の一字には無量の徳と諸種の法義が備わっており、一語に多義を含むため翻訳し得ないという。治病・護法・滅罪・覚証（覚りの境界に到ること）等の力用《りきゆう》（はたらき）をもつ。密教では真言密語をいう。『法華経』陀羅尼品に二聖（薬王菩薩・勇施菩薩）・二天（毘沙門天王・持国天王）・鬼子母《きしも》刹女《せつによ》（鬼子母神・十羅刹女）がそれぞれ陀羅尼呪（五番神呪）をもって法華経の行者の守護を誓願する。また普賢菩薩勧発品には、普賢菩薩が如来滅後の後五百歳に『法華経』を行ずる者のために陀羅尼呪（普賢呪）を与えて行者を護ることが示され、旋陀羅《せんだら》尼《に》・百千万億旋陀羅尼・法音方便陀羅尼の三陀羅尼が説かれる。旋陀羅尼とは経典の文句の記憶能力を具えることをいい、法音方便陀羅尼とは一音《いっとん》の説法で多数の衆生に利益を与える自在のはたらきをいう。『法華文句』ではこの三陀羅尼を空観・仮観・中観によって解釈する。（高森）
→鬼子母神・五番神呪・十羅刹女・《法華三部経とは（陀羅尼品）》

但行礼拝　○たんぎょうらいはい

『法華経』常不軽菩薩品に説かれる、常不軽菩薩が行った修行のこと。釈尊は得大勢菩薩に『法華経』を受持する者を誹謗する罪科と受持する者が得る六根清浄の功徳を明らかにした上で、前生譚（過去世の物語）を説く。はるか昔に威音王《いおんおう》という名の仏があり、その一つの威音王仏の時代が終わり、正法・像法の時代が過ぎた頃、再び威音王仏が出現する。この威音王仏が入滅して像法の時代に入り、増上慢の比丘が蔓延するなかに一人の菩薩がいた。常不軽菩薩である。「常不軽」という名前の由来は経典によらず、増上慢の四衆に対して「我深く汝等《なんだち》を敬う、敢《あえ》て軽慢せず。所以は何ん、汝等皆菩薩の道を行じて、当に作仏することを得べしと」といって、ただ礼拝するだけの修行をしていたことによる。このような不軽菩薩が貫いた布教活動を但行礼拝という。それに対して、心が不浄な増上慢の四衆は、礼拝されると怒りにまかせて悪口を言って罵倒し、常不軽菩薩がそれらの人々に「将来仏となるであろう」と述べた授記の言葉を無視した。不軽菩薩はくり返し礼拝を続けたため、木の棒でたたかれ、石を投げられた。それでも礼拝行を続けていたことから、増上慢の四衆が常不軽と名付けたという。常不軽菩薩は威音王仏が説く『法華経』を聴受し、六根を清浄にして衆生のために『法華経』を説き続けた結果、大神通力を得て、増上慢の四衆を回心させるに至るのである。釈尊は得大勢菩薩に、過去における常不軽菩薩は今の自分であることを明らかにし、そのときの増上慢の四衆が長い間阿鼻地獄に堕ちて苦悩したことを説いて、『法華経』受持を勧奨する。天台大師智顗は但行礼拝の経文について、法師品で説かれる釈尊入滅後に『法華経』を弘めるための心得を読み取り、軽んぜず深く敬うことを「如来の座」、暴力を堪え忍ぶことを「如来の衣」、常に慈悲心をもってひたすら礼拝を行ずることを「如来の室」と示し、それぞれを身・口・意の三業の行に当てている。さらに常不軽菩薩の礼拝行が『涅槃経』に説かれる「毒鼓」の力のように、誹謗する者たちの善の果報を生むことを示している。毒を塗った鼓を大衆の中で打てば聞く者はすべて死に至るという。それと同様、法を聞こうとしない者にあえて『法華経』を説き聞かせ、『法華経』と縁を結び成仏の因とするのである。これを解釈した天台宗第六祖・妙楽大師湛然は『法華文句記』に、誹謗することによって悪に堕ちるが、悪に堕ちることによって必ず利益を得ると記している。（三輪）

↓不軽菩薩・《法華三部経とは（常不軽菩薩品）》

湛然 ○たんねん

七一一—七八二。妙楽大師・荊渓《けいけい》大師・荊渓尊者と称する。北宋代に円通尊者と追諡されている。中国唐代の天台学僧であり、天台大師智顗を初祖とする中国天台宗第六祖として数えられるが龍樹より数えるならば第九祖ともされる。常州晋陵《しんりょう》県の荊渓の儒家出身であり、儒学の教養をもって左渓玄朗《げんろう》に師事して天台教学の経釈を学ぶ。三十八歳にて出家し、曇一について律を学び開元寺では『摩訶止観』を講じた。天台大師智顗の教観を註釈して三観の妙旨・三千の妙行を世に広く宣揚させたことから、天台宗中興の祖とされる。玄宗以下の三帝の招請には応ずることなく、江南各地へと赴き天台教学を講じ、晩年には天台山へと戻り、建中三年（七八二）二月五日に寂したという。著作の主なものとしては『法華玄義釈籤』『法華文句記』『摩訶止観輔行伝弘決』『止観輔行捜要記』『止観大意』『止観義例』『法華五百問論』などがあり、特に天台三大部を註釈した著書は現在においても天台学研究必須の書として名高い。またその門下には伝教大師最澄が受法した道邃《どうすい》をはじめ、行満・普門・智度・法順などの碩学、偉才が多い。（木村）

↓智顗・天台三大部

智顗

○ちぎ

五三八―五九七。姓は陳氏、諱《いみな》を智顗、字《あざな》は徳庵、光道と称する。「智顗」の名は、出家時の師である果願寺法緒《ほうしょ》に与えられた法名である。天台山で修行開悟し、入滅したことから「天台大師」と呼ばれ、隋の煬帝から「智者」号を下賜されたために「智者大師」とも呼ばれている。中国天台宗の開祖。ただし、主著である法華三大部中の『摩訶止観』にはその法脈が記され、智顗は南岳慧思に学び、慧思の師として北斉の慧文が掲げられていることから、天台宗第三祖としている。智顗は、南朝・梁の武帝の時代、大同四年（五三八）、荊州《けいしゅう》華容県（現在の湖南省岳州府幸陽県）に生まれた。父の陳起祖は学問に精通し、母は仏教を深く信仰していたという。七歳の頃から好んで近くの寺院に行き、諸僧から口授された『法華経』観世音菩薩普門品を暗誦していたと伝えられている。元帝の承聖三年（五五四）、一七歳の時に「孝元の敗」（梁が西魏に滅ぼされる）によって両親を失い、陳氏一族が離散する。これを機に出家の志を立て、一八歳で湘州《しょうしゅう》果願寺法緒に就いて出家、その後、戒律と大乗仏教を学び、さらに、よく法華三部経（『無量義経』『妙法蓮華経』『観普賢菩薩行法経』）を読誦し、方等懺法《ほうどうせんぼう》（『大方等陀羅尼経』の陀羅尼を唱えながら懺悔して道場を歩き回り、あるいは坐禅をする修行法）を修したという。南朝・陳の文帝の時代、戦乱の当時に江東に師と仰ぐものが存在しなかったため、天嘉元年（五六〇）、南の光州大蘇山で修行をしていた慧思のもとを訪れ、指導を受けることとなる。慧思は智顗に普賢道場（『法華経』普賢菩薩勧発品の説にしたがって読誦する行）を示し、四安楽行（『法華経』安楽行品に説く禅定修行）を説いた。智顗は専心に修行し、ある日、『法華経』薬王菩薩本事品の「諸仏同讃　是真精進　是名真法供養」の文に至って豁然《かつぜん》（たちまちに）として開悟した。この入定を「大蘇開悟」という。陳の高宗宣帝の時代、太建元年（五六九）、三二歳の時、瓦《が》官寺《かんじ》において「法華経題」を説き、また禅法を弘めた。後世、この年をもって天台宗開宗の年としている。次いで『大智度論』『次《し》第禅門《だいぜんもん》』を講義し、行法論では『法華三昧懺儀』一巻、『方等三昧行法』一巻を著した。太建七年（五七五）九月、三八歳の時に天台山に入り、仏隴峰の北に寺を建てて住した。太建一〇年（五七八）五月には宣帝より天台山仏隴道場に「修禅寺」の寺号を下賜されている。この頃の著作としては『小止観』『法界次第』などがある。禎明元年（五八七）五〇歳の時には、光宅寺において『法華文句』を講じている。『法華文句』講説の翌年、晋王広率いる隋の軍が金陵に攻め入り、都は戦乱と化す。智顗はこの兵乱を避けて荊州、湘州に滞在していたが、開皇九年（五八九）に隋の南北統一が成されると、文帝も智顗に対して帰依の意を表明し、第二子の太子である晋王広（のち煬帝）の要望により、揚州に入った。開皇一一年（五九一）、揚州総管となった晋王広に菩薩戒を授け、同年一一月、晋王広から「智者」の号を賜わり、以来智顗は「智者大師」とも呼ばれることとなった。翌開皇一二年（五九二）一二月、智顗は荊州当陽県玉泉山に玉泉寺を建立し、一三年（五九三）七月には文帝から「玉泉寺」の寺額を賜わっている。この玉泉寺で、同年四月、智顗五六歳の時に『法華玄義』を講説し、さらにその翌年一四年四月、一夏九〇日間にわたって毎日朝夕二時に『摩訶止観』を講じた。先の『法華文句』『法華玄義』は『法華経』の文々句々や経題について解説したものであるが、『摩訶止観』は『法華経』に基づく止観業を顕説したものである。とりわけ、「正しい止観を修する法」について述べるなか、思議することが困難な対象として「一念三千」が明示される。開皇一五年（五九五）の春、晋王広の要請を受けて再び揚州へ行き、禅衆寺で、半年のうちに『浄名義疏』の初巻を撰述して晋王広に献上し、六〇歳の入寂まで心血を注いだ『維摩経』の研究に取り組んでいる。その後天台山に帰り、開皇一七年（五九七）一一月、三度目の普王広の要請に応じて山東の石城寺まで下った際に病を発し、二四日、弟子たちに遺言『観心論』を口授し、結跏趺坐して六〇年の生涯を閉じた。入滅一年後の正月、晋王広は智顗の遺言にしたがい山下に寺を建立し、煬帝となった大業元年（六〇五）一〇月、この寺に「国清寺」の寺額を下賜したのである。

（三輪）

→一念三千・天台三大部・法華玄義・法華文句・摩訶止観・《中国仏教と『法華経』》

智積菩薩　○ちしゃくぼさつ

『法華経』提婆達多品に登場する菩薩。智慧の堆積という意。提婆達多品では、提婆達多への授記が終わると、多宝如来にしたがっていた智積菩薩が法華真実の証明を終えたので多宝如来にもとの本土に帰るように願う。すると釈尊は、智積菩薩をおしとどめて、文殊師利という菩薩がいるので、妙法について論じ合ってから帰るのがよいと勧める。そこで、智積菩薩と文殊師利菩薩が問答をすることとなり、文殊師利の海中における教化について明らかにされ、そのことによって大海の娑竭《しゃか》羅龍王《らりゅうおう》の八歳の娘（龍女）が、釈尊に宝珠を差し上げた功徳によって、たちどころに成仏したことが説かれていく（女人成仏）。日蓮は『法華題目鈔』に「宝浄世界の多宝仏の第一の弟子智積菩薩・釈迦如来の御弟子の智慧第一の舎利弗尊者、四十余年の大小乗経の意をもつて龍女の仏になるまじき由を難ぜしかども、終に叶はずして仏になりにき」と、智積菩薩と舎利弗尊者が女人成仏の不思議なありさまについて疑問を示したが、それにもかかわらず龍女は成仏したと述べる。また、化城喩品に説かれる大通智勝如来の十六王子の第一番目が智積（智慧の鉱脈を有する）とされる。

（関戸）

→女人成仏

注法華経　○ちゅうほけきょう

①中国南北朝の劉虬《りゅうきゅう》（五世紀末）が『法華経』に諸師の説を書き入れたもの（不現存）。経文のなかに注釈を細字で二行に注記した形をとる。智顗『法華文句』、吉蔵『法華玄論』に引用される。正倉院文書の写経所記録に七巻本・十巻本の『注法華経』が数多くみられるので、日本では奈良時代に盛んに書写・読誦されていたことがわかり、『優婆塞貢進解』にはそれを読んだ人の名をあげている。永起の『東域伝燈目録』巻上にも劉虬の注とあり、この経の遺物が石山寺その他に現存している。

②日蓮の『私集最要文注法華経』（真蹟三島市玉沢妙法華寺蔵）の略称。これは一般にみられる「注経」とは異なり、『法華経』の本文に字義の解釈を加えたものではなく、日蓮が所持した春日版系の「法華三部経」十巻の本文行間・天地・紙背に諸経論釈の要文を撰集注記したもの。書き入れは二千章を超えるが、その多くは天台法華宗関係であり、日蓮の言辞はほとんどない。華厳・三論・法相・真言等の諸宗の経論釈の注記も多数あり、各宗の主張やその論拠を示している。あまり多くはないが、浄土宗関係の典籍もみられる。親鸞には、自身の解釈ではなく諸書からの要文を書き入れた『観無量寿経註』『阿弥陀経註』がある。また、京都国立博物館所蔵の「妙法蓮華経巻第一至第八」は肥前国河上宮に寄進された写経と推察され、平安中期書写の『法華経』の行間に『法華文句』が朱書きされている。これらのことから、経典に要文を抄写することが、当時の僧侶の学習方法の一つであったと考えられている。日蓮の示寂前後の『御遷化記録』に「経は私集最要文、注法華経と名づく」とあり、また『御遺物配分事』の「注法華経一部十巻　弁阿闍梨」という記述によって、「私集最要文」が日蓮の自題と推

察され、日蓮滅後六老僧の一人の日昭に賜与されたことがわかる。『注法華経』は日蓮が遊学時代に『法華経』を学んでいくなかで、参考とした経論疏の文を注記し、後に転写し要文を増補したと考えられている。立教開宗のころに諸宗との論争の準備として成立したとする説も提示されていたが、筆跡鑑定などの成果から、佐渡流罪以後、身延入山のころに成立したと考えられるようになってきている。天台関係の著述については参考とするための書き入れと考えられるが、注記の目的については判然としない部分も多い。日蓮遺文では空海の著述を引用して、その仏教観と教判の問題点を指摘している。『注法華経』の密教関係の注記について検証してみると、日蓮が空海の見解を参考としたのではなく、真言の思想を批判するために密教関係の典籍を注記したと推測できる。このようなことから、注記される論書名で思想的な影響を指摘するのではなく、要文の内容を精査して日蓮の注記の目的について考察することが必要である。なお、『注法華経』が日蓮の直弟子や孫弟子に与えた影響は大きく、なかでも日向の『金綱集』は『注法華経』に負うところ多とされる。

（関戸）

→日蓮

長者窮子喩

○ちょうじゃぐうじのたとえ

法華《ほっけ》七喩《しちゆ》のうち、三乗方便一乗真実《さんじょうほうべんいちじょうしんじつ》・一切衆生《いっさいしゅじょう》悉皆成仏《しっかいじょうぶつ》を説いた開三顕一《かいさんけんいつ》・開権顕実《かいごんけんじつ》の義を譬えて仏性《ぶっしょう》の普遍性を明かす『法華経』迹門《しゃくもん》の六喩の一。『法華経』信解品《しんげほん》に説かれる。もと長者の子でありながら幼時に流浪したため自己の身分を知らず貧乏に困窮している息子（二乗）を、父の長者（仏）が見つけて、「傍人を遣して追う」（擬宜《ぎぎ》）・「二人を遣して誘う」（誘引《ゆういん》）・「心相体信《あいたいしん》す」（弾呵《たんが》）・「命じて家業を知らしめる」（淘汰《とうた》）・「正しく家業を付す」（開顕《かいけん》）の手段を用いて次第に本当の息子であることを自覚させるに至った譬喩を例示する。このことによって仏は二乗に菩薩としての自覚を持たせるように、方便を設けて教化してきたことを譬えている。この長者窮子の譬喩によせて、智顗は『法華玄義』の中で、華厳より法華に至る五十年の説法に五時の教判を立てた。すなわち、傍人に追わせる「擬宜」を華厳時、二人の使者の誘引を阿含（鹿苑）時、心相体信するのを方等時、気心が知れて息子が宝蔵に出入りするようになるのを般若時、やがて父子であることを名乗るのを開顕の法華時に配当し、さらに、これに『華厳経』の三照譬（照高山・照幽谷・照平地）と『涅槃経』の五味の譬（乳・酪・生酥・熟酥・醍醐味）を相対させて、法華最勝を明らかにする。（高森）

→五時八教・法華七喩・《法華三部経とは（信解品）》

天台三大部

○てんだいさんだいぶ

天台大師智顗が『法華経』について論説した三大著作。鳩摩羅什訳『妙法蓮華経』を基とし、法華思想に立脚した天台教義で解釈した『法華文句』、『法華経』の玄旨を総論した『法華玄義』、天台教義を駆使し宗教的境地を禅観的思惟を基に独自の法華思想と実践法などを示した『摩訶止観』。（木村）

→智顗・法華玄義・法華文句・摩訶止観

添品妙法蓮華経

○てんぽんみょうほうれんげきょう

『妙法蓮華経添品』『添品法華経』ともいう。『法華経』の六種の漢訳のうち、現存する三訳が『正法華経』と『妙法蓮華経』、そしてこの『添品妙法蓮華経』である。仁寿元年（六〇一）に闍那崛多、達磨笈多によって漢訳されたとされる。鳩摩羅什訳の『妙法蓮華経』との違いは、提婆達多品を見宝塔品の中に含めて一品としていること、嘱累品を巻末に移し、陀羅尼品を薬王菩薩本事品の前に移していることなどである。内容的には薬草喩品の後半部分を新たに増補したこと、陀羅尼品、普賢菩薩勧発品の陀羅尼を改訳したこと、観世音菩薩普門品の偈文を増補したことなどである。（三輪）

転輪聖王　○てんりんじょうおう

cakravarti-rāja。転輪王・輪王とも。正義をもって世界を統治する、王の中の最高の王。釈尊は誕生直後、覚者あるいは転輪聖王になると予言されたという。『法華経』提婆達多品において、女人には五つの障り（五障）があり到達することができないとされた五位の内の一として用いられる。しかし『法華経』において八歳の龍女がこの五位の内の一である仏身となり、『法華経』説示以前の仏教概念を覆すこととなる。（木村）

→五障

得大勢菩薩　○とくだいせいぼさつ

「偉大な勢力を得た」という名の菩薩。大勢至菩薩、勢至菩薩とも。『法華経』序品では、文殊師利・観世音などの八万人の菩薩たちとともに会座に列する。常不軽菩薩品では、得大勢菩薩を対告として常不軽菩薩が主人公となる釈尊の前生譚が語られ、『法華経』を修行する功徳と、未来世における弘通が勧められている。嘱累品で総付嘱を受け、観音とともに『法華経』の修行者を守護するという。勢至菩薩は、観世音菩薩とともに阿弥陀仏の脇侍（脇に随侍するもの）とされる。観音が慈悲をもって衆生を済度するのに対して、勢至は智慧の光によってすべてを照らし、もろもろの苦難を離れさせ、この上ない力を得させるので、この名があるという。また、『思益経《しやくきよう》』には、この菩薩が足を踏むと三千大千世

界および魔の宮殿を震動させるので、勢至と名づけるという。（関戸）

な

中原有安《なかはらありやす》

鎌倉時代初期の楽人（生没年未祥）。内蔵助頼盛の子息といい、五位飛騨守、筑前守に任ぜられる。雅楽や声明に秀で、名が相承系譜に散見される。『千載和歌集』『月詣和歌集』『玄玉和歌集』に和歌が載せられており、私撰集『寒玉集』を編集したという。三七日間（三週間）一心に修行に思いを集中すると、普賢菩薩が六牙の白象に乗ってあらわれ『法華経』の修行者を守護することについて「まち出でていかに嬉しく思ほえん二十日あまりの山の端の月」（普賢菩薩勧発品）と詠んでいる。なお、父が早世し「みなしご」となった鴨長明は、和歌を源俊頼の子俊恵《しゅんえ》に、琵琶を中原有安に学び、師の思い出や心に残ることばを記している（『無名抄《むみょうしょう》』）。

（関戸）

南無妙法蓮華経

○なむみょうほうれんげきょう

「妙法蓮華経」に帰依・帰命すること。日蓮が提唱した「三大秘法（三秘）」のひとつで、「一大事の秘法」（『富木入道殿御返事』）、「一大秘法」（『曽谷入道殿許御書』）とも呼ばれ、本門の題目ともいう。日蓮は、この一大秘法をもとに、『観心本尊抄』において本門の題目・本門の本尊を明示し、『法華取要抄』『報恩抄』において、これに本門の戒壇を加えて三大秘法の要素を整えた。「南無妙法蓮華経」を唱えることを「唱題」というが、末法においては、口に唱える（口唱・口業受持）だけではなく、意《こころ》に念じ（意業受持）、身に読む（色読《しきどく》・身業受持）という三業（身業・口業・意業）にわたる受持が求められる。日蓮は「南無妙法蓮華経」を身・口・意三業に受持することが成仏の唯一の秘法であるとし、末法においては題目の要法が最も重要であることを力説した。それは題目の七字が釈尊の成仏の因果（因行果徳・本因本果）を真に具足した「一念三千の仏種（成仏の種）」と観たからである。なお、題目とは、仏教一般では「妙法蓮華経」など経論の題号をさし、日蓮以前にも「南無妙法蓮華経」の句は用いられているが、日蓮の提唱した題目は単なる経題・題目にとどまらず、五重玄義具足という義理が包含されている。なお、題目五字（妙法蓮華経）・七字（南無妙法蓮華経）の問題については、「五字」は『法華経』そのものをさすので「教法の題目」であり、「七字」は南無という帰依・帰命の意思表明がなされるので「行法の題目」であるとする見解も提示されているが、日蓮は「事行の南無妙法蓮華経の五字七字」（『法華題目鈔』）と述べ、「南無」に能証（智）と所証（境）の両意が含まれるとする。

（高森）

那由佗　○なゆた

nayuta の音写。那由多・那由他とも。数の単位であり一般的には一千億と解釈される。仏典において、劫とともに数や時間などの単位として用いられ、仏の大きさや国の広さをあらわす際に多用される。『法華経』では寿量品に「我実に成仏してより已来《このかた》無量無辺百千万億那由他劫なり」などとみえる。（木村）

→劫

二十行の偈　○にじゅうぎょうのげ

『法華経』勧持品（『開結』三六二頁）の「唯願わくは慮《うらおもい》したもうべからず」から「仏自ら我が心を知ろしめせ」までの二十行にわたる偈文をいう。薬王菩薩をはじめとする八十万億那由佗の菩薩が仏滅後に困難をたえ忍び弘経することの誓願を発声した文。仏滅後の未来世において『法華経』を弘通するにあたっては三類の強敵《ごうてき》が出現するため、難を忍び甘んじて受ける値難忍受の重要性が述べられる。日蓮はこの偈文を仏の未来記（仏滅後の未来世を予言した釈尊のことば）といい（『開目抄』五五九頁）、自己の『法華経』弘通と迫害をたえ忍ぶ宗教活動の支えとし、仏滅後の大難を説く偈文のすべてを実際に体験したことによって、自らが法華経の行者であることの自覚を得るようになった。すなわち、第一四偈の「我不愛身命《がふあいしんみょう》但惜無上道《たんじゃくむじょうどう》（我身命を愛せずただ無上道を惜しむ）」は日蓮の弘経の決意と受難の覚悟を決定した文であり、題目弘通とそれに伴う迫害弾圧（法難）によって、「悪口罵詈《あっくめり》」「刀杖を加うる者あらん」「しばしば擯出せられん」などの未曽有の大難を説く偈文を色読体現したことを表明し、『法華経』に予言された末法の唱導師、本化地涌上行菩薩の自覚を表明するに至る（『開目抄』五六〇頁）。なお、三類の強敵（三類の敵人《てきにん》）とは、俗衆増上慢（増上慢の在家信者）・道門増上慢（増上慢の出家修行者）・僣聖増上慢（道門増上慢のうち聖人のように振る舞いながらも正法の行者を迫害する者）の三をいう。増上慢とは、いまだ最勝の法や悟りを得ないのに得たと思い込んで自負し、増上の慢心を起こして驕《おご》りたかぶること。湛然は『法華文句記』（『正蔵』三四巻三一五頁a）において、経の「諸の無智の人の悪口罵詈等し、及び刀杖《とうじょう》を加うる者あらん」の文を俗衆増上慢に、「悪世の中の比丘は邪智にして心諂曲《てんごく》に、未だ得ざるを為れ得たりと謂《おも》い、我慢《がまん》の心充満せん」の文を道門増上慢に、「あるいは阿練若《あれんにゃ》に納衣にして空閑《くうげん》に在って自ら真の道を行ずと謂って人間を軽賤する者あらん。利養に貪著するが故に白衣《びゃくえ》の与《ため》に法を説いて世に恭敬さるることを為ること六通の羅漢の如くならん」の文を僣聖増上慢に配当する。日蓮は『開目抄』（五九四頁）において、俗衆増上慢は道門・僣聖増上慢たる出家者を外護する在家信者、道門増上慢は道綽・法然ら出家者、僣聖増上慢は為政者に親近《しんごん》し正法の者を誹謗する聖一・忍性・良忠ら当世の出家者に相当すると述べている。（高森）

→三類の強敵・未来記・《法華三部経とは（勧持品）》

二乗　○にじょう

一乗と三乗、大乗と小乗をいう場合もあるが、一般に声聞乗と縁覚乗を指す。乗とは乗り物のことで、衆生を乗せて悟りの彼岸に運ぶ教えのこと。自己の解脱だけを目指していた声聞と縁覚の二乗は、諸大乗経典において成仏が否定されてきた。しかし、『法華経』では声聞・縁覚・菩薩の三乗の修行のありかたを説いたのは、一仏乗に帰することを説くための方便であったことが明かにされる。このことによって、声聞・縁覚の二乗も成仏できるとされた。これを二乗作仏という。（関戸）

→一乗・縁覚・声聞・二乗作仏

二乗作仏《にじょうさぶつ》

○

声聞乗（仏陀の声を聞いて教化された仏弟子。四諦の理を悟り、阿羅漢になることを究極の目的とする）と縁覚乗（自ら十二因縁の縁起の法を覚って辟支仏果を得る独覚の者）の二乗が成仏すること。『法華経』迹門（前半十四品）を代表する思想。『法華経』迹門においてなされた開会（開顕会《かいけんえ》融《ゆう》・開顕《かいけん》会帰《えき》）で、それまで声聞・縁覚・菩薩の三乗に各別に説かれてきた悟りの境界を方便の教え（権教）であると開いて、一仏乗（一乗・仏乗・大乗）という真実の教え（実教）を顕した。これを開三顕一《かいさんけんいつ》（三乗を開いて一乗を顕わすこと）・開権顕実《かいごんけんじつ》（権教を開いて実教を顕わすこと）という。声聞・縁覚の二乗は、自己の解脱のみにとらわれて他を顧みることなく、利己主義・独善主義に陥っている。そこで『法華経』以前の諸大乗経においては、上求菩《じょうぐぼ》提下《だいげ》化衆生《けしゅじょう》の菩薩乗の立場に立って、これら二乗を仏種を断じた者とし、仏に成れない者と破折した。また小乗の教えに安住するものとして「敗種《はいしゅ》」「焦種《しょうしゅ》」とも非難する。自行・自利の修行だけで化他行・利他を志さない二乗の根性（考え方）を弾呵《たんが》（誤りを叱り正すこと）する大乗経典の代表は『維摩詰経』である。諸大乗経では二乗を最も救済し難い者として非難し、そのため一方では三乗各別の思想（菩薩を最高とする立場）に陥らざるを得なくなった。そこで『法華経』は、この三乗各別の思想を超克し、一仏乗の思想に開会しようとする。このため、成仏し難い者として弾呵してきた二乗を仏乗に導き入れることが根本問題となる。『法華経』に至って、仏は、二乗が永遠に成仏できないこと（永不成仏《ようふじょうぶつ》）を説いた爾前経の所説は方便であると打ち消して、未来成仏の保証（記莂《きべつ》）を与えた。これにより十界（地獄・餓鬼・畜生・修羅・人間・天上・声聞・縁覚・菩薩・仏の十法界）のすべての成仏

（十界皆成《じっかいかいじょう》）、すなわち一切衆生悉皆成仏《しっかいじょうぶつ》・一切衆生悉有仏性《しつうぶつしょう》が実現する。この『法華経』の二乗作仏論は、『涅槃経』の悉有仏性説に受け継がれる。

（高森）

→迹門・本迹・本門・《法華三部経とは（方便品）》

日月燈明仏　○にちがつとうみょうぶつ

月と太陽の汚れなき輝きによって吉祥なるものという名の仏。薬王菩薩本事品に薬王菩薩の過去世の師として登場する。すなわち、薬王菩薩が過去世に一切衆生喜見菩薩として、苦行を修習し、日月浄明徳仏の教えのもとに、精進して一心に仏を求め続けて一万二千年を経過し、現一切色身三昧を獲得し大いに喜んだ。そして、現一切色身三昧を獲得できたのは、日月浄明徳仏から『法華経』を聞くことができたおかげであるとして、その恩に報ずるために、みずからの臂を焼いて供養した因縁について説かれている。

（関戸）

→薬王菩薩

日蓮　○にちれん

日蓮は貞応元年（一二二二）二月十六日、安房国（千葉県）長狭郡東条郷片海に生まれた。幼名は薬王丸といい、出自については貫名氏とする説もあるが、父はこの地の有力漁民、あるいは荘官クラスの人であったとされる。十二歳のとき、比叡山横川系の清澄寺に入り初等教育を受け、十六歳のとき住僧の道善房を師として出家、是聖房蓮長と称した。本尊の虚空蔵菩薩に智者となるべき願誓を立て、生死の無常を解決すべく勉学に励んだという。やがて、清澄山から鎌倉・比叡山・三井園城寺・高野山などにおいて諸宗の教義を学び、末世の衆生を救うのは『法華経』の教えであることを確信して故郷に帰る。建長五年（一二五三）四月二八日の早暁、清澄寺において朝日に向かって南無妙法蓮華経の題目を初めて唱えて、清澄寺の大衆に『法華経』信仰の受持を説き、浄土教の限界点について指摘した。これを立教開宗といい、このときを日蓮宗の開創とする。ところが、熱心な念仏者であった地頭の東条景信が激怒し、やむなく道善房のはからいにより清澄寺を退出することとなった。かくて、下総国の守護千葉介頼胤をはじめ富木常忍、太田乗明、曽谷教信らの篤信の檀越を得つつ、鎌倉の松葉谷《まつばがやつ》に草庵を構えて『法華経』布教の拠点とするにいたる。このころ、日蓮と名を改めているが、「日」は、『法華経』如来神力品に「日月の光明の能く諸《もろもろ》の幽冥《ゆうみよう》を除くが如く、この人、世間に行じて能く衆生の闇を滅せん」とあって、太陽と月の光がすべての暗闇を除くように、地から涌き出た上行菩薩たちが『法華経』を布教して、人々に希望を与えるということに由来している。そして「蓮」は、従地涌出品に「この諸の仏弟子たちは（中略）善く菩薩の道を学して、世間の法に染まざること、蓮華の水に在るが如し」とあって、あたかも蓮が田圃の汚れた水のなかに生育しながら、清らかな花を咲かすように、菩薩たちは世俗から遊離することなく、大衆のなかに身をおきながら真実の菩薩の道を修行するという説示に基づいている。

そのころ、正嘉元年（一二五七）には鎌倉に大地震があり、文応元年（一二六〇）にかけて大雨・洪水・干魃・疫病・飢饉などの天災が続出した。日蓮は災害の根本的要因を民衆の間違った信仰によるとみて、浄土教の信仰を改め『法華経』を信奉すべきことを勧めて、文応元年七月十六日に『立正安国論』を前執権の北条時頼に奏進し諫暁した。『薬師経』『大集経』などに指摘される三災七難のうち、いまだ興起していない自界叛逆難《じかいほんぎやくなん》（内乱）と他国侵《たこくしん》逼難《ぴつなん》（他国からの侵略）がやがて興起することを予言した。日蓮のこのような主張に反発した浄土教の信徒たちが、翌八月二七日の夜に松葉谷の草庵におしよせ焼打ちした（松葉谷法難）。日蓮は危うく難を逃れ、難を下総にさけ有力信徒の富木常忍のもとを中心に、約一年にわたって遊化した。弘長元年（一二六一）の春なかば、鎌倉へ帰り松葉谷の草庵で布教活動を再開したが、このことは諸宗の僧俗を困惑させ激怒させた。このため、同年五月十二日に鎌倉幕府は日蓮を逮捕して伊豆国伊東（静岡県伊東市）に配流した（伊豆法難）。ここでは地頭の伊東八郎左衛門のもとに預けられていたが、重い病であった地頭が病気平癒の祈願を依頼してきた。日蓮の祈禱によって病気が快癒したので、海中から得た立像の釈尊が献じられた。弘長三年二月に流罪を赦免されて、鎌倉に帰り布教活動にもどり、さらに翌文永元年（一二六四）母の病気見舞いのために故郷の安房に戻った。同年十一月十一日には、弟子信徒十余人で東条郷の松原大路にさしかかったとき、地頭の東条景信の襲撃を受けた。弟子一人は討死、二人は重傷、日蓮自身も頭にきずを受けた（小松原法難）。『法華経』には弘通者が必ず迫害にあうと説かれるが（未来記）、伊豆流罪や小松原法難によって、この予言の言葉を自己のものとした日蓮は、法華経の行者としての自覚を深めていった。文永五年（一二六八）正月には、日本の服属を求める蒙古の牒状（国書）が幕府へ届いた。これは『立正安国論』に予言した他国侵逼難が的中したのであり、日蓮はさらに諸宗批判を展開したが、その意見に賛同する人々も徐々に増えていった。深まる蒙古襲来の危機感を背景として、日蓮と弟子たちに対する律宗や浄土宗の人々の訴えがあり、文永八年九月十二日には平頼綱《へいのよりつな》（得宗被官《とくそうひかん》）と武装した兵士たちが松葉谷の草庵に押し寄せ、日蓮を捕え、佐渡流罪の名目のもと中途の龍口の刑場において頸を切ろうとした。しかし、突然天変が起こり人々は恐怖におののき、日蓮は虎口を脱れた。この法難は、門下にも大きな動揺を起こし、多くの人々が日蓮から離れていった。結局、幕府ははじめの罪名どおりに佐渡に遠流することとし、日蓮は相模国依智（神奈川県厚木市）の本間重連（佐渡の代官）の館にしばらくとどまったあと、十月十日に依智を出発し、二二日に越後国寺泊に着き、順風を待って二八日に渡海、佐渡塚原の三昧堂での流謫の生活をはじめる（龍口法難・佐渡流罪）。こうした困難な状況の中で、文永九年（一二七二）二月、日蓮は『開目抄』を著し、『法華経』の未来記に予言された法華経の行者としての自覚を表明した。やがて一谷《いちのさわ》に移され、翌文永十年には『観心本尊抄』を著し、理念的な天台の理の一念三千を説きつつ実践的な事の一念三千へと入り、釈尊の因行果徳《いんぎょうかとく》の二法（永遠なる釈尊の修行と衆生教化の功徳）を具えた南無妙法蓮華経の題目を受持すべきことを明らかにした。そして、この理念に基づき、大曼荼羅を図顕し本尊と定めた。文永十一年二月には、流罪赦免となり鎌倉に帰る。四月八日には幕府に召喚され、平頼綱などの高官と会見して意見を申し述べた。『立正安国論』の奏進と、龍口法難前後の諫暁と、この会見をもって「三度の高名（諫暁）」とされる。幕府が呼んだのは蒙古襲来の時期を聞くためで、日蓮が布教する『法華経』の教えを聞くためではなかった。しかし、言うべきことは言ったという自負のもと、領主の波木井実長の招請により甲斐国身延山（山梨県身延町）に入り、弟子や信徒の信仰指導にあたった。そこには、各地の信徒たちが様々な供養の品を届けており、その都度、日蓮は丁寧な書状や曼荼羅本尊を書き上げ弟子たちに届けさせている。同年十月には、蒙古が襲来して『立正安国論』の予言が現実のものとなった（文永の役）。そこで、建治元年（一二七五）には、末法にこそ『法華経』が布教されるべきことと、法華経の行者としての自覚を重ねて強調した『撰時抄』を著した。翌二年には、旧師道善房の死去に際して、『報恩抄』を著して真実の報恩の道について説いた。また、周囲との信仰の問題に苦慮する池上宗仲・宗長兄弟や四条金吾をはじめとした弟子・信徒の教導に努め、諸問題を克服している。弘安二年（一二七九）九月には、駿河国富士郡熱原の信徒が殉教するという深刻な事件も起こっている（熱原法難）。弘安五年（一二八二）になると日蓮は病床に臥するようになり、九月には常陸の湯（茨城県）で療養するため身延山を発ち、九月十八日には、武蔵国千束郡（東京都大田区池上）の池上宗仲の館に至る。しかし、臨終が間近であることを覚った日蓮は、ここを入寂の地と定め、弟子や信徒に『立正安国論』を講じ、十月八日には日昭・日朗・日興《にっこう》・日向《にこう》・日頂・日持の六人を本弟子に定めた。のちの六老僧である。十月十三日、大曼荼羅本尊を掛け、随身の立像の釈尊を安置し、門下の読経のうちに辰ノ時（午前八時頃）、六一年間の『法華経』弘通の生涯を閉じた。池上の地で荼毘に付され、遺骨は遺言により身延山久遠寺に納められた。（関戸）

柔和忍辱　○にゅうわにんにく

『法華経』法師品に説かれる菩薩の弘経《ぐきょう》の三軌《さんき》（衣座室《えざしつ》の三軌）のうち、如来の衣を表現する語。経に「如来の衣とは柔和忍辱の心是《こ》れなり」とみえる。『法華経』を弘通する者は、大慈悲に満ちあふれた釈尊の室にあって、それと一体となり、柔和と忍耐とを衣としている釈尊のように何事をも堪え忍び、諸法空の釈尊の悟りの境地の座と一体化することを目指して弘経すべきことを説く。（高森）

→《法華三部経とは（法師品）》

如説修行　○にょせつしゅぎょう

経典に説かれる教説通りに修行すること。経文の説相・義理に順じて修行すること。如法行ともいう。『法華経』には、他の者に五種法師行（受持・読・誦・解説・書写）を具足・成就せしめる化他行、不借身命の布教精神、五種法師行を具足する満足行などの義意がある。『法華経』神力品には「如来の入滅の後に、一心に受けたもち、読誦し、解説し、書写して、経の説くとおりに修行すべきである」と説かれ、そうすれば林中・樹下・僧坊・在家の舎宅・山谷・曠野《こうや》などあらゆる場所がさとりの場所とほかならないことになると述べられる。また薬草喩品・随喜功徳品・薬王菩薩本事品・陀羅尼品・普賢菩薩勧発品にもこの語がみえる。日蓮は『法華経』を如来の実語の中の実語として受けとめ、『法華経』の教説に随順するところに真の成仏が実現するとした。（高森）

→《法華三部経とは（如来神力品）》

女人成仏

○にょにんじょうぶつ

女性も男性と同様に悟りを開き、仏になることができるということ。『法華経』提婆品に説かれる重要思想。仏典において、女性は悪人や声聞・縁覚の二乗、仏教教団を外部から脅かす善根を断じた一闡提とともに成仏することができないとされていた。『中阿含経』には「阿難、当に知るべし、女人は五事を行ずるを得ず、若し女人、如来・無所著・等正覚及び転輪王・天帝釈・魔王・大梵天王と作らんは、終にこの処り無し」と女性がもつ五つの障がいのなかで、如来になれないことが説かれている。『法華経』提婆達多品でも、文殊師利菩薩の教化によって即身成仏した娑竭羅龍王《しゃからりゅうおう》のむすめである龍女に対して、智積菩薩と舎利弗が疑問を呈し、女性は梵天王・帝釈天・魔王・転輪聖王・仏身を得ることができないのになぜ速《すみ》やかに成仏できたのかと五障説を述べている。龍女は釈尊に宝珠を献上したのちに、智積菩薩と舎利弗の二人に、宝珠献上に費やした時間よりも早く男性に姿を変え、成仏を現ずる。これを変成男子というが、すでに成仏している龍女が、女人成仏を理解できない智積菩薩と舎利弗のために現した仮の姿である。「変成男子」の原文の描写はいよいよ迫真的で、まさに龍女が男性の姿として成仏するところがまざまざと表現されている。女身を転じて男子となっての成仏は『大宝積経』『離垢施女経』などにも説かれ、龍女成仏は『菩薩従兜術天降神母胎説廣普經』などにも確認できる。日蓮は「龍女が成仏此れ一人にはあらず、一切の女人の成仏をあらはす」と述べ、龍女成仏が末法の女性を即身成仏へと導くことを確信している。『法華経』では他に薬王菩薩本事品で「若し女人あって、是の薬王菩薩本事品を聞いて能く受持せん者は、是の女身を尽くして後に復受けじ。若し如来の滅後後の五百歳の中に、若し女人あって是の経典を聞いて説の如く修行せば、此に於て命終して、即ち安楽世界の阿弥陀仏の大菩薩衆の囲繞せる住処《いにょう》に往いて、蓮華の中に宝座の上に生ぜん」と説かれており、この経文では来世において女性として生まれないこと、末世においては阿弥陀如来の西方浄土に往生することが示される。浄土経典では『大無量寿経』に、阿弥陀仏の前身である法蔵菩薩の誓願の内、第三五願に「たとい、われ仏となるをえんとき、十方の無量・不可思議の諸仏世界、それ、女人ありて、わが名字を聞き、歓喜信楽し、菩提心を発し、女身を厭悪せん。（その人）寿終りてのち、また女像とならば、正覚を取らじ」とあって、女性自らが女身を嫌悪し、阿弥陀仏の本願によって女性として再誕せずに、次の世には男性に生まれかわって成仏をとげるとある。しかし、浄土真宗の蓮如はこの経説を受けて、法華の会座において、提婆達多が阿闍世をそそのかして父を幽閉したことに関して悩む母親、韋提希夫人のために女人往生を説いたが、その会座から漏れて王宮に降臨し、阿弥陀の本願によって往生できたという。こうした女性を救済する教えは大乗経典に見られ、日本中世において多く信仰された。日本の仏教書には女性について「五障三従」ということばが頻繁に使われており、これは提婆達多品の五障説とヒンドゥー教や儒教道徳の三従説が一体化したものである。九世紀後半から貴族社会において女性の社会的地位が没落し、他方仏教界でも古代より保持されてきた僧と尼僧との平等性が崩壊していく。このことに起因して、家父長制原理に基づき、女性の不浄観・罪業観が定着する中、女人成仏が強調されるようになっていく一面もある。すでに平安末期の日本天台の文献には、龍女成仏を基底にした即身成仏論が確認でき、『法華経』が円因円果の教えである以上、男女の性差は関係なく、男女ともにそのまま即身成仏が可能となると説いている。（三輪）

→五障・智積菩薩・《法華三仏教とは（提婆達多品）》

如来使

○にょらいし

仏陀の使者。仏から遣わされた者。仏の代理として仏の教えを伝え、衆生を導く者。仏使に同じ。『法華経』法師品よれば、『法華経』を受持し弘めんとするものは、みな如来の使であり、如来に代って、衆生救済という如来の願行を実践する人となる。日蓮は、『法華経』従地涌出品で釈尊の召喚に応じて大地より涌現した本化の菩薩のうち、筆頭の上行菩薩に深い関心をもち、仏滅後に『法華経』を弘めるべき使命をもった仏使（如来使）としての上行菩薩と、末法に『法華経』を色読してきた自身とを対比して、如来使として、また上行菩薩としての自覚を持つに至る。（高森）

→仏使・法華経の行者・《法華三部経とは（法師品）》

涅槃経

○ねはんぎょう

詳しくは『大般《だいはつ》涅槃経』という。釈尊の入滅（大般涅槃）を叙述して、その意義を説く経典類の総称。これに阿含経典から大乗経典まで数種ある。

《初期経典の涅槃経》釈迦の晩年から入滅に至る経過、荼毘と起塔などを叙述する経典で、パーリ語の原典のほか、漢訳『長阿含』中の『遊行経《ゆぎょうきょう》』などがこれに相当する。

《大乗涅槃経》曇無讖《どんむしん》訳の『北本涅槃経』四十巻（北大涅槃経・大本涅槃ともいう）と劉宋の慧観・慧厳《えごん》・謝霊運《しゃれいうん》が東晋の法顕《ほっけん》訳『大般泥洹経《ないおんぎょう》』を参照して、北本を再治した『南本涅槃経』三十六巻がある。ほかにチベット訳や梵文断片などが現存。釈尊の入滅の場面を舞台として、如来の般涅槃は方便であり、真実には如来は常住で変易《へんやく》することはないとする。如来法身の不滅性を主張し、その徳性を常楽《じょうらく》我浄《がじょう》の四波羅蜜（四徳）に見出している。すなわち、如来が常住であることに基づき、涅槃が最高の楽であることを強調して四不顛倒《しふてんどう》（無常・苦・無我・不浄）を超える存在として、常・楽・我・浄を究極のものと見なす。そして、真理そのものとしての釈尊は永遠であるという立場から、「一切衆生悉有仏性」を宣言して、生きとし生けるものにはすべて仏となる可能性がそなわっていると説く。また、『法華経』の一乗思想を受け入れて、如来蔵思想によってそれを発展させたと考えられており、『法華経』と同様に、大乗仏教を誹謗（そしる）するものに対して厳しい姿勢をとる。ことに、断善根・信不具足と訳される「一闡提《いっせんだい》」の成仏を否定するが、法顕訳にない北本の第十一巻以下の「増広部分」ではその主張を緩らげ、「信」による一闡提成仏を提唱していく。道生《どうしょう》（三五五〜四三四）が六巻『泥洹経』をもとに、経には説かれない一闡提成仏についての新説を主張したことはよく知られている。

《大般涅槃経後分》大乗の『大般涅槃経』の後分に擬して、入滅から荼毘・舎利の分配について述べた『大般涅槃経後分』がある。また、大乗に至る過渡期の数種の漢訳が現存し、『遺教経《ゆいきょうぎょう》』（鳩摩羅什訳、仏垂般涅槃略説教誡経）は釈尊が入滅に臨んで垂れた最後の説法の内容とされ、禅宗で重んじられる。

智顗は釈尊一代の説法を五時に分け、法華・涅槃を醍醐味と位置づけ、『法華経』が諸経典の最高峰にあることを明らかにした。『法華経』を中心とする仏教思想が『涅槃経』によって補完されたとみるのであり、このことから『涅槃経』は追説追泯《ついせつついみん》・捃《くん》拾教《じゅうきょう》と称されるようになる。平安時代の源信は『一乗要決』において『法華経』一乗思想を高揚しているが、「信」による『涅槃経』の「一闡提成仏」について着目している。そして、末法濁悪の衆生救済を共通課題とする鎌倉新仏教の祖師たちも、『涅槃経』の思想に注目していると思われる叙述がある。日蓮『開目抄』および親鸞『教行信証』（信巻）で「一切衆生悉有仏性」（師子吼品）を重視していることは周知のことであるが、道元『正法眼蔵』（仏性）では「悉有は仏性なり。悉有の一悉を衆生といふ」と独特な取り組み方を示す。また「如来が知諸根力を具足して、善星比丘が善根を断じていることを知る」（迦葉品）については日蓮『報恩抄』、『教行信証』（真仏土巻）、『正法眼蔵』（出家功徳）にそれぞれ言及されている。さらに、「雪山童子の求法」（聖行品）が日蓮『撰時抄』、『正法眼蔵』（礼拝得髄・看経・神力）に、「阿闍世王説話」が『開目抄』『撰時抄』『報恩抄』、『教行信証』（信巻）に言及されるなど『涅槃経』の思想が重視されていることがわかる。（関戸）

↓一切衆生悉有仏性

燃灯仏 ○ねんとうぶつ

過去世においてある青年に対して未来に釈尊となるという授記をしたという仏（燃灯仏授記の説話）。生まれた時から身の回りを灯のように照らしたということからこの名がある。『法華経』序品では、過去世において二万回出現する日月灯明仏の因縁譚の中で、最後の日月灯明仏の子どもであった八人の王子が、文殊師利菩薩の前身である妙光菩薩に従って修行し、最後に覚りを得た八番目の子どもを燃灯仏であるとしている。また如来寿量品では、釈尊が久遠の昔に成仏して以来、娑婆世界で衆生教化してきた今に至るその途中で現れた仏として説かれ、釈尊の分身であると説いている。（三輪）

念彼観音力

○ねんぴかんのんりき

『法華経』観世音菩薩普門品の中の偈で「彼の観音の力を念ぜば」と読む。「観音の力を念ずるとき」という意。観音偈には「念彼観音力」の偈が何度も説かれている。「念彼観音力　刀尋段段壊《とうじんだんだんね》」等とあり、観音の力を念ずれば、敵が刀の害を加えようとしても、その刀は突然いくつにも折れると説くなど、人々が観世音菩薩の名号を称えることによってあらゆる難をまぬがれるとされる。そして、観世音菩薩は三十三の身を示現して衆生を済度するという。

→観世音菩薩・三十三身

（関戸）

は

長谷川等伯

○はせがわとうはく

天文八年（一五三九）―慶長十五年（一六一〇）。安土桃山時代から江戸時代初期にかけて活躍した、狩野永徳・海北友松・雲谷等顔らと並び称される絵師。能登七尾（現在の石川県七尾市）の畠山氏の家臣奥村文之丞宗道の子として生をうけた。生家の菩提寺は日蓮宗寺院であり、養子に入った長谷川家もまた日蓮宗寺院であった。この縁より等伯自身も法華信仰へと入っていくこととなる。等伯は四十歳半ばまでは「信春」という名で活躍。現在もその名の落款が残る絵画が北陸地方の日蓮宗寺院を中心に現存する。つまり当時その作品の多くは法華系寺院からの注文を受けて制作されたことがうかがえる。しかし等伯がいつ頃から絵を描くことを生業としたかは定かではないが、現在知られる最初期の作品は永禄七年（一五六四）二十六歳の時に描いた「釈迦多宝如来像」（富山・大法寺蔵）など数点存在する。それらの絵画より、当時すでにかなりの実力が見受けられ最前線で活躍していたようである。三十歳代で上洛し絵師として本格的に活躍することになる。上洛後等伯は本法寺の塔頭である教行院に住し、京都での活動の第一歩を踏み出した。これより本法寺には「釈尊涅槃図」など長谷川等伯の代表作品が多く残っている。等伯は最初、室町時代より連綿と続く絵師の名門・狩野派で絵画を学んだといわれるがまもなく辞し、独自の表現を試みていったという。生涯のライバルとなる狩野永徳はこの名門狩野派の御曹司であったため、盤石の地位を築いていたがそれに比べ等伯はなんの後ろ盾もなかったといわれる。しかし大徳寺三玄院の襖に「山水図」を描いたことにより、評判を呼び、数々の寺院から絵の依頼を受けるようになった。五十歳頃には「等伯」を名乗り、さらに天正十八年（一五九〇）に狩野永徳が急死したことにより、豊臣秀吉より等伯に祥雲禅寺の襖絵制作が依頼される（「桜図」「楓図」）。その大胆で華麗な構図を秀吉は気に入り、等伯に対し知行二〇〇石を授ける。等伯のこの仕事を通じて名実ともに狩野派と肩を並べるまでとなった。これにより等伯のもとに次々と依頼が舞い込み、大作を手掛けるようになる。さらにこの後、「自雪舟五代」の落款を使用し、雪舟より五代目であるということを強く打ち出している。多くの依頼に応じ作品を描いていった等伯であったが、終生変わらず作品を法華宗寺院のために描いていった。これは一生涯にわたる等伯の法華信仰の証であろう。晩年、徳川家康から招きを受け江戸に赴くこととなるが、慶長十五年（一六一〇）その旅の途中で病を得、到着後二日目に病死した。なお『等伯画説』は本法寺の日通が等伯から聞いた絵画的知識を筆録したわが国最古の画論書である。

（木村）

八十満億那由佗の菩薩《はちじゅうまんおくなゆたのぼさつ》 ○

『法華経』勧持品に登場する菩薩の総称であり、虚空会に参集する天文学的数字の菩薩を指す。釈尊は乳母である摩訶波闍波提比丘尼と太子時代の后である耶輪陀羅比丘尼に記莂を与えたのち、如来滅後娑婆世界での『法華経』弘通を要請した全菩薩をみそなわす。不退転の志を持ち、陀羅尼を得た偉大な菩薩たちは礼拝合掌したのち、釈尊に対して、如来の滅後における『法華経』の弘教の誓願を述べる。しかし悪世の娑婆世界での『法華経』弘通は過酷なものであり、その過酷さについて、続く二十行からなる偈文で述べられる。

（三輪）

↓《法華三部経とは（勧持品）》

毘沙門天

○びしゃもんてん

須弥山中腹の四王天に住する四大天王（四天王）の一で、北方を守護する。多聞《たもん》天王・遍門《へんもん》天王とも称する。その形像は甲冑を着け、憤怒の相をして、左手に宝塔を捧げ、右手に鉾などを執る。楠木正成・上杉謙信など武将の信仰が篤かった。四大天王は『法華経』序品に列座し、また陀羅尼品においては『法華経』擁護・行者守護を誓願した二聖（薬王菩薩・勇施菩薩）・二天（毘沙門天王・持国天王）・鬼母《きも》刹女《せつによ》（鬼子母神・十羅刹女）ら五番善神の一にあたる。一般的に四天王は「持国・増長・広目・多聞」と表記するが、日蓮は「多聞」ではなく「毘沙門」を用いることが多く、日蓮染筆の大曼荼羅においてもほとんどが「毘沙門」として勧請されている。これは、『法華経』に「毘沙門天」の名で登場することに由来するものと思われる。なお、建長二年に系けられる京都本満寺蔵「亀若護本尊」・京都立本寺蔵「亀姫護本尊」には、四天王のうち持国・毘沙門の二天のみが勧請されているが、これらは『法華経』行者守護の護符的な機能を帯びた曼荼羅であることに由ると推察されている。（高森）

→五番神呪・陀羅尼・《法華三部経とは（陀羅尼品）》

白毫

○びゃくごう

仏の眉間にある白い右回りの一本巻毛の固まり。仏の三十二相の一「眉間白毫相」。光明を放って三千世界を照らすといわれる。この相を表現するため多くの仏像では眉間に水晶などをはめ込むことが多い。（木村）

→三十二相

辟支仏

○びゃくしぶつ

サンスクリット語プラティエーカ・ブッダ(pratyeka-buddha、独りで覚った者)の訳語。独覚・縁覚。仏の教えによらないで、十二因縁を観ずる修行をするなど、みずから道をさとった聖者。静寂を好み、他人に教えを説かないとされ、声聞とともに二乗と称される。『法華経』薬王菩薩本事品の十喩では「一切の声聞・辟支仏の中で菩薩が第一であるように、この『法華経』もあらゆる経法の中で第一である」と説かれる。また、日蓮は『守護国家論』に『十住毘婆沙論』第五(易行品)から「声聞地や辟支仏地に堕ちたならば、一切の自利・利他の利益を失うことになるから、それは菩薩の死を意味する」とあるのを引用して、これが『十住毘婆沙論』において二乗の成仏を許さない明らかな文証であるとしている。　　　(関戸)

↓縁覚・声聞・二乗

不軽菩薩

○ふきょうぼさつ

Sadāparibhūta。常不軽菩薩とも。『法華経』常不軽菩薩品第二十にて説示される菩薩。その昔、複数存在する威音王如来の内、最初の威音王仏が入滅した後の像法の世で、大いな勢力を得ていた増上慢の比丘など四衆が多い中にこの不軽菩薩は出現した。不軽菩薩はこのような比丘衆に出会う度に彼らを礼拝して「我れ深く汝等《なんだち》を敬う。敢《あ》えて軽慢《きょうまん》せず。所以《ゆえ》は何ん。汝等は皆菩薩の道を行じて、当に作仏することを得べければなり」と讃えることを専らとし、その他の比丘衆とは異なり、経典などを読誦することとしなかった。さらに遠くの比丘を見ても同様にその場へと走り行き、同じ文言を用いて讃え礼拝した(但行礼拝《たんぎょうらいはい》)。このような不軽菩薩の行為に対して四衆の中には怒り、さらに悪口罵詈《あっくめり》し、杖や木で打ったり、瓦や石を投げる者さえいたが、それでも不軽菩薩はこの礼拝讃歎の行為を止めようとはしなかったという。このような不軽菩薩がまさに臨終せんとする時に突如として空中より『法華経』の偈文が響き渡り、これを受持することにより、不軽菩薩は六根清浄の功徳が成就され、その結果、さらに寿命が二百万億那由佗に延びた。そして、広く人々のために『法華経』を説き、これを聞いた増上慢の比丘たちは不軽菩薩に対し初めてみな信伏し随順したのである。不軽菩薩は命終の後、さらに二千億の日月燈明如来ならびに二千億の雲自在燈王如来に仕え、『法華経』を受持読誦して人々のために法を説き、かつ諸仏を供養を怠ることはしなかったので、遂に成仏することを得た。また不軽菩薩を軽んじ、そした増上慢の比丘たちはその罪により二百億劫三宝の名を聞かず無間地獄に堕ちたがこの罪を終えた後、不軽菩薩の教化を受けたことにより成仏することができたという。この不軽菩薩は釈尊の過去世の姿で、増上慢の比丘等とは、『法華経』説法の会座に集っている中の跋陀婆羅などの五百の菩薩、五百の比丘、五百の優婆塞であると説示され、かくして彼らに対して「此の故に如来の滅後に此の経を受持し読誦し解説し書写すべし」と勧められる。不軽菩薩が説いた「我深敬汝等　不敢軽慢　所以者何　汝等皆行菩薩道　当得作仏」の二十四字は、世親の『法華論』では、人々に仏性のあることを示した典拠であると説かれ、また竺法護の『正法華経』では、サンスクリットの原語の意味に基づき不軽菩薩は「常被軽慢」と訳され「常に軽んじられた菩薩」とされている。不軽菩薩のこのような行為は「逆縁下種」であるとされ、あえて人々に悪口罵詈させることにより縁を結び、成仏の種を植えることになるという。『涅槃経』に「毒鼓の縁」について説かれている。これは、太鼓に毒を塗って大衆の中で撃てば、みな死んでしまうように、法を聞こうとしない者に強いて説くことによって、法に縁を結ばせるのである。

（木村）

→但行礼拝・《法華三部経とは（常不軽菩薩品）》

普賢菩薩

○ふげんぼさつ

samantabhadra。文殊師利菩薩とともに釈尊の一生補処の菩薩として脇士とされる。六牙の白象に乗り如来の右方に侍し理・定・行の徳を司る。また文殊菩薩とともに諸菩薩の上首となり常に仏の衆生教化を助ける。『法華経』普賢菩薩勧発品では、東方にある宝威徳上王仏の国土より『法華経』説法の会座に来り、四法（四種の特性）の成就を聴聞したのちに、「この経を読誦せば、われはその時、六牙の白象王にのり、大菩薩衆と共にその所に詣《いた》りて、自ら身を現し、供養し守護して、その心を安じ慰めん」と末法（後の五百歳）に『法華経』を受持する行者を守護し、仏法を守ると誓願する。このため法華行者守護の善神とされる。普賢菩薩の様相はこの文に由来する。さらに文珠菩薩の智慧に対して普賢菩薩は行願を司り、行の菩薩としての側面も有する。その尊像は文珠菩薩と共に釈尊の脇侍として造像されていることが多いが、同時に法華三昧の本尊として祀られることも多い。さらに密教においては延命法の本尊として普賢延命菩薩と顕され、その様相も二臂像と二十臂像の二つの形像が確認される。また普賢菩薩は『法華経』守護の善神という教説と密教の普賢菩薩延命法などが影響して、平安時代より普賢菩薩信仰が盛んとなり、江戸時代初期においては庶民の間に「竈の神」普賢三宝荒神としても祭られてきた。この荒神は日本古代の荒ぶる神の思想を背景として陰陽師などが説いた民間信仰の神で、竈の神として台所に棚を作って祀られている。またこれには複数の義があり、日蓮宗では、「三宝荒神とは十羅刹女の事也。所謂飢渇神・貪欲神・障碍神也。今『法華経』の行者は三毒即ち三徳と転ずる故に三宝荒神に非ざる也。（略）『法華経』の行者の前にては守護神也」とあって、『法華経』の守護神として、普賢菩薩と同一視する見方も存在する。このように荒神信仰と普賢菩薩信仰が結合して、日蓮宗では普賢三宝荒神と称して竈の神として信仰され、年末には「カマジメ」と呼ばれる御礼と幣束を取替えて行う修法が修される。（木村）

→法華曼荼羅図・《法華三部経とは（勧発品）》

不自惜身命　○ふじしゃくしんみょう

『法華経』如来寿量品の偈文。「自《みずか》ら身命を惜しまず」と訓む。一心に仏にお会いしたいと願って、身命を惜しまないこと。日蓮は、自らの生命をも賭しても仏の教え（法）のために生きることを勧奨する言葉として捉えた。『法華経』には、ほかにも譬喩品の「不惜身命（身命を惜しまず）」、提婆達多品の「不惜軀命（軀命を惜しまず）」、勧持品の「我不愛身命但惜無上道（我れ身命を愛せず、ただ無上道を惜しむ）」などとあり、また『大般涅槃経』（『正蔵』一二巻四一九頁a、六六〇頁a）には「寧喪身命不匿教者（寧《むし》ろ身命を喪《うしな》ふとも教を匿《かく》さざれとは）」、『涅槃経疏』（『正蔵』三八巻一一四頁b）には「身軽法重　死身弘法（身は軽く法は重し、身を死して法を弘む）」などの文があるが、これらは、いずれも法華経の行者として『法華経』の色読を重んじた日蓮の行動規範に強い影響を与えた。（高森）

父少子老　○ふしょうしろう

『法華経』従地涌出品にて示される疑問。「父少子老の疑」とも。釈尊は大地の下の虚空から出現した無数の地涌の菩薩たちを娑婆世界にて教導してきたことを明かすが、対告衆たちは四十余年の間に無数の菩薩の教導を信じることができず、二十五歳の青年が百歳の老人を指し「我が子である」といっても誰が信じることができようかと疑問を投げかける。ここにおいて釈尊は久遠の教化を暗示しているが、この場では対告衆の疑念は深まるばかりであった。聴衆を代表して弥勒菩薩が釈尊に問いかけ、如来寿量品で釈尊の久遠実成が明らかとなる。その端緒となった疑問である。（木村）

→《法華三部経とは（従地涌出品）》

藤原家隆　○ふじわらのいえたか

鎌倉初期の歌人（一一五八―一二三七）。権中納言光隆の子。従二位に至り、壬生《みぶ》二品《にほん》なと呼ばれた。藤原俊成に歌を学び、俊成の子定家とは歌友。定家とともに新古今時代の双璧と称されるが、平明・清澄な作風といわれる。「新古今和歌集」の撰者の一人。家集に『壬二《みに》集』（玉吟集）、自歌合『家隆卿百番自歌合』などがあり、『千載和歌集』をはじめとする勅撰集に数多く入集している。薬王菩薩が苦行の誓願に生きたありさまについて「ひろむべき法の為とも思ひせば燃ゆとも身をば惜まざらまし」（『玉吟集』）と詠んでいる。（関戸）

藤原公任　○ふじわらのきんとう

平安中期の歌人（九六六―一〇四一）。関白太政大臣頼忠《よりただ》の子。正二位権大納言に至り、四条大納言と称された。詩歌管弦に長じ、歌壇の中心となる。『和漢朗詠集』『北山抄』の編者、『金玉集』『三十六人撰』の撰者。歌論に『新撰髄脳』『和歌九品』など、家集に『前大納言公任集』があり、書家としても名高い。仏教における大悪人である提婆達多の成仏に関連して「みな人をほとけのみちに入れつればほとけの仇も仏なりけり」（『公任卿集』）と詠んでいる。（関戸）

藤原俊成　○ふじわらのしゅんぜい

平安末期、鎌倉初期の歌人（一一一四―一二〇〇

四)。正式には「としなり」と読む。権中納言俊忠の子。定家の父。正三位皇太后宮大夫に至り、五条三位と称された。後白河院の院宣による『千載和歌集』の撰者。和歌は藤原基俊に師事したが、源俊頼の影響もうけ、幽玄体を確立。家集に『長秋詠藻』『俊成家集』があり、歌論書に『古来風躰抄』などがある。種々の勅撰集にその作品が入集している。『法華経』方便品について「入りがたく悟りがたしと聞くかどを開くは花の御法なりけり」(『新後撰和歌集』)と詠んでいる。　(関戸)

藤原定家　○ふじわらのていか

鎌倉初期の歌人(一一六二—一二四一)。父は正三位皇太后宮大夫俊成。母は藤原親忠女の美福門院加賀。正二位権中納言。晩年出家し、法名は明静。幽玄華麗、象徴的な歌風を大成した。『新古今和歌集』『新勅撰和歌集』の撰者の一人で、『小倉百人一首』の撰者でもある。家集に『拾遺愚草』があり、歌論書『近代秀歌』『詠歌大概』、日記『明月記』など多数の著作がある。晩年は『土佐日記』『源氏物語』などの古典研究に努めた。勅撰集などに収載されている和歌は四千以上にのぼる。「三草二木喩」について、草木がそれぞれの分にしたがって雨の恵み、潤いを受けるその心を「これやそれ普く潤ふはる(春)雨におのおのまさる四方のみどり(緑)は」(『拾遺愚草』)と詠んでいる。　(関戸)

付嘱　○ふぞく

「付」は遺付・付与の意、「嘱」は依嘱・嘱託の意。布教の使命を付与すること。大法を仏滅後に弘通することを、仏が在世の聴衆あるいは未来の衆生に遺付・委嘱すること。「付属」とも書し、「嘱累」ともいう。『法華経』の付嘱の儀式は、見宝塔品から始まり、如来寿量品の開顕《かいけん》を経て、如来神力品の別付属・嘱累品の総付属で究竟《くきょう》する（起顕竟《きけんきょう》の法門）。すなわち、見宝塔品で多宝塔とともに涌現した多宝如来が『法華経』の真実性を証明して、釈尊と座を分け二仏並座して霊鷲山の虚空会に説法の会座が移ったところから、付属の儀式が展開する（証前起後）。まず宝塔の中から釈尊が仏滅後の弘経者を募る。これに応えて、勧持品では二万の菩薩が此土（悪しき娑婆世界）の弘経を、五百人の羅漢・学無学八千人・比丘尼は他土（この世界とは異った国土）の弘経を誓願し、八十万億那由他の菩薩は二十行の偈によって「恐怖悪世中」にたとえ三類の怨敵が我等に迫害を加えようとも「我不愛身命　但惜無上道」（身命を愛するのではなく、この上ない仏道を惜しむ）の決意をもって末代悪世における弘経を誓言する。ところが、仏は従地涌出品において、これらの他方から来た菩薩達の弘経の誓言を謝絶して「我が娑婆世界に自ら六万恒河沙の菩薩摩訶薩あり（略）是の諸人等能く我が滅後に於て護持し読誦し広く此経を説かん」と述べ、娑婆世界の地下の虚空から六万恒沙の菩薩達（本化地涌の菩薩）が涌出した。この菩薩達が釈尊の久遠本時の永遠の教化による弟子であることを説明するために如来寿量品の開近顕遠（開迹顕本）が説かれる。やがて如来神力品に至って、仏は十神力を現じて上行菩薩等の本化地涌の菩薩大衆に対して「要を以て之を言はば、如来の一切の所有の法・如来の一切の自在の神力・如来の一切の秘要の蔵・如来の一切の甚深《じんじん》の事」（四句要法）を結要付属《けっちょうふぞく》して、嘱累品において無量の菩薩摩訶薩の頭頂を三回なでて『法華経』の布教の使命を総付嘱している。日蓮は忍難弘経の体験を経て、法華経の行者として、釈尊から『法華経』を末法に弘通する如来使としての使命を付託されたという自覚に至っている。（高森）

→《法華三部経とは（如来神力品・嘱累品）》

補陀落浄土　○ふだらくじょうど

観世音菩薩の浄土のこと。浄土とは、仏・菩薩の住む清浄な国土で、穢土に対する。阿弥陀如来の西方極楽浄土、薬師如来の東方浄瑠璃浄土、釈迦如来の霊山浄土、観世音菩薩の補陀落浄土などがある。補陀落は梵語Potalaka（ポータラカ）の音訳で、光明・海島・小花樹と訳す。インドの南海岸にあり、観音の住所といわれる山。『華厳経』入法界品に「此南方に山あり、補怛洛迦と名く。彼に菩薩あり観自在と名く」とあり、この山を観世音菩薩の住処とする。阿陀弥信仰が極楽浄土を願うように、観音信仰ではこの観音菩薩の補陀落山に往生することを願う。伝説上の山と思われるが、玄奘の『大唐西域記』にはインド半島の南端近くに実在するかのように記されている。『法華経』観世音菩薩普門品は、観世音菩薩が三十三身に変化《へんげ》して衆生を救済することを説くが、普門品は『観音経』として広く流布し、中国・日本でも観音信仰が盛んになった。このため、中国では浙江省舟山群島の普陀山普済寺、日本では那智山を補陀落、あるいはその東門に見立て、「日光」の地名がこれに由来するという説もある（補陀落→二荒《ふたら》→二荒《にこう》→日光）。そして、チベットのダライ-ラマは観音の化身とされるが、ラサにあるダライ-ラマの宮殿のポタラ宮は補陀落に由来している。また、補陀落浄土を目ざして船で単身渡海する「補陀落渡海」の往生行が行われたことが、『吾妻鏡』（天福元年）にも記されている。（関戸）

→観世音菩薩・三十三身

仏子　○ぶっし

仏の子の意。（一）仏の教法に信順し証悟を得た仏弟子。（二）仏の教法に従ってその教えを紹継し、自らも成道することに努めて、仏種を断絶させない菩薩。（三）大乗の菩薩戒を持つ者。（四）常に仏から愛子のごとく慈愛護念される一切衆生。(五)滅後末法において『法華経』を受持する行者。特に(五)については、『法華経』見宝塔品に「能《よ》く来世に於て、此の経を読み持《たも》たんは、是れ真の仏子、淳善《じゅんぜん》の地に住するなり」とある。(高森)

仏使　○ぶっし

仏陀・如来の使い。仏の使者。仏から遣わされた者。仏の代理として仏の教えを伝え、衆生を導く者。如来使に同じ。『法華経』法師品に「法華経の、乃至一句を説かば、当に知るべし、この人は則ち如来の使にして、如来に遣わされ、如来の事《じ》を行ずるなり」とある。すなわち、『法華経』を受持し弘めんとするものは、みな如来の使であり、如来に代って、衆生救済という如来の願行を実践する人であると説く。(高森)

→如来使

仏性　○ぶっしょう

「仏としての本性」「仏となる可能性としての因」のこと。大乗仏教では生きとし生けるものすべてにそれが具わるとする。「如来蔵」と同じ意味合いであるが、如来蔵のように「煩悩(心の迷い)にまつわれて隠れている」という意味は表さない。『涅槃経』は『法華経』の一乗思想を受け入れて、如来蔵思想によってそれを発展させ、新たに「一切衆生悉有仏性」と、すべての衆生に仏性が具わっていると説いている。なお、縁語として「仏種」(仏となる種、仏種姓)がある。(関戸)

→一切衆生悉有仏性・涅槃経

仏知見　○ぶっちけん

→一大事因縁・四仏知見

普門示現

○ふもんじげん

あらゆる方角に身を示現するという意。仏、菩薩が種々に身を変現して衆生を利益し（恵みを与え）、済度する（生死の苦海から救い、悟りの境地の彼岸に導く）こと。『法華経』観世音菩薩普門品には、観世音菩薩が三十三種の変化身《へんげしん》を現わして衆生を救うことが説かれている。観世音菩薩は普現色身三昧力（種々の身体を現わしだす力をもたらす三昧）により変現自在にその姿を変え、衆生の機根に応じて出現して、それぞれに応じた方法で救いの手をさしのべると説かれている。（関戸）

→観世音菩薩・三十三身

富楼那

○ふるな

釈尊の十大弟子の一人。説法第一と称される。詳しくは富楼那弥多羅尼子（サンスクリット語プールナ・マイトラーヤニープトラ Pūrṇa Maitrāyaṇīp-utra の音写）。釈尊の故郷カピラバストゥにほど近い町の婆羅門の家に、釈迦と同じ日に生まれたといわれる。釈尊の鹿野苑での最初の説法によって弟子になった阿若憍陳如（五比丘の一人）に導かれて出家した。マイトラーヤニーは母の名で、プトラは子の意味。母は阿若憍陳如の妹。『法華経』序品の会座にある。五百弟子受記品では富楼那をはじめとする千二百の下根の阿羅漢たちが、化城喩品までの説法を聞いて釈尊の意趣を理解した。そのことによって、富楼那に法明如来の記莂が与えられるのをはじめとして、千二百の阿羅漢たちに釈尊が授記している。千二百人のうち直接五百人に記莂が与えられるので「五百弟子受記品」という。（関戸）

→憍陳如・十大弟子

分身仏

○ふんじんぶつ

仏の分かれた身。仏の分身《ぶんしん》。仏は衆生教化のために、身を分かちて種々の国土に応現し化導を行う。『法華経』でいう分身とは、見宝塔品において多宝如来とともに来集した十方三世一切の諸仏。日蓮は、本門の教主、久遠実成の本仏釈尊の分身であると解釈する。如来神力品・嘱累品での滅後付嘱の儀式を終えて多宝如来とともに還帰《げんき》本土《ほんど》（それぞれもとの本土に帰ること）した。（高森）

→十方世界・多宝如来・付嘱

平家納経

○へいけのうきょう

長寛二年（一一六四）に平清盛を中心とする平家一門が一族の繁栄を願い厳島神社に奉納した装飾経典類の総称。国宝。その全容は平清盛直筆の願文・『法華経』二十八巻・『無量義経』『観普賢菩薩行法経』『阿弥陀経』『般若心経』の全三十三巻で構成される。平清盛直筆の願文には経巻それぞれが平清盛・重盛・頼盛・教盛、そして彼らの重臣ら三十二人が一人一巻づつ結縁し書写した経緯が記されている。平安時代、『法華経』信仰を根幹とする『法華経』書写が流行し、それにより装飾経写経が盛んとなった。その中心は貴族や後宮の女性らで、それらは『法華経』に説示される一乗思想における万民救済、さらに『法華経』提婆達多品に説かれる女人成仏における救済を求める気持ちが相俟って一大隆盛をみせる。つまりこの時代の『法華経』は貴族を中心とした女性が導き手となり、装飾経『法華経』が代表する法華美術を媒体として民間に布教されていった。各巻の見返しには経意を絵画化したものや幡蓋・楽器・蓮華などのほか文字を絵の中に散りばめた芦手紙も描かれ、さらに料紙には雁皮紙を使用し、表裏には金銀切箔、野毛、砂子などがまかれ、軸・発装金具・紐にいたるまで装飾のかぎりを尽している。このような平家納経の絢爛・耽美さは他に匹敵するものは無く、平安時代のみならずわが国における装飾経の頂点に位置するものといっても過言ではない。経巻は「金銀荘雲龍文銅製経箱」と呼ばれる基台に乗せられた三段重箱形式の銅製経箱に納められており、その蓋表には五輪塔と双龍を組み合わせた意匠が確認できる。また側面は雲龍文意匠の飾り金具が使用されており、この意匠は『法華経』提婆達多品に説かれる龍女成仏（女人成仏）が表現されている。さらに慶長七年（一六〇二）福島正則の寄進銘のある蒔絵の唐櫃に入れられている。なお『阿弥陀経』一巻、『般若心経』一巻は、『法華経』と共に法華一連の経典として「三種法華」と名づけられ、当代重用されたものである。（木村）

→装飾経

平家物語《へいけものがたり》 ○

戦記文学。一二巻。一三世紀前半の成立になると推定される。日本の古代から中世へ、公家から武家へと時代・政権が推移する動乱期を描いた軍記物であり、その社会の変革期を懸命に生きた人間の姿を壮大な規模で描く。『保元物語』『平治物語』『承久記』とともに「四部合戦状」と称される。「祇園精舎の鐘の声」で始まる冒頭句でも知られる通り、作品全体が「諸行無常」「盛者必衰」の理を基調に綴られている。治承四年（一一八〇）から元暦元年（一一八四）に亘る源平合戦を軸に、平家一門の栄枯盛衰を仏教の無常観を背景に記したもので、書名の由縁もそこにある。ただし、『平家物語』という標題は後年の呼称であり、当初は『保元物語』や『平治物語』と同様に、合戦が本格化した治承年間に因み『治承物語《じしようものがたり》』と呼ばれていたと推測されているが、確証はない。琵琶の弾奏とともに語られたこともあり、成立年代は詳らかではなく、諸本の中では延慶本が延慶三年（一三一〇）書写の奥書を有していて、最古の書写年代を示す資料となるが、仁治元年（一二四〇）の園城寺頼舜の書状にみえる「治承物語」が『平家物語』の存在を外部から示した最古の言及であると考えられている。更に遡って、承久年間（一二一九―一二二二）成立説、主張する者、日蓮における『平家物語』系文献の披見・受容についても指摘されている。作者についても、古来多くの説がある。古くは、吉田兼好の『徒然草』（二二六段）において、後鳥羽院の御宇（一二世紀末～一三世紀初）に、信濃前司藤原行長が天台座主慈円の庇護のもと琵琶法師生仏の協力を得て作ったとするが、確証は得られていない。伝来形態も、語り本系と読み本系の諸本があり、『源平盛衰記』も数ある異本のひとつとされる。中世には平家盛衰の物語として琵琶法師らによって語り継がれ、謡曲をはじめ、近世の浄瑠璃、歌舞伎など後世の文芸に大きな影響を与えた。

（高森）

変成男子《へんじょうなんし》

女性から変じて男性になること。『法華経』提婆達多品に「変じて男子と成る」とみえる。提婆達多品では、文殊師利菩薩の教化により、龍王のむすめである八歳の龍女が即身成仏をあらわした。このとき智積菩薩と舎利弗はそれを信ずることができず、とくに舎利弗は、女性には梵天王・帝釈・魔王・転輪聖王・仏となることができないという五障があるという理由で、不可能であると反詰する。しかし、龍女は釈尊に宝珠を献上したのち、たちまちに男性に姿を変え、成仏を現ずる。そして、舎利弗に、釈尊が宝珠を受け取った時間が一瞬であったように、龍女が成仏をあらわす時間も瞬時であることを告げた。なお『仏説超日明三昧経』『仏説無垢賢女経』『仏説転女身経』などにも「変成男子」が説かれている。また、竺法護訳『海龍王経』などには女性の身そのもので仏となることができるとされる。「変成男子」については仏教が成立したインド文化圏の社会的背景・慣習を考慮する必要があろう。（三輪）
→智積菩薩・女人成仏《法華三部経とは（提婆達多品）》

宝威徳上王仏

○ほういとくじょうおうぶつ

『法華経』普賢菩薩勧発品に登場する東方浄妙国の仏で、その名は「宝石の輝きによって名声が広がった王」という意味で、普賢菩薩が住まう国土の仏である。普賢菩薩は『法華経』を聞くために東方世界から娑婆世界を訪れ、五五百歳の中の最後の五百年である闘諍堅固の時代に、この『法華経』を受持する者を守護することを誓願し、陀羅尼を唱える。（三輪）
→陀羅尼・《法華三部経とは（普賢菩薩勧発品）》

宝相如来

○ほうそうにょらい

『法華経』授学無学人記品で、学無学の二千人の衆生が未来成仏したときの仏の名。「宝の輝きの王」という名の仏。釈尊は従兄弟である阿難と息子の羅睺羅に記莂を与え、それぞれ山海慧自在通王如来、蹈七宝華如来と名付けたのち、学無学の二千人すべてに同じ宝相如来の仏号を授記する。この仏は寿命が一劫であり、国土の荘厳や弟子、時代の状況など、すべて同じであることが述べられる。（三輪）

宝塔絵曼荼羅

○ほうとうえまんだら

絵曼荼羅は日蓮の文字曼荼羅を絵画に表したものが基本的な形態とする。絵曼荼羅には画中に大きく多宝塔を表す場合があるが、それには白い漆喰塗りの亀腹を特徴とする一重の屋根をもつ多宝塔と、木造の架構の顕著な二重の屋簷を有する多宝塔の二種が見られる。塔中に釈尊、多宝の二仏が描かれ、二仏の中央に題目「南無妙法蓮華経」が記される。塔を表さない絵曼荼羅では、二仏は宝台の上に描かれる。また題目も上方に大きく金字などで書かれる場合と、塔中と同様に二仏の間に題目を立てて示される場合の二種があり、多宝塔を中央にする絵曼荼羅を「宝塔絵曼荼羅」と呼ぶ。（木村）

→法華曼荼羅図

方便　○ほうべん

サンスクリット語のウパーヤ upāya（近づく、到達する）の意訳。仏教の教義や実践について、むずかしくて理解しがたく実行しがたい下根（教えを受ける者としての資質が低い者）の衆生のために、真の教えに導くことを目指して便宜的に用いる手段のこと。巧みなるてだて。諸大乗経典では「方便品」を設ける例が少なくないが、『法華経』では方便の思想が特に重要視されている。声聞・縁覚・菩薩の三乗の教えは方便であって、真実には一仏乗があるだけであることが明説される。また、密教では、自利・利他の実践を完成することとみて、方便を究竟と位置づけている。智顗の『法華文句』には『法華経』と諸経の方便を分別して①法用方便（衆生の機根に応じて、好むところの蔵通別の三教を説く、仏意をはさまない方便）、②能通方便（仏が衆生を導いて真実の教えに通入させようとする方便）、③秘妙方便（方便と真実は相対的なものではなく、方便はそのまま真実界の一つであること）の三種方便をあげ、『摩訶止観』には円頓止観（あらゆる生存や存在のほかに、別に仏教の真理があるのではないことを修得する観法）を正しく修するための準備段階として、修行の二十五方便をあげている。そして、日蓮は、方便は権教（仮の教え）であるとして、実教（真実の教え）である『法華経』を信奉すべきことを強調し、『法華経』の教えを誇ることを厳しく誡めている。なお、「嘘も方便」などと、目的のために利用される一時的な手段の意として用いられるのは、本来の意義から俗化したもの。（関戸）
→開三顕一・法華文句・摩訶止観

方便力
○ほうべんりき

智慧によるすぐれた教化のはたらき。また、その方法。『法華経』方便品に「諸仏方便力を以て、一仏乗に於て分別して三と説きたまう」とあり、仏は教化の巧みなるてだての力によって、一つの仏の乗り物を、ことわけして三つの乗り物と説いたのであるという。ここでは、三乗の教えは方便であって、真実には一乗だけであることが述べられている。また、譬喩品・信解品・化城喩品・如来寿量品・妙荘厳王品にも、方便力の語がみえる。開経の『無量義経』説法品第二には「種種に法を説くこと方便力を以てす。四十余年には未だ真実を顕さず、是の故に衆生の得道差別して、疾く無上菩提を成ずることを得ず」とあり、『無量義経』以前の諸経は方便・権経であり、これから説く経典こそ真実の経であることと述べている。また、菩薩の十力の一つ（①深心力、②増上深心力、③方便力、④智力、⑤願力、⑥行力、⑦乗力、⑧神変力、⑨菩提力、⑩転法輪力）。（関戸）
→方便

法文歌
○ほうもんか

仏典の要句あるいは経典そのものを歌題として、その意味内容などについて詠じた短歌または今様歌。経旨歌とも呼ばれる。今様は平安後期に流行した歌謡で、その当時の「現代風」という意味がある。「勅撰和歌集」の釈教部の半分ほどは法文歌が占めており、法文歌の多くは『法華経』に関連している。

『本朝文粋』十一の藤原有国の文によって、藤原道長が長保四年（一〇〇二）東三条院詮子追善のために友人と『法華経』讃歎の歌を作り合ったことがわかる。寛弘九年（一〇一二）に成立した選子内親王の『発心和歌集』は最初の本格的法文歌集で、平安時代末の寂然『法門百首』は優れた法文歌と評価されている。後白河院撰の『梁塵秘抄』に『法華経』などの経典の意趣を詠んだ歌二百余首を「法文歌」という部を立てて配列する。七・五あるいは八・五（四・四・五）の四句から成る今様歌体で、まれに寂然・慈円の作とわかるものもあるが、ほとんどは作者不明。中世以降は今様体の法文歌は急速にすたれ、短歌形式のものが釈教歌の中核として存続していく。（関戸）

→釈教歌

法華経の行者《ほけきょうのぎょうじゃ》

『法華経』如説修行の者。『法華経』の教説に従って修行し実践するもの。『法華経』法師品に「此の経は如来の現在にすら猶怨嫉《なおおんしつ》多し。況んや滅後の後をや」、安楽行品に「一切世間に怨《あだ》多くして信じ難し」と説かれるように、仏滅後において『法華経』を弘通し信仰する者に対しては種々の怨嫉（迫害）が加えられることが予言されている。さらに常不軽菩薩品には、常不軽菩薩が但行礼拝《たんぎょうらいはい》の二十四字を実践し、杖木瓦石の難を忍んで弘通したことが説かれている。日蓮はこの常不軽菩薩の化導を謗法末世における『法華経』弘通の方向性を説示したものであると受けとめ、末法の日本国において忍難弘経を実践した。それに伴って種々の迫害・弾圧を蒙ることとなったが、日蓮は法華経の行者の資格について「小失なくとも大難に度々値ふ人をこそ滅後の法華経の行者としり候わめ」と受難の現証を条件として

は

挙げた。そして「仏滅後一千八百余年が間に法華経の行者漢土に一人、日本に一人、已上二人。釈尊を加へ奉りて已上三人なり」（『報恩抄』）と印度・中国・日本の三国仏教流通史を概観し、『法華経』を説いて九横の大難に値った釈尊と、仏滅後の像法時代の天台大師智顗と伝教大師最澄とは、釈尊と『法華経』の精神を正しく継承し弘通したとして、この三師を法華経の行者とする（三国四師）。けれども、智顗・最澄の二師は、命に及ばんとするほどの大難には値わなかった。それに対して日蓮は「大事の難四度なり。二度はしばらくをく、王難すでに二度にをよぶ。今度はすでに我が身命に及ぶ」（『開目抄』）と自ら記しているように、未来記（経文の予言）の通りに仏在世以上の迫害を蒙った。そのため日蓮は「されば日蓮が法華経の智解は天台・伝教には千万が一分も及ぶ事なけれども、難を忍び慈悲のすぐれたる事はをそれをもいだきぬべし」（『開目抄』）と述べ、さらに「日蓮は日本第一の法華経の行者なる事あえて疑ひなし」（『撰時抄』）と、自身が末法における法華経の行者であるという確信を表明する。すなわち日蓮は末法の『法華経』修行者として弘通し、数々の法難を体験するなかで、仏の予言（未来記）である経文と自らの体験とを重ね合わせ、受難が『法華経』の色読を意味し、経文の内容を実証するものであるとみた。さらに経文と符合する法難の現出によって、自身が法華経の行者であることが証明されたとして、法華経の行者の自覚を深めていった。

また、滅後の『法華経』弘通者の迫害・受難を予言した経文は、受難以前の日蓮には客観的文証としての未来記であったが、『法華経』弘通の実践と受難の体験を経た後にその経文は、仏語が実語であることの証となった。日蓮の不惜身命・死身弘法・忍難弘経・値難忍受の実践は、仏の言葉が真実であることを証明することになった。

なお、仏に予言された者としての「師」の立場を公表した日蓮は「我れ日本の柱とならむ、我れ日本の眼目とならむ、我れ日本の大船とならむ」（『開目抄』）と三大誓願を表明し、「日蓮が慈悲曠大ならば、南無妙法蓮華経は万年の外未来までもながるべし。日本国の一切衆生の盲目をひらける功徳あり。無間地獄の道をふさぎぬ」（『報恩抄』）と如来使としての自覚と法悦を明らかにしている。（高森）

→開目抄・観心本尊抄・不軽菩薩・日蓮

法華経和歌　○ほけきょうわか

→釈教歌・法文歌

菩薩　○ぼさつ

梵語 bodhisattva の音写。菩提薩埵《ぼだいさった》、扶薩《ふさつ》とも書き、道衆生、覚有情、道心衆生、大士、高士、開士などと訳す。菩提（bodhi）を求める人（sattva）の意。三乗・四聖・五乗・十界の一。菩提心を発《おこ》して仏道に入り、四弘誓願《しぐせいがん》を立てて、六波羅蜜《ろくはらみつ》を修行し、上は菩提を求め（自利・自行）、下は衆生を教化（利他・化他）する五十一位《ごじゅういちい》の修行の階梯を三《さん》祇百大劫《ぎひゃくだいこう》のはるかな時間において修行し、未来に妙覚（仏の悟り）を開く者のこと。『法華経』には文殊菩薩・弥勒菩薩など、数多くの菩薩が登場し、釈尊の教説が明らかにされる上での、重要な役割を果している。（高森）

→一仏乗、二乗

法華玄義　○ほっけげんぎ

天台大師智顗が『法華経』を理論面と実践面から解説した三書（『法華文句』『摩訶止観』を入れて天台三大部という）のなかの一書で、正式には『妙法蓮華経玄義』という。全一〇巻、各巻上下に分冊して二〇巻。智顗が隋の開皇一三年（五九三）五六歳の時に、荊州玉泉寺にて講述したものを、弟子である章安大師灌頂（五六一―六三二）が記述整理したもので、「妙法蓮華経」の題目のもつ意味を名・体・宗・用・教の五重玄義という視点から詳説している。それぞれ正式には「釈名《しゃくみょう》」、「顕体《けんたい》」、「明宗《みょうしゅう》」、「論用《ろんゆう》」、「判教《はんきょう》」といい、この五重玄義について通釈と別釈を設ける。通釈とは五重玄義を七つの項目に基づき概説することで（七番共解《しちばんぐうげ》）、五重玄義それぞれの章について一瞥し（標章）、証文を引き（引証）、由来に触れ（生起）、理論を一貫させ（開合）、考察を加え（料簡）、智顗自身の主観的解釈を述べ（観心）、その解釈を止揚する（会異）。別釈とは五重玄義をそれぞれ解説することで、そのなかでも最初の「釈名」、殊に題目の「妙法」の二文字について、多くの巻を費やしている。「釈名」では「妙法蓮華経」の五字について、「妙法」とは法、「蓮華」とは譬え、「経」とは経典に共通した名称であるとしながら、とりわけ「妙」については通釈と別釈を設け、通釈では様々な仏の教えを比較相対した結果の絶対の意味を持つ「相待妙《そうだいみょう》」と、他の比較対立を絶して、他に並ぶもののない絶対の意味を持つ「絶待妙《ぜつだいみょう》」を示す。別釈では、まず前半一四品の迹門に「境妙」「智妙」「行妙」「位妙」「三法妙」「感応妙」「神通妙」「説法妙」「眷属妙」「利益妙」の一〇種の妙があることを示し、『法華経』以前に説かれた諸経と『法華経』との違いを明確化させる。次いで、「本因妙」「本果妙」「本国土妙」「本感応妙」「本神通妙」「本説法妙」「本眷属妙」「本涅槃妙」「本寿命妙」「本利益妙」の本門の十妙を示し、『法華経』のなかでも本門と迹門との違いを明確にしていく。五重玄義の他の視点では、「弁体」において『法華経』教説の本体が諸法実相であることが述べられ、「明宗」においては『法華経』の中心思想が一仏乗の因果であることを説いている。さらに、「論用」では『法華経』の働きが疑惑を断じ信心を生むことで、それによって身命を惜しまず仏道を極めるに至ることが明かされ、最後の「教相」では仏教経典全体のなかで『法華経』がどのような位置にあるのかを智顗独自の教判である五時八教判で示している。なお、天台宗第六祖湛然が著した『法華玄義釈籤』一〇巻は本書の注釈書である。　（三輪）

↓智顗・天台三大部・法華文句・摩訶止観・《中国仏教と『法華経』》

法華三十講　○ほっけさんじゅっこう

法華八講・法華十講などと同様、『法華経』を講説する法会（法華会）の一。『法華経』二十八品に開結《かいけつ》二経（『法華経』の開経《かいきょう》にあたる『無量義経《むりょうぎきょう》』と、結経《けっきょう》にあたる『観普賢菩薩行法経《かんふげんぼさつぎょうぼうきょう》』）を加えた三〇巻を、一日一巻ずつ三〇日間にわたって講ずること。また、朝夕《ちょうせき》二座に一巻ずつ、一五日間講ずる場合などもある。日本での始修の時期は明瞭でないが、平安時代中期頃と推定され、『源氏物語』『栄華物語』等にこの語が散見できる。　（高森）

↓法華八講

法華七喩　○ほっけしちゆ

『法華経』に説かれる譬喩《ひゆ》のうちの代表的な大喩を七つ数えたもので、譬喩品の三車火宅喩《さんしゃかたくゆ》、信解品の長者窮子喩《ちょうじゃぐうじゆ》、薬草喩品の三草二木喩《さんそうにもくゆ》、化城喩品の化城宝処喩《けじょうほうしょゆ》、五百弟子受記品の衣裏繋珠喩《えりけいじゅゆ》、安楽行品の髻中明珠喩《けちゅうみょうじゅゆ》、如来寿量品の良医治子喩《ろういじしゆ》の七つをいう。『法華経』の題号（経題）の「蓮華」を総喩と呼ぶのに対し、七喩は別喩と称される。この七つの譬喩を最初に抜粋し整理したのは、天親《てんじん》の『法華論』（『正蔵』二六巻一七頁b～c）と考えられている。天親は、火宅譬喩、窮子譬喩、雨譬喩、化城譬喩、繋宝珠譬喩、王解髻中明珠与之譬喩、医師譬喩の「七譬喩」を立て、これらは七種の衆生が具足する増上慢《ぞうじょうまん》を退治する目的で説かれたとする。智顗はこの天親の「七譬喩」を受けて、『法華玄義』（『正蔵』三三巻六八五頁b）において「七譬」の名数を立てるが、智顗の「七譬」が天親の「七譬喩」の影響を受けたことを明確に指摘したのは、湛然《たんねん》である（『正蔵』三三巻八二八頁b、三四巻二八七頁c）。なお、他に天親の「七譬喩」をもとに法華七喩を解説したものに、慈恩大師基《き》（窺基《きき》）の『法華玄賛』がある。基は法華七喩と授記品の王膳喩《おうぜんゆ》ならびに法師品の高原鑿水喩《こうげんしゃくすいゆ》とを併せて九喩と数えるが、智顗は開会《かいえ》の七喩を主張する。智顗の特徴は、開三顕一《かいさんけんいつ》（開権顕実）と開近顕遠《かいごんけんのん》（開迹顕本）という『法華経』の開会の思想に基づいて、これら七喩を体系づけた点にある。迹門の前六喩は三乗方便一乗真実・十界皆成悉有仏性を説いた開三顕一（開権顕実）の義を譬喩に託して仏性の普遍性を明かし、本門の第七喩は本仏の三世常住不滅・三世益物（過去・現在・未来の衆生に利益を与える）を説いた開近顕遠（開迹顕本）の義を譬えて如来の常住を明かしている。　（高森）

↓衣裏繋珠喩・髻中明珠喩・化城宝処喩・三車火宅喩・三草二木喩・長者窮子喩・浪医治子喩

法華懺法　○ほっけせんぼう

懺法とは自ら犯した罪障を仏菩薩に懺悔し、滅罪する法式のこと。法華懺法は、天台大師智顗が『摩訶止観』で説く「四種三昧」の中、第三の半行半坐三昧において示される『法華経』に基づく法華三昧行法の懺悔法である。『摩訶止観』には法華三昧の法式について、道場の荘厳、身の清浄、三業供養、勧請、礼拝、六根懺悔、遶旋、誦経、坐禅して、最後に三昧相に至ることが示されている。その根拠となっている経文が普賢菩薩勧発品の「是の人若しは行き若しは立って此の経を読誦せば（中略）若しは坐して此の経を思惟せばその時に我復白象王《われまたびゃくぞうおう》に乗ってその人の前に現ぜん」で、四威儀（行・住・坐・

臥《が》の四つの作法にかなうもの）のうち、行と坐を合わせた修行法である。法華三昧行法は身・口・意の三業における懺悔法であり、普賢菩薩勧発品の他に安楽行品と『観普賢菩薩行法経』の説に基づき、特に『観普賢菩薩行法経』によって行法を定めている。『法華三昧懺儀《ほっけさんまいせんぎ》』には、より具体的にその過程が示されている。まず三昧行を志す者とは、普賢菩薩の色心を観じること、釈尊と多宝如来、さらに十方分身仏を観じること、六根清浄して仏の境界に通達すること、諸仏の所説を聞くことなどを欲する者で、その者は二十一日間の三昧行に一心に精進しなければならないと説く。次いで行に入る前の方便行として道場や身心を清浄すること、道場に入る心構えとして不惜身命の一心精進を示す。入場して始めに行うことは正行は、さらに道場と身体を清浄すること、三業を供養すること、三宝を勧請し讃歎すること、仏を礼拝し懺悔すること、道場を行道し『法華経』を読誦すること、そして仏の境界を思惟することである。それぞれについて詳細に作法が示され、讃歎文や懺悔文があげられている。日本においては伝教大師最澄が比叡山で行い、以来「比叡懺法」として年中行事になる。法華三昧行法を行う道場として寺院各所で法華三昧堂が建立され、懺悔滅罪を目的とすることから、法華懺法と称され、末法の時代観が広まっていた平安時代、天皇や貴族の間でも修せられ、やがて武家社会にも普及していった。（三輪）

法華八講《ほっけはっこう》

『法華経』八巻を八座に分けて、一巻ずつ講讃する法会のこと。法華会・御八講・八講ともいい、中国が起源とされる。日本では古来より追善供養を目的とした『法華経』の書写が広く行なわれていたが、奈良時代末期から平安時代初頭にかけ、追善のために『法華経』を講讃するようになった。法華八講は『石淵寺縁起』によると、延暦十五年（七九六）に勤操が石淵寺で行なったのに始まるという。一之座から八之座にわたり、精義・講師・読師・唄匿散華・問者・堂達の諸役がある。読師が経を唱えて、講師が経文を講説し、問者が教義についての質問をして、講師がそれに答える。また、精義は問答を判定し、堂達が進行を司る。八講に『無量義経』（開経）と『観普賢経』（結経）を加えた「法華十講」、『法華経』二十八品の各品一講に開結二経を加えた「法華三十講」もある。紫式部の歌に「たへなりや今日は五月の五日とていつつの巻にあへる御法も」とあり、提婆達多品講説の五巻の日は龍女成仏がテーマで、特に盛況であったといわれる。提婆達多品に「龍女、智積菩薩・尊者舎利弗に謂つて言はく。我れ宝珠をたてまつる。世尊の納受。是の事疾《と》しや不や。答て言く甚だ疾し。女《によ》の言はく。汝が神力を以て。我が成仏を観よ。復此れよりも速かならん。当時の衆会。皆龍女の忽然《こつねん》の間に変じて男子となつて（変成男子）。菩薩の行を具して。即ち南方無垢《むく》世界《せかい》に往《ゆ》いて。宝蓮華に坐して等正覚を成じ、三十二相。八十種好あつて。普く十方の一切衆生の為に妙法を演説するを見る」とあり、「五障」（女人は梵天王・帝釈天・魔王・転輪聖王・仏にはなれない）、「三従」（女人は幼い時には親に従い、嫁しては夫、老いては子に従うべき）によって成仏でいないとされてきたが、龍王の八歳の娘（龍女）が釈尊に宝珠を捧げた功徳によって即身成仏したことが説かれる。また、提婆達多品には、前世の釈尊が薪を拾い水を汲んで仙人（過去世の提婆達多）に仕え、妙法を得た話がある。行基作と伝えられる「法華経をわが得しことは薪こり菜《な》摘《つみ》水汲《みずく》み仕えてぞ得し」（『拾遺集』）を歌って、薪を背負った者が八講壇の周囲を一巡するなど、参列者がさまざまな供養の品を捧げて薪の行道を行った。『源氏物語』には「今日の講師は、心ことにえらせたまへれば、薪こるほどよりうちはじめ同じういふ言の葉も、いみじう尊し」（賢木）と、薪や水桶などを捧げながら行道する様子はすばらしいと描写されている。
→女人成仏
（関戸）

法華曼荼羅図
○ほっけまんだらず

『妙法蓮華経王瑜伽観智儀軌』などに基づく息災・増益などを祈念する『法華経』に立脚した曼荼羅図、もしくは『法華経』に説示される世界観を表現した曼荼羅図。構成は中央に八葉蓮華を描き、その上に『法華経』見宝塔品に基づく多宝塔を描く。多宝塔の内部には右に釈尊、左に多宝如来が並座し、その周囲の八葉蓮華の花弁には弥勒菩薩・文殊菩薩・薬王菩薩・妙音菩薩・常精進菩薩・無尽意菩薩・観音菩薩・普賢菩薩の八菩薩を配置する。さらに八葉蓮華の周囲には釈尊の弟子四大声聞を配し、その外に外四供、四摂、四大明王、四大天王などを描く。日蓮諸派における法華曼荼羅は、日蓮佐渡流罪中に始顕した曼荼羅が中心であり、十界の諸仏・諸神を配置していることから「曼荼羅本尊」「十界曼荼羅」などとも称し、尊崇の対象とされる。日蓮諸派の法華曼荼羅は『法華経』本門に立脚して描かれおり、中央に「南無妙法蓮華経」の題目を配置し、また先の「右に釈尊、左に多宝如来」とは逆に「左に釈尊、右に多宝如来」が並座する。これは両尊が他に配列される菩薩たちに向かっていることをあらわす。また『法華経』本門に登場する、弥勒菩薩や普賢菩薩に代表する大菩薩衆や天部衆、法華擁護の守護神などを漢字にて書きあらわし、四方には四大天王を同じく漢字にて配する。さらに不動・愛染明王は種字と呼ばれる梵字にて書きあらわされ、いうなれば文字による法華曼荼羅図である。さらに中央の題目の線は長く引き延ばされており、この線を「光明点」と呼ぶ。これは題目の功徳が光となって遍く世界に満ちることを表現し、この特徴から日蓮の法華曼荼羅を「ひげ曼荼羅」と呼ぶこともある。また一部ではあるが文字でなく画像で表したものや

諸尊それぞれに蓮台が付されたもの、また瓔珞によって飾られたものもある。（木村）

→宝塔絵曼荼羅・曼荼羅本尊

法華文句 ○ほっけもんぐ

天台大師智顗が『法華経』を理論面と実践面から解説した三書（『法華玄義』『摩訶止観』を入れて天台三大部という）のなかの一書で、正式には『妙法蓮華経文句』という。全一〇巻、各巻上下分冊して二〇巻本。智顗が陳の禎明元年（五八七）、五〇歳のとき金陵の光宅寺で講説したものを弟子の章安大師灌頂（五六一―六三二）が記述したものに、さらに灌頂自身が補説した部分が含まれている。『法華玄義』が『法華経』の題目を解釈したのに対し、『法華文句』は各品経文を一文一句註釈する書である。まず、『法華経』二八品を序分・正宗分・流通分に科段分けする。序分とはまさに『法華経』のイントロダクションの部分であり、正宗分は『法華経』教説の中心になる部分、流通分は経典を流通するためにその功徳が説かれる部分である。『法華経』全体を三段に分ける「一経三段」では、序品を序分、方便品から分別功徳品の十九行偈に至る一五品半を正説分、それ以降の一一品半を流通分としている。さらに二八品の前半一四品を「迹門」、後半一四品を「本門」と分け、それぞれ三段を設ける。迹門では序品を序分、方便品から授学無学人記品に至る八品を正宗分、法師品から安楽行品までの五品を流通分としている。本門では従地涌出品の前半を序分、涌出品の後半と如来寿量品、分別功徳品の前半の一品二半を正説分、それ以降を流通分としている。経文解釈においては因縁・約教・本迹・観心の四つの視点が導入されており、「因縁」とは釈尊がその経文を説いた意向と四悉檀の益からの解釈、「約教」とは智顗の五時八教判の八教判に基づく解釈、「本迹」とは本門と迹門の関係における解釈、「観心」

とは智顗の主体的解釈によって実践の指南となるものをいう。経文解釈のなかには、この四釈に基づきながら、中国仏教各師の諸説を論破している。なお、天台宗第六祖湛然が著した『法華文句記』一〇巻は本書の注釈書である。（三輪）

→智顗・天台三大部・法華玄義・摩訶止観・《中国仏教と『法華経』》

法華論　○ほっけろん

『妙法蓮華経優波提舎《うばだいしゃ》』の略。梵名はSaddharma-puṇḍarīka-sūtra-upadeśa。二巻。世親（vasubandhu・天親）造。後魏の菩提流支（bodhiruci）が訳し曇林が筆受したとされる。別訳として元魏の勒那摩提（Ratnamati）、僧朗等訳のもの一巻が確認されるが、これは帰敬頌《ききょうじゅ》を欠く。『法華経』を略釈するとともに『法華経』を宣揚した書である。『法華論』は多くの学師がその文を引いており、代表的なものは嘉祥大師吉蔵の『法華玄論』などが挙げられる。本論依用の『法華経』は現存のネパール本に類似しており、鳩摩羅什訳に合致しない点が多いといわれるが明確ではない。智證大師の『法華論記』巻一によると、論はその義門が五章三二大段であり、「七成就」は序品を、「五示現」は方便品を、「七喩・三平等・十無上」の三章は他の諸品をそれぞれ註釈したものであるという。さらにこれを三段に分断すると、「七成就」は序分、「五示現」ないし「十無上」中の「九無上」は正説分、「十無上」中の「第十勝妙力無上」は流通分と配することができる。「七成就」の中、第三の欲説法時至成就為諸菩薩の下に『法華経』の一七異名が出る。一七名とは一に「無量義経」、二に「最勝修多羅」、三に「大方広経」、四に「教菩薩法」、五に「仏所護念」、六に「一切諸仏秘密法」、七に「一切諸仏之蔵」、八に「一切諸仏秘密処」、九に「能生一切諸仏経」、十に「一切諸仏之道場」、十一に「一切諸仏所転法論」、十二に「一切諸仏堅固舎利」、十三に「一切諸仏大巧方便」、十四に「説一乗経」、十五に「第一義住」、十六に「妙法蓮華経」、十七に「最上法門」であるとする。

（木村）

法説・譬説・因縁説

○ほっせつ・ひせつ・いんねんせつ

→三周説法

本阿弥光悦

○ほんあみこうえつ

一五五八―一六三七。安土桃山・江戸初期の美術工芸家・能書家。太虚庵・自得斎・徳友斎などと号す。本阿弥家の日蓮宗帰依は、初祖妙本《みょうほん》が京都六条本国寺の日静《にちじょう》に帰依したことに始まると伝えられる。室町中期になると、本阿弥家中興の六代本光《ほんこう》（本阿弥右ヱ門三郎清信）が、京都本法寺開山の久遠成院日親《にっしん》と師檀関係を結び、かくして本法寺外護の檀那として、丹精を尽すことになる。本阿弥家の法華信仰は篤く、光悦の母、妙秀《みょうしゅう》は本阿弥家の法華信仰の中心にあって、一門の賢母として九〇年の生涯を日蓮宗への帰依に捧げ、光悦も、母の薫陶を受けて強盛な日蓮信仰に邁進した。そのことは、日蓮宗の寺院に残る多くの扁額と、本法寺・妙蓮寺・本満寺等に残存する日蓮遺文の筆写がそれを証明する。光悦は元和元年（一六一五）、徳川家康により洛北鷹《たか》ヶ峰《みね》の地を拝領し、洛中の山川通り今出川上ル西側の、いわゆる「本阿弥辻子《つじこ》」と呼ばれる所から、その一門と家職につながる人々を引連れて移住する。東西二〇〇間、南北七町の山野に、光悦の新しい芸術村が拓かれ、本阿弥の三事（とぎ・ぬぐい・めきき）の家職と書画漆陶の共同製作が行われ、その偉大な芸術創作活動は続けられた。ここに移住した人々はみな法華の信者であり、法華一揆以来の伝統を受継ぐ京都町衆であった。すなわち光悦は鷹ヶ峰の芸術村の指導理念として法華信仰を団結の支柱とした。

この地には、法華の談所である常照寺（鷹《たか》ヶ峰《みね》檀《だん》林《りん》）、光悦の母妙秀の菩提所である妙秀寺、本阿弥家先祖の菩提所である光悦寺、頂妙寺日龍《にちりゅう》が建立した知足庵という四つの法華寺院が営まれた。これらの寺院では、天台六〇巻の講釈がなされ、毎日妙経一部を読誦し、五種の妙行（受持・読・誦・解説・書写の修行）が行われ、法華の首題が唱えられた。しかも僧俗が一体となって唱題三昧が修されていた。この鷹ヶ峰の地で、寛永一四年（一六三七）、光悦は八〇年の生涯を終えた。法号は、了寂院光悦日豫居士。

（高森）

本迹　○ほんじゃく

本迹とは本門・迹門の意。『法華経』二十八品は前後に分かつことができ、その前半十四品を迹門、後半十四品を本門とする。この二分科は天台大師智顗が『法華経』を解釈するときに本門・迹門の両門に分科したことに基づくとされる。本迹は『法華経』において釈尊が久遠の昔にすでに仏陀となっていたことを顕し、さらに久遠実成本仏であることを顕すのが本門であり、迹門において釈尊はあくまでもこの世に現れ、菩提樹の下で覚りをひらいた歴史上の仏陀という内容ということになるが、それぞれの関係をどのように理論づけるかによってその受けとり方、解釈がかわってくる。日蓮は『法華経』の真実性を顕すのは、迹門の開三顕一、本文の開近顕遠であるとする。迹門において釈尊が方便を説いた三乗の教えを開いて絶対平等の一仏乗に帰入せしめることを説き示し、また、釈尊が五百億塵点以前の遠い過去において妙覚果満の仏陀として以来、弟子を養成し、衆生を教化し続けてきたことを開顕した本門一四品に至ってからであるとし、このことを明らかにすることは、本門における『法華経』による救済観を明らかにするために不可欠のこととして、日蓮の教学において最も基本をなすものであるとする。日蓮滅後の門下はこの本門中心の『法華経』理解の立場と本門と迹門は同等であるという理解の立場をどのように継承するか盛んに論議し、本勝迹劣を主張する勝劣派と本迹一致を主張する一致派に分派していった。（木村）

↓「本門」、「迹門」、《法華三部経とは》

梵天

○ぼんてん

（1）仏教の世界観のうち須弥山世界における色《しき》界《かい》（三界の一つで須弥山の上空に展開する天界）の初禅天（大梵天・梵輔天・梵衆天）のこと。有頂天ともいう。大梵天王の住処である。（2）梵天王・大梵天王のこと。須弥山世界の初禅天に住する。バラモン教の最高神ブラフマン（Brahman）が神格化されたもので、仏教では天部（天上界）の衆生として、仏法守護の善神となった。『法華経』では見宝塔品で六難九易を説く中「若し大地を以て、足の甲《つめ》の上に置いて、梵天に昇らんも、亦未《またいま》だ難しと為《せ》ず」などとみえる。（高森）

↓梵天王

梵天王

○ぼんてんのう

梵王、大梵天王とも称す。インド古代思想の最高神であり、宇宙の創造者。万有の根源たるブラフマン（Brahman）を神格化したもの。仏教ではこの神を色界初禅天《しきかいしょぜんてん》の主とし、娑婆世界を統領するものとして尊び、帝釈天王と並んで護法の善神の最高に位置づける。『法華経』の処々に登場するが、方便品では、釈尊が菩提樹下で悟りを開いた時、娑婆世界の衆生に説法を要請（梵天勧請《ぼんてんかんじょう》）したことが説かれている。（高森）

↓五障

煩悩即菩提

○ぼんのうそくぼだい

煩悩と菩提が相即不二《そうそくふに》（二つのものが差別なく一つに融けあっていること）であること。煩悩（心の迷い）が、菩提に至るための資《たす》けとなること。天台教学からすると、『法華経』（円教）は、煩悩即菩提（衆生の汚れた煩悩でさえも仏の悟りを得るための重要な糧となること）・生死即涅槃《しょうじそくねはん》（衆生の生死の姿そのものが如来の清浄なる涅槃の境界と等しいこと）・娑婆即寂光《しゃばそくじゃっこう》（衆生の住する娑婆の穢土がそのままで釈尊の常住する寂光の浄土であること）を説くものと位置づけられる。しかし、煩悩即菩提が『法華経』の教えであるからといって、これによって煩悩に身を委ね野放図な生活を享受していればよいということではない。悟れば煩悩即菩提であるが、迷っていれば折角の菩提も煩悩に外ならない。悟ろうと志す眼を以てすれば、凡心の一念における日常の煩悩の中にこそ菩提の芽生えがある。このため、『法華経』の教えに導かれて生きることによって、私たちは、ひとりひとりが、迷いの原因である煩悩を成仏するための因へと転化する生き方を体得し、生まれ変わり死に変わる生死の輪廻の中に仏と同じ不生不滅の涅槃の境界を悟るべきである。そうして煩悩も捨てず、生死を克服しなくとも、如来と同等の悟りを得ること、すなわち肉体も精神も安心《あんじん》によって満たされた円満な成仏の境界を得ることができる。そればかりでなく、同じ悟りを得た者同士が集まれば、やがて、この世界は無数の覚者が充満する永遠不滅の寂光の浄土（浄仏国土）となる。（高森）

→娑婆即寂光・生死即涅槃

本門

○ほんもん

『法華経』二八品のうち、従地涌出品第十五から普賢菩薩勧発品第二八までの後半の十四品のこと。前半十四品の迹門に対する語。本門とは、仏がその

は

本来の姿を説き顕した教説という意味。智顗の『法華文句』巻一上にみえる二経六段の科文に基づき、如来寿量品第十六が中心となる。本門の「序分」が従地涌出品第十五の前半、「正宗分」が従地涌出品第十五の後半・如来寿量品第十六・分別功徳品第十七の前半（これを一品二半という）、「流通分」が分別功徳品第十七の後半および随喜功徳品第十八から普賢菩薩勧発品第二八までとなる。迹門で説かれた、歴史的に実在した始成正覚の仏にとらわれることを否定して、本門において、久遠実成の釈尊が、はるかなる久遠の過去に成道し、過去・現在・未来の三世にわたり衆生を利益し続けることが顕かにされること開近顕遠《かいごんけんのん》という。智顗は、このような仏の本地について説かれる本門の内容について、『法華玄義』一上に「師弟遠近不遠近の相」と名づけて、師である釈尊だけでなく、弟子の永遠性までが明らかにされたことを指摘する。また、日蓮は久遠実成の釈尊が顕らかにされたことによって、釈尊と衆生の根本的な因果の関係が明らかになり、そのことによって久遠の釈尊がましまます娑婆世界は、そのまま常住不滅の寂光土となるとみる。そして、「本門の本尊」（如来寿量品にはじめて明らかにされた久遠実成の本仏釈尊）、「本門の戒壇」（南無妙法蓮華経の題目を受持する道場。題目を唱えることは、仏道修行者として戒を受けることになる）、「本門の題目」（本門の教主釈尊の因行果徳、すなわち久遠の過去からつづけられた釈尊の菩薩行とその功徳をそなえた南無妙法蓮華経の題目）という、末法の修行の目標としての三つの重要な本門である「三大秘法」を説く。

（関戸）

→久遠実成・迹門・本迹

ま

摩訶止観

○まかしかん

天台大師智顗が『法華経』を理論面と実践面から解説した三書（『法華玄義』『法華文句』を入れて天台三大部という）のなかの一書で、『法華経』の題目と経文の内容を注釈した他の二書と異なり、実践論を説いた書である。「天台止観」「大止観」「止観」とも称され、全一〇巻、各巻上下分冊して二〇巻。智顗が隋の開皇一四年（五九四）四月二六日より荊州玉泉寺にて講述し、弟子である章安大師灌頂（五六一―六三二）が記述整理した。「止観」とは心の平静な状態をいい、止観に至る行法が説かれている。冒頭には天台宗の相承論が展開され、釈尊から始まり第一三祖に龍樹を経由する「金口相承」と、『摩訶止観』の教えが智顗の師である南岳慧思から伝えられたものであって、その源流に龍樹を定める「今師相承」が述べられる。構成は「大意」「釈名」「体相（顕体）」「摂法」「偏円」「方便」「正観（正修）」「果報」「起教」「旨帰」の十章（十広）からなる。「大意」は十広の大意を表すと言う意味で、発大心・修大行・感大果・裂大網・帰大処の五項に分けて全体を概説する。「発大心」では菩提心を起こすことを大前提とし、「修大行」では智顗が修行形態を分類した常行・常坐・半行半坐・非行非坐の四種三昧が説かれる。「感大果」では自行である止観行で至る覚りの階位が示され、「裂大網」では自行から化他に移行して一切衆生の煩悩を滅することが示される。そして「帰大処」とは、覚りの境地である法身・般若・解脱の三徳に達するために自行化他の完遂が説かれる。十広において中心となる章が、修行論である第七の「正観」章である。まず、第六「方便」章で正しい止観行に入る前段として、修行者が心身の状況から修行を行う環境まで、五種二五項目（二十五方便）の整えるべき条件が示される。「正修」では十種の認識対象（十境）と、各々に対して十種の観法（十乗観法）が明らかにされる。十境とは陰入界境・煩悩境・病患境・業相境・魔事境・禅定境・諸見境・増上慢境・二乗境・菩薩境の修行を妨げる十種であり、心を観ずる十乗観法は観不思議境・起慈悲心・善巧安心・破法徧・識通塞・修道品・対治助開・知次位・能安忍・無法愛である。十境十乗観法のなかで最も重要な項目が「観不思議境」で、心という思議が及ばない対象を観ずることに重点を置き、心はそのまま三千の世界もつ（一念三千）と示している。大意では十広すべてについて解説されているが、智顗が実際に講述したのは七章正修の諸見境までで、増上慢境以降、十章旨帰までは説かれていない。なお、天台宗第六祖湛然が著した『摩訶止観輔行伝弘決』一〇巻は本書の注釈書。

（三輪）

→智顗・天台三大部・法華玄義・法華文句・《中国仏教と『法華経』》

摩訶波闍波提比丘尼

○まかはじゃはだいびくに

マハープラジャーパティー（Mahāprajāpatī）。憍曇弥ともいう。釈尊の養母で、生母の摩耶夫人の妹。釈尊は生後七日目に生母を失い、摩訶波闍波提が父の浄飯王の妃となって、年少時代の釈尊を養育した。後に難陀を産み、両子を愛した。釈尊出家成道後、難陀をはじめ、一族の多くが出家するのを見て、自らも出家を志した。釈尊が悟りを開いて五年目に故郷で説法したとき、摩訶波闍波提と耶輸陀羅（太子のときの釈尊の妃）ほか五百人の女性と一緒に出家を願った。はじめ釈尊は女性の出家を許さなかったが、養母の熱意と養育の恩、そして阿難のとりなしによって、比丘を敬い、罵謗しないなど八敬戒を守ることを条件に出家を認めたという。『法華経』では序品の会座に登場している。また、勧持品では摩訶波闍波提比丘尼と学無学の六千人の比丘尼に一切衆生喜見如来、耶輸陀羅比丘尼に具足千万光相如来の記莂が与えられている。（関戸）
↓耶輸陀羅比丘尼

摩頂付嘱
○まちょうふぞく

釈尊が菩薩たちの頭（頂き）を摩《な》でて、仏滅後の布教を付託したこと。『法華経』嘱累品の総付嘱を指す。神力品で釈尊は本化の地涌の菩薩たちに『法華経』の滅後の弘通を委嘱した（別付嘱）。そして、嘱累品で釈尊は法座より立ち上がり、偉大な神通力を現わして、「我、無量百千万億阿僧祇劫において、この得難き阿耨多羅三藐三菩提の法を修習した。今、以て汝等に付嘱する。汝等よ、まさに一心に此の法を流布して、広く増益せしむべし」と言って、三度にわたって菩薩たちの頂を右手で摩でることを繰り返して、迹化の菩薩や一会のすべての大衆たちに滅後の弘通が委嘱された。涌出品では、他方から来た菩薩たちが仏滅後の弘経を申し出るが、釈尊はそれをおしとどめて、地涌の菩薩たちがその任に当たることを明らかにした。神力品では、その本化の地涌の菩薩たちに滅後の弘通が委嘱され、嘱累品では申し出を断られた迹化の他方来の菩薩たちと、一会のすべての大衆に滅後の弘経が委嘱される。（関戸）
↓付嘱

松永貞徳
○まつながていとく

江戸初期の俳人（一五七一—一六五三）。京都に生まれ、和歌を九条稙通《たねみち》および細川幽斎に、連歌を里村紹巴《じょうは》に学ぶ。豊臣秀吉にも仕えた。俳諧に心を傾けたのは比較的晩年であるが、たちまちその指導的存在となって貞門俳諧の祖となり、その式目を定めた『御傘』がある。門下に北村季吟《きぎん》、加藤盤斎、深草の元政上人など。編著に『歌林樸樕《ぼくそう》』『逍遊《しょうゆう》愚抄《ぐしょう》』『戴恩記《たいおんき》』など多数ある。方便品で釈尊の真実の法が顕されたことについて「世の中のひとのこころの花までも開くや梅のにほひなるらん」（『逍遊抄』）と詠んでいる。

末法

○まっぽう

釈尊入滅後の時代区分を、正法《しょうぼう》・像法《ぞうぼう》・末法《まつぼう》の三つの時期に分けたうちのひとつ。正法とは、正しく仏法が守られている時代、像法とは、像《かたち》すなわち寺院・仏塔・仏像・経巻などのかたちでのみ仏教が残っている時代、末法とは、仏法が衰退して混乱をきたし、戦乱や疫病などにより世の中が乱れる時代。慈恩大師基《き》（窺基《きき》）の『大乗法苑義林章』によれば、正法は、教（教法）・行（修行）・証（証果）がともにそなわる時代、像法は教・行のみあって証のない時代、末法は教のみあって行・証のない時代とされる。この仏法衰退の下降史観を、正像末の三時説という。また、三時の年限については、正法・像法に関して四種の説があり、（一）正法五百年・像法一千年とする『大方等大集経』（『正蔵』一三巻三七九頁c）、（二）正法一千年・像法五百年とする『悲華経』（『正蔵』三巻二一一頁b）、（三）正像各五百年とする『大乗三聚懺悔経』（『正蔵』二四巻一〇九四頁a）、（四）正像各一千年とする『中観論疏』（『正蔵』四二巻一八頁a）等がある。末法については概ね一万年とする点で諸説が一致する。末法に入る年（入末法年《にゅうまっぽうねん》）について、日本では『周書異記』『末法灯明記』の所説に基づいて、永承七年（一〇五二）を末法元年とする説が一般的となり、これによって末法思想が流行し、こうした終末観に対峙するところから鎌倉仏教が誕生した。なお、仏法の下降史観については、このほかにも『大方等大集経』の五堅固《ごけんご》説《せつ》（解脱堅固・禅定堅固・読誦多聞堅固・多造塔寺堅固・闘諍堅固のそれぞれに五百年を配当）があり、このうち闘諍堅固（闘諍言訟白法隠没堅固《とうじょうごんじょうびゃくほうおんもつけんご》）が末法に相当する。末法が第五の五百歳である意から「五五百歳」、末法が正像の後の五百歳である意から「後五百歳」ともいう。

（高森）

→三時

宮沢賢治《みやざわけんじ》

一八九六―一九三三。詩人・童話作家。岩手県稗貫郡（現、花巻市）生まれ。二〇歳の時、盛岡高等農林学校農学科に入学。島地大等の『漢和対照妙法蓮華経』を読んで法華信仰を起す。大正七年（一九一八）二三歳の時、信仰上の問題で父と対立するが、彼の『法華経』に対する敬信は益々深まり、大正九年（一九二〇）、日蓮主義を説く田《た》中《なか》智《ち》学《がく》の国柱会《こくちゅうかい》に入会。翌年には、上京して国柱会の活動に参加するとともに、文芸活動にも身を入れた。同年の夏には妹トシの発病により帰郷し、看病しながら『注文の多い料理店』『どんぐりと山猫』など郷土色豊かな童話を次々に作った。また、同年の暮に郡立稗貫農学校（後の県立花巻農学校）の教諭に就任。翌一一年には、『春と修羅』の第一集を起稿する。一一月二七日、妹トシが二五歳で夭逝すると、非常な悲しみにあって名作「永訣の朝」を始め「無声慟哭」「松の針」等の臨終詩篇を作った。また、一方では教師を辞めて農民生活の向上を目ざし、新しい農民運動を展開していった。『法華経』の精神に基づいた生き方をもとに農耕上の諸問題を取上げた『農民芸術論』を説いたり、実際に農村を巡回して肥料設計の指導をしたりして、農村の発展をねがい活躍した。昭和四年（一九二九）、過労がもとで病床に伏すこととなった賢治であるが、病床にありながらも常に詩作を続け、また法華信仰を怠らず、日蓮の「本化の菩薩」としての生き様に深く感化されていった。昭和五年（一九三〇）病状の回復するのをまって、再び文筆活動と農民運動を開始。翌六年（一九三一）に炭酸石灰の製法改良に成功すると、岩手・秋田・宮城・東京の各地を巡回して普及に努めた。この年の九月上京したが、再び発病し高熱に苦しむ。帰郷して代表作「雨ニモマケズ」ができた。そして、昭和八年（一九三三）九月二一日、『国訳法華経』の印刷と知人への配布を願いつつ、三八歳をもって歿した。（高森）

→雨ニモマケズ

妙音菩薩《みょうおんぼさつ》

『法華経』妙音菩薩品に登場する菩薩。「妙音」(gadgadasvara) とは擬声語で、ガラガラ、ゴロゴロなどに相当する。これを雷鳴とする説や、不分明な口ごもるような音とされ、帝釈天の声に由来するともいわれる。また、意味のわからないことを話す人（異邦人）とする説もある。東方の浄華宿王智如来の浄光荘厳国を住処とし、甚深の智慧を成就して法華三昧などのさまざまな三昧を得ているという。その力によって、居ながらにして霊鷲山に八万四千の蓮華を現わしたので、その奇瑞を見た文殊師利菩薩がその理由を釈尊に問いかける。そこで、妙音菩薩は八万四千の菩薩たちと一緒に『法華経』の会座の霊鷲山に来て釈尊と多宝如来に出会いご機嫌を伺う。その不思議な様子を見た華徳菩薩が釈尊にその神通力の由来をたずね、それによって妙音菩薩が現一切色身三昧の力で三十四の変化身を現して、娑婆世界および十方世界の衆生を救護することが明らかにされる。「観音なお三十三身を現じ、妙音また三十四身を現じ給ふ。教主釈尊何ぞ八幡大菩薩と現じ給はざらんや」（日蓮『諫暁八幡抄』）、「かの妙音菩薩は、霊山浄土に詣して不孝の輩をいましめ」（『平家物語』咸陽宮）とある。なお、密教の妙音菩薩は五字（髻）文殊と同体とされ、五髻の童子形で胎蔵界文殊院に配される。（関戸）

→三十四身

妙荘厳王

〇みょうそうごんのう

『法華経』妙荘厳王本事品に登場する王。「妙荘厳」とは浄らかに荘厳されたという意。妙荘厳王品は、浄蔵と浄眼の二王子と父の妙荘厳王、そして浄徳夫人の四人がおりなす『法華経』信仰の物語で、子が親を導くという教化のありさまが説かれている。

遠い昔、雲雷音宿王華智仏の時代に妙荘厳王と夫人の浄徳、そして浄蔵と浄眼の二人の息子がいた。雲雷音宿王華智仏は婆羅門の教えに帰依していた妙荘厳王を教導しようとして『法華経』を説いた。そのとき、浄蔵と浄眼は母と一緒に『法華経』の説法を聴聞しに行くことを申し出たが、母は父王を同行させようと考えた。そして、二人の息子が不思議な神通力を示せば、妙荘厳王の心が清らかなものになって、『法華経』を聴聞する心が起こるだろうと思い二人の子にすすめた。そこで、浄蔵と浄眼は虚空にのぼり、身から火や水を出したり、大身や小身を示したり、地にもぐったり、水の上を歩くなどの不思議な神通の力をあらわした。さらに、三千年に一度だけ咲くという優曇鉢羅華に出会うことや、一眼の亀が浮木の孔に遭遇することがいかに難しいかを説いて、仏から教えを受ける機会が容易に得られるものではないことを強調した。不思議な光景を見て感激した妙荘厳王は、雲雷音宿王華智仏のもとへおもむき、『法華経』を聴聞して一切浄功徳荘厳三昧（一切の功徳という飾りによって荘厳されたという名の三昧）を得て、娑羅樹王仏となるだろうとの記莂が与えられた。そして、妙荘厳王は今の華徳菩薩、浄徳夫人は光照荘厳相菩薩、浄蔵と浄眼は今の薬王菩薩・薬上菩薩の前生のすがたであると、仏は大衆にむかって四人の本事を示す。（関戸）

→浄眼・浄蔵・浄徳夫人

妙法蓮華経《みょうほうれんげきょう》

「正しい教えの白蓮華の経」という意味。鳩摩羅什が訳した『妙法蓮華経』のこと。サンスクリット原典はサッダルマ・プンダリーカ・スートラ（Saddharmapuṇḍarīka-sūtra）。『法華経』は第一期（初期）大乗経典に属し、紀元五〇年から一五〇年ごろに成立したと考えられている。『法華経』の漢訳については「六訳三存」と称され、六種類あったが三種類だけが現存するとされる。現存の漢訳本は竺法護（二三九―三一六）訳『正法華経』（十巻二七品、二八六年訳）、鳩摩羅什訳『妙法蓮華経』（七巻二七品、のち八巻二八品、四〇六年訳）、闍那崛多・達摩笈多訳『添品妙法蓮華経』（七巻二七品、羅什訳の補訂、六〇一年訳）である。隋朝において、法雲（四六七―五二九）より以後、智顗（五三八―五九七）より以前に「提婆達多品」が新加され、その後『添品妙法蓮華経』が訳出される以前に「観世音菩薩普門品」（観音経）の重頌が添えられ現行の八巻二八品となったと推測される。『正法華経』はサンスクリット原典に比較的近いが、解読しがたい部分がある。それに対して『妙法蓮華経』は群を抜いて広く読まれており、中国や日本の仏教はもちろん、文学にも大きな影響を与えている。中国では智顗の『法華玄義』『法華文句』『摩訶止観』、日本では聖徳太子撰と伝える『法華義疏』などの注釈書によって『法華経』の思想が高揚されている。『妙法蓮華経』によって宗旨を開いた智顗の天台宗は、最澄（七六七または七六六―八二二）により日本に伝えられ、比叡山延暦寺は天台宗の根本道場として、出家者の多くがここで修学している。法然（一一三三―一二一二）・親鸞（一一七三―一二六二）・一遍（一二三九―一二八九）・栄西（一一四一―一二一五）・道元（一二〇〇―一二四三）などの平安から鎌倉期の祖師たちもここで学んだ。なかでも日蓮（一二二二―一二八二）は『法華経』のみを拠りどころとして宗旨を立て、「南無妙法蓮華経」の題目の受持こそ末法における正しい『法華経』信仰のありかたとした。『妙法蓮華経』は単なる経典の名にとどまらず、『妙法蓮華経』に帰依することによって、釈尊の久遠の修行とそれによって成就されたすべての功徳が譲り与えられるとみたのである。

（関戸）

→開目抄・観心本尊抄・日蓮

未来記　○みらいき

滅後、未来世、あるいは末法を予見して記した言葉や文章。聖徳太子に仮託されたものがよく知られており、終末論的な内容のものが多い。「予記」「記文」ともいう。日蓮はとくに『法華経』および天台大師・聖徳太子の未来記などに言及している。とりわけ、『法華経』勧持品の「二十行の偈」と薬王菩薩本事品の「後五百歳中広宣流布」の文は、法華経の行者日蓮の宗教活動を支える重要な未来記であった。日蓮は、末法が濁世であり悪機の充満する法滅の時であるという認識に立って、『法華経』は末法の時・末法の機根のために釈尊が留め置かれた経典であると主張する（末法為正論《まっぽういしょうろん》）。また、『法華経』勧持品の「二十行の偈」と併せて、法師品「如来の現在すらなお怨嫉多し、況や滅後の後をや」、安楽行品「一切世間に怨《あだ》多くして信じ難く」、常不軽菩薩品「杖木瓦石を以てこれを打擲し」などを、『法華経』の行者が仏滅後・末法に出現するときには、必ず迫害を受けることを予言した仏の未来記であるとみなしている。日蓮は、大難四箇度・小難数知れずという受難を体験して、この経文の色読《しきどく》（身体で読むこと）をしたと自覚し、自身が末法の法華経の行者であることの確信をもつに至る。なお、日蓮自身が仏の未来記を体現することにより、『法華経』の真実性もまた立証されることになるので、法華経の行者が末法に出現することの意義を重視している。

（高森）

→日蓮・《法華三部経とは（法師品・勧持品・安楽行品・常不軽菩薩品）》

弥勒菩薩

○みろくぼさつ

未来に下界に降って仏となり、衆生を救うという菩薩。サンスクリット語マイトレーヤ（Maitreya）に相当する音写。好意的、慈愛にみちた者の意味で、「慈」「慈氏」などと意訳して慈氏菩薩ともいう。釈尊の滅後五六億七千万年後に、釈尊の救いに漏れた人々を救いにやってくるとされる。すでに菩薩としての修行を成就しており、一生補処の位（あと一生で仏となりうる位）に達して、現在は兜率天で待機している。『弥勒下生経』に弥勒の事績が予言の形で述べられており、弥勒は兜率天より閻浮提を観察し、翅頭城の大臣を父母として母の胎内に降り、その右脇より生まれ、三十二相をそなえ龍華樹の下で悟りを開き、摩訶迦葉から釈尊の衣を受け取り、三度にわたる法会で三百億もの人々を迷いから救うという。なお、実在の人物であるインド瑜伽行派の祖である弥勒とは別である。また、ガンダーラの片岩で刻まれた水瓶をもつ菩薩は弥勒と思われるが、法顕の旅行記にはパミール山中の巨大な木造の弥勒像について記される。日本では中宮寺（奈良）と広隆寺（京都）の弥勒菩薩像がよく知られている。『法華経』普賢菩薩勧発品に「若し人あつて受持し読誦し其の義趣を解せん。是の人命終せば、千仏の手を授けて、恐怖せず悪趣に堕ちざらしめたまふことを為《え》、即ち兜率天上の弥勒菩薩の所に往かん」とあって、『法華経』を受持・読誦することによって弥勒浄土・兜率天へ往生すると説いており、これが菩薩形の弥勒造像の要因の一つと考えられている。また唐から円仁によってわが国に伝えられた「埋経」は、釈尊入滅後五六億七千万年後に兜率天内院にある弥勒菩薩が出世して、龍華樹の下で三会の説法をするのに備えて経典を残そうとすることを目的としている。寛弘四年（一〇〇七）の藤原道長の吉野金峯山における『法華経』等の埋経は銘文に「弥勒の値遇」と明記され、建治二年（一二七六）の称名寺（神奈川）の弥勒菩薩像も像内に『法華経』八巻を納めている。『法華経』序品では「爾の時に弥勒菩薩自ら疑を決せんと欲し、又四衆の比丘・比丘尼・優婆塞・優婆夷及び諸の天・龍・鬼神等の衆会の心を観じて、文殊師利に問うて言はく、何の因縁を以て此の瑞神通の相あり、大光明を放ち東方万八千の土を照したまふに、悉く彼の仏の国界の荘厳を見る」とあり、放光瑞を見た弥勒菩薩が、どのような理由でこの奇瑞があらわれ、おおいなる光明によって東方の一万八千の国土が照らされ、その厳かなありさまが見られたのかを文殊菩薩に問いかける。文殊菩薩は諸仏にこれまでつかえてきたので、この瑞相のいわれを知っているにちがいないと思われたからである。すると、文殊菩薩は釈尊が大法を説き、大法の雨をふらし、大法のほら貝を吹き、大法の鼓をうち、大法の意義を演べようとしておられるのだと答えた。すなわち、これから「大法」である『妙法蓮華経』が説かれるであろうと言うのである。このように序品に『法華経』の説法がいよいよ開幕するありさまについて描写されているが、ここでは弥勒菩薩が重要な役割を果たしている。さらに、従地涌出品では、大地の下の虚空から六万恒河沙の地涌の菩薩が出現するという、不思議な光景が展開される。その不思議な光景はどのような「ゆかり」によるのかという疑念を懐いた聴衆を代表して弥勒菩薩が質問する。その疑念に端を発して、如来寿量品では五百億塵点劫の釈尊の永遠性が明らかにされる。涌出品では、他方から来た数多くの菩薩たちが、釈尊の滅後に『法華経』を布教することを申し出たが、釈尊はそれをおしとどめる。そのとき、娑婆世界のすべての国土が振動し破裂して、大地の下の虚空から大勢の徳の高い菩薩たちが涌出した。この不思議な光景を見て、弥勒菩薩をはじめとする聴衆は次のような疑念を持った。「時に弥勒菩薩摩訶薩、八千恒河沙の諸の菩薩等の心の所念を知り、竝に自ら所疑を決せんと欲して、合掌し仏に向いたてまつりて、偈を以て問うて曰さく、無量千万億、大衆の諸の菩薩は、昔より未だ曾て見ざる所なり。願わくは両足尊説きたまえ。これいずれの所より来れる。何の因縁を以て集れる。巨身にして大神通あり、智慧思議しがたし。その志念堅固にして、大忍辱力《だいにんにくりき》あり。衆生の見んと楽《ねが》う所なり。これ何れの所より来れる」

このような、涌出品の弥勒菩薩の疑念に応えて、如来寿量品では釈尊の久遠の教導が明らかにされる。ここでも弥勒菩薩が重要な存在となっている。

（関戸）

無間地獄　○むけんじごく

地獄世界には大きく分けて八熱地獄（八大地獄）と八寒地獄があり、無間地獄は八熱地獄の最下層をいう。無間はavici（阿鼻）の意訳。「間断のない」という意味で、苦しみが絶え間なくくり返す地獄のこと。父母・出家者を殺すなどの五逆罪や仏の教えをそしる重罪を犯した者が堕ちるとされる。別称として「阿鼻地獄」ともいわれ、『法華経』譬喩品では『法華経』を誹謗するものが阿鼻地獄に堕ちると説かれる。また常不軽菩薩品では釈尊の前世の姿である常不軽菩薩を軽蔑した四衆が阿鼻地獄に堕ちると示される。

（三輪）

→五逆罪・《法華三部経とは（譬喩品）》

武者小路実陰　○むしゃのこうじさねかげ

江戸時代中期の歌人（一六六一—一七三八）。実信の子。二七歳で天爾遠波（てにおは）の伝授を受け、中御門天皇および東宮（後の桜町天皇）の和歌の教授の任にあたった。家集『芳雲集』、歌学集

『初学考鑑』、門弟による聞書集に『詞林拾葉』がある。普賢菩薩勧発品に『法華経』が後の五百歳にのこされた教えであると説かれたことについて「たもてただいく五百年の後の世も思ふ花咲くこのみのりとは」と詠んでいる。なお、隠棲行脚の生活を送り「今西行」と呼ばれた似雲（一六七三―一七五三）は、一時武者小路実陰に師事していたとされる。（関戸）

無辺行菩薩　○むへんぎょうぼさつ

『法華経』従地涌出品で、大地から涌き出でた地涌の菩薩の代表の上行・無辺行・浄行・安立行の四大菩薩の一。従地涌出品には「是の菩薩衆の中に四導師有り。一を上行と名け、二を無辺行と名け、三を浄行と名け、四を安立行と名く。是の四菩薩その衆中に於て最もこれ上首唱導の師なり」とある。如来神力品で上行菩薩を代表とする地涌の菩薩は、霊山虚空会において、仏滅後に『法華経』弘めるようにとの別付嘱を受け、末法の濁世に出現して、衆生を救済する仏使としての使命をになう。智顗は『法華文句』九において、四菩薩を「開示悟入」の四十位にあてて解釈しているが、それによると無辺行菩薩は「示の十行」の示仏知見の修行、一行一切行の「行一」を現わすとされる。（関戸）

↓地涌の菩薩

紫式部　○むらさきしきぶ

平安中期の女流歌人、物語作者（九七八頃―一〇一四頃）。中古三十六歌仙の一人。本名未詳。女房名の紫式部は『源氏物語』の「紫の上」と、父の旧官名による。藤原為時の女。藤原宣孝と結婚し賢子をもうけたがまもなく夫と死別。そのころ『源氏物語』を書き始め、一巻ないし数巻ずつ書きすすめているうちに評判となり、道長に認められ中宮彰子に仕えた。一乗天皇崩御の後、皇太后となってからの彰子にも引きつづき仕えた。難解な天台教学書である智顗の『摩訶止観』を読破したともいわれており、幅広い教養を持った女性であったことが知られている。『源氏物語』が代表作であるが、皇子誕生・女房評などを書いた『紫式部日記』、家集『紫式部集』があり、和歌作品も『後拾遺集』など多くの勅撰集に入集している。法華八講（三十講）の提婆達多品（五巻所収）講説の日に関連して、女人成仏の教えに出会ったよろこびを詠じた「たへなりや今日は五月の五日とていつつの巻にあへる御法も」という和歌がある。紫式部が土御門天皇の御殿で講ぜられる法華三十講を聞くために参上したのが五月五日であった。この日に提婆達多品の女人でも成仏できるという釈尊の教えを聴聞して、感激に胸うち震えたという。なお、クマツヅラ科の落葉低木「ムラサキシキブ」は、六～七月に小さな淡紫色花を多数開くが、紫式部との直接の関係はないようである。（関戸）

→源氏物語・釈教歌・法華八講・法文歌

無量義経　○むりょうぎきょう

一巻。曇摩《どんま》伽《か》陀《だ》耶《や》舎《しゃ》訳（四八一）。他に求那跋陀《ぐなばつだ》羅《ら》訳一巻があったさとれるが現存しない。法華三部経の一で、世観『法華経論』、智顗『法華文句』の所説により『法華経』を説くに先立って説かれた「開経」と位置づけられる。説処は、中印度《ちゅういんど》摩竭陀《まがだ》国霊鷲山《こくりょうじゅせん》。徳行品《とくぎょうほん》・説法品《せっぽうほん》・十功徳品《じっくどくほん》の三品よりなる。徳行品は仏徳を讃歎するもので序分、説法品は大荘厳菩薩に無量義の法門を説くもので正宗分、十功徳品は経の十種の不可思議功徳力を説き大荘厳《だいしょうごん》菩薩・八万の大菩薩に付属するもので流通分とする。無量義の法門とは「性欲《しょうよく》無量なるが故に説法無量なり、説法無量なるが故に義も亦《また》無量なり。無量義とは一法より生ず、その一法とは即ち無相なり」と説かれる従一出多《じゅういつすいた》の教えである。「一」とは一仏乗・一乗法の『法華経』、「多」とは方便権経《ほうべんごんきょう》である爾前諸経《にぜんしょきょう》を指すとされる。爾前の法門は衆生の性欲《しょうよく》に応じて臨機応変に説き示されたもので、法華一乗の真実を開示するための方便の教えである。仏はこれを「性欲不同なれば種種に法を説きき。種種に法を説くこと方便力を以てす。四十余年には未《いま》だ真実を顕さず」と説いている。「四十余年《しじゅうよねん》未顕真実《みけんしんじつ》」の文は、爾前諸経と『法華経』との勝劣《しょうれつ》を判釈《はんじゃく》するもので、これをもって『法華経』が説かれる先序とする。日蓮は遺文中に法華最勝の文証《もんしょう》としてこの文をしばしば引用しているが『法華経』を十巻と称したり、一経三段の分科においても開結二経を含めて実質的には十巻三段とするなど、法華三部経を『法華経』として依用《えゆう》する場合が多い。（高森）

↓《法華三部経とは（『無量義経』徳行品・説法品・十功徳品）》

無量義処三昧　○むりょうぎしょざんまい

『法華経』の序品において釈尊が入った三昧《さんまい》（禅定《ぜんじょう》）。諸仏が『法華経』を説くに先だって必ず入る三昧といわれ、二乗《にじょう》・三乗《さんじょう》・五乗《ごじょう》などの無量の義（無量義《むりょうぎ》）の本拠《ほんじょ》（無量義処《むりょうぎしょ》・一乗《いちじょう》）となるところから名付けられる。これは、『法華経』の開経にあたる『無量義経《むりょうぎきょう》』において従一出多《じゅういつすいた》（一《いち》より多《た》を出す）の法門を説いたことを受けて入った三昧で、釈尊は『法華経』方便品に至って、この三昧より安祥《あんじょう》として起《た》って、法華一仏乗《ほっけいちぶつじょう》の説法を開始する。（高森）

↓《法華三部経とは（序品）》

目連　○もくれん

釈尊の十大弟子の一人。サンスクリット語マウドガリヤーヤナ（Maudgalyāyana）の音写。大目犍連ともいう。マガダ国のバラモンの出身。目連と舎利弗は、六師外道の一人で懐疑論者のサンジャヤの弟子であった。サンジャヤのもとでは七日間ですべてを学び終ったとされ、二百五十人の弟子を教えていた。懐疑論とは、人生の命題について捉えどころない答えを示すという特色を持っており、不思議な魅力で多くの門下を惹きつけていた。しかし、不思議な魅力があっても、人生を託すべき究極の思想ではあり得なかった。サンジャヤの教義に満足できずにいた目連は舎利弗と相談して、どちらかが善い師に出会ったときは、教えあおうと約束していた。そのような折、釈尊の弟子アッサジ（馬勝比丘）の勧めで、舎利弗と目連はサンジャヤの弟子二百五十人を連れて釈尊の弟子となった。舎利弗と目連を弟子にしたことにより釈尊の教団は一躍発展したという。目連は超自然的能力に優れており、修行を重ねて神通第一といわれるに至った。多くの信徒を獲得したが、托鉢に出かけたある日、執杖バラモンたちが目連をみつけて、半死半生のめにあわせた。それがもとで釈尊在世中に没した。『盂蘭盆経』には、目連が餓鬼道に堕した母を救うという話がみえ、盂蘭盆会の起源とされている。（関戸）

→舎利弗・十大弟子・施餓鬼

文殊師利菩薩 ○もんじゅしりぼさつ

文殊菩薩ともいう。「文殊師利」はサンスクリット語 Mañjuśrī の音写。曼殊室利・満殊尸利とも書き、妙吉祥・妙徳などと訳す。文殊師利法王子ともいう。『法華経』では法王子（法の王子）と称され、教法の後継者としての位置を与えられている。種々の大乗経典で諸菩薩を主導する場合が多い。空に立脚する智慧が文殊菩薩の特性であって、「文殊の智慧」といわれるように、とくに般若経典との関係が深く、釈尊に代わってさかんに活躍しているほどである。過去の無央数（無限の過去にすでに悟りを得た）の仏たちはみな文殊師利の弟子であり、成仏に不可欠な般若波羅蜜を体現している文殊師利は諸仏菩薩の父母であるとされる。悟りの実践的側面を象徴する普賢菩薩と一対で、釈尊の左脇に侍して智慧をつかさどり、智慧の威力を顕すために獅子に乗るすがたで表現される。密教では胎蔵界曼荼羅の中台八葉院、金剛界曼荼羅の賢劫十六尊に位置づけられ、文殊菩薩の五字の真言を表して頭部に五髻を結う五髻文殊がある。また中国では五台山が文殊の浄土とみなされ、文殊菩薩が四人の従者をしたがえて海を渡る渡海文殊の信仰も盛んになった。『法華経』序品では、まず実在の人物たちが聴衆として登場しているが、文殊菩薩から、以下に続く導師菩薩までは、その行徳から名を得た架空の菩薩たちである。放光瑞による不思議な光景を見た弥勒菩薩が、この奇瑞について文殊菩薩に問いかけている。文殊菩薩はこれまで多くの仏たちにつかえてきたので、きっとこの瑞相のいわれを知っているにちがいないと思われたのである。文殊菩薩は此土他土の六瑞が『法華経』が説かれる前兆であることを明らかにする。また序品には、過去無量無辺不可思議阿僧祇劫のむかしに日月燈明仏があり、この仏は代々同じ名前の仏が続いたことが説かれる。その二万仏の日月燈明仏が『法華経』を説いた時に妙光菩薩がいて、日月燈明仏の八人の王子を順々に教化した。妙光菩薩には八百人の弟子があり、その一人が求名であった。そのときの妙光菩薩が今の文殊菩薩であり、求名という弟子が弥勒菩薩であるという。さらに、提婆達多品では文殊師利菩薩が千葉の蓮華の車輪ほどあるものに坐して、大海の娑竭《しやから》羅龍宮から釈尊のもとへ帰って来て、多宝如来に従っていた智積菩薩と問答する。そして、釈尊に宝珠を捧げた功徳によって娑竭羅龍宮の八歳の娘が成仏したことを現証している。さらに、安楽行品では、迹化の菩薩を代表して、文殊師利菩薩が初心の菩薩の弘経のありかたを問いかけている。

（関戸）

→普賢菩薩・妙音菩薩・弥勒菩薩

や

薬王菩薩

◯やくおうぼさつ

Bhaiṣajyarāja。「薬の王」という名で、薬によって人々の身心の治病をする菩薩。『観薬王薬上二菩薩経』には、もとは星宿光という名の長者で、雪山（ヒマラヤ）に産する上薬を衆生の心身を治せんとして日蔵比丘および衆僧に供養したと説かれる。薬上菩薩はその弟。薬草や薬壺を手にした形に造像され、薬師如来の八大菩薩、阿弥陀仏の二十五菩薩の一人とされる。『法華経』序品の会座に列し、法師品では対告として八万の大士とともに成仏の予言が授け与えられている。勧持品では薬王・大楽説の二大菩薩をはじめとして、二万の菩薩、五百の阿羅漢、八千の学無学の者、六千の比丘尼たち、そして八十万億那由他の菩薩たちが『法華経』の受持と弘経を誓い、嘱累品では塔外の付嘱を受けている。薬王菩薩本事品には、薬王菩薩が過去世に一切衆生喜見菩薩として、日月浄明徳仏に『法華経』を聞いた恩に報ずるため、みずからの臂を焼いて供養した因縁が述べられる。陀羅尼品では、薬王菩薩・勇施菩薩・毘沙門天・持国天・十羅刹女と鬼子母神が、『法華経』の説法者・修行者を守護することを釈尊に誓って神呪を説く。妙荘厳王本事品では、不思議な神通力を示して婆羅門の教えを信奉する父の妙荘厳王を『法華経』の教えに導いた浄蔵・浄眼の二王子が、今の薬王菩薩と薬上菩薩であることが明らかにされている。日蓮は「いたづらに曠野にすてん身を、同くは一乗法華のかたになげて、雪山童子・薬王菩薩の跡をおひ」（『金吾殿御返事』）と述べ、薬王菩薩を死身弘法の典型としている。（関戸）

→焼身供養

耶輸陀羅比丘尼

○やしゅだらびくに

ヤショーダラー（Yaśodharā）の音訳。釈尊出家前の妃で、釈尊の従妹とする場合が多い。羅睺羅（ラーフラ）は、釈尊と耶輸陀羅の間に生まれた子。古い経典には、ほとんど妃について言及されないが、比較的後代に成った経典に妃の伝説が語られるようになる。釈尊が悟りを開いて五年目に故郷で説法したとき、養母の摩訶波闍波提と耶輸陀羅ほか五百人の女性たちが出家を願った。はじめ釈尊は女性の出家を許さなかったが、阿難のとりなしなどによって出家を認めたという。『法華経』では序品の会座に登場し、勧持品では摩訶波闍波提比丘尼と学無学の六千人の比丘尼に一切衆生喜見如来、耶輸陀羅比丘尼に具足千万光相如来の記莂が与えられている。（関戸）

→摩訶波闍波提・羅睺羅

維摩経

○ゆいまきょう

漢訳で現存する三訳は、年代順に支謙訳『維摩詰所説不思議法門経』二巻、鳩摩羅什訳『維摩詰所説経』三巻、玄奘訳『説無垢称経』六巻で、主に鳩摩羅什訳をもって『維摩経』という。『浄名経』とも。仏典は通常釈尊の言説であるが、『維摩経』は在家者である維摩居士（Vimalakīrti, ヴィマラキール ティ、穢れなく名声の高い者）が主役として教えを説く経典である。内容は空思想を基底に不二法門を示すもので、とりわけ不二を説明する際の「維摩の沈黙」は有名である。絶対平等の境地は説くことも示すこともできないと問いかけた文殊菩薩に対して、維摩は黙然として何も語らなかったという。十大弟子が懐述する維摩居士とのやりとりや文殊菩薩とのやりとりなどは、禅問答を彷彿とさせる。（三輪）

→縁覚・声聞・二乗

由旬

○ゆじゅん

yojana の音写。「踰繕那」「踰闍那」とも。「くびきにつける」という意味をもち、距離の単位として用いられる。一般的には約七キロメートルとされるが、仏典では牛に車をつけて引かせる一日行程を指す。また帝王の軍隊が一日に進む行程ともされる。見宝塔品に出現する宝塔は、高さ五百由旬、縦・横が二百五十由旬という。（木村）

勇施菩薩

○ゆぜぼさつ

「ゆうせぼさつ」「ゆせぼさつ」とも。「勇施」とは「施与の勇士」という意。一切衆生に仏法という宝を布施する力を惜しまないので、この名がある。『法華経』序品の会座にある。陀羅尼品では、勇施菩薩および薬王菩薩・毘沙門天王・持国天王・十羅刹女と鬼子母神が陀羅尼呪を唱えて、末代悪世に

『法華経』を弘通する者を守護することを誓っている。『梁塵秘抄』に「法華経持てる人ばかり、羨ましきものはあらじ、薬王・勇施・多聞・持国・十羅刹に夜昼護られ奉る」とみえる。日蓮は勇施菩薩を行者守護の善神とみて「陀羅尼品と申すは、二聖・二天・十羅刹女の法華経の行者を守護すべき様を説きけり。二聖と申すは薬王と勇施となり。二天と申すは毘沙門と持国天となり。十羅刹女と申すは十人の大鬼神女、四天下の一切の鬼神の母なり。又十羅刹女の母あり、鬼子母神是也」（『日女御前御返事』）と述べている。（関戸）

→五番神呪・陀羅尼・薬王菩薩

ら

羅睺羅

○らごら

ラーフラ（梵語 Rāhula）の音訳。釈尊が太子であったときの子。伝承では、釈尊は十六歳のときにヤショーダラー（耶輸陀羅）を妃に迎え、一子、羅睺羅をもうけた。在胎六年の後に生まれたという。羅睺羅は釈尊について出家し、智慧第一の舎利弗を後見人として修行に精進した。その不言実行の修行態度は、多くの比丘に尊敬された。十大弟子の一人で、密行第一と称される。授学無学人記品では、阿難に山海慧自在通王如来の記莂が与えられ、羅睺羅には蹈七宝華如来、続いて学無学の二千人の声聞に宝相如来の記莂が与えられている。そこでは、羅睺羅は出家前の釈尊の長子であり、仏道を完成した今は仏法を継承し相続する長子であり、未来世にあっては多くの仏の長子となるだろうと説かれている。そして、羅睺羅の人知れずの密行は、ただ仏のみよく知るところだという。『今昔物語集』に「羅睺羅等の五十人の子どもの頭を剃る。舎利弗和上たり、目連教授としておのおの戒を授けつ」（巻第一「仏迎羅睺羅令出家給語第十七」）とみえる。なお、「一子地」は、衆生を自分の一子（羅睺羅）のように想う仏の位。また、僧侶の子の異称として「羅睺羅」と用いることもある。 （関戸）

→十大弟子・声聞

立正安国論《りっしょうあんこくろん》

日蓮（一二二二―一二八二）の代表的著作。文応元年（一二六〇）七月一六日に、前執権の北条時頼へ奏進し諫暁した。「立正安国」の題意は仏法が日本国に正しく行なわれることによって、国家を安泰にするという意味で、正嘉元年（一二五七）八月二三日の鎌倉大地震以来、天変地異・飢饉・疫病によって、多くの人々が犠牲になっている現状を憂いて記された私的な勘文である。仏法が正しく行なわれるためには仏法を破り国を破る者を退けなければならない。この書の目的は、当時隆盛であった法然浄土教を批判し、人びとの信仰を正法へと導くことであった。構成は旅客と主人との全一〇番の問答からなり、一番から五番問答までは、数年のうちに引き続いて起こった天変地異・飢饉・疫病等の災難の原因は、法然が提唱した念仏が興盛したためであり、『金光明経』『大集経』『薬師経』『仁王般若経』の経文を論拠として念仏を批判する。六番から八番問答までは、さらに経文をあげ、念仏隆盛を押しとどめることが、災害を防ぐ手段であることを論証する。九番問答は、外国から侵略される「他国侵逼難」と、国内で反乱が起こる「自界叛逆難」を予言する。さらに念仏信仰は来世には堕地獄の結果をもたらすとして「汝早く信仰の寸心を改めて、速かに実乗の一善に帰せよ。然れば則ち三界は皆仏国也。仏国其れ衰へん哉。十方は悉く宝土也。宝土何ぞ壊れん哉。国に衰微なく、土に破壊なくんば、身は是れ安全にして心は是れ禅定ならん。この詞《ことば》この言《こと》信ずべく崇むべし」と、『法華経』への帰依を勧奨する。本書の題目である「立正安国」は、この文の内容に基づいて成立する。最後の十番問答（客の領解《りょうげ》）は、旅客が主人の説明を領解し、『法華経』への入信と他の人々を導くことの誓約とを述べる。この書によって、日蓮は特殊な能力を持つ予言者として認識された面もあるが、あくまでも仏教経典の説示に基づき、釈尊の金言である『法華経』信仰の重要性を力説していることがわかる。『立正安国論』が契機となり、日蓮は種々の迫害を体験することになり、やがては鎌倉幕府によって佐渡流罪になったが、釈尊が説いた『法華経』の未来記が自らの身をもって実現していくさまに如来使としての自覚を深め法華経の行者として南無妙法蓮華経の題目を高唱し日本国に弘めることを目指していく。（三輪）

→法華経の行者・南無妙法蓮華経・日蓮

龍女成仏　○りゅうにょじょうぶつ

『法華経』提婆達多品で、娑竭羅《しやから》龍王のむすめである八歳の智慧の優れた龍女が、文殊師利菩薩の教化によって成仏したことをいう。古来インドでは女性は成仏しがたいとされてきた。このため龍女の成仏に疑問を持った舎利弗は、「女性は従来、梵天・帝釈天・魔王・転輪聖王・仏身になることができない」と述べるほどである。しかし、『法華経』の龍女成仏によって女性の即身成仏が明説され、仏教における女性救済の重要な根拠となっている。（三輪）

→女人成仏

霊鷲山　○りょうじゅせん

摩竭提国《まがだこく》（印度の古代王国十六大国の一。現在のマカダ地方ビハーラ州南部）に所在した王舎城《おうしゃじょう》の東北に位置する山。耆闍崛山《ぎしゃくっせん》・霊山《りょうぜん》ともいう。また、山頂の岩肌が鷲の頭部に似ていると言われるところから鷲頭・鷲峰山とも呼ばれる。『大方等大集経』『大般若波羅蜜多経』『妙法蓮華経』などの多くの経典が説かれたとされる。なお、日蓮は『法華経』が説かれた霊鷲山は、娑婆に即して顕現された浄土であり、久遠実成の釈尊が常在する霊山浄土《りょうぜんじょうど》とみる。また、霊山浄土へ往き久遠本仏のもとに詣でることを霊山往詣《りょうぜんおうけい》という。

（高森）

霊山会　○りょうぜんえ

『法華経』の序品から法師品（正確には見宝塔品「接諸大衆皆在虚空」まで）までと、終盤の薬王菩薩本事品から普賢菩薩勧発品までの説法が、中印度《ちゅういんど》摩竭陀国霊鷲山《まがだこくりょうじゅせん》の山頂を中心に展開するところから、その説会《せつえ》を霊山会《りょうぜんえ》と呼ぶ。これに対して、『法華経』の見宝塔品から嘱累品までの十二品の説会は、霊鷲山の上空の虚空で展開したところから虚空会《こくうえ》と呼ぶ。法華の説処《せっしょ》と説会（説かれた場面と場所）は二処三会《にしょさんね》と呼ばれ、二処とは霊山と虚空、三会とは前霊山会《ぜんりょうぜんえ》（序品～法師品）・虚空会（見宝塔品～嘱累品）・後霊山会《ごりょうぜんえ》（薬王菩薩本事品～普賢菩薩勧発品）のこと。前霊山会では、方便品を中心に仏の普遍性が説かれ、三乗のみならず一切衆生の成仏が保証される。虚空会は、見宝塔品で多宝塔が大地より涌現してから説法の会座が虚空に移り、如来寿量品を中心に釈尊の永遠性が説かれる。釈尊が久遠であることによって、その有縁の世界（娑婆世界）もまた永遠の常寂光《じょうじゃっこう》の浄土（浄仏国土《じょうぶつこくど》）であること（娑婆即寂光《しゃばそくじゃっこう》）が示される。さらに、如来神力品を中心に、仏滅後における『法華経』の弘教を委嘱する付嘱《ふぞく》の儀式が執り行われる。後霊山会では、諸菩薩による菩薩道の実践が提示され、法華経修行者の守護と『法華経』の流布が誓願される。日蓮は、虚空会十二品の説法の目的が釈尊滅後の衆生の救済にあるとして特に重視する。（高森）

→虚空会・後霊山会・前霊山会

令法久住　○りょうぼうくじゅう

『法華経』見宝塔品（『開結』三三六頁）の文。「法をして久しく住せしめん」と読む。「三箇《さんか》の勅宣」のうちの「第二の鳳詔《ほうしょう》」と呼ばれる。見宝塔品において、釈尊は、迹化と他方来の諸菩薩を始めとする大衆に向かって、「誰か能くこの娑婆国土において広く妙法華経を説かん」「今仏前において、自ら誓言を説け」と再三にわたる仏勅をもって、滅後弘経者を募った。このとき語られたのが、「付嘱有在《ふぞくうざい》（付嘱してあることあらしめんと欲す）」「令法《りょうぼう》久住《くじゅう》（法をして久しく住せしめん）」「六難九易《ろくなんくい》」の「三箇の勅宣」であった。このうち「令法久住」については、経文では十方の分身諸仏が、すばらしい国土および弟子たちや、天の神々たちやさまざまな供養のことを捨ててこの娑婆世界に集会した理由を「法をして久しく住せしめんが故に此に来至したまへり」と説かれている。すなわち十方分身の諸仏の来集も、多宝仏の涌現も、釈尊の応現・化導も、皆この『法華経』を娑婆世界に永くとどめようとしたためであることを明示する。この文は、仏自ら『法華経』が久住の法であることを宣言した文であり、しかもそれは釈迦一仏だけでなく釈迦・多宝・分身の三仏の約束であることを示す。ちなみに、『法華経』如来寿量品では、仏の久遠実成が開顕され、その仏が娑婆世界に常住することを説き明かしている。このように久住の法と常住の仏を説示したところに『法華経』の特色がある。日蓮は『法華経』薬王菩薩本事品の「我滅度後　後五百歳中　広宣流布　於閻浮提（我が滅度ののち、後の五百歳の中、閻浮提に広宣流布して）」の文によって、『法華経』が末法に流布することの必然性を説き、正像の時代にはいまだ弘められていない「本門の三法門」、すなわち本門の本尊・戒壇・題目の三大秘《さんだいひ》法《ほう》を提示して、これこそが末法に流布すべきものとした。そして『報恩抄』（一二四八頁）に「日蓮が慈悲曠大ならば、南無妙法蓮華経は万年の外《ほか》未来までもながるべし」と述べて、日蓮の弘通する『法華経』の教えは末法万年を超えてなお未来永遠に流布「久住の法」であることを強調している。（高森）

→《法華三部経とは（宝塔品）》

流通分　○るづうぶん

経典をより理解し易くするため、経典全体をその内容から三段に分けたものを序分・正宗分・流通分といい、経典の中核部分を担う正宗分の説示に基づき、最後にその経を未来に弘通させる方法や行者守護などが説示される部分を流通分という。（木村）

→序分・正宗分・流通分

蓮華　○れんげ

ハス、もしくはスイレンの花のことをいう。一言で蓮華というが、原語にするとその組み合わせによってさまざまな蓮華がある。漢訳されたおもな具体例としては、紅蓮華（padma、パドマ）、白蓮華（pundarika、プンダリーカ）、青睡蓮（utpala、ウトパラ）、黄睡蓮（kumuda、クムダ）などがある。『法華経』従地涌出品に「不染世間法　如蓮華在水」と説かれるように、蓮華は汚泥に咲き、その穢れに染まることなく清らかな華を咲かせることから、煩悩を離れた覚りの境地を象徴している。インド古来より蓮華は神聖な表象として描写され、『バーガヴァタ・プラーナ』の神話には、万物創造の神である梵天がビシュヌ神の臍《へそ》からでた金色の世界蓮（ローカ・パドマ）より誕生したとされる。『法華経』見宝塔品では仏国土の清らかなさまを「蓮華荘厳」と表現し、提婆達多品では「坐宝蓮華」と仏菩薩が坐する蓮華の台座である蓮台、蓮座として表されている。法師功徳品で六根清浄鼻根の清浄について説くなか香りが赤・白・青の蓮華香とされるほか、いろいろな章で宝蓮華が天から降り仏菩薩を荘厳したことが述べられている。『妙法蓮華経』の題目における「蓮華」について、天台大師智顗は『法華玄義』に「今、蓮華の称は是れ喩えを仮るに非ず、乃ち是れ法華の法門なり。法華の法門は清浄にして因果微妙なれば、此の法門を名付て蓮華と為す。即ち是れ法華三昧の当体の名にして譬喩に非ざるなり」と『法華経』の境地をそのまま蓮華というのであり、譬喩ではなく当体であるとする。ただし、嘉祥大師吉蔵（五四九―六二三）の『法華玄論』から一六の蓮華釈を引用して「夫れ華に多種有り。已に前に説くが如し。唯だ此の蓮華のみ、華果倶に多し。因に万行を含み、果に万徳を円かにするを譬うべし」と蓮華の華と果がともにあることを、因果不二の譬えとしている。中国宋代の禅僧、永明延寿（九〇四―九七五）の『宗鏡録《すぎょうろく》』には「天台は初発心の時、即ち涅槃を観じて道を行ずるを比し、蓮華の華と果との同じ時に喩えるは、義同じくして即心成佛を印すなり」と、天台宗でいう即心成仏を蓮華に華と果が同時に現れることに譬えている。（三輪）

→華果同時

良医治子喩　○ろういじしのたとえ

法華七喩の一で、七喩のうち他の六喩が『法華経』の前半（迹門）にみえるのに対して、この喩えは後半（本門）の如来寿量品第十六に説かれている。良医（「ろうい」と読みならわす）である父が、誤って毒薬を飲んだ子供「狂子《おうじ》」を救う物語である。

釈尊の寿命が久遠常在（永遠）であることを顕らかした譬喩。ある国に一人の名医があった。彼には百人余りの子供がいて、そのすべてを慈悲の心によって育んでいた。ところがあるとき、父が旅行で不在中に、子供たちは誤って毒薬を飲み本心を失って苦しんでいた。それをみた父は良薬（「ろうやく」と読みならわす）を与えて救おうとした。半数の子供たちは、毒薬のききかたが軽微であったためか、良薬を飲んで本心を取り戻した。しかし、放心状態（失心）の子供たちは薬を服用しない。そこで父はやむなくふたたび旅に出て、他国から使者を遣わして「父は死せり」と告げさせた。放心状態の子供も悲しみのあまり本心を取戻し、良薬を服して病は全治したという。ここで名医である父は「釈尊」、毒薬を飲み苦しんでいる子供たちは「煩悩《ぼんのう》（心の迷い）にまみれた娑婆世界で苦しむ衆生」、父が死んだという報は「釈尊の入涅槃《にゅうねはん》」、良薬は『法華経』を指すとされる。煩悩にまみれて真実を見失っている衆生に、釈尊が方便を設けて、ひとたびは涅槃に入るという相を示して、『法華経』の教えの重要性を気づかせ受持せしめようとすることを説く。このため、永遠なる釈尊の久遠の救済が示されるとされる。日蓮はこの喩えによって、末法の凡夫が南無妙法蓮華経の良薬によって救われることを力説した。また、三條実隆は「おろかにぞ　親のまもりと　留め置く　薬を知らで　身をうれひける」と詠んでいる。（関戸）

→法華七喩・《法華三部経とは（寿量品）》

良薬

○ろうやく

「りょうやく」とも読む。効き目の良い薬・妙薬。『法華経』譬喩品にみえるが、如来寿量品・薬王菩薩本事品の教説では『法華経』に譬えている。すなわち、如来寿量品では、「是《こ》の好《よ》き良薬を今留《とど》めて此《ここ》に在《お》く」とみえ、仏滅後あるいは末代の衆生を救うために釈尊が良薬の『法華経』を留め置いたことが譬説される。また薬王菩薩本事品では「此《こ》の経は則《すなわ》ちこれ閻浮提《えんぶだい》の人の病《やまい》の良薬なり」と、『法華経』が衆生の苦を治療する妙薬であるとされる。（高森）

→法華七喩・良医治子喩

六難九易

○ろくなんくい

『法華経』見宝塔品（『開結』三三八頁以降）の所説。仏滅後に弘教する場合の六の難しいことと九の易しいこと。釈尊の滅後に『法華経』を受持し弘教することの難しさを、六難（説経難・書持難・暫読難・持説難・聴受難・奉持難）と九易（説余経・擲須弥・擲大千・有頂説・把虚空・足地昇・火不焼・得六通・得羅漢）とを対比することで説明したもの。九易といえどもどれも容易なことではなく、普通では難しい事とされることであるが、滅後の『法華経』の受持・弘教に比べれば容易なことであると説かれる。六難九易の経文をくわしく挙げれば次の通りである。まず六難とは、（1）「若し仏の滅後に、悪世の中に於て、能く此の経を説かん、是れ則ち難しとす」。説経難、仏の滅後に悪世の中で『法華経』を説くこと。（2）「我が滅後に於て、若しは自らも書き持ち、若しは人をしても書かしめん、是れ則ち難しとす」。書持難、仏の滅後に自ら書き人にも書かせること。（3）「仏の滅度の後に、悪世の中に於て、暫くも経を読まん、是れ則ち難しとす」。暫読難（持読難）、仏の滅後に悪世の中で『法華経』を少しのあいだでも読むこと。（4）「我が滅度の後に、若し此の経を持って、一人のためにも説かん、是れ則ち難しとす」。持説難（説法難）、仏の滅後に『法華経』を保持し一人のためにも説くこと。（5）「我が滅後に於て、此の経を聴受して、其の義趣を問わん、是れ則ち難しとす」。聴受難、仏の滅後に『法華経』を聴受してその意義内容について質問すること。（6）「我が滅後に於て若し能く斯の如き経典を奉持せん、是れ則ち難しとす」。奉持難（持経難）、仏の滅後によく『法華経』を受持すること。次に、九易とは、（1）「諸余の経典、数恒沙の如し、此れ等を説くと雖も、未だ難しと為すに足らず」、『法華経』以外の無数の諸経を説くこと。（2）「若し須弥を接って、他方の無数の仏土に擲げ置かんも、亦未だ難しとせず」、須弥山を他方の仏土に擲《な》げ置くこと。（3）「若し足の指を以て、大千界を動かし、遠く他国に擲げんも、亦未だ難しとせず」、足の指で大千世界を動かし他国に投げること。（4）「若し有頂に立って、衆の為に無量の余経を演説せんも、亦未だ難しとせず」、有頂天に立ってはるか無数の余経を説くこと。（5）に「仮使《たとい》人あって、手に虚空を把って、以て遊行すとも、亦未だ難しとせず」、手に虚空の世界をつかんであちこち歩きまわること。（6）「若し大地を以て、足の甲の上に置いて、梵天に昇らんも、亦未だ難しとせず」、大地を足の甲の上にのせて梵天に昇ること。（7）「仮使《たとい》劫焼に、乾ける草を擔《にな》い負うて、中に入って焼けざらんも、亦未だ難しとせず」、乾いた草を背負って大火に入って焼けないこと。（8）「若し八万四千の法蔵、十二部経を持って、人の為に演説して、諸の聴かん者をして、六神通を得せしめん、能く是の如くすと雖も、亦未だ難しとせず」、八万四千の法門を持ち人に説き示して聴衆に神通力を与えること。（9）「若し人、法を説いて、千万億無量無数恒沙の衆生をして、阿羅漢を得、六神通を具せしめん、是の益ありと雖も、亦未だ難しとせず」、無量の衆生に阿羅漢果を得させ、神通力を具えさせること。この六難九易の文は、宝塔品において仏が「自ら誓言を説け」「宜《よろし》く大願を発《おこ》すべし」等と『法華経』弘通の誓願を立てることを三度勧めた中の第三度目に、この六難にもかかわらず受持弘教の誓言を説けと仏が勧めた中に挙げられている。この第一「付嘱有在」、第二「令法久作」、第三「六難九易」を「三箇の勅宣」という。日蓮は、『開目抄』（五五七頁）に「王難等出来の時は退転すべくは一度に思ひ止むべしと且くやすらいし程に、宝塔品の六難九易これなり（略）今度強《ごう》盛《じょう》の菩提心をおこして退転せじと願しぬ」と、不惜身命の『法華経』の弘通を開始するに当って、この経文によって不退転の決意をしたことを表明している。そして、度重なる受難という宗教体験を経て「但し今夢の如く宝塔品の心を得たり」（『顕仏未来記』七四二頁）と、六難九易の文を体得したことが述べられる。六難九易は勧持品の二十行の偈と共に、日蓮の死身弘法・法華色読の弘教活動を支えたことがわかる。

（高森）

→此経難持・二十行の偈・令法久住・《法華三部経とは（宝塔品）》

六根清浄

○ろっこんしょうじょう

六根とは人間の六つの感覚器官である眼《げん》・耳《に》・鼻・舌・身・意をいい、六根の対象となる色・声・香・味・触・法の六境に対して、六処、あるいは六入ともいう。先の五根はそれぞれ視覚・聴覚・嗅覚・味覚・触覚のことで、意根は心のことである。清浄とは、煩悩を取り払って六根を清らかに研ぎ澄ますことをいう。『法華経』法師功徳品には「若し善男子・善女人、この『法華経』を受持し、若しは読み、若しは誦し、若しは解説し、若しは書写せん。この人は当に八百の眼《まなこ》の功徳、千二百の耳の功徳、八百の鼻の功徳、千二百の舌の功徳、八百の身の功徳、千二百の意《こころ》の功徳を得べし。この功徳をもって六根を荘厳して皆、清浄ならしめん」とあり、『法華経』の修行方法である受持・読・誦・解説・書写の五種法師の功徳によって六根が清浄になると説かれる。具体的には生まれ持った六根によって、横には三千大千世界の内外、縦には地獄から天界までを見渡せ、その中のすべての声や音、香りを聞き漏らさず、まずいものも甘露の如く美味になり、身は浄瑠璃（清らかな宝玉）のように清浄で、心は名声を求めずあらゆる法を知りわずかのことばですべてを理解することができるようになるという。常不軽菩薩品には「この経を聞くことを得て六根清浄なり」とあり、不軽菩薩が寿命が尽きて死に臨んだ時に、威音王仏が先に説かれた二十千万億という詩頌を聞きそれを受持した功徳によって六根清浄を得たことが説かれている。また、『法華経』の結経である『観普賢菩薩行法経』には「金剛の杵を以て遍く六根に擬す。六根に擬し已りなば、普賢菩薩、行者のために六根清浄懺悔の法を説かん」とあり、この経文に基づき登詣の際に金剛杵を以て六根清浄を唱えるようになったという。天台大師智顗は『法華文句』十上で、五根清浄を外荘厳と名づけ、意根清浄を内荘厳と名づくとし、十界の一切の色像を身中に現ずる者を内荘厳と名づけ、その色像を普現三昧によって外に化現するものを外荘厳と名づけるとして、他の五根も身根と同様であると述べる。（三輪）

↓《法華三部経とは（法師功徳品）》

第四部

日本文化と『法華経』

第二章　天台談義と『法華経』

渡辺麻里子

天台宗は『法華経』を根本経典とする。『法華経』の談義《だんぎ》は重視され、『法華経』を談義注釈した数多くの書物が著された。談義は、天台宗に限らず、真言・浄土・日蓮宗など様々な宗派で行われ、また時代を通じて変容するが、まずは中世における天台の談義、談義書、談義所について、また『法華経』の談義について検討してみたい。

一、天台宗と『法華経』

天台宗は、中国において天台大師智顗《ちぎ》（五三八〜五九七）がその教学を大成し、伝教大師最澄（七六六、一説七六七〜八二二）が日本に伝えた宗派である。智顗は、『法華経』を天台宗の教えの要とし、『法華経』の真髄を教理と実践の両面から説き明かすため、『法華玄義』『法華文句』『摩訶止観』の天台三大部（法華三大部）を著して、天台教学の基礎を築いた。また最澄も同じく『法華経』を最重要とした。最澄は、入唐の際の上表文に、天台宗を『法華経』に基づく「経宗《きょうしゅう》」であると記し、法相宗の徳《とく》一《いっ》との論争では、『守護国界章』『法華秀句』などを著して、『法華経』こそが真実の教えであると主張した。また最澄は天台宗をしばしば「天台法華宗」と称するなど、『法華経』を天台宗の根幹としたのである。

天台宗の『法華経』重視の姿勢は、現代にも伝わる法会《ほうえ》からも確認できる。智顗の報恩謝徳をする天台会や、最澄を偲び感謝する山家会《さんげえ》・長講会《ちょうこうえ》では、『法華経』や法華十講の論義を行う。四年に一度行われる法華大会《ほっけだいえ》は、法華十講を行ったその後に広学竪義《こうがくりゅうぎ》を行う。最澄が母の菩提のために行った談義を起源とする戸津《とづ》説法は、『法華経』八巻と開結二経の二巻との計十巻を、聴衆に向かって講ずるものである。これら天台宗の主要な法会において『法華経』の講経論義が行われており、天台宗においてどれほど『法華経』が重要とされているかがわかるのである。

二、談義

談義とは、経典や宗旨を講説して仏法を明らかにすることをいう。談義の語には、話し合うことや意義を説くことといった一般的な意味もあるが、仏教では、法義や経旨を説き明かすという意味で、経典を注釈講義する講経や、仏教の法理を説いて人々を教導する唱導と、ほぼ同義で用いられる。

一口に談義と言っても、実はその内容は様々で、談義の場や対象、目的によって形式も異なる。講説する経典は、『法華経』の他に、『梵網経』『阿弥陀経』『大日経』など様々である。また経典以外にも、義科（教義の重要な部分を他宗の義と区別し明らかにしたもの）・宗要（宗旨の肝要を述べたもの）・問要（義科・宗要に含まれない重要な論題）などといった、論義の題目について説く場合もある。

　談義の場であるが、大きく、公式の法会、談義所、私的な場の三つに分けられる。公式の法会とは、法華八講、法華十講、法華三十講など、法会において法華経を講じる場合である。法華八講は、『法華経』八巻を一巻ずつ、法華十講とは、『法華経』八巻に、『法華経』の開経である『無量義経』一巻、結経である『観普賢菩薩行法経』一巻を合わせた計十巻を、三十講は、『法華経』二十八品に開結二経を加えた計三十巻を講ずるものである。またその形式は、問者《もんじゃ》（問いを発する者）と講師《こうじ》（問いに答える者）の役僧が向かい合い、その間で議論をし合うのを聴衆が聴講する論義法要の形もあれば、講師の僧が直接聴衆に向かって講じる講経の場合もあった。

　また談義所における談義とは、学僧が学問の研鑽を積む場所である談義所で、学徳のある僧が後進の学生に講義を行うものである。講義は一方的に行われるばかりではなく、問答によっても進められた。談義を記録した講義録は現在にも多く遺されており、当時の講義の様子を知ることができる。私的な場の談義とは、例えば、『鎮増私聞書』には、鎮増（一三七五～一四六〇）が旅の途中、宿泊した家で家人たちに求められ、経典の談義を行ったことが記される。この場合の談義を聴いた家人たちとは、出家をしていない在家の者である。

　次に談義の対象であるが、前述のように僧侶と在家の場合があり、両者が同じ場に混在している場合もある。公式の法会の場合では、題者（出題する者）・問者・講師などの役僧は僧侶であるが、聴講者は僧侶だけではなく在家もいた。法要により、在家も公家・武家・町衆など様々である。また談義所においての聴衆も様々で、聴聞を学僧に限定した談義所は多いが、在家の者が混じって聴講している談義所もあったようである。私的な場の談義は、ほとんどが在俗の者を相手にしたものである。

談義の対象によって、目的も異なる。学僧は、経典の字句の意味や教理の解釈を説き、経典や宗旨を理解することを目的とする。それは悟りを目指す修学において重要であるのは勿論のこと、それに加えて、将来論義や竪義《りゅうぎ》の法会において講師や竪者《りっしゃ》の役を果たすため、それに備える必要性もあった。一方、在家に対する談義の場合は、教義の細かな解釈よりも、仏法を理解させ教化することや、仏道に導くことが重要であった。

ちなみに「論義」とは、問者と講師の間で問答を繰り返しながら経論の意味を明らかにしていくことである。論義法要では、経典の講釈を行ったその後で、その内容を踏まえ、問者の質問に講師が答える形式で行われた。竪義は、探題（出題者）が出した題について、問者《もんじゃ》が問い、竪者（受験者）が答える問答を繰り返し、そのやりとりの内容から探題が竪者の合否を判定する、いわば口述試験である。天台宗の場合、探題は、出題者であると同時に合否を判定する精義の役も兼ねる最高権威者である。論義と竪義の違いは、竪義が登用試験であり合否判定がある点である。竪義に及第し通過することは、天台宗の出世には必須で重要なことであった。

また、談義に類する語に「直談《じきだん》」がある。直談は、談義と同様、経典を講じるという意味で用いられることが多く、師が弟子に直接談じるという意味でも用いる。書名に「直談」を冠する場合は大抵これらの意味である。しかしこれらとは違う特殊な意味で直談の語が用いられることもある。『法華経』を談義した『鷲林拾葉鈔』の「直談訓読不同事」という段では、経論・釈義を用いて語釈していくことを訓読、経論・釈義に依らず直ちにその理を説き、観心によって理解することを直談と定義している。こうした高次の特殊な方法を、直談と称する場合もあった。

三、『法華経』の談義書

談義所では所化《しょけ》（受講生）は、能化《のうけ》（教授者）の講義を聴いて筆録した。それを所化同士で集まって集成し、能化の点検を受けて講義録を作成した場合もあった。また能化も講義用に自分自身用の手控えを作成する。このようにして談義を通じて多くの諸書が著されたが、それらを談義書と総称することとする。談義書は、現在にも多く遺されている。談義は、様々な経典や宗旨について行われたが、その中で『法華経』を談義注釈した書に注目してみよう。

『法華経』の談義書は、『法華経』二十八品の経文の字句に沿って、智顗の三大部や湛然《たんねん》の注釈書をはじめ、著名な先師先徳の著作を自在に引用しながら講釈していくものである。『法華経』の談義注釈書は様々あるが、それぞれ引用書目や講説の方法に特徴があり、決して一様ではない。

『一乗拾玉抄』は、長享二年（一四八八）に周防国氷上山興隆寺にて叡海が類聚したものである。興隆寺は大内氏の氏寺で、文明十四年（一四八二）から延徳二年（一四九〇）にかけては、興隆寺版『法華経』の出版事業が行われていた。『一乗拾玉抄』は、その事業の完成期で、かつ興隆寺で『法華経』

の講義の盛行した時期の編纂と考えられる。

『鷲林拾葉鈔』は、常陸国の著名な談義所である月山寺第四世学頭で、後に千妙寺八世となる尊舜が、永正九年（一五一二）に著したものである。引用書目の幅が広く、三大部をはじめとする仏書の引用の充実に加え、漢籍・文学書など、仏書以外の諸書を博捜して引用している。和歌の他、連歌の引用が多いのも本書の特徴である。本文や引用和歌に、『一乗拾玉抄』との共通点が多く確認でき、尊舜は『一乗拾玉抄』を手許に置いていた可能性も指摘されている。

『轍塵抄』は、関東を代表する談義所である仙波仏蔵房北院第十四世実海が編纂したものである。実海は尊舜の学友で、『鷲林拾葉鈔』の草稿を見せられ、賛辞を寄せている（『鷲林拾葉鈔』序文）。当時の関東では戦乱が続き、世が乱れ、仏法が正しく行われていないことを嘆いた実海は、談義を通じて多くの学僧を育てる一方、未来の学生に教えを正しく遺そうとして『法華経』注釈書の編纂に励んでいた。しかし『鷲林拾葉鈔』を見て、もはや自分の仕事は不要として一旦筆を断ったと述べるが、実際には執筆活動を続け、十四年後に自身の注釈書『轍塵抄』を完成させた。完成直前には、法華経釈の『法皇御抄』と慶舜著『衣《え》内《ない》抄』の両書を求めて、加筆している。『鷲林拾葉鈔』に比して、漢籍の引用が多い。和歌は、勅撰集入首歌や慈円の歌など、由緒あるものに限り、『法華経』各品の冒頭にまとめて示すのが特徴である。

『法華経直談鈔』は、近江国柏原の談義所成菩提院の末寺菅生《すごう》寺に住した栄心の著作である。『鷲林拾葉鈔』に構成が酷似することから、『鷲林拾葉鈔』を手許に置いての著作と考えられている。しかし経論・釈義の引用を減らして講釈を簡略化したり、物語引用を増やすなど、独自の姿勢も多く見られる。
このように、『法華経』の談義注釈書と言っても一様ではなく、談義者の立場や、談義の対象、目的の違いなどによって、様々な『法華経』談義が行われているのである。

四、天台宗の談義所

天台談義所とは、いわば本山の支校として学問を学べる寺院である。談所、法談所とも言った。比叡山で行われる論義や竪義に備えるために、学僧たちは、談義所において学問を研鑽した。談義所には、教授する者として学頭《がくとう》を筆頭に能化（教授者）が数名おり、所化（受講生）に対して教義・宗旨の学問を講義した。所化は講義を受講すると同時に、滞在期間中に談義所の有する典籍の書写を行うなどして学問を深めた。

文献上最も古く確認出来る談義所は、信濃国佐久郡津金寺談所で、日光山輪王寺天海蔵『法華玄義抄』第四の奥書に、「于時建治二年（一二七六）四月廿六日　於信州佐久郡津金寺談義処書了　高応之」とあることによる。日蓮宗では、文保二年（一三一八）の「重須談所」が古い例である。

談義所の組織は、例えば、武蔵国金鑽《かなさな》談所（大光普照寺）を挙げると、永徳三年（一三八三）当時、能化が三人に所化が六十余人いたことが判明しており、他の談義所もこれに準じた規模であったと推測される。談義所には「法度《はっと》」があり、かなり具体的に内容が定められていた。欠席については、欠席は原則不許可、ただし遠距離通学者は一日のみ許可とあり、服装については、檜笠・菅笠の禁止など、礼儀作法に関しては、雑談、無用の立居、高声（大声）の禁止などがあった。

談義所の所在は、奥州津軽から九州まで、日本全国に及んでいる。尾上寛仲氏は、存在が確認出来る天台談義所として六十一箇寺を挙げたが、近年、寺院資料の調査が進み、新たな資料からその数は増している。また六十一箇寺のうち、関東には三十八箇寺あり、関東に集中した分布が確認できる。古来、これらの関東の談義所は「関東天台」と総称されていた。

関東天台で著名な談義所の第一には、武蔵国仙波無量寿寺が挙げられる。中興の尊海（一二五三～一三三二）は恵心椙《すぎう》生流の僧で、仙波公の要請で仏地院（仏地房・中院）と仏蔵院（仏蔵房・北院のちに喜多院）を建立、これらはこの後、関東天台の中心となった。仏蔵房北院は、著名な学僧を輩出する。第六世の穏海は、信濃国津金寺談義所で『津金寺名目』を著し、十四世実海（一四六〇～一五三三）は講義を盛んに行い、『轍塵抄』『塩味集』『夷《え》希集』『教観大綱見聞』『阿弥陀経科註』『三百帖見聞』など多くの著書を著した。また仙波北院では、慈恵講・楞厳《りょうごん》講・山王祭礼・観音講など、多くの論義法会が行われたことが確認できる。また武蔵国には他に、河田谷泉福寺や、金鑽大光普照寺などが著名である。常陸国では中郡月山寺や黒子千妙寺、下野国では二宮宗光寺が有名である。月山寺では『津金寺名目』『二帖抄見聞』『文句略大綱私見聞』『尊談』を著した尊舜など、それぞれの談義所には著名な学僧がいて、その講義を聴くために関東中、あるいは全国から学生が来集した。

談義所は、江戸時代になると、宗学制度において応分の位置づけを与えられ、制度化されていく。天台宗の場合は、正徳年間（一七一一～一六）頃に、関東所在の主な談義所が「檀林《だんりん》」と改称し、八檀林、十檀林となり、檀林の上に「僧正寺」、下に順《(准)》檀林の「伴頭寺《ばんとうじ》」の寺格が設けられ、東叡山学寮を中心とする近世の天台宗学制が確立した。日蓮宗では、中世には談所・学室・学問所などと呼ばれたが、近世には、関東八檀林、関西六檀林などが形成された。浄土宗では近世になって関東十八檀林が形成されていった。

五、談義所間の交流と日蓮宗

談義所の間の学問の交流は極めて盛んであった。学僧は談義所を数箇所遍歴して学問を積み重ね、書物を書写して移動した。談義所は、人や書物、情報が交流し、文化の発信の場にもなっていた。

学僧の移動の例を挙げよう。常陸国月山寺第四世尊舜は、はじめ月山寺にて尊海に学ぶが、次に信州佐久郡津金寺談所に移り、さらに比叡山に登山して賢慶に檀那流を学んで学問を究めた。また近江国成菩提院第二世慶舜（一三七二～一四四一）は、美濃国横蔵寺、近江国清瀧寺、比叡山西塔で学ぶ。身延山第十二世日意（一四四四～一五一九）は、天台僧泰芸の時代、金鑽談所で栄源に学び、近江国成菩提院では慶舜に師事、他に比叡山や若狭小浜普門寺堂でも学んでいる。談義所にはそれぞれ得意な学問があり、学僧は複数の談義所に学びながら、自身の学問研鑽に努めたのである。

本もまた移動する。先に紹介した『法華経』の談義書で言えば、『一乗拾玉抄』は、周防国で成立した五年後の明応二年（一四九三）に、常陸国の天台談義所で伝海という僧に書写される。また伝海は、奥州津軽郡猿賀出身で、常陸国の談義所に学んでいた源栄にこの書を書写させた。源栄が帰郷する際には持ち帰ることが推測される。つまり周防で生まれた『一乗拾玉抄』は、常陸の談義所を経由して、奥州津軽郡猿賀の地まで旅をするのである。また常陸国千妙寺で編纂された『鷲林拾葉抄』は、天正七年（一五七九）に、出雲国富田城において伯耆大山寺所蔵の写本を借り出して書写された。このように本は、学僧の求めに応じて書写され移動していたのである。

また談義所間では、様々な情報が往来していた。月山寺尊舜の著書には、仙波で行われた論義の結果に意見を述べた箇所があったり、著されてすぐの実海の著書が引用されたりしている。『鷲林拾葉抄』と『轍塵抄』には、共通した本文も見られ、学問が共有されていたことがうかがえる。また仙波談義所と近江柏原成菩提院も密接な関係にあり、身延文庫蔵『宗要集』（台宗2・4）は、仙波仏蔵房において、近江柏原慶舜の御精《おしらべ》を書写したものであり、実海著『轍塵抄』にも慶舜『衣内抄』が引用されているなど、仙波の蔵書には成菩提院における談義が多数確認できる。仙波談義所は、成菩提院関係書に限らず諸書が集積される場であり、同時に情報の発信源ともなっていたのである。

天台宗の談義所には、他宗の学僧、とりわけ日蓮宗の学僧が学んでいた。日蓮宗にも談義所（談所・学室とも）は多くあったが、天台談義所への遊学も頻繁に行われていた。例えば、身延山第十一世日朝（一四二二〜一五〇〇）は、武蔵国仙波仏蔵房北院で学んだ。遊学は、永享十二年（一四四〇）から文安二年（一四四五）、十九歳から二十四歳にかけての期間で、「鏡澄」という天台の所化名で学んでいる。

日朝は、天台の学問を礎に、比叡山や仙波で行われていた論義を参考にして、身延で「三日講《みつがんこう》」という論義を始め、身延山における教育の柱とした。

日朝の他にも仙波に学んだ日蓮僧は多い。早くは等覚院日全《にちぜん》（〜一三四四）がいる。日全は、鎌倉初期の中興間もない仙波に学んだ。日山《にっさん》（一三三八〜八一）は仙波で天台学を修め、能化まで務めたと伝えられ、後に池上・比企谷《ひきがやつ》四世として日蓮宗における指導者となった。日朝以降では、池上・比企谷十一世となる日現（一四九六〜一五六一）や日覚（一四八六〜一五五〇）も仙波北院で学び、実海に師事した。こうして多くの日蓮僧が仙波談義所で学び、書写して持ち帰った典籍が現在身延山久遠寺に多数遺されている。現在の天台寺院に存在しない書も多く、天台談義所の当時の学問を知る貴重な資料となっている。

なお仙波に通った日蓮僧は、身延だけではなかった。日朝写『台算　十如是義被接』（日朝B1）の奥書に、鏡澄（日朝）が京都妙蓮寺の和泉公とともに学んでいることが記される。また『眷属妙義私抄』（台義1・9）には、読合人数として、久遠寺智蔵房・河内公の他に、京都妙覚寺の伝前公、京都本覚寺の伊勢公などの名が確認できる。

六、談義の広がり

ここまで中世の天台談義を中心に述べてきた。談義は近世以降も幅広く展開し、仏教界のみならず、文学の世界などにも広く影響を与えた。そこで最後に談義の広がりについて述べておこう。

近世になると、談義は在家に対する唱導説法としても広がっていった。近世になって用例の増す辻談義は、談義僧が往来で仏法を説き、喜捨を受けることをいう。

布教して帰依を勧めることを教化・勧化と言うが、近世中期には、仏教の教化を目的とする「勧化本」と称される本が多数著述された。勧化本は版本だけでも千点を超える刊行が確認されている。その内容は経典を解説するもの、説話を集めたもの、寺院や仏像の縁起譚、高僧の伝記など多岐にわたる。また表記も漢文・片仮名・平仮名と色々で、体裁も、大本・半紙本・袖珍本など様々である。文体も色々であるが、高座の説教を口語体で紙上に再現しようと書かれるようになっていくようである。対象は、僧俗いずれもあって、在俗の信者を対象にしたもの、説教僧を対象としたものと、両者が存在する。在家には談義説法の再現として読まれ、また説教僧には談義説法の話材を収集する本であったのだろう。

またさらに談義本と称される本が著される。談義本とは、近世中期、宝暦（一七五一～六四）から安永、天明（一七七二～八八）にかけて、江戸を中心に流行した滑稽本と称される滑稽な通俗小説のことである。談義僧の口調をまね、滑稽の中に教訓を託し、人々の生活風俗を鋭く風刺した内容であり、仏教の教化を目指したものではない。宝暦二年（一七五二）刊の静観房好阿《じょうかんぼうこうあ》作「当世《いまよう》下手《へた》談義《だんぎ》」は滑稽本の嚆矢とされるが、それは刊行後に大きな反響があり、次々とこれを模した本が生まれたためである。伊藤単朴の「俚俗教談銭湯新話」、風来山人（平賀源内）の「根南志具佐」「風流志道軒伝」などが著名である。

以上、天台の談義を中心に、『法華経』の談義について概観した。『法華経』の談義注釈書は、膨大な数が編纂されたが、そのほとんどの書目が精査されていない状態にあり、談義所の実態や談義所間の関係についても未解明のことが多い。これらの研究は、中世近世の仏教の実態を明らかにするための重要な課題であり、今後の一層の調査検討が必要である。

【参考文献】

・廣田哲通『中世法華経注釈書の研究』（笠間書院、一九九三年）
・中野真麻理『一乗拾玉抄の研究』（臨川書店、一九九八年）
・後小路薫『勧化本の研究』（和泉書院、二〇一〇年）
・塩入法道・池田宗譲編『天台仏教の教え』（大正大学出版会、二〇一二年）
・尾上寛仲「関東の天台宗談義所（中）」（『金沢文庫研究』一六・四、一九七〇年四月）
・村田頴田「関東の天台宗談義所」（『多田厚隆先生頌寿記念　天台教学の研究』山喜房仏書林、一九九〇年）
・山口興順「津金寺談義所について」（『津金寺名目』津金寺、二〇〇二年）
・影山堯雄『諸檀林並親師法縁』（諸檀林並親師法縁刊行会、一九一八年初版、一九六八年復刻）

第二章　中世仏教文芸と『法華経』

小島　裕子

『法華経』盛行の歴史と文化

『法華経』は一切経の経録に大乗初期の重要な一聖典として引かれ、歴史のなかで繰り返し書写されてきたが、中国の隋代に天台智者大師智顗《ちぎ》がこれを根本経典として天台宗を開いたことにより、単独経典としての教義的解釈が進み、信仰が高まるに至った。わが国における『法華経』の受容は、飛鳥時代に聖徳太子が行ったとされる『法華経』の講讃《こうさん》や注釈研究、奈良時代の護国政策に基づく国分尼寺（法華滅罪之寺）での『法華経』の読誦（国分寺では『金光明最勝王経《こんこうみょうさいしょうおうきょう》』が読誦された）などにさかのぼるが、平安時代に入唐して智顗の教えを受け継いだ最澄が、都の西北に位置する比叡山に拠点を置いて天台法華宗を開き、同経を所依の経典として以降、『法華経』に対する信仰は摂関・院政期を経る中で幅広い盛行を遂げた。また後に、叡山で天台法華教学を習得した日蓮が、山を下りて一宗を成し、同経を所依の経典として独自の法華経観に基づく思想の体系化をはかることにより、その信仰は鎌倉時代における新しい仏教の胎動のなかで、新たな布教のかたちを具現してゆくこととなる。

日本の仏教は『法華経』の流布を抜きにしては語り得ない。その盛行は、いうまでもなく『法華経』が多くの人々によって読誦され、書写された経典であることによるところが大きいのであるが、思想・

文化しかり、そうした仏教聖典としての『法華経』の教化のあり方や信仰の様相は、少なからず物語られた文芸世界のそれぞれからもたどることができる。

説話と『法華経』――『今昔物語集』――

とりわけ多くの『法華経』に関する説話が、一書の編纂に組み入れられていることで注目されるのは『今昔物語集』である。十二世紀前半の成立とされる同集（編者未詳）は、目次によれば全三十一巻（二十八巻が現存）千五十九話（千四十話が現存）が、天竺（インド）・震旦《しんたん》（中国）・本朝（日本）という仏法伝来の三国観をもとに構成されている。震旦部にも『法華経』に関連する説話は収められるが、特に本朝付仏法部の巻第十二の後半（第二十五〜四十話）から巻第十三の全巻（第一〜四十四話）、および巻十四の前半（第一から第二十八話）までの八十八話におよんで『法華経』の霊験譚《たん》が類聚され、同集の全体構成からみれば、三宝（仏・法・僧）のうちの「法宝」の冒頭に紙幅を占めて位置づけられている。

編者による説話集構成のための配列意識を一覧の外に個々の説話を眺めみるならば、『法華経』の法師功徳品に説かれるところの、受持（経典の信心受持）・読（経文を見て読む）・誦《じゅ》（暗誦）・解説《げせつ》（経を解釈して他者に広める）・書写（写経）という、五種の修行の功徳にまつわるものが数多い。たとえばそれは、持経者《じきょうしゃ》が経の験によって難を逃れる話であったり、経の書写や読誦の供養によって往生・蘇生する話であったりするのであるが、その五種行《ごしゆぎょう》の対象は天台の高僧から、寺僧、遁世者、山岳修行者、沙弥、尼、女人、悪人、人間に属さない異類などの広きにおよんでいる。

　それらのなかに、経典内の一部（巻、品、行、文字など）を「覚ゆる能《あた》はず」として、どうしても暗誦することができないという話がしばしば見受けられて目を引く。その大方は前生において経文を聞き落とした箇所や、自らの過ちによって経文を失した箇所に起因すると説かれており、五種のうちの「誦」、すなわち経を諳んじることによる読誦の行業に重きが置かれていたことが知られる。そうした『法華経』の読誦を重視する先に、「罪業《ざいごう》の消滅」という究極の思想が導き出されていったのであろう。

　『今昔物語集』をはじめとする、以後の仏教説話集に共通の話材が認められる中国の宝唱《ほうしょう》の『経律異《きょうりつい》相《そう》』（梁代、五一六年）には、この五種行を備えた『法華経』の修行者が、『法華経』の守り本尊である普賢菩薩に護持されるという「五種法師《ごしゅほっし》」なる語で総称されており、後に智顗の『妙法蓮華経文句《もんぐ》』や『妙法蓮華経玄義《げんぎ》』、湛然《たんねん》の『法華文句記』や『法華玄義釈籤《しゃくせん》』などの『法華経』の注釈書にも用いられて同思想が普及した。まさにそうした五種行の功徳という観点からの霊験譚のなかに、法華経信仰のなかで最も重んじられてきた「行としての法華経」が浮かび上がっていよう。その一方で、五種行を修する者にまつわる話のみに終始せず、経典そのものが示す奇瑞や、経を聞くことで異類のものが人身に転生するといった「聞法《もんぼう》の功徳」を説く説話もあり、さらに広く『法華経』との結縁が促されていることも忘れてはならない。

法華説話の源泉および編纂

『今昔物語集』の法華説話には、先行する薬師寺僧景戒《けいかい》の『日本霊異記《りょういき》』（弘仁年間〈八一〇―八二四〉）を典拠とする話もあるが、最も多くを依拠するのは叡山僧鎮源《ちんげん》の『法華験記《ほっけげんき》』（大日本国法華経験記、本朝法華験記とも、長久年間〈一〇四〇―四四〉で、そのおよそ五分の四（全三巻一二九話中の一〇五話）が『今昔物語集』に引かれている。『法華経』に関する霊験譚のみを収集した書は中国・朝鮮・日本に数種存したが、その多くが早く散逸していったなかで、この『法華験記』の現存は、これに先行する、本朝への請来もしくは本朝における編纂の諸書の想定にも貴重である。特にその序に記されるごとく、範とした梁代の新羅僧義寂《ぎじゃく》の『法華経集験記』が『法華験記』を通してわが国の法華説話に与えた影響は大きいものと思われる。

一方、僧侶から民間の持経者、異類におよぶ霊験譚を収集した『法華験記』の構成は、慶滋保胤《よししげのやすたね》の『日本往生極楽記』（寛和元年〈九八五〉頃初稿、永延元年〈九八七〉頃補訂を経て完成か）を踏襲するなど、天台浄土教の系譜を引く往生伝との関係が深く、収められた法華説話は後に三善為康《みよしためやす》の『拾遺往生伝』（天永二年〈一一一一〉頃）や『後拾遺往生伝』（保延三から五年〈一一三七―一一三九〉）、住信《じゅうしん》の『私聚百因縁集《しじゅうひゃくいんかん》』（正嘉元年〈一二五七〉）などにも引かれてゆく。また霊山や神祇信仰の場が舞台となる説話も散見される。

説話集相互の関係についてみるならば、『法華験記』が源為憲《ためのり》の『三宝絵《さんぼうえ》』（永観二年〈九八四〉）にも依拠していることから、『今昔物語集』、『法華験記』、『三宝絵』の三書、もしくはこれに先の『日本霊異記』を含めた四書の間に共通の説話が認められる場合もある。そのほかに法華説話は仏教説話集である平康頼《やすより》の『宝物集《ほうぶつしゅう》』や鴨長明の『発心集』、また源顕兼《あきかね》の『古事談』、『宇治拾遺物語』、橘成季《なりすえ》の『古今著聞集《ちょもんじゅう》』、『十訓抄《じっきんしょう》』などといった中世の著名な説話集にも数多く見いだされ、それらのなかには『今昔物語集』や『法華験記』との共通話と認められるものもある。

これらの法華説話を一覧するに、往生を『法華経』の功徳の果とする説話は多きにおよび、当代の往生が欣求《ごんぐ》浄土の念仏往生に限らず、『法華経』の持経者による往生によっても盛んに語られていたということが最たる特徴として挙げられよう。宗祖最澄が『法華経』を究極の教え（円教）として開いた宗と、その弟子円仁が中国の五台山から念仏三昧法をもたらして叡山に展開した浄土教とは決して相克するものではない。山内では、智顗が『摩訶止観《まかしかん》』のなかに定めた四種《ししゅ》の三昧法のうちの、「法華三昧」と「常行三昧《じょうぎょうざんまい》（阿弥陀仏を説く般舟《はんじゅ》三昧経に基づく行法）」とが止観行として確立され、「朝懺法夕例《あさせんぼうゆうれい》時《じ》」もしくは「朝題目夕念仏」と称する『法華経』の護持と往生の行儀とが一対となって修されていた。『阿弥陀経』においては阿弥陀如来の本願に導かれる西方極楽浄土への往生であるが、こと『法華経』においては、未来に必ず仏に成ることができるという如来が授ける記莂《きべつ》、すなわち声聞衆や悪人・女人に対する「授記作仏《じゅきさぶつ》」の思想と懺悔の行（後述）に負うところが大きい。総じて、『法華経』の本門に説かれる「如来の無量寿（永遠の命）」という哲学的な思想を伴う教義・教釈よりは、迹門《しゃくもん》における「成仏の授記（往生）」といった具体的な利益に連なる功徳を説く話が多いことは、当代の宗教的需要を容れた『法華経』の唱導《しょうどう》、教化の実態を如実に反映しているものといえる。

また、『法華修法一百座聞書抄《ほっけしゅほういっぴゃくざききがきしょう》』（百座法談聞書抄、大安寺百座法談聞書とも）のように、実際に行われた説経の聞書きを集めた仏教説話集もある。同書は、天仁三年（一一一〇）に、ある内親王の発願によって奈良の大安寺で催された『法華経』の三百日間にわたる百座講経《こうきょう》の聞書きで、このうちの二十日の聞書きが抄出されて現存する。『阿弥陀経』と『般若心経』も講じられたが、主たる『法華経』の講釈においては、各品の来意《らいい》・釈名《しゃくみょう》・入文判釈《にゅうもんはんじゃく》といった経典解釈の法則《ほっさく》に次いで、比喩としての説話が語られ、最終的には施主の信仰の厚きことが讃嘆される。書内に収録された個々の因縁比喩譚は説話文学の貴重な資料であると同時に、一書としては『法華経』を講ずる法会《ほうえ》の場を彷彿とさせる貴重な唱導資料である。

『法華経』と法会――「法華講会」「法華懺法」――

唱導といえば、法華八講や十講、三十講などがあり、その場面は『栄花物語』などの物語や上述の説話の随所に描かれるほか、『年中行事秘抄《ひしょう》』や貴族の日記類にも多く行われていた記録が残る。これらの『法華経』を講じ讃嘆する法華会《ほっけえ》は、国家鎮護のために修されることもあったが、多くは亡者に対する追善や、生前に死後の菩提を祈って行う修繕としての逆修《ぎゃくしゅ》のために営まれてきた。

平安時代の末葉に至って、天台宗の檀那《だんな》流から澄憲《ちょうけん》（藤原通憲《みちのり》〈信西《しんぜい》〉の息）を祖とした安居院《あぐい》（澄憲の洛北の里坊の名）と称する唱導の一流派が世に出、表白《ひょうびゃく》、経釈《きょうしゃく》、論義、講式などの法会の言説《げんせつ》を巧みなことばの表現力と声の力によって操り、説経師としての名声を高めた。澄憲は「説法優美」（『玉葉』）、子の聖覚《しょうかく》は「濁世《じょくせ》の富楼那《ふるな》」（『明月記』）と謳われたが、その澄憲・聖覚父子が導師を勤めた法会の表白・願文《がんもん》を集成した『転法輪鈔《てんぽうりんしょう》』や聖覚編『言泉集《ごんせんしゅう》』などの要文集には、院政期の諸法会が並びたつなかに、『法華経』の講会《こうえ》の表白も収録されている。懐中して説法に臨むに適したこれらの説草《せっそう》の小双紙が金沢文庫に所蔵され、原初の装丁の趣をもとどめた書写本として注目される。その澄憲には『法華経』を注釈した『法華経三十品講釈《こうしゃく》』があるが、同経を講じた折の説草を類聚した『法華経釈』などの唱導書も存在する。梁の慧皎《えこう》の『高僧伝』に「唱導とは法理を宣唱して、衆の心を開き導くものなり」とあるごとく、施主を中心とする聴聞者の心に響く説法でなくてはならない。実際に法会で用いられたこれらの唱導テクストからは、当該の法華講会の主旨や『法華経』の各品にわたる詳細な解釈、施主を讃えて進行する説法の様子がつぶさに見てとれ、『法華経』の受容と学問的な構築の上に展開される唱導の実態を、歴史に即して捉えることが可能である。

『法華経』に関する法会としてはほかに、法華懺法《ほっけせんぼう》がある。先にふれた智顗の説く四種三昧のうちの半行半坐三昧に相当する「法華三昧」は、法華懺法とも称される仏道修行の実践行法である。本尊の普賢菩薩のまわりを行道《ぎょうどう》することと坐すことを繰り返しながら、懺悔と誦経を行い、法則内の経段では安楽行品の読経が漢音で読誦されるが、この法華懺法のことがしばしば説話や物語のなかに散見される。たとえば『源氏物語』に「暁方になりにければ、法華三昧おこなふ堂の懺法の声、山おろしにつきて聞こえくる、いと尊く、滝の音に響きあひたり」とあるように、それは懺法の声にまつわって描かれることが多い。『源平盛衰記』には、落ちゆく武将平維盛《これもり》が熊野本宮に参拝した折、常住の禅徒や客僧の山伏が懺法をよむ声によって罪が滅するがごとく尊く思われたとあり、懺法の声の功徳と維盛の心象風景とが印象深く重ねられて描かれている。その背景には、「一心敬礼声澄《いっしんけいれいこえす》ミテ、十方《じっぽう》世界ニヘタテナシ、第二第三タヒコトニ、六情根《ろくじょうこん》ノツミ滅ス」という仏教歌謡の訓伽陀《くんかだ》のことばが巧みに織り込まれており、懺法のことばが文芸表現に与えた印象はことのほか深いものであったといえる。また、法華懺法について記す法会記の一つ、二条良基の『雲井の御法《みのり》』（康暦二年〈一三八〇〉）には、後白河院が保元二年（一一五七）に宮中において御懺法講《おせんぼうこう》を始修したことが記される。『法華経』を読誦し、懺悔して罪障の消滅を祈る宮中仏事としての御懺法講は、雅楽の演奏を伴う音楽的要素を多分に取り入れた華麗な法会で、天台声明《しょうみょう》の聖地である京都大原の三千院に復興され、今に行われている。

この御懺法講から程ない長寛二年（一一六四）、「装飾法華経」として名高い『平家納経』を安芸の厳島神社に奉納した平清盛の作善は今にその跡を残すものであるが、その清盛が天台座主慈恵《じえ》僧正（良源）の再誕であるとの伝承が『平家物語』に語られている。『法華経』の持経者であるもと叡山の学侶が、十万人の持経者をもって十万部の『法華経』を転読するよう閻魔王宮に呼びだされた折、清盛が摂津国和田の御崎で持経僧を招請して『法華経』の読経・説法を行ったということを奏上すると、閻魔王が随喜感嘆してかの再誕のことを告げたという。そこに、生前の罪を問われる者が経の功徳によってその罪を滅し、転生するとしたひとつの法華経信仰のかたちが垣間みられ、『太平記』や『義経記』などの軍記物語に描かれた武将にまつわる法華経譚の多くがこれに通底する。

歌謡と『法華経』―『梁塵秘抄』―

ところで、物語や説話などの散文に限らず、和歌や歌謡といった韻文世界にも『法華経』の受容はみてとれる。後白河法皇が十二世紀の末葉に「今様《いまよう》」という平安後期に流行した歌謡を撰んで編纂した『梁塵秘抄《りょうじんひしょう》』（完全に残るのは巻第二のみ）には、法文歌《ほうもんのうた》の中に「法華経廿八品歌百十五首」（実数は百十四首）として『法華経』に関する歌謡がまとまって収録され、廿八品の各品に数首ずつの歌が引かれて構成される。また雑《ぞう》法文歌や神歌《かみうた》の中の「経歌《きょうのうた》」として十余首含まれるなど、現存する歌謡のうちのおよそ四分の一が法華経に関連する歌々である。たとえば、

空より華降り地は動き、仏の光は世を照らし、
弥勒文殊は問ひ答へ、法華を説くとぞかねて知る（序品・五七番歌）

という歌や、

妙法蓮華経、書きよみ持《たも》てる人はみな、五種法師と名づけつゝ、
終には六根清しとか（法師功徳品・一三九番歌）。

といった各品の内容に即した歌もあれば、「法華七喩」を謡う次のような

幼き子どもは稚し、三つの車を請ふなれば、
長者はわが子の愛しさに、白牛の車ぞ与ふなる（譬喩品・七二番歌「長者窮子喩」）

という歌などもある。

また、今様のなかには「玄義や釈籤《しゃくせん》」、「法華経八巻《やまき》がその論義」ということばを織り込む歌がみられ

るように、個々の歌々には、天台三大部にも精通する深い経典解釈や問答議論によって経論の意味を明らかにする論義法会の場を髣髴とさせるような歌もあり、当代の教義研鑽を知るうえにおいても貴重である。そうしたいわゆる法華今様が生成された背景には、『三宝絵』や『拾遺和歌集』に引かれた仏教讃歌の「法華経ヲ我ガエシコトハ薪コリ、菜ツミ水クミツカエテゾエシ」（行基または光明皇后作と伝えられる）という法華讃歎をはじめ、和讃、教化《きょうけ》、訓伽陀といった仏教歌謡のなかの法華経歌謡の存在があり、また和歌の法華経歌が釈教歌《しゃっきょうか》のなかで次第にその位置を多く占めるに至った時代がこれに並行していた。

『梁塵秘抄』の法文歌が天台の五時教判《ごじきょうはん》に基づいて配列され、その第五時に『法華経』の今様が位置づけられたのは、同教相判釈の浸透と、ほかならぬ編者である院自身が『法華経』の厚い信仰者であったことによる。書名の由来は、建物を支える梁《うつばり》に長い歳月をかけて積もった塵が声の美しさによって舞い踊る、という中国の故事を引くものであるが、法文歌を収める巻の冒頭歌は、

　　釈迦の正覚なることは、このたび初めと思ひしに、
　　五百塵点劫よりも、あなたに仏と見えたまふ、

という歌で、

『法華経』の如来寿量品に説かれる、仏が説法を行ってきた久遠なる時間を表す「五百塵点劫《じんでんごう》（五百億塵点劫のこと）」という語を読み込んで書名の「塵」に重ね、『法華経』の枢要な思想をもってその冒頭をかざり、言祝いだものとみられる。

同経に関することは歌謡のみならず、今様に関する口伝を記した『梁塵秘抄口伝集《くでんしゅう》』にも随所にみられ、今様の師の病床で『法華経』を読誦したり、その追善供養に西方への九品《くほん》往生を祈って「朝懺法夕例時」の行法を五十日勤めたり、加えて一年の間に千部の『法華経』を読誦したことが記される。また神社に参詣して今様を謡い霊験を得ることを記す段には、法楽《ほうらく》のために神前で行われる儀式のなかで、神楽などの芸能の後に『法華経』を『般若心経』や『千手経』とともに読誦する場面も描かれている。自ら天台魚山声明《ぎょさんしょうみょう》の血脈に連なるとともに、『法華経』を諳《そら》んじて読誦することで知られた院は（『今鏡』）、後代に「能読《のうどく》」（『法華経』読誦に精通した者）と言われるに至る（『読経口伝明鏡集《どきょうくでんみょうきょうしゅう》』）。『紫式部日記』に声や節まわしを競う読経争いのことがみられるが、「能読」は音芸的要素を多分に有するものであった。『梁塵秘抄口伝集』の末尾は、「法文の歌、聖教《しょうぎょう》の文に離れたることなし。法華経八巻が軸々《じくじく》、光を放ち放ち、廿八品の一々の文字、金色の仏にまします」と、仏を讃嘆する讃仏乗《さんぶつじょう》の因によって、法文歌を謡うことが、『法華経』を読誦する功徳に匹敵すると説き結ばれている。

こうした『法華経』に関する説話や物語、和歌や歌謡が数多く集成されるといった営みのなかに、『法華経』に対する時代の要請や編者の教化教導の意識が読みとれるところであるが、文字に留められた個々の表現世界からは、それぞれの持経者が『法華経』に向き合う生き生きとした信仰の姿を縷々受けとめることができる。

第三章　禅宗と『法華経』

西村　惠信

一

「教宗」に対して「仏心宗」であることを矜恃する禅宗は、一切の「経典」に対して独特の態度をもっている。禅宗は初祖ダルマが「不立文字、教外別伝」を標榜していらい、いわゆる所依の経典というものを持たない仏教の一派である。

つまり他の「教宗」のように、固有の経典をもって一宗存立の基盤とするものではない。禅宗は経典に説かれた「ことば」の根源にある「仏心印」を伝えようとする、仏教の中の特殊の一派である。

だからといって禅宗が経典を軽視する訳ではない。むしろ禅宗は、経の説く内容をいかに主体的に把握するかを至上命題とするのである。禅宗ではこれを「看経の眼」（かんきんのまなこ）と言っている。

仏陀の教説を如何に正しく全身的に受け止めるかということが中心的関心事であり、そのためにいちど経典を離れて、経典のことばの出てくる根源、則ち「仏心印」を自己の手中に収めんと努力するのである。

この立場から禅宗は、言葉として書き留められたものに依存することがない。仏陀の口から吐き出された言葉や文字に、もはや真実の息吹はないと考える。

しかしまた同時に、経典や祖録はわれわれを真実に向けて進めしめる「霧海の南針」でもある。「経典」がなければ、進むべき方向さえも定まらないからである。

そういうわけで、経典に対して禅宗の取る態度は、まことに二面的であると言えよう。言葉や文字は必要であるが究極的なものではないから、これをひとまず「指月の指」（月を指す指）、「魚兎の筌蹄」（動物を捕らえる罠）、「敲門の瓦子」（訪問を告げるために叩く石）などと言っている。いずれも必要であるが、最後まで不可欠なものではない、との意味である。

経典に対する禅僧の関わり方は、こうして付かず離れずというものであるが、そういう処にこそかえって、仏教全体の中での禅宗の特異性が発揮せられているとも言えるであろう。

このことは日本に臨済宗をもたらした栄西禅師（一一四一～一二一五）が、『興禪護国論』において、「与えて之を論ずれば、一大蔵経は皆な是れ禅の所依の経典なり。奪って之を論ずれば、禅に一言の所依の経典も無きなり」と説いているところである。また徳川期の禅者東嶺円慈は、『宗門無尽灯論』「宗由第一」に於いて、次のごとく言う。

我が祖宗門下の如きは教跡に依らず，別に意趣あり。（中略）直に方便を越え、辛參苦修纔に旨を得れば則ち顕密の仏法一時に現前し、重ねて許多の牢関を衝き、却えり来って経論を看見すれば己れ自ら説くが如し。

では、このような経典に対する禅僧の態度が、『法華経』に対した場合にどのようになるか。これが拙論の主題である。

二

そもそも『法華経』に対する禅僧独特の見方は、既に夙く中国禅宗の四祖道信（五八〇～六五一）と牛頭法融（五九四～六五七）との間に交わされた、次のような問答に見える。

四祖（道信和尚）乃ち（牛頭法融和尚の）庵前に往って過ぎ来たり過ぎ去り、謂って曰く、「善男子、甚深三昧に入ること莫れ」。（法）融乃ち眼を開く。四祖曰く、「汝、学んで有求と為すか無求と為すか」。融曰く、「我、法華経に依って開示悟入するを修道と為す」。四祖曰く、「開は何人をか開く、悟は何物をか悟る」。（法）融、対（答え）無し。（『祖堂集』巻三、牛頭和尚章）

牛頭法融が眼を瞑って坐禅ばかりしていると、これを見た禅宗の四祖道信が、坐禅ばかりして何になるかととがめた。すると牛頭が眼を開いた。「お前さんは何かを求めて修行しているのか」。

「はい、私は法華経によって開示悟入することを修行と心得ております」。「では何を開き、何を悟ると言うのか」。法融は答えられなかった。

これを見ると、『法華経』に依って開示悟入することを修道の理念として、甚深三昧というインド以来の寂照主義的坐禅によって禅心を深めようとしていた牛頭法融が、四祖からそのような静寂主義によって、いったい何を開悟しうるのかと問われて答えに窮している。教相家であった牛頭法融は、道信のこの詰問を受けて、『法華経』観が一変し、衣を換えて禅僧に転じたことになっている。

中国禅宗第六祖である南宗慧能（六三八〜七一三）の『六祖壇經』「南北二宗見性門」というところにも、似たような話が出ている。七年のあいだ『法華経』ばかり誦んでいながらなお心が迷い、仏の正法を悟ることのできない法達という青年僧が、六祖慧能のところにやってきて、教えを乞う話である。

師（慧能）は又た言う、「法達、心に行ずれば即ち是れ汝が『法華経』を轉ず。行ぜずんば即ち是れ『法華経』に轉ぜらる。心正しければ法華を轉じ、心邪まなれば法華に轉ぜらる。佛知見を開けば法華を轉ず。努力して法に依って修行せよ、即ち是れ経を転ずるなり。自心若し念念修行せずんば、即ち経に轉ぜらる。」法達は一たび聞いて、言下に大悟す。涕涙悲泣して大師に白して言う、「実に未だ曾て法華を轉ぜず、七年法華に轉ぜらる。今より方に仏行を修せん。」師言う、「仏行を行ずれば、これ仏なり」と。時に会に在りし者、各々見性することを得たり。

六祖慧能によれば、法華七年の行者法達には「心行」と言うことがなく、「心邪」であったから、彼は「法華に轉ぜられる」ばかりで、「法華を轉じる」ということがなかったのである。したがってそういう間違いから脱するためには、法に依って修行し」「佛知見」を開かなければならないというのである。

いかに『法華経』が教理に於いて優れたものであると言っても、その素晴らしい内容は修行なしでは決して顕われないのであり、悟りの体験を経なければ、味わうことはできない。これが六祖慧能の言わんとするところであった。

三

頓悟の禅を説いて、中国の禅宗をインドの禅定思想から独立せしめた六祖慧能は、中国禅宗の実質上の創唱者であり、今日の日本禅はすべて彼の系統（南宗禅）を引いている。したがって中国の禅僧たちはもとより、日本の禅宗の祖師も、おしなべてこのような『法華経』観に立っている。たとえば次のような例が、その消息を伝えるであろう。

一座主（学僧）有り。師（夾山和尚）に参ず。師問う、「久しく何の業をか習う」。対して云わく、

「法華経に心を留む」。師曰く、「法華経、何を以てか極則と為す」。対して云わく、「露地白牛を極則となす」。師云わく、「舎那の服、瓔珞の衣に愛着し、駕するに白牛を以てし、この道場に届く。豈に不是ならんや（間違いではないか）座主の家風」。（『祖堂集』巻七、夾山章）

座主は経典を論じる経論師である。この座主の場合は『法華経』の論師であったらしい。そこで禅僧である夾山は尋ねた。『『法華経』の究極は、どういうことであるか」。「露地の白牛であります」。「貴僧はそのような服を身につけ、飾りをつけた衣などを着て白牛に乗ってここに来られた。それでも宜しいのか」。

これが「露地の白牛」に対する禅僧の見解である。夾山は露地の白牛というものが、座主にあっては具体的に現実生活から離れて、只の教理に落ち込んでいて、少しも活かされていないことを詰問したのであろう。

ともかくこれらの例によって、唐代の禅者のあいだにも早くから、『法華経』が話題となっていたことが察せられる。殊に禅心開発のプロセスを示すに「牧牛」をもってした禅僧たちが、『法華経』「譬喩品」に見える「露地の白牛」を採りあげて、自己の見解を述べる手段としていたことは興味深い。

四

五冠山瑞雲寺和尚の伝記（伝は『祖堂集』巻二十に見える）に、彼が証理（悟入）の遅疾を弟子に示した「四対八相」というものが見える。

その中に、『法華経』の説く「露地の白牛」は、「三帰一を会する牛」で見性（悟り）が遅い。『華厳経』の説く「食忍草の牛」（忍辱の草を食べる牛）は、「頓に実性を見る牛」だから見性が疾いと言って、悟りの遅速を述べている処がある。

問う、若し見性の遅疾、各々別なるを論ずれば、食忍草牛と露地白牛と、誰か遅く誰か疾きや。答え。食忍草牛は則ち花《ママ》厳会中、頓に実性を見るの牛なる故に疾し。露地白牛は法華会中に三帰一を会す牛なる故に遅し。

ここで詳しいことを述べる紙幅はないが、要するに悟りの内容は同じであると言いつつも、瑞雲和尚は禅の立場から、『華厳経』の「食忍草の牛」を、『法華経』の説く「露地の白牛」と区別して、見性（悟入）が疾いとしているのである。

言うまでもなくこの疾さは「頓悟」の場合と同じで、時間的な疾さではなく、悟りと迷いを一挙に超越するという論理的な疾さである。「食忍草の牛」とは、「苦しみの忍土に留まり続ける」ことを言うのであろう。

そしてこの点こそ大乗経典『法華経』の眼目である「火宅無常の世間に留まること」に通じている。火宅を逃れて露地の白牛を求めるのではなく、火宅無常の現実世界の只中に安住して忍辱の草を喫する牛たらんと覚悟を決めること、それが禅者の面目であるということであろう。

食忍草牛は頓に実性を「見る」から疾く、「露地の白牛」は三帰一を「会す」から遅いのだという。「三帰一」は法華一乗の思想であろうが、これは劣機漸悟の菩薩のために説かれたもので、あくまで「会する」ものであると見られている。それに対して「食忍草の牛」は、頓に実性を「見る」という優れものである。

「頓」ということは、天台においても、「初発心」を初住とし、「便成正覚」とは一分無明を破って八相成仏の作用を現すこととし、これを円教の初住成仏としている。また華厳に於いては、もし「位」ということで云うならば、初め十信より佛地に到るまで六位の違いはあるものの、一位を得ることで一切位を得るのであり、これらが相即相入しつつ圓融することであるとする。故に十信の満位に一切位及び佛智を得るのであり、これを信満成仏というのであり、これによって初心において究竟の正覚を成ずるとある。

やや視点を替えて、瑞雲寺和尚が「頓に実性の牛なるを見る」という場合の、その「実性の牛」とはいかなるものか、それが「三帰一牛」とどう異なるのかを見ておこう。『法華経』譬喩品を読むかぎり、この品の趣旨は大乗菩薩の救済の論理であり、菩薩が火宅無常の中で安逸を貪る衆生を救い出さんとして用いられる譬喩として「露地の白牛」というものが持ち出されているわけであるが、これを一種逃避の論理と見ることができないか。

たとえこれによって救われるとしても、所詮それは一時的な逃避に過ぎないであろう。それが救済の「遅し」といわれるゆえんであり、露地の白牛を期待するよりも、むしろ「忍辱」の草を食しつづける草牛こそ、真に解決の道が開かれているとするのが、祖師禅の立場というものであろう。

これはいわば内的超越とも言うべきもので、苦悩を苦悩の中で実存的に超越することである。忍辱の草を食する牛、それこそが禅者のイデーであり、教宗を遅しとした所以である。禅者たちは既にその初期においてこのように、経典に対する一種の確固たる解釈を持っていたのである。

五

宋の国からわが国に禅宗を将来した栄西や道元は、もともと比叡山に学んだ祖師達であったから、『法華経』が学道の基本であった。道元の場合は、天台法華宗の説く本覚法門についての根本的疑問に撞着し、比叡山を下りて、建仁寺に栄西の門を叩くことになったのである。

大乗の経典を読むと、何処にでも「悉有仏性」（すべての生き物には仏性が具わっている）ということが説かれている。もしそうなら何故に敢えてこのような苦しい修行をしなければならないのか。これが若き日の道元の疑問となった。「一切衆生悉有仏性」と会得するのが天台法華宗の法門であるにも関わらず、この根本的な教理に躓いたのである。

中国に渡った道元は、在宋四年にして「身心脱落」の結論を得た。帰国した彼は、「この法は、人人の分上に豊かにそなわれりといえども、いまだ修せざるには現われず、証せざるには得ることなし」（『正法眼蔵』「辨道話」）と天下に喧伝したが、これは天童如浄の下において身心脱落し、「一生参学の事、畢れり」と自負した道元が、『法華経』の説く「悉有仏性」の理を超えた証しであろう。

『法華経』についての道元の見解は、『正法眼蔵』第十七「法華轉法華」において、はっきり示されている。彼によればこの十方佛土世界そのものは法華の唯有（法華存在）であり、そこにおいて三世一切の諸仏が法華を転じ、また法華に転ぜられているのだという。

ここで道元は先の六祖慧能の「轉法華」の内容をさらに深化させ、真の轉法華はその内に「法華轉」（法華に轉ぜられること）をも包含するものでなければならないとし、これを彼独特の語法をもって「法華轉法華」と名付けているのである。

すなわち道元は、慧能が説いた「轉法華」もなお一半に過ぎず、これが迷いとしての「法華轉」をも包み得てこそ、はじめて真の「法華轉」となるという新しい地平に超越しているのである。

道元において、「法華轉」、「轉法華」という相対分別は、「法華自身が法華みずからを轉じる」という立場へと止揚されている。それが具体的にどのような世界であるかについて、道元は次のように説いている。

曹谿山寶林寺大鑑（慧能）禅師の會に法達といふ僧まゐれりき。みづから称す、われ法華経を読誦することすでに三千部なり。祖いはく、たとひ万部におよぶとも、経をえざらんは、とがをしるにもおよばざらん。法達いはく、学人は愚鈍なり、従来ただ文字にまかせて誦念す、いかでか宗趣をあきらめん。祖いはく、なんじこころみに一辺を誦すべし、われなんぢがために解脱せん。法達すなはち誦経す。方便品にいたりて、祖いはく、とどまるべし、この経はもとより因縁出世を宗旨とせり、たとひおほくの譬喩をとくも、これよりこゆることなし。何者因縁といふに唯一大事なり。唯一大事は即仏知見なり、開示悟入なり、おのづからこれ仏之知見なり、已具知見、彼既是仏なり。なんぢいままさに信ずべし、仏知見者只汝自心なり。かさねてしめす偈にいはく、心迷法華轉、心悟轉法華、誦久不明己、為義作讐家。無念念即正、有念念成邪、有無倶不計、長御白牛車。

道元の説話はこうして延々と続くのであるが、要するに「法華轉」と「轉法華」を分かつ決定的根拠は、自己を明めるか否かであり、換言すれば無念の念か有念の念かに依って決せられると説くのである。しかも注意すべきは、もし有念と無念の二面を超えることが出来ないときは、永遠に「白牛を御する」ことになってしまうことになるというのである。すなわちここで白牛とは、「無念」という悟境に執することに他ならないのである。

火宅を逃避して白牛を求めることは、また別なる心の迷いに他ならず、これもまた反って法華に轉ぜられることに他ならないということであろう。それは裏から見れば、六祖によって開悟せしめられた法達が歓喜の偈の結句に言うように、「誰か知る火宅の内、元と是れ法中の王」（道元引用、原漢文）であり、火宅の只中こそが法王の在所と言うことになるのである。

同じ趣旨に於いて道元は、真の「轉法華」（法華を轉ずる）は「法華轉」（法華に轉ぜられる）をも含むものでなければならぬと説き、これを「法華轉法華」（法華が法華みずからを轉ず）として法華経読誦の意義をまったく新たな次元へと連れ出したのである。かくて次の一段が彼の結論となるであろう。

心迷えば法華に轉ぜられ、心悟れば法華を轉ず。究盡すること能く是のごとくなれば、法華、法華を轉ず。かくのごとく供養・恭敬・尊重・讃歎する、法華是れ法華なるべし。

六

以上、禅の立場から大上段に構えた『法華経』観を見てきたが、本論冒頭に述べたように、実際には禅僧にとって『法華経』を読誦することは、経もまた個人を宗教体験に導く重要な役割を持つことを示しているであろう。そのもっとも典型的な例に、日本近世臨済宗の禅僧白隠慧鶴（一六八五〜一七六八）の場合がある。

五百年間出の人と仰がれた白隠は、日本の臨済禅中興の祖であり、彼なかりせば今日の臨済禅はあり得ない。ここで白隠の言行について述べる余裕はないが、彼の両親が法華宗の信者であり、ために彼は生涯深く『法華経』に親しんだのである。そして四十二歳のある日、彼は『法華経』「譬喩品」を読誦していて、軒下に鳴くコオロギの声を聴いて大悟徹底したのであった。ここでは白隠の代表的な著作である『遠羅天釜』のなかから、彼の『法華経』観の遍歴を見ておくことにする。

五歳にして出家し自誓して思う。願わくは肉身にして火も焼くこと能わず、水も溺すること能わざる底の得力を見ずんば、死すとも休せじと。昼夜孜々として読経作礼す。（中略）我れ聞く、法華は一代の経王にして鬼神もまた欽む。往々幽冥苦界の人、人に託して救いを求むるに、必ず法華を言う。熟々謂うに他人の読誦するすら且つその苦患を抜く。況んや自身読誦せんおや。且つまた経中必ず甚深の妙義有り。此において親しく法華経を把って窮め見るに、唯だ一乗諸法寂滅の文有るを除いて餘は皆因縁譬喩の説なり。此の経若し者般の功徳有らば六経諸子百家の書も亦た功徳あるべし。豈に特り此の経をしも云うかな。大いに懐素を失う。実に十六歳の時なり。（原漢文）

十六歳の白隠はもっぱら『法華経』の功徳を願って読誦したが、その内容が余りにも因縁譬喩に充ちているので、これならば特に『法華経』だけが素晴らしいということでもあるまいと、すっかりこの経典に失望してしまったのである。

これは白隠に限らず、まず深く経蔵に入って仏教の教理を求め、やがてそれに飽き足らずして、禅門を叩くに至る禅僧の一般的なプロセスである。白隠もこうして一度は『法華経』を捨て、坐禅修行の道に邁進することになったのである。

しかるに禅匠として一家を成してからの白隠が、よわい既に四十二歳になって、ふたたびコオロギの声を聴いて『法華経』の深旨に契当したというのである。それればかりか、それまで自負していた自分の悟りの、大いに誤りであったことに気付いたというのである。『白隠年譜』四十二歳の条に次のようにある。

師、四十二歳。秋七月、看経榜を掛く。徳源の東芳、差して『法華経』を読ましむ。一夜、読んで譬喩品に到り、乍ち蛬（きりぎりす）の古砌（あまだれ石）に鳴いて声声相い連なるを聞き、豁然として法華の深理に契当す。初心に起こすところの疑惑釈然として消融し、従前多少の悟解了知の大いに錯って会することを覚得す。経王（法華経）の王たる所以、目前に燦乎たり。覚えず声を放って号泣す。

きりぎりすの切々たる声を聴いて『法華経』の深理に契当するまでに、白隠の身命を賭した並々ならぬ坐禅修行があったことが、この場合もっとも注意すべきことである。しかも白隠の場合は、『法華経』の深理に徹することによって、逆に従前の悟りの浅さに気付かされ、『法華経』こそまさに経中の王であることが、はっきりと眼の前において証明されたというのである。禅僧白隠の「看経の眼」はこうしてはっきりと開いたのである。

白隠は八十歳を過ぎてから、「南無地獄大菩薩」の大書を多く揮毫して門人に与えている。そこにわれわれは、衆生と共に地獄にあり続けようとして「闡提翁」と自称した大乗菩薩白隠の、大慈悲心が溢れているのを見るであろう。自利一辺倒であるかに見える禅僧が、『法華経』によっていっそう深い大乗仏教の深理へと導かれていった例である。

第四章

近代日本の法華経讃仰

安中尚史

近代日本の始まりは、法華経を讃仰する立場をとっていた人々に限らず、仏教界全体が多難な時代であったことは周知の通りである。およそ二六〇年続いた江戸幕府が、開国をきっかけにしてその歴史に終止符が打たれ、新たな政治・社会体制が作られると、神道を中心とした近代的な国家の構築がはかられた。それまでの幕藩体制下で護られていた仏教界は、明治政府の宗教政策によって、その特別な権利は大きく損なわれ、神道との立場は一気に逆転することになった。こうした中で仏教界も、手をこまねいていたわけではなく、様々な手段を講じ、生き残る方策を模索して行動へと結びつけていったのである。その後、政府は宗教政策を転換し、神道と仏教を異なる次元に置いたことによって、仏教の立場は護られることになった。しかし、いっぽうでは近代化が進むと、宗教を非科学的な根拠のないものとしてとらえる風潮が広まり始めたのも事実で、仏教界を取り巻く環境が大きく変わっていったことには違いなかった。このような中にあっても、法華経を讃仰する人々は、自らの信念に則った形で信仰を貫いて生きていったのである。

新居日薩

明治維新の仏教界が多難な時期に、日蓮宗の僧侶という立場で、法華経信仰に生きた人物の一人に新居日薩がいる。日薩は明治政府の宗教政策に対して日蓮宗の代表に止まらず、仏教界を代表する立場で対応した。日薩は一八三〇（天保元）年に現在の群馬県桐生市に生まれ、下総国飯高の飯高檀林、加賀国金沢立像寺の充洽園で学んだ。一八五四（安政元）年、江戸駒込蓮久寺の住職をつとめながら下谷の藤森弘庵の塾に通い、漢字・儒学の研究に励む。一八六四（元治元）年、江戸神楽坂善国寺の住職となるが、山務におわれる生活を嫌って蓮久寺に戻り、その後、武蔵国池上の南谷檀林講師となって、後進の育成に専念する中で明治維新をむかえた。

日薩の名が知られるのは、日蓮宗の代表として政府の宗教政策に各宗派が対応すべく組織した諸宗同徳会盟に出席し、さらに神仏合併大教院に出仕して仏教界の復興に尽力してからのことであった。一八七四（明治七）年、総本山身延久遠寺住職の申達が教部省より下され、また同年、各派毎に管長が設置されることとなり、日蓮宗一致派の初代管長に推されて就任した。しかし、翌一八七五（明治八）年に久遠寺が火災に遭うと、ともに充洽園で学んだ吉川日鑑に久遠寺住職を譲り、管長職に専念することになる。

同年、神仏合併大教院が解散し各宗派に運営が委ねられると、宗派内の代表者を召集して会議を開き、宗規を定めるなど日蓮宗の近代化をはかった。また、子弟教育にも力を注ぎ教育制度・施設を整備したり、私財を投じて幼年僧侶を対象とした教育機関を設けた。いっぽう宗派の枠を越えた仏教社会福祉事業にも参画し、福田会育児院の設立・運営にたずさわり、また在家仏教運動も支持して、島地黙雷・福田行誡・原担山などと「和敬会」を設立し、講演活動などを行った。この他、千葉県に監獄が開設されると、教誨許可を得て獄内の受刑者に説法を行うなど、その活動は多岐にわたっていた。一八八八（明治二一）年没。

田中智学

明治から昭和前期の法華系在家仏教運動者として活躍した田中智学は、一八六一（文久元）年に現在の東京都中央区日本橋に生まれ、幼名を巴之助といい、一八七〇（明治三）年に得度して智学と名を改めた。翌年、下総国飯高（千葉県匝瑳市飯高）の飯高檀林に入り、四年間にわたって学問に励み、その後、日蓮宗の近代的な教育機関として東京芝二本榎の承教寺に置かれた日蓮宗大教院に入学する。しかし、日蓮の教義は折伏に一貫していると考える智学にとって、ここでの摂受的な教育内容は疑問を感じさせるものとなった。体調を崩して病気療養を目的に休学し、そのまま復学することなく、還俗して退学にいたる。

その後の智学は、在家の立場で仏教運動を展開し、一八八〇（明治一三）年に横浜で蓮華会を結成した。さらに、活動の拠点を東京に移して一八八五（明治一八）年に立正安国会を設立し、講演や著述を中心とした教化活動を展開する。一八九七（明治三〇）年、日蓮主義の宣揚と宗門改革を謳った『宗門之維新』や、摂受的な立場をとる日蓮宗への批判をこめた『本化摂折論』の草稿を著し、一九〇一（明治三四）年に発表した。

翌年、日蓮が立教開宗を宣言してから六五〇年目にあたることから、智学は門派の枠組みを越えて、法華宗妙満寺派（現在の顕本法華宗）の本多日正や日蓮宗の加藤文雅などと様々な記念事業を執り行い、その中心的な役割を果たす。いっぽう一九〇三（明治三六）年から翌年にかけて、大阪で本化宗学研究大会を開催した。この大会で智学は多くの受講者を前に、日蓮主義教学の組織大成をめざしてまとめ上げた『本化妙宗式目』を発表し、これを弟子の山川智応が筆録して八年の歳月を費やして刊行し、後に『日蓮主義教学大観』と改められた。

一九一四（大正三）年、智学は立正安国会を発展的に解消し、国柱会を発足させた。この頃から智学の主張する日蓮観・法華経観・国土観等は、政界・財界・軍部・右翼活動家・文学者などの行動と思想に大きな影響を与え、特に昭和初期から展開した日本の強硬な海外侵出を支えていた思想などと相俟って、軍国主義を助長するものとして位置づけられもした。一九三一（昭和一四）年没。

本多日生

明治から昭和初期の顕本法華宗（法華宗妙満寺派）における最高指導者で、当時の法華系教団を代表する僧侶であった本多日生は、一八六七（慶応三）年、播磨国姫路に生まれ、菩提寺である妙善寺の本多日鏡に師事し一三歳で得度した。一八歳の時、本山の命により大阪堺の妙満寺に住持し、その後上京して哲学館で学び、さらに当時の妙満寺派が不振する様子を嘆き、宗門を改革すべく活動を展開した。これが当時の管長に認められ、宗制の改変に力を注ぐことになる。

一八九〇（明治二三）年、日生は妙満寺派の教務部長に就任すると、すぐに雑乱勧請の停止と本尊の統一を宗内に指示したが、急な改革に混乱を招き、さらには妨害もあって宗門から追放処分を受けてしまう。僧籍を剥奪されてからも精力的に布教活動を展開し、さらに各宗協会が編集する『仏教各宗綱要』の執筆を宗門から請われたことをきっかけに僧籍に復すが、日蓮の他宗批判を巡って協会と対立し、日蓮門下各派に協会側の不当性と活動の協調を呼びかけた。結局、裁判に訴えたが棄却され、この事件をきっかけにして、宗義の考究と門下統合をもとめて僧俗門派を越えた組織の必要性を感じ、統一団を結成した。

日生は宗門に復帰すると、大学林長・財務部長・宗務総監等の要職を歴任し、一八九八（明治三一）年に妙満寺派を顕本法華宗と改め、さらに一九〇五（明治三八）年には管長に就任し、その後、二一年間にわたって、その職をつとめた。この間、日蓮主義の研鑽を目的とする天晴会や、婦人教化を目的とする地明会を組織し、浅草には布教講演道場として統一閣を建設し、さらに労働者善導を目的とする自慶会を組織するなど、活動は多岐にわたり、彼を慕って政治家・軍人・学者らが教えを請うようになった。一九三一（昭和六）年没。

村雲日栄

日蓮宗唯一の門跡寺院である村雲瑞龍寺の第一〇世住職村雲日栄は、明治から大正時代にかけて日蓮宗内外で活躍した人物である。日栄は伏見宮邦家親王の第八皇女として一八五五（安政二）年に生まれ、後に九条尚忠の猶子となる。彼女を仏門へ導いたのは、叔母である瑞龍寺九世の瑞正文院日尊で、八歳で得度を果たした。一一歳の時に明治維新をむかえたが、その際に皇室出身の僧尼に対し、還俗を強要する働きかけがなされた。しかし、日栄は強い意志をもって仏門に留まることを述べ、これをしりぞけたという。

成人後、本格的に布教活動に邁進して皇居へ参内を果たし、宮中の女性達がもっていた仏教信仰を呼び起こした。また全国各地に足を運んで、一般民衆への教化も積極的に取り組み、行く先々で大勢の信者に歓迎された。さらに女性信徒の組織として村雲婦人会を創設し、台湾や満州に支部を拡大して会員数は五万人を数え、社会事業に積極的に関わっていった。その後、一九一九（大正八）年に尼僧の学問修得の場として尼衆修道院を設立するなど、その活動は多岐にわたっていた。一九二〇（大正九）年没。

赤木日正

江戸幕府から禁制とされていた日蓮宗不受不施派は、明治時代になると赤木日正の活躍によって再興が許されることになる。一八二九（文政一二）年、備前国津高郡九谷村赤木梅次郎の次男として生まれた。父親が禁教とされていた不受不施派の内信者であり、幼い頃から捕縛を避けるために各地を転々とするが、一八四六（弘化三）年、伯父の養子となって人別に入る。

この頃、日正は不受不施派僧として潜行する照光院日恵から、津寺日指両派の異目を聞き帰服する。さらに江戸において足軽として奉公し、また、大坂で日蓮宗一致派の僧侶として出家を果たすが、一八五三（嘉永六）年に日恵の弟子となって不受不施派僧の活動を始めた。

一八六二（文久二）年、皇女和宮降嫁による大赦を機に、日正は不受不施派再興を目論んで朝廷や幕府・藩に対して働きかけをするが聞き入れられず、直訴によって弟子が命を落とした。その後、明治維新をむかえると、仏教界全体が多難な時期となったことから、政府への働きかけを休止して子弟の教育と信徒の策励を専らにした。いっぽうで日蓮宗各寺院に再興の同意をもとめて巡ったが、応諾されることはなかった。

一八七五（明治八）年、政府の宗教政策に転換がみられ、日正はこれに乗じて再興を果たすため、岡山から東京へ転居し活動の便宜をはかった。同年六月、政府に対して再興の請願書を提出したが、日蓮宗一致派・同勝劣派から反対する上申もあって聞き入れられなかった。しかし、再三にわたる願い出に政府も動かされ、一八七六（明治九）年四月にその許可が下りた。再興独立がかなって以降は、岡山県金川に妙覚寺を建立して不受不施派の総本山とし、ここを中心に宗門の経営や子弟の教育につとめた。一九〇八（明治四一）年没。

山田三良

大正時代に法華経の教義と日蓮の主張を社会に広く知らしめることを目的に、当時の東京帝国大学教授で法学者の山田三良らによって法華会が設立された。この会は、文筆と言論による活動を提唱し、さらには出家者が中心となる組織を避け、あくまでも在家者が中心となる運営にこだわった。

山田は一八六九（明治二）年に奈良県高市郡越智村の村長山田平三郎の三男として生まれた。子供の頃から勉学好きで、東京帝国大学・同大学院で学び、さらにドイツやフランスで国際法を専攻し、帰国後すぐに帝国大学の教授にむかえられた。

法華経や日蓮の教えに山田が出会ったのは、夫人に由来する。夫人は江戸幕府旗本として代官職などをつとめた伊豆韮山の江川家の出で、熱心な日蓮宗信仰をもつ家であり、夫人の勧めによって、山田は信仰の世界に足を踏み入れることになった。さらに、本多日生が主宰する天晴会にも夫人によって導かれ、ここで本格的に法華経や日蓮の思想に触れることとなった。

その中で、大審院判事の矢野茂、日蓮宗大学教授の小林一郎、東京帝国大学教授の姉崎正治らと出会い、彼らと親交を深めていった。しかし、日蓮主義を主張して日蓮門下統一にむかって邁進する天晴会の活動に限界を感じ、在家者による法華経と日蓮を讃仰する組織の必要性を痛感して一九一四（大正三）年五月に自ら法華会を創設した。

この法華会を軸に、山田によって法華経信仰の世界へ導かれた人々には、東京駅や日本銀行の設計者であった辰野金吾、『大漢和辞典』の編者である諸橋轍次、言語学者で『広辞苑』の編者でもある新村出などがいる。さらに法華会の支部を横浜・長野・京都・大阪・長崎などに設置し、法華経信仰を勧奨する動きを各地で見せた。一九六五（昭和四〇）年没。

加治時次郎

明治の末から昭和初期にかけて、医療を通して法華経の教えに則った救済活動を進めた人物に加治時次郎がいる。一八五七（安政五）年、豊前国田川郡香春町に代々医術を生業とする家に生まれ、一八七五（明治八）年に上京して苦学しながら東京帝国大学医学部で学び、一八八三（明治一六）年、医師開業試験に合格して医療活動にあたることとなった。

一八八八（明治二一）年、加治は日本の医学を進歩させることを願って、ドイツ留学に旅立った。この留学で北里柴三郎や後藤新平などとも交流が結ばれ、いっぽうでマルクス共産主義の影響を受けた労働者達の活気あふれる姿を目の当たりにし、思想的な影響を大いに受けた。帰国後、日本橋に診療所を開設し、ドイツから取り寄せた皮膚病の塗り薬を販売したところ、これが大いに売れて大阪・名古屋・横浜などに支院を開設するにいたった。また、各地の診療所は低賃金労働者を救済する目的を併せ持ち、地位や身分に関係なく、全ての人に平等な医療行為を実施する「平民病院」とした。

さらに加治は政治活動にも関わるようになり、社会主義運動家との親交がもたれた。大逆事件の幸徳秋水や、赤旗事件の堺利彦などを支援するようになり、警察に監視されることもあった。

その後、加治の活動に大きな変化がみられたが、その背景には妻さきの存在があった。さきの実家榊原家は静岡県浜松で古物商を営み、日蓮宗の信仰が特に篤かった。大逆事件の後も、加治の社会主義的な救済活動は続けられ、低賃金の労働者に対し栄養供給を目的に「平民食堂」を開いたり、娯楽施設の経営にまで及んでいたが、その救済活動に限界を感じ苦悩していた。その姿を按じたさきは、加治に法華経と日蓮の教義に触れる機会を与え、信仰の道へと誘った。下谷蓮城寺で開かれていた日蓮遺文の講義では、清水龍山から法華経と日蓮思想の真髄を教示され、法華会にも参加して教義の理解を深めていった。

法華経信仰に目覚めた加治は、ハンセン病患者の収容施設を運営した綱脇龍妙に対して多額の資金を寄せたり、ドイツやイギリスに留学した青年僧に学費を支援するなど、それまでとは異なる救済活動も行った。さらに大正末から昭和初期にかけて、釈尊の平等観と科学的平等観との融和をもって新しい社会運動、仏教徒の社会運動として自由仏教団や仏教国民同盟を組織する活動を進めていった。一九三〇

（昭和五）年没。

藤井日達

大正から昭和期にかけて、法華経の精神によって平和運動を展開した人物に藤井日達がいる。一八八五（明治一八）年、熊本県阿蘇郡で農業を営む藤井十次郎・ミナの次男として生まれる。大分県の農業学校で学びながら日蓮の生き方や思想に共感し、卒業後に日蓮宗の僧侶として出家を果たす。日蓮宗大学で学んだ後に、浄土宗大学院、法隆寺勧学院、真言宗連合大学、臨済宗建仁寺僧堂などにおいて、各宗派の教学を研鑽する。いっぽうで、法華経の薬王菩薩本事品に書かれている焼身供養の実践や、滋賀県高島郡比良の八淵滝で七日間の断食修行をするなど、苦行を繰り返し行った。

一九一七（大正六）年、藤井は奈良県山辺郡の桃尾滝で七日間の断食修行をし、これを終えると、団扇太鼓をたたいて法華経の題目を広め、世界中の人々を法華経に帰依させることを誓願した。そして翌年には、皇居の周りを「南無妙法蓮華経」と書いた旗を掲げ、団扇太鼓をたたいて題目を唱えながら歩く行を七日間にわたって行った。さらに中国大陸での布教を志し、朝鮮半島を経由して中国に入り、遼陽に日本山妙法寺を開いた。

その後、一九二三（大正一二）年まで藤井は中国各地を歩き布教活動を展開したが、関東大震災を機に帰国して東京に入り、焦土からの復興を祈る。翌年、国内最初の妙法寺を静岡県富士郡に開き、さらに各地を巡って布教を行い道場を設けた。

一九三〇（昭和五）年、仏法のインド回帰を信じて藤井は日本を発ち中国、シンガポールを経由して翌年にインドへ上陸を果たし、釈迦の足跡を巡り仏教復興の誓願を立てる。その後、布教活動を各地で展開し、一九三三（昭和八）年にはマハトマガンジーと出会って、その非暴力主義に感銘を受け、その後の活動に大きな影響を受けた。

日中戦争の拡大にともなって、藤井は一九三八（昭和一三）年に帰国すると、軍部に平和政策を進言して仏舎利を贈ったり、各地に仏舎利塔を建立して平和の象徴とした。これは古代インドのアショカ王が戦争の悲惨さを思い、平和を誓って八万四千の仏舎利塔を建てたことに由来する。

その後、戦争が終焉すると、藤井はさらに平和運動を推し進め、日本国内はもとより世界各地に仏舎利塔を建立した。また、宗教や宗派にとらわれず、世界中の宗教者に参加を呼びかけて世界宗教者平和会議の開催に力を尽くすなど、一〇一年間にわたる生涯を閉じるまで、世界平和の実現に身を挺した。一九八五（昭和六一）年没。

石橋湛山

第五五代内閣総理大臣をつとめた石橋湛山は、日蓮宗の僧侶を父にもち、自らも出家者（宗教者）としての立場をもって経済・政治・評論・教育に深く関与する活動を行った。一八八四（明治一七）年、現在の東京都港区で父杉田湛誓、母石橋きんの長男として生まれ、母方の石橋姓を名乗る。一八九四（明治二七）年、父親の友人で日蓮宗長遠寺住職の望月日謙に預けられて僧侶としての道を歩み始め、その後山梨県立第一中学校、早稲田大学高等科予科を経て早稲田大学哲学科に入学する。

石橋は早稲田大学で田中王堂と出会い、彼から新しい哲学思想であるプラグマティズムを学び、ここを主席で卒業してさらに特待研究生として宗教研究科を修了する。その後、島村抱月の紹介で毎日新聞社に入社するが一年足らずで退社し、志願して東京麻布歩兵第三連隊に入隊し、その後除隊して一九一一（明治四四）年に東洋経済新報社へ入社する。

東洋経済新報社では、はじめ社会・思想を中心とする『東洋時論』の編集にたずさわったが、しばらくして同誌は廃刊し、『東洋経済新報』の編集者となって政治・経済に深く関わることになる。以後、選挙制度・金融政策・外交政策などを批判し、民主主義・自由主義・平和主義について主張した。

終戦後、石橋は政界に進み、一九四六（昭和二一）年の衆議院議員総選挙に出馬して落選するが、吉田内閣の大蔵大臣に就任する。さらに翌年の衆議院議員総選挙で当選して活躍が期待されたが、GHQから公職追放となって一九五一（昭和二六）年に解除されるまで、政治の表舞台に立つことはかなわなかった。一九五二（昭和二七）年、衆議院議員総選挙に当選し、鳩山内閣で通産大臣となり、さらに、一九五六（昭和三一）年一二月、内閣総理大臣に就任した。しかし翌年一月、病に倒れて二月に退陣を表明した。その後、体調が回復すると、米国とソ連・中国の間に入って平和同盟を主張し、訪中・訪ソを繰り返してその実現にむけた行動をとった。

石橋のこうした言論や行動の背景には、法華経の教義を思想の拠り所とした日蓮の思想が大きく影響しているといわれ、それは石橋が頻繁に日蓮の『開目抄』を引用し、自らの国家観などを主張していたことからも知られる。一九七三（昭和四八）年没。

第五章　近現代の国際的『法華経』研究

三友　健容

釈尊が入滅されてから、わずか数十年のちにインド近くまで遠征してきたアレキサンドロス大王によって、インドとローマとの通商路が確立し、仏教はアショーカ王（BC. 268–232?）の伝道師派遣により、インド以西に広まっていった。その後、一七世紀になりヨーロッパ諸国がアジアに植民地の触手を伸ばしたことから、インドの哲学、仏教がふたたび脚光を浴びるようになったのは皮肉なことであった。

われわれは、ヨーロッパにおいて『法華経』研究が一足飛びに始まったと誤解してはならない。そこに到達するまでには、先人たちの命がけの冒険と真理に対する探求心があったのである。

ヨーロッパへ仏教に関する比較的良好な知識をもたらしたのは、チベットに入った一六世紀末のジェスイット派の宣教師からであった。ポルトガルのジェスイット派の宣教師アントニオ・ダンドラーデ（Antonio d' Andrade, 1580–1634）は、グゲ王国の首都に入り、帰国後、報告書を出版。フランス語に訳されるやヨーロッパ人の非常に多くの関心をチベットに惹きつけた。そのため、多くの宣教師がシガツェやラサを訪れた。一八世紀から一九世紀にかけて本格的にチベットに入って言語をマスターしたヨーロッパ人は、キリスト教の宣教師であったデラ・ベンナ（Francesco Orazio della Penna, 1680–1745）である。一七一六年から一五年ものあいだラサに住み、約三万三〇〇〇語を収録したイタリア語

『チベット語辞典』を完成させ、ツォンカパの『菩提次第論広本』（*Lam rin chen mo*）と『波羅提木叉経』（*Prātimokṣasūtra*）を翻訳し、チベット歴史についても著述した。日本ではまだ江戸時代のことであった。

一七一四年にも、イタリアのキリスト教宣教師であったイッポリート・デジデリ（Ippolito Desideri, 1684–1733）とポルトガルの宣教師マヌエル・フレイレ（Manuel Freyre, ?-1719?）は、ラダックからラサに入り、デジデリは一七二一年までチベットの僧院で、チベット語とチベットの宗教について学び、『チベット案内記』（*An Account of Tibet; the travels of Ippolito Desideri of Pistoria*, 1712–1727）を出版し、チベット仏教（ラマ教）を紹介した。一七一九年から約二五年もラサに住んだキャプチン・フライアーズ（Capuchin friars）の宣教師ジョルジ（Augustine friar Aug. Antonio Georgi of Rimini, 1711–1797）は *Alphabetum Tibetanum*（Rome, 1762）を出版した。またかれに資料を提供したマセラタ（Cassian di Macerata）も、忘れてはならないひとりであろう。

ヨーロッパ最初の本格的なチベット学者はハンガリーのチョーマ・ド・ケーレス（Alexander Csoma de Körös, 1784–1842）である。チョーマは艱難辛苦の一人旅でインドへたどり着き、ヒマラヤ中腹のラマ寺院でチベット仏教の研究をし、チベット語の辞書『チベット語と英語の辞書に向けてのエッセイ』（*Essay towards a Dictionary, Tibetan and English*. Prepared, with the assistance of Bandé Sangs-rgyas Phun-tshogs, a learned la'ma of Zangska'r, by Alexander Csoma de Körös, Siculo-Hungarian of Transylvania. During a residence at Kanam, in the Himalaya Mountains, on the confines of India and Tibet, 1827–1830. Calcutta 1834, I-XXII, 1–351. p.）と文法書『チベット語文法』（*A Grammar of the Tibetan language, in English.* Calcutta 1834）、『サンスクリット・チベット語・英語彙集』（*Sanskrit-Tibetan-English Vocabulary Part I–III.* Calcutta 1910）も作成し「西洋の菩薩」と讃歎され、現在でもカルカッタの図書館では聖人といわれ、チョーマの銅像は大正大学に「チョーマ菩薩」として祀られている。

またサンクト・ペテルスブルクのイサック・シュミット（Isaac Jacob Schmidt, 1779–1847）は一八三九年に『チベット語文法』（*Grammatik der tibetischen Sprache*）と『チベット語・ドイツ語辞書』（*Tibetisch-deutsches Wörterbuch* 1841）を出版した。

エシケ（H.A.Jäschke, 1817–1883）は、一八五七年にラダックにモラヴィアン教会を建て、『チベット語文法書』（*A Tibetan Grammar*, 1874）、『チベット語辞典』（*A Tibetan English Dictionary*, 1881）を出版し、現在もなおチベット文献の解読には不可欠の辞書として使用されている。

河口慧海（一八六六—一九四五）は、黄檗宗の僧侶で、『チョーマの生涯』（一八五五）を読んだことと、『法華経』「方便品」の十如是が原典ではどうなっているのかを確かめるために、チベット行きを決意した。一八九六年、ダージリンに眠るチョーマの墓を墓参し、大菩提会（Mahabodhi Society）のチャンドラ・ボースの紹介により、チャンドラ・ダスのもとでチベット語を学び、一九〇〇年、ついに念願のチベットへ潜入し、劇的な大冒険の末、チベット文献やサンスクリット文献を将来した。サラト・チャンドラ・ダス（Sarat Chandra Das, 1849–1917）はインド英国政府情報員であったといわれ、ダライ・ラマ一三世のときに、学僧を装いシガツェに来り、ラサその他を旅行（一八八一―八三）し、地図を作成した。そのほか貴重な情報を収集、チベット政府の逮捕令をくぐりぬけて脱出し、チベットの地理に関する報告書を編纂した。これに類似した事件がいくつも発生したため、チベット政府は英国領インドとの国交を疑問視することになったが、ダスの作成した『チベット語・英語辞書』（*Tibetan English Dictionary*）は、現在でも仏教研究の役に立っている。

慧海が蒐集した文献のなかにはシャル寺の高僧からもらったという貴重な『法華経』のサンスクリット語写本（『河口本』）もあり、かれはチベット語『法華経』の和訳も出版し、『法華経』研究に多大な貢献をした。慧海が『法華経』写本を入手した経緯について、「東方からシェーラプ・ギャンツォという高僧がやってくるから、その高僧にこの『法華経』を渡せと言われてきており、チベット語のシェーラプとは智慧、ギャンツォは海という意味があり慧海となるのでもらえたものである」と述懐している。シャル寺は、のちにラーフラ・サーンクリトヤーヤナやイタリアの探検家ツッチが調査し、『倶舎論』や『アビダルマディーパ』などの稀覯本の写真をとってきている。慧海は、この他にも『法華経』のサンスクリット語写本数本を将来しており、現在、東京大学に所蔵されている。また高楠順次郎（一八六六―一九四五）もネパールから『法華経』のサンスクリット語写本を将来している。高楠はオックスフォードで研鑽し、後のカレル大学（プラハ）教授ヴィンテルニッツ（Moriz Winternitz, 1863–1937）にサンスクリットを学び帰国後、様々な寺院が所蔵していた経典を校訂し『大正新修大蔵経』やパーリ語仏典の集成『南伝大蔵経』などの大仕事を成し遂げたことでも有名である。

一九〇二―一九一四年には、浄土真宗の門主大谷光瑞（一八七六―一九四八）自身が優秀な学徒を率いて大谷探検隊を組織し、謎であった霊鷲山や王舎城を特定し、さらに西域のホータン、クチャ、トルファン、敦煌などを調査した。そのなかには、きわめて貴重なサンスクリット語写本『法華経』が含まれていたが、第二次大戦の敗戦によって引き上げる際に、収集品を旅順の博物館に預けておいたため、ながらく行方不明になってしまった。幸いにしようやく近年、発見され出版されている。この写本は鳩摩羅什訳『法華経』にもっとも近いと評価されている。

チベット仏教を語る際に、忘れてはならないひとりは、青木文教（一八八六―一九五六）であろう。かれは大谷光瑞の指令により、大正元年（一九一二）チベットのラサに入り、チベット仏教を研究し、現在、チベット亡命政府が使用している国旗「雪山獅子旗」は、かれのデザインによるといわれている。また多田等観（一八九〇―一九六七）も浄土真宗の僧侶としてダライ・ラマ一三世が派遣したチベット僧の面倒をみるうちに、チベット語をマスターし、ダライ・ラマ一三世の信任があつくセラ寺で学び、外国人として初めてゲシェー（博士）の資格を取得し、門外不出のデルゲ版チベット大蔵経全巻など稀覯本を含め二万四千点の文献を日本にもたらし、大蔵経以外の文献目録『西蔵撰述仏典目録』を刊行してチベット学を振興させた。その他にも、チベットに入った学者では、寺本婉雅（一八七二―一九四〇）や、チベットで消息を絶った能海寛（一八六九―一九〇三？）などの勝れたひとびとがいた。河口慧海（黄檗宗）と寺本婉雅（東本願寺派）を除いて、かれらに共通していたことは、浄土真宗（西本願寺派）という宗門が財政的援助を惜しまなかったことと、江戸時代後期に「大乗非仏説論」を唱えて仏教界を震撼させた富永仲基たちに刺激され、大乗仏教の原典を求めた不屈の精神であったといえる。

一方、ドイツ人による西域の探検は、西域北道を中心に前後四回の探検隊が組織された。ル・コック(Albert von Le Coq, 1860–1930)は第二回以降の探検隊の中心人物である。第二回(一九〇四―一九〇五)はトルファン付近の城址、千仏洞の発掘、第三回(一九〇五―一九〇七)はクチャ・カラシャール・トルファンを中心に、第四回(一九一三―一九一四)はクチャ・マラルバシの踏査をおこない、多くの文献をもたらした。

また英国のオーレル・スタイン(Sir Marc Aurel Stein, 1862–1943)も、一九〇〇年、探検隊を繰り出し、ホータン付近のニヤ遺跡を発見し、さらに有名な敦煌文献をもたらした。そのなかには現在の鳩摩羅什訳『法華経』とは、多少、訳語が違っている文献もある。

一八二一年にネパールのカトマンドゥにイギリスの弁理公使として赴任したホジソン(Brian Houghton Hodgson, 1800?–1894)は、ネパールで仏教文献写本の蒐集をおこない、蒐集した多くの資料のなかに『法華経』のサンスクリット語写本があった。これらの写本は、ロンドンとパリにあったアジア協会やカルカッタ、オックスフォードの図書館に引き渡され、これによって写本研究が盛んになった。一方、ほぼ同じ頃に、デンマークの言語学者ラスク(Rasmus Kristian Rask, 1787–1832)はセイロンを訪れ、パーリ語、シンハリ語の多くの写本を蒐集し、母国コペンハーゲンに持ち帰り、ヨーロッパにおけるパーリ語研究の一大センターとなった。一八三七年、フランスのアジア協会に、ホジソンからサンスクリット語の仏教文献の写本が八八本も送られると、ビュルヌフ(Eugène Burnouf, 1801–

1852）は直ちにそれらの写本の解読に取りかかった。なかでもほとんどの時間を『法華経』の解読にあてた。それゆえ、ヨーロッパにおける『法華経』研究の第一号は、フランスのビュルヌフである。かれは大著『インド仏教史序説』（*Introduction a l'Histoire du Buddhisme Indien*, 1844, 1852）の第2巻にフランス語訳『法華経』（*Le Lotus de la Bonne Loi*）を発表した。かれの父親はサンスクリット語にも通じた語学者であり、かれも語学に卓越した才能をもっていた。かれによると、『法華経』には標準的なサンスクリット語とプラークリット語（混交サンスクリット語）が混じっており、長行部分がさきに成立し偈頌はのちに付加されたものであるとした。いまだ仏教の全体像が正確に把握されていない時代に、サンスクリット語写本を解読して、『法華経』は、「白い蓮の華という譬喩に、現実存在の境遇における人々を救済するために、仏陀が三つの方法（三乗）が基本的に同一（一仏乗）であるという極めて重要な教義を論じたものである」と理解し、その成立までも論じており、五二歳で早世したビュルヌフの天才的能力は驚嘆に値する。かれはコレージ・ド・フランスの教授の激務をこなしながら、多くの仏教文献を注意深く読んでおり、そのなかには『大事』（*Mahāvastu*）や、ヤショーミトラの『倶舎論註』（*Abhidharmakośavyākhyā*）など、現代の仏教学者にとっても重要な文献が含まれている。

フランス語訳『法華経』は、大乗仏教思想をヨーロッパに知らしめるに十分であった。オランダのケルン（Johan Hendrik Casper Kern, 1833–1917）は、ライデン大学の教授としてインド天文学などに興味をもち、『インド仏教史概説』（*Geschie de nis van het Buddhisme in Indie*, 1881–83）の大著を著し、フランス語訳『法華経』に刺激されて『法華経』の英訳本『正しい法の蓮』（*The Saddharma-*

pundarika or the Lotus of the True Law, 1884）を出版した。これは決してフランス語訳『法華経』の英訳本ではなかった。かれは独自に『法華経』写本を解読し、日本の南条文雄と一緒にテキストを出版（*Saddharma-pundarikasūtra by H. Kern and Nanjio*, 1908–1912）した。かれは、『法華経』が演劇的であり、未発達の奇跡劇であるとし、長行と偈頌では相違が認められ、本来、偈頌で構成されていたものが、その説明のために長行が付加されたのではないかとした。しかし、「宝塔品」や「踊出品」などの偈は形式が整っていないから、古い形態の偈になれていないものが、あとから制作したものと考え、すべての偈頌の成立がはやいとは言えず、全体が同一人による制作とは考えられないとした。また、鳩摩羅什訳では「囑累品」の位置が「神力品」のあとにあって、『正法華経』やネパールから発見されたサンスクリット語写本とは異なっているのは、鳩摩羅什訳の方が古い形を保っているからであり、本来、『法華経』はここで完結していたものに、A.D. 二五〇年頃に「薬王品」以降、いわゆる流通分が付加されたのであろうとした。ヨーロッパの仏教学に貢献した人物としてベルギーのプサン（Louis de La Vallée Poussin, 1869–1938）も忘れてはならない。かれはシルヴァン・レヴィーやケルンのもとで学び、『倶舎論』（*L'Abhidharmakośa de Vasubandhu.* 6 vols. Paris: 1923–31）や唯識（*Vijñaptimātratāsiddhi: La Siddhi de Hiuan-Tsang*, 1928–1929）の本を出版している仏教学者であった。フランスのシルヴァン・レヴィー（Sylvain Lévi, 1863–1935）は、羅什の故郷クチャのトカラ語を研究し、クチャ出土文献の研究者の第一号である。ベルギーのラモット（Étienne Lamotte,）は羅什訳『大智度論』のフランス語訳（*Le traité de la grande vertu de sagesse de Nāgārjuna*

(*Mahāprajñāpāramitāśāstra*) を一九七〇年に出版し、その詳細な研究はヨーロッパのみならず日本の仏教学を大きくリードした。

『法華経』のサンスクリット語写本は、ネパール、ギルギットなどの中央アジアから蒐集され、イギリスの大英博物館をはじめパリの国立公文書館などに保管されている。

一九三四―五年に、荻原雲来と土田勝弥は、チベット語訳と漢訳を照合したローマナイズのサンスクリット語テキスト『法華経』(『改訂梵文法華経』) を大正大学から発表した。これには河口慧海がシャル寺から将来した『法華経』にあったラーフラの讃頌が附加されている。

ダット (Dutt, N.) は、ロシアのミロノフ (Mironov, N. D) が解読した中央アジア出土の写本を参照して、テキスト (*Saddharmapuṇḍarīkasūtra, 1953*) を出版した。おなじくインドのヴァイドヤ (Vaidya, P. L.) も一九六〇年にサンスクリット語テキストを出版した。

立正大学の坂本幸男は、世界各地に散在している『法華経』写本を精力的に集め、法華経文化研究所を設立すると同時に、多くの優秀な仏教学者に呼びかけて、竺法護訳の『正法華経』の研究会を開催する一方、松濤誠廉、塚本啓祥を中心にサンスクリット語写本の研究会を発足して、若手研究者を動員し『梵文法華経写本集成』全一二巻を出版した。これには当時、現存していた『法華経』三八種が一望できるように工夫され、ケルン本と荻原・土田本を基準にして、各行が対校されているから、写本によるサンスクリット語の書写の系統や用法、欠落までもが直ちにわかるようになっている。またそれらの文章が漢訳『法華経』のどこにあたるかもわかり、『法華経』研究に多大な貢献をした。中村瑞隆はチベット語訳『法華経』の諸版（北京版、デルゲ版、ナルタン版、チョーネ版など）を校合してチベット語訳『法華経』のテキストを『法華文化研究』（立正大学法華経文化研究所）に連載した。

『法華経』の部分的テキストは、エジャートン（Franklin Edgherton,）、フーコー（Foucaux）をはじめとする学者によってなされ、サンスクリット語テキストからの現代語訳は先に述べたビュルヌフやケルンのほかに、一九一三年には南条文雄と泉芳璟共訳の『梵漢対照　新訳法華経』、一九二三年には岡教遂『梵文和訳法華経』、一九六二—六七年に岩本裕・坂本幸男『法華経』が出ている。その他にも、松濤誠廉、中村瑞隆訳などがある。

このようなヨーロッパの影響による一連の『法華経』原典研究が一段落すると、アジアにおける『法華経』の文化的影響は、サンスクリット語からの翻訳である鳩摩羅什訳『妙法蓮華経』によるものが大であることに気が付きだした。羅什訳『法華経』は「すばらしい、神秘的な、極東の最も重要な宗教書」「アジア半分の福音書」（The Gospel of Half Asia）として知られだし、一八七三年には、仏教・儒教・道教の研究家であるイタリアの宗教学者カルロ・プイニ（Carlo Puini, 1839–1924）は、『観音経』の偈（*Avalokiteśvara Sūtra*）をイタリア語で出版した。バプチスト派の宣教師ティモシィ・リチャード（Timothy Richard, 1845–1919）は一九一〇年、『高等仏教新訳聖書—法華経と大乗起信論の新訳』（*The New Testament of Higher Buddhism - Being a new translation of the Saddharma Pundarika and the Mahayanasraddhotpada Sastra*）を出版した。

七四歳でオックスフォード大学の教授となったスーティル（W.E. Soothill）は、羅什訳『法華経』

の英訳（*The lotus of the wonderful law, or, The lotus gospel = Saddharma puṇḍarīka sūtra = Miao-fa lien hua ching*, 1930）を出版した。スーティルが羅什訳『法華経』に出会ったのは日蓮宗の僧侶加藤文雄がオックスフォード大学に留学してきたときであった。英訳の助けを頼まれたスーティルは加藤と一緒に四年の歳月をかけ、一九二五年、最後の原稿を中国からイギリスへの帰国の途中の満州のハルピンでシベリア鉄道を待っているときに完成したが、中国経由で加藤に送ることの危険性とロシア経由で運んで没収されることを危惧し、加藤の序文とともに原稿のまま手元に留めてあったと出版の序で述べている。W.E. Soothill と Wilhelm Schiffer の助力によって英訳されたまま、立正大学法華経文化研究所に秘蔵されていた加藤文雄の羅什訳『法華経』の英訳（*Myōhō-Renge-Kyō : the Sutra of the lotus flower of the wonderful law*）もようやく一九七一年に陽の目を見、法華三部経の英訳 *"The Threefold Lotus Sutra"* も一九七五年に出版された。一九三八年に、バルチ（Baruch, W.）もオランダのライデンから、*"Beiträge zum Saddharmapuṇḍarīkasūtra"* を出版している。このように、あいついで羅什訳が英訳されるようになったのは、『法華経』の文化的影響は羅什訳からでなくてはわからないという理由であった。まさに、ルチア・ドルチエ（Lucia Dora Dolce）の *"Esoteric patterns in Nichiren, s interpretation of the Lotus Sutra"*（geboren te Polizzi Generosa, 1964）は、日本文化のなかの『法華経』と日蓮を取り扱ったもので、もはやヨーロッパの『法華経』研究が単なる異文化の紹介に留まるものではないことを立証した。

村野宣忠も日蓮宗の開教師として、*"The Sutra of the Lotus Flower of the wonderful Dharma"*

（1974）を出版し、『法華経』を所依とする教団の開教師が、英訳したものとしては、加藤文雄以来のことであった。ハーヴィッツ（Leo Hurvitz）もコロンビア大学出版局から“*Scripture of the Lotus Blossom of the Fine Dharma*”（1976）を出版している。

宣化（Hsüan-Hua, 1918–1995）は中国禅を北米にひろめ、サンフランシスコやカリフォルニア大学（バークレー）の学生たちにも強い影響を与えた。仏教聖典の英訳協会を設立して精力的に活躍し、“*The Wonderful Dharma Lotus Flower Sutra*, With extensive commentary by Hsüan-Hua” 10 vols（1977–82）を出版している。

ポール・グローナ（Paul Groner）は最澄の研究“*Saichō: The establishment of the Japanese Tendai school*”（1984）を出版している。

ワトソン（Burton Watson）は“*The Lotus Sutra*”を一九九三年にコロンビア大学出版局から出版した。

『法華経』研究は、次第にその註釈研究へと進み、ニューヨーク州立大学の Young-ho Kim は、一九九〇年に道生の『法華経』註釈の研究“*Tao-sheng's commentary on the Lotus Sūtra* : a study and translation”を発表した。

ジャン・ノエル（Robert, Jean-Noël）は“*Le sutra du lotus, suivi du Livre des sens innombrables et du Livre de la contemplation de Sage-Universel*”（Paris, 1997）を出版した。

日系アメリカ人として、ジョージ・タナベ夫妻（George J. Tanabe, Jr. and Willa Jane Tanabe）

は“*The Lotus sutra in Japanese culture*, University of Hawaii Press, c1989”を著し、日本人が『法華経』をどのようにとらえてきたかを紹介した。これは一部の『法華経』をもととした新興宗教の狂信的な集団が世界中から批判されている時代に、日系人としての鋭い感性を備えた著者が『法華経』を正しく紹介したものとして、高く評価されるべきものである。

『法華経』研究は天台教学にまで及び、ポール・スワンソン（Paul Swanson）は、一九八九年に“*Foundations of T'ien-t'ai Philosophy*, THE FLOWERING OF THE TWO-TRUTHS THEORY IN CHINESE BUDDHISM”を出版し、最近ではハイヤン・シェン（Haiyan Shen）が、二〇〇五年にインドから“*The profound meaning of the Lotus sutra* : T' ien-t'ai philosophy of Buddhism”を著している。また、二〇〇八年には、ロベール（Jean-Noël Robert）が「愚管抄」の作者、慈円の『法華経』の和歌（『法華百集』）を研究し、Collège de France から、“*La centurie du Lotus : poèmes de Jien (1155–1225) sur le Sûtra du Lotus*”を出版している。

一九八四年三月、カリフォルニア大学（バークレー校）から帰国途中、ハワイ大学に立ち寄った三友健容は、ジョージ・タナベが大正大学の一島正真（天台宗）とともに、「国際法華経学会」を開催すべく計画中であると聞き、ただちに渡辺宝陽（立正大学）に相談し、『法華経』を所依とする教団のひとつである日蓮宗を母体とする立正大学も参加することを決定。『法華経』ならびにその文化を研究している世界中の学者をあつめて、第一回の学会が一九八四年にハワイ大学で開催され、その後、ライデン大学（オランダ）、マールブルグ大学（ドイツ）、立正大学、トロント大学（カナダ）で開催されてきた。この学会では、法華経文化を研究している学者が集合し、発表は英語であっても、ほとんど日本語で討論できるほどに、日本文化と『法華経』との研究が世界の潮流となっている。それらの学者のなかには、ポール・グローナー（Paul Groner, インディアナ大学）、ルチア・ドルチエ（Lucia Dora Dolce, ロンドン大学）、マイケル・パイ（Michael Pye, マールブルグ大学）、ポール・スワンソン（Paul Swanson, 南山大学）、ロバート・ローズ（Robert Rose, 大谷大学）、ジャッキー・ストーン（Jacqueline Stone, プリンストン大学）、リチャード・バオリング（Richard Bowring, ケンブリッジ大学）、ジャン・ノエル・ロベール（Jean-Noël Robert, フランス高等学術研究員）、ブルック・ジポリン（Brook Ziporyn, 中華仏学院）、ダニエル・スチーブンソン（Daniel Stevenson）など多彩なひとびとが集まり「国際法華経学会」（The International conference on the Lotus Sutra）が次代へと引き継がれている。（文中敬称略）

付録　『法華経』参考文献

木村中一

❖総論

坂本幸男編『法華経の思想と文化』（法華経研究Ⅰ）平楽寺書店、一九六五年
望月歓厚編『近代日本の法華仏教』（法華経研究Ⅱ）平楽寺書店、一九六八年
金倉円照編『法華経の成立と展開』（法華経研究Ⅲ）平楽寺書店、一九七〇年
坂本幸男編『法華経の中国的展開』（法華経研究Ⅳ）平楽寺書店、一九七二年
影山堯雄編『中世法華仏教の展開』（法華経研究Ⅴ）平楽寺書店、一九七四年
野村耀昌編『法華経信仰の諸形態』（法華経研究Ⅵ）平楽寺書店、一九七六年
宮崎英修編『近世法華仏教の展開』（法華経研究Ⅶ）平楽寺書店、一九七八年
中村瑞隆編『法華経の思想と基盤』（法華経研究Ⅷ）平楽寺書店、一九八〇年
塚本啓祥編『法華経の文化と基盤』（法華経研究Ⅸ）平楽寺書店、一九八二年
渡辺宝陽編『法華仏教の仏陀論と衆生論』（法華経研究Ⅹ）平楽寺書店、一九八五年
浅井圓道編『本覚思想の源流と展開』（法華経研究ⅩⅠ）平楽寺書店、一九九一年
田賀龍彦編『法華経の受容と展開』（法華経研究ⅩⅡ）平楽寺書店、一九九三年
勝呂信靜編『法華経の思想と展開』（法華経研究ⅩⅢ）平楽寺書店、二〇〇一年

❖経論疏

仏書刊行会編『大日本仏教全書』全一〇〇巻、仏書刊行会、一九一二～一九二二年
高楠順次郎他編『大正新脩大蔵経』全八五巻、大蔵出版、一九二四～一九三四年
法華経普及会編『真訓両読妙法蓮華経並開結』平楽寺書店、一九二七年
昭和新纂国訳大蔵経編輯部編『昭和新纂国訳大蔵経』全四八

巻、東方書院、一九二八～一九三二年
日蓮聖人六百五十遠忌報恩記念会編『日蓮聖人御遺文講義』全一九巻、日蓮聖人御遺文研究会、一九三一年
加藤文雄・加藤文淵編『日蓮聖人註法華経』上・下・別、ピタカ、一九三二／一九七七年
立正大学日蓮教学研究所編『昭和定本日蓮聖人遺文』全四巻、身延山久遠寺、一九五二～一九五九／一九八八年
坂本幸男他訳註『法華経』全三巻、岩波文庫、一九六二～一九六七年
大蔵経学術研究会編『大正新脩大蔵経索引』全四五巻、大正新脩大蔵経刊行会、一九六三年～
比叡山専修学院編『伝教大師全集』全五巻・索引、世界聖典刊行協会、一九六六～一九六八・一九八八年
勝又俊教編『弘法大師著作全集』全三巻、山喜房仏書林、一九六八～一九七〇年
多田厚隆編『天台大師全集』全一五巻、日本仏書刊行会、一九六九～一九八五年
家永三郎他編『日本思想大系』全三九巻、岩波書店、一九七〇～一九八一年
財団法人鈴木学術財団『大日本仏教全書』全一〇〇巻、講談社、一九七三年
国民文庫刊行会編『国訳大蔵経』全三一巻、第一書房、一九七四年
河村孝照編『新纂大日本続蔵経』全九〇巻、国書刊行会、一九七五～一九八九年
松濤誠廉他編『法華経』一・二、中央公論社（『大乗仏典』4・5）一九七五・一九七六年
兜木正亨著『法華三部経章句索引　真読』佼成出版社、一九七七年
東洋哲学研究所編『法華経一字索引付開結二経』東洋哲学研究所、一九七七年
清水龍山他著『日蓮聖人遺文全集講義』全二八巻三二冊、ピタカ、一九七七～一九七九年
梵文法華経刊行会編『梵文法華経写本集成』全一二巻、梵文法華経刊行会、一九七七～一七八二年
日蓮聖人真蹟集成法蔵館編集部編『日蓮聖人真蹟集成』全一〇巻、法蔵館、一九七六～一九七七年
兜木正亨著『法華三部経章句索引　訓読』佼成出版社、一九七八年
国訳一切経刊行会編『国訳一切経』全二五五巻、大東出版社、一九七八年～
弘法大師空海全集編輯委員会編『弘法大師空海全集』全八巻、筑摩書房、一九八三～一九八五年
田村芳朗・藤井教公訳『法華経』上・下巻、大蔵出版（『仏典講座』7）一九八八・一九九二年
弘法大師著作研究会編『定本弘法大師全集』全七巻、密教文化研究所、一九九一～一九九三年
菅野博史訳注『一念三千とは何か『摩訶止観』現代語訳』

第三文明社、一九九二年
中村瑞隆訳『法華経』上・下』春秋社、一九九五／一九九八年
菅野博史訳注『法華玄義』全三巻、第三文明社、一九九五
菅野博史訳注『法華文句』全四巻、第三文明社、二〇〇七〜二〇一一年
植木雅俊訳『梵漢和対照・現代語訳法華経』上下、岩波書店、二〇〇八年
藤井教公訳『現代語訳妙法蓮華経』アルヒーフ、二〇一〇年

❖辞典

龍谷大学編『仏教大辞彙』全七巻、冨山房、一九一四年
師子王文庫編『本化聖典大辞林』全三巻、国書刊行会、一九二〇／一九七四年
日宗十万人団結報恩会編『現代語訳法華辞典』山喜房仏書林、一九二七年
宇井伯壽編『仏教辞典』大東出版社、一九三八年
望月信亨編『望月仏教大辞典』全一〇巻、世界聖典刊行会、一九五四年
織田得能著『織田仏教大辞典』大蔵出版、一九五四年
多屋頼俊他編『仏教学辞典』法蔵館、一九五五／一九九九年
日本宗教辞典編『日本宗教辞典』創元社、一九五六年
世界宗教辞典編『世界宗教辞典』創元社、一九五六年
中村　元監修『新・仏教辞典』誠信書房、一九六二年
中村又衛編『法華辞典』山喜坊佛書林、一九六二年
岡村周薩編『真宗大辞典』全三巻、鹿野苑、一九六三年
創価学会教学部編『仏教哲学大辞典』全五巻、創価学会、一九六四〜一九六九年
小野玄妙編『仏書解説大辞典』全一三巻、大東出版社、一九六四〜一九八八年
密教大辞典編纂会編増訂版『密教大辞典』法蔵館、一九六八〜一九七〇年
日本歴史大辞典編集委員会編『日本歴史大辞典』全一二巻、河出書房、一九六八年
長野嘗一編『説話文学辞典』東京堂出版、一九六九年
金岡秀友編『古寺名刹辞典』東京堂出版、一九七〇年
中尾　堯編『古寺巡礼辞典』東京堂出版、一九七三年
小口偉一・堀一郎監修『宗教学辞典』東京大学出版会、一九七三年
浄土宗大辞典編纂委員会編『浄土宗大辞典』浄土宗大辞典刊行会、一九七四〜一九八二年
金岡秀友編『仏教宗派辞典』東京堂出版、一九七四年
仏教大学文化研究所編『新浄土宗辞典』隆文館、一九七四年
中村　元著『仏教語大辞典』全三巻、東京書籍、一九七五年
佐和隆研編『密教辞典』法蔵館、一九七五年
神保如夫・安藤文英編『禅学辞典』平楽寺書店、一九七六年
水野弘元他編『仏典解題事典』春秋社、一九七七年
菅沼　晃編『道元辞典』東京堂出版、一九七七年

菊村紀彦編『親鸞辞典』東京堂出版、一九七八年
宮崎英修編『日蓮辞典』東京堂出版、一九七八年
禅学大辞典編纂所編『禅学大辞典』全三巻、大修館、一九七八年
村上重良編『日本宗教事典』講談社、一九七八年
国史大辞典編集委員会編『国史大辞典』全一五巻、吉川弘文館、一九七九～一九九三年
大野達之助編『日本仏教史辞典』東京堂出版、一九七九年
密教学会編『密教大辞典』全六巻、法藏館、一九七九年
田村晃祐編『最澄辞典』東京堂出版、一九七九年
金岡秀友編『空海辞典』東京堂出版、一九七九年
桜井徳太郎編『民間信仰辞典』東京堂出版、一九八〇年
武石彰夫他編『仏教文学辞典』東京堂出版、一九八〇年
鎌田茂雄編『中国仏教史辞典』東京堂出版、一九八一年
藤岡謙二郎編『日本歴史地名辞典』東京堂出版、一九八一年
日蓮宗事典刊行会編『日蓮宗事典』日蓮宗宗務院・東京堂出版、一九八一年
中村　元著『仏教語大辞典（縮刷版）』全三巻、東京書籍、一九八一年
中村鍊敬編『仏教道語辞典』鎌倉新書、一九八二年
真宗新辞典編纂会編『真宗新辞典』法蔵館、一九八三年
河村孝照・石川教張編『日蓮聖人大事典』国書刊行会、一九八三年
荒居英次他編『古文書用語辞典』柏書房、一九八三年
松野純孝編『新宗教辞典』東京堂出版、一九八四年
永畑恭典編『明解仏教辞典』本の友社、一九八五年
小野泰博他編『日本宗教事典』弘文堂、一九八五年
立正大学日蓮教学研究所編『日蓮聖人遺文辞典』歴史篇・教学篇、身延山久遠寺、一九八五年／二〇〇三年
斎藤昭俊・成瀬良徳編『日本仏教人名辞典』新人物往来社、一九八六年
仏教民俗学会編『仏教民俗辞典』新人物往来社、一九八六年
小野泰博他編『日本宗教ポケット辞典』弘文堂、一九八六年
渡邊寶陽他編『日本仏教典籍大辞典』雄山閣、一九八六年
小松邦彰・冠　賢一編『日蓮宗小事典』法蔵館、一九八七／二〇〇〇年
総合仏教大辞典編集委員会編『総合仏教大辞典』全三巻、法蔵館、一九八七年
森　章司編『仏教比喩例話辞典』東京堂出版、一九八七年
大野達之助編『日本仏教史辞典』東京堂出版、一九八七年
岩本　裕編『日本仏教語辞典』平凡社、一九八八年
斎藤昭俊・成瀬良徳編『日本仏教宗派辞典』新人物往来社、一九八八年
全真言宗総鑑編『全真言宗総鑑』全真言宗総鑑刊、一九八八年
古田紹欽他編『仏教大事典』小学館、一九八八年
鎌田茂雄他編『仏教大辞典―ブッディカ―』小学館、一九八八年
中村　元編『図説仏教語大辞典』東京書籍、、一九八八年

今井雅晴編『一遍辞典』東京堂出版、一九八九年
中村元他編『岩波仏教辞典』岩波書店、一九九〇年／（第二版）二〇〇二年
河村孝照著『天台学辞典』国書刊行会、一九九〇年
全国寺院大観編纂委員会編『全国寺院大観』全三巻、法蔵館、一九九一年
山折哲雄監修『世界宗教大事典』平凡社、一九九一年
水野弘元他編『仏典解題事典』春秋社、一九九三年
井上順孝他編『新宗教事典』弘文堂、一九九四年
奈良康明著『日本の仏教を知る事典』東京書籍、一九九四年
吉成　勇編『日本「仏教」総覧』新人物往来社、一九九五年
多屋頼俊・横超慧日・舟橋一哉編著『新版　仏教学辞典』法蔵館、一九九五年
法式研究会編『図説日蓮宗の法式』全三巻、斉々坊、一九九六年
石田瑞麿著『例文仏教語大辞典』小学館、一九九七年
勝崎裕彦他編『大乗経典解説事典』北辰堂、一九九七年
鎌田茂雄他編『大蔵経全解説大事典』雄山閣、一九九八年
宮田　登編『七福神信仰事典』戎光祥出版、一九九八年
小野玄妙・丸山孝雄編『仏書解説大辞典』縮刷版、大東出版社、一九九九年
今泉淑夫編『日本仏教史辞典』吉川弘文館、一九九九年
中村　元著『広説仏教語大辞典』上中下三巻・別冊一巻、東京書籍、二〇〇一年
大島建彦他編『日本の神仏の辞典』大修館書店、二〇〇一年
大蔵経学術用語研究会編『仏典入門事典』永田文昌堂、二〇〇一年
坂詰秀一編『仏教考古学事典』雄山閣、二〇〇三年
真鍋俊照編『日本仏像事典』吉川弘文館、二〇〇四年
井上順孝編『現代宗教事典』弘文堂、二〇〇五年

❖年表

荒木良仙・守山聖真編『豊山年表』豊山派史料編纂会、一九二八年
森　大狂編『日本禅宗年表』龍吟社、一九三四年
大久保道舟編『曹洞宗大年表』仏教社、一九三五年
稲田海素他編『日蓮宗年表』日蓮宗史料編纂会、一九四一年
藤本了泰編『浄土宗大年表』大東出版社、一九四一年
山田日真編『日宗龍華年表』京都妙顕寺、一九五二年
矢島玄亮著『智山年表』角川書店、一九五二年
歴史学研究会編『日本史年表』岩波書店、一九六六年
朝倉治彦校注『東都歳事記』全三巻、平凡社『東洋文庫』（159巻、177巻、221巻）一九七〇～一九七二年
望月華山編『時宗年表』角川書店、一九七〇年
法華宗宗門史編纂委員会編『法華宗年表』法華宗本門流宗務院、一九七二年
守山聖真編『真言宗年表』国書刊行会、一九七三年

渋谷慈鎧編『訂正　日本天台宗年表』第一書房、一九七三年
大谷大学編『真宗年表』法蔵館、一九七三年
笠原一男編『日本宗教史年表』評論社、一九七四年
山崎宏・笠原一男監修『仏教史年表』法蔵館、一九七九年
影山堯雄編『新編日蓮宗年表』日蓮宗宗務院、一九八九年
加藤興三郎編『日本陰陽暦日対照表』上・下巻、續文堂出版、一九九三年
斎藤昭俊編『仏教年表』新人物往来社、一九九四年
平岡定海他編『日本仏教史年表』雄山閣（『論集日本仏教史』一〇巻）、一九九九年

❖法華経研究

布施浩岳著『法華経成立史』大東出版社、一九三四年
望月歓厚著『法華経講話』平楽寺書店、一九三五年／一九八二年
本田義英著『法華経論』弘文堂、一九四四年
小林一郎著『法華経講義』全四巻、晋文館、一九四五年
野村耀昌著『法華史話』平楽寺書店（『法華新書』シリーズ2）一九五五年
布施浩岳著『法華経精神史』平楽寺書店、一九五四年
久保田正文著『法華経講話』河出新書、一九五五年
塩田義遜著『法華教学史の研究』地方書院、一九六〇年
紀野一義著『法華経の探究』平楽寺書店、一九六二年
横超慧日著『法華経序説』法蔵館、一九六二年
小林一郎著『法華経大講座』全一二巻、日新出版、一九六五年
坂本幸男編『法華経の思想と文化』平楽寺書店、一九六五年
久保田正文著『法華経に聞く』教育新潮社、一九六七年
庭野日敬著『新釈法華三部経』全一〇巻、佼成出版社、一九六八年
庭野日敬著『法華経の新しい解釈』佼成出版社、一九六八年
田村芳朗著『法華経—真理・生命・実践—』中公新書、一九六九年
横超慧日著『法華思想』平楽寺書店、一九六九年
茂田井教亨著『法華経入門』大蔵出版、一九七六年
河村孝照編『法華経読誦音義字典』国書刊行会、一九七七年
茂田井教亨著『法華経入門』佼成出版社、一九七八年
苅谷定彦著『法華経一仏乗の思想』東方出版、一九八三年
平川　彰編『法華思想』春秋社『講座大乗仏教』4、一九八三年
兜木正亨著『法華版経の研究』大東出版社、一九八二年
兜木正亨著『法華写経の研究』大東出版社、一九八五年
兜木正亨著『法華経と日蓮聖人』大東出版社、一九八五年
塚本啓祥著『法華経の成立と背景』佼成出版社、一九八六年
野村耀昌著『『妙法蓮華経』の生いたち　—鳩摩羅什三蔵について—』日蓮宗新聞社、一九八六年
久保継成著『法華経菩薩思想の基礎』春秋社、一九八七年
河村孝照著『法華経概説』国書刊行会、一九八七年

中川日史著『体系的法華経概観』平楽寺書店、一九八八年
有賀祥隆編『法華経絵』至文堂（『日本の美術』269）一九八八年
中島尚志著『法華経―仏教における法の光景―』三一書房、一九八九年
西崎　亨著『「法華文句」古点の国語的研究〈本文篇〉』おうふう、一九九二年
渡辺宝陽著『法華経・久遠の救い』日本放送協会出版、一九九四年
鎌田茂雄著『法華経を読む』講談社学術文庫、一九九四年
勝呂信静著『法華経の成立と思想』大東出版社、一九九四年
北川前肇著『法華経に学ぶ』上・下　大東出版社、一九九六年
廣田哲通著『天台談所で法華経を読む』翰林書房、一九九七年
西崎　亨著『「法華文句」古点の国語的研究〈研究篇〉』おうふう、一九九八年
田島毓堂著『法華経為字和訓の研究』風間書房、一九九九年
三木随法編著『平成訓読法華三部経』東方出版、一九九九年
菅野博史著『法華経入門』（岩波新書七四八）、岩波文庫、二〇〇一年
三木随法編著『真訓対照法華三部経』東方出版、二〇〇三年
菅野博史著『法華経思想史から学ぶ仏教』大蔵出版、二〇〇三年
関戸堯海著『日蓮聖人注法華経の研究』山喜房仏書林、二〇〇三年
鈴木英正編著『法華験家訓蒙』上・中・下　四季社、二〇〇三年
北畠聖龍著『法華経二十八品巻物見返絵』日貿出版社、二〇〇四年
渡辺宝陽著『ブッダ　永遠のいのちを説く』日本放送協会出版、二〇〇五年
菅野博史著『「法華玄義」入門』第三文明社、二〇〇七年
伊藤瑞叡著『法華経成立論史』平楽寺書店、二〇〇八年
高橋まり代著『西夏文妙法蓮華経研究』山喜房仏書林、二〇〇八年
松本史朗『法華経思想論』大蔵出版、二〇一〇年
大宝輪閣編集部編『法華経の基礎知識』大宝輪閣、二〇一一年

❖天台教学

島地大等著『天台教学史』明治書院、一九二九年
佐々木憲徳著『天台教学』百華苑、一九五一年
佐々木憲徳著『天台縁起論展開史』永田文昌堂、一九五三年
安藤俊雄著『天台性具思想論』法蔵館、一九五三年
関口真大著『天台小止観の研究』山喜房仏書林、一九五四年
福田堯穎著『天台学概論』三省堂出版、一九五四年
安藤俊雄著『天台思想史』法蔵館、一九五九年
佐藤哲英著『天台大師の研究』百華苑、一九六一年
玉城康四郎著『心把捉の展開』山喜房仏書林、一九六一年

関口真大校注『摩訶止観　禅の思想原理』上・下、岩波書店、一九六六年
日比宣正著『唐代天台学序説』山喜房仏書林、一九六六年
石津照璽著『天台実相論の研究』弘文堂書房、一九六七年
安藤俊雄著『天台学―根本思想とその展開』平楽寺書店、一九六八年
関口真大著『天台止観の研究』岩波書店、一九六九年
田村芳朗・梅原猛著『仏教思想五　絶対の真理天台』角川書店、一九七〇年
横超慧日著『法華思想の研究』平楽寺書店、一九七一年
上杉文秀著『日本天台史』国書刊行会、一九七二年
関口真大著『天台小止観―坐禅の作法―』岩波書店、一九七四年
関口真大著『止観の研究』岩波書店、一九七五年
京戸慈光著『天台大師の生涯』第三文明社、一九七五年
日比宣正著『唐代天台学研究』山喜房仏書林、一九七五年
安藤俊雄著『天台学論集―止観と浄土』平楽寺書店、一九七五年
新田雅章著『天台哲学入門』第三文明社、一九七七年
関口真大著『現代語訳―天台小止観』大東出版社、一九七八年
佐藤哲英著『続・天台大師の研究』百華苑、一九八一年
新田雅章著『天台実相論の研究』平楽寺書店、一九八一年
塩入良道編『日本名僧論集二　最澄』吉川弘文館、一九八二年
田村芳朗・新田雅章著『人物中国の仏教　智顗』大蔵出版社、一九八二年
山内舜雄著『禅と天台止観』大蔵出版社、一九八六年
村中祐生著『天台観門の基調』山喜房仏書林、一九八六年
佐伯有清著『慈覚大師伝の研究』吉川弘文館、一九八六年
池田魯参著『摩訶止観研究序説』大東出版社、一九八六年
鎌田茂雄著『天台思想入門―天台宗の歴史と思想―』講談社学術文庫、一九八七年
中国仏教研究会編『摩訶止観引用典拠総覧』中山書房仏書林、一九八七年
田村晃祐著『人物叢書　最澄』吉川弘文館、一九八八年
佐伯有清著『智証大師伝の研究』吉川弘文館、一九八九年
佐伯有清著『人物叢書　円珍』吉川弘文館、一九九〇年
小林隆彰著『智証大師円珍』東方出版、一九九〇年
小山田和夫著『智証大師円珍の研究』吉川弘文館、一九九〇年
佐伯有清著『伝教大師伝の研究』吉川弘文館、一九九二年
佐伯有清著『最澄とその門流』吉川弘文館、一九九三年
鎌田茂雄著『体と心の調節法―天台小止観物語』大法輪閣、一九九四年
大野栄人著『天台止観成立史の研究』法蔵館、一九九四年
栗田勇著『最澄と天台本覚思想　日本精神史序説』作品社、一九九四年
天台宗典編纂所制作『天台電子仏典』ＣＤ一・二、天台宗典編纂所・ＴＲＦ、一九九七・二〇〇〇年
藤善真澄・王勇著『天台の流伝―智顗から最澄へ―』山川出

版社、一九九七年
新田雅章著『天台小止観―仏教の瞑想法』春秋社、一九九九年

❖日本仏教史

辻善之助著『日本仏教史』全一〇巻　岩波書店、一九四四〜一九六一年
硲　慈弘著『日本仏教の開展とその基調』上下、三省堂、一九五三年
増谷文雄著『親鸞・道元・日蓮』至文堂、一九五六年
大野達之助著『日本仏教思想史』吉川弘文館、一九五七年
浅井圓道著『伝教大師』平楽寺書店（『法華新書』シリーズ9）一九五八年
家永三郎著『中世仏教思想史研究』法蔵館、一九六三年
戸頃重基著『近代日本の宗教とナショナリズム』冨山房、一九六六年
戸頃重基著『鎌倉仏教―親鸞と道元と日蓮』中公新書、一九六七年
圭室諦成監修『日本仏教史』全三巻、法蔵館、一九六七年
高木　豊他著『仏教史概説　日本編』平楽寺書店、一九六九年
田村芳朗著『日本仏教史入門』角川書店、一九六九年
田村芳朗著『鎌倉新仏教思想の研究』平楽寺書店、一九七一年
高木　豊著『平安時代法華仏教史研究』平楽寺書店、一九七三年
高取正男他編『図説日本仏教史』法蔵館、一九八〇・一九八一年
村上重良著『日本の宗教』岩波書店、一九八一年
寺院本末帳研究会編『江戸幕府寺院本末帳集成』上中下、雄山閣、一九八一年
高木　豊著『鎌倉仏教史研究』岩波書店、一九八二年
大野達之助著『鎌倉新仏教成立論』吉川弘文館、一九八二年
川岸宏教他編『論集日本仏教史』全九巻、雄山閣、一九八六〜一九八九年
速水　侑著『日本仏教史　古代』吉川弘文館、一九八六年
圭室文雄著『日本仏教史　近世』吉川弘文館、一九八七年
高木　豊著『仏教史のなかの女人』平凡社、一九八八年
柏原祐泉著『日本仏教史　近代』吉川弘文館、一九九〇年
田村芳朗著『本覚思想論』春秋社（『田村芳朗仏教学論集』1）一九九〇年
田村芳朗著『日本仏教論』春秋社（『田村芳朗仏教学論集』2）一九九一年
末木文美士著『日本仏教思想史論考』大蔵出版、一九九三年
原典仏教福祉編集委員会編『原典仏教福祉』渓水社、一九九五年
田村圓澄著『図説日本仏教の歴史―飛鳥・奈良時代―』佼成出版社、一九九六年
速水　侑編『図説日本仏教の歴史―平安時代―』佼成出版社、一九九六年

高木　豊著『図説日本仏教の歴史―鎌倉時代―』佼成出版社、一九九六年
竹貫元勝編『図説日本仏教の歴史―室町時代―』佼成出版社、一九九六年
圭室文雄編『図説日本仏教の歴史―江戸時代―』佼成出版社、一九九六年
池田英俊編『図説日本仏教の歴史―近代―』佼成出版社、一九九六年
佐々木馨著『中世仏教と鎌倉幕府』吉川弘文館、一九九七年
森田　悌著『日本古代の政治と宗教』雄山閣出版、一九九七年
末木文美士著『鎌倉仏教形成論』法蔵館、一九九八年
大隅和雄・中尾　堯編『日本仏教史　中世』吉川弘文館、一九九八年
日本仏教研究会編『仏教と出会った日本』法蔵館『日本の仏教』Ⅱ期1巻、一九九八年
五味文彦編著『日本の中世』放送大学教育振興会、一九九八年
尾藤正英著『日本文化の歴史』岩波書店、二〇〇〇年
吉田久一・長谷川匡俊著『日本仏教福祉思想史』法蔵館、二〇〇一年
筧　雅博著『蒙古襲来と徳政令　日本の歴史〈一〇〉』講談社、二〇〇一年
神奈川県立金沢文庫編『蒙古襲来と鎌倉仏教』神奈川県立金沢文庫、二〇〇一年
佐藤弘夫著『偽書の精神史―神仏・異界と交感する中世―』講談社選書メチエ242、二〇〇二年
五味文彦・齋木秀雄編著『中世都市鎌倉と死の世界』高志書院、二〇〇二年
磯前順一著『近代日本の宗教言説とその系譜　宗教・国家・神道』岩波書店、二〇〇三年
大桑　斉著『日本仏教の近世』法蔵館、二〇〇三年
末木文美士著『中世の神と仏』山川出版社、二〇〇三年
五味文彦著『書物の中世史』みすず書房、二〇〇三年
仏教史学会編『仏教の歴史的・地域的展開』法蔵館、二〇〇三年
井原今朝著『中世寺院の民衆』臨川書店、二〇〇四年
台東区文化財保護審議会編『台東区の文化財保護』第四集、東京都台東区教育委員会、二〇〇四年
河音能平・福田榮次郎編『延暦寺と中世社会』法蔵館、二〇〇四年
末木文美士著『近代日本と仏教』トランスビュー、二〇〇四年
市川浩史著『日本中世の歴史意識―三国・末法・日本』法蔵館、二〇〇五年
志田　利著『仏教と社会福祉』平楽寺書店、二〇〇五年
吉元昭治著『日本神話伝説伝承地紀行』勉誠出版、二〇〇五年
津田真一著『反密教学』春秋社、二〇〇八年

❖日本仏教文学

小野玄妙著『仏教文学概論』甲子社書房、一九二五年
宮沢賢治著『宮沢賢治全集』全一一巻、筑摩書房、一九五七〜一九五九／一九六七〜一九六八年
仏教文学研究会編『仏教文学研究』全一二号、法蔵館、一九六三〜一九七六年
永井義憲著『日本仏教文学』塙書房、一九六三年
永井義憲著『日本仏教文学研究』豊島書房、一九六七年
五来　重著『仏教文学』角川書店『鑑賞日本古典文学』20、一九六七年
西田正好著『仏教と文学―中世日本の思想と古典―』桜楓社、一九六七年
菊地良一著『中世の唱導文芸』塙書房、一九六八年
菊地良一著『中世説話の研究』桜楓社、一九七二年
武石彰夫著『仏教文学論考』白帝社、一九七四年
石田瑞麿著『中世文学と仏教の交渉』春秋社、一九七五年
山上ゝ泉著『歴世法華文学物語』ピタカ、一九七八年
今成元昭著『仏教文学の世界』日本放送出版協会、一九七八年
宮沢賢治著『新修宮沢賢治全集』全一六巻、筑摩書房、一九八二〜一九八九年
中村　元編『ジャータカ全集』全一〇巻、春秋社、一九八四〜一九八八年
分銅惇作著『宮沢賢治の文学と法華経』水書房、一九八七年
廣田哲通著『中世仏教説話の研究』勉誠社、一九八七年
石田瑞麿著『日本古典文学と仏教』筑摩書房、一九八八年
武石彰夫著『仏教文学の魅力』佼成出版社、一九八九年
堀尾青史著『年譜宮澤賢治伝』中公文庫、一九九一年
廣田哲通著『中世法華経注釈書の研究』笠間書院、一九九三年
今野達他編『岩波講座日本文学と仏教』全一〇巻、岩波書店、一九九三年
伊藤博之他編『仏教文学講座』全九巻、勉誠社、一九九四年
今成元昭編『仏教文学の構想』新典社研究叢書99、一九九六年
今成元昭他著『法華経と平安朝文芸』至文堂『国文学　解釈と鑑賞』61巻12号、一九九六年
廣田哲通他著『法華経と中世文芸』至文堂『国文学　解釈と鑑賞』62巻3号、一九九七年
青山忠一著『近世仏教文学の研究』おうふう、一九九九年

付録　『法華経』関連年表

木村中一

（国の「中」は中国、「朝」は朝鮮、「日」は日本を指す。）

年代	国	事項
甘露元年（二五六）	中	支彊梁が『法華三昧経』の漢訳を著す。
泰始元年（二六五）	中	竺法護が『薩芸芬陀利経』の漢訳を著す。
太康七年（二八六）	中	竺法護が『正法華経』の漢訳を著す。
咸康元年（三三五）	中	支道根が『方等法華経』の漢訳を著す。
永和六年（三五〇）	中	鳩摩羅什が亀茲国に生まれる。
永和一二年（三五六）	中	鳩摩羅什が母と共に出家する。
太元九年（三八四）	中	鳩摩羅什が亀茲国を攻略した後涼の呂光の捕虜となる。以降十八年にわたり、涼州で生活する。
建元二〇年（四〇一）	中	鳩摩羅什が長安へと移る。以降、サンスクリット経典類の漢訳に従事する。
弘始七年（四〇五）	中	鳩摩羅什が『大智度論』の漢訳を著す。
弘始八年（四〇六）	中	鳩摩羅什が『妙法蓮華経』の漢訳を著す。
弘始一一年（四〇九）	中	鳩摩羅什が逝去する。
元嘉九年（四三二）	中	道生が『妙法蓮華経疏』を撰す。
元嘉一八年（四四一）	中	曇摩蜜多が『観普賢菩薩行法経』の漢訳を著す。
建元三年（四八一）	中	曇摩伽陀耶舎が『無量義経』の漢訳を著す。
五世紀末	中	劉虬が『注法華経』を著す。
五世紀後～六世紀前	中	法雲が『法華義記』を著す。
延昌四年（五一五）	中	慧思が河南省上蔡県に生まれる。
泰始三年～大通三年（四六七～五二九）	中	法雲が『法華経義記』を撰す。
東魏天平年間（五三四～五三七）	中	菩提留支・曇林が『妙法蓮華経憂波提舎』の漢訳を著す。
大洞四年（五三八）	中	智顗が草州華容に生まれる。
六世紀中	中	慧思が『法華経安楽行儀』を撰す。
永定元年（五五七）	中	智顗が出家する。
天嘉元年（五六〇）	中	智顗が慧思に学ぶ。
天嘉二年（五六一）	中	灌頂が臨海県章安に生まれる。

光大二年（五六八）	中	智顗が七年にわたり、金陵にて『法華経』『大智度論』などを講じる。
太建七年（五七五）	中	智顗が天台山にのぼり、天台教学を確立する。
太建九年（五七七）	中	慧思が逝去する。
至徳元年（五八三）	中	灌頂が智顗に師事。荊州の玉泉寺と移る。
禎明元年（五八七）	中	智顗『法華文句』。
開皇一三年（五九三）	中	智顗『法華玄義』。
開皇一四年（五九四）	中	智顗『摩訶止観』。
六世紀後	中	智顗『四念処』。
開皇一七年（五九七）	中	智顗が揚州に向かう途次、逝去する。
六世紀末	中	吉蔵が『法華玄論』を著す。
仁寿元年（六〇一）	中	闍那崛多・達磨笈多共が『添品妙法蓮華経』の漢訳を著す。
推古一四年（六〇六）	日	聖徳太子が『法華経』を講じる。
推古二三年（六一五）	日	聖徳太子が『法華義疏』を撰す。
貞観六年（六三二）	中	灌頂が国清寺にて逝去する。
六六〇年以降	朝	元暁が『法華宗要』を著す。
貞観六年～永淳元年（六三二～六八二）	中	窺基が『法華経玄賛』を著す。
景雲二年（七一一）	中	湛然が常州晋陵県に生まれる。
天宝年間（七四二～七五五）	中	湛然が『法華玄義釈籤』を著す。
乾元～上元年間（七五八～七六二）	中	湛然が『法華文句記』を著す。
永泰元年（七六五）	中	湛然が『摩訶止観輔行伝弘決』を著す。
神護景雲元年（七六七）	日	最澄が近江国（滋賀県）に生まれる（一説には天平神護二年〈七六六〉）。
宝亀二年（七七一）	日	円澄が武蔵国（埼玉県）に生まれる。
大暦八年（七七三）	中	不空が『法華観智儀軌』を著す。
宝亀九年（七七八）	日	最澄が近江国分寺にて出家する。
天応元年（七八一）	日	義真が相模国（神奈川県）に生まれる。
建中二年（七八二）	中	湛然が逝去する。
延暦七年（七八八）	日	最澄が一乗止観院を創設（後の根本中堂）。円澄が道忠に師事する。
八世紀（七〇一～八〇〇）	中	不空三蔵が『法華儀軌』の漢訳を著す。
平安前期	日	本興寺蔵の装飾経『紺紙銀界金字法華経』が成立。
延暦一三年（七九四）	日	円仁が下野国（栃木県）に生まれる。
延暦一七年（七九八）	日	円澄が最澄に師事。比叡山に登る。
貞元一二年（七九六）	中	道邃が天台山に入る。
延暦二〇年（八〇一）	日	伝最澄が『末法灯明記』を著す（と伝わる）。
貞元二〇年（八〇四）	中	最澄・義真、唐にわたり天台山に登る。道邃は浙江省龍興寺に移り、ここにおいて最澄は道邃より天台法門を授かる。

年代	国	事項
延暦二五年（八〇六）	日	最澄による日本天台宗の開宗を認められる。
弘仁三年（八一二）	日	最澄が『長講法華略願文』を著す。
弘仁五年（八一四）	日	円珍が讃岐国（香川県）に生まれる。
弘仁六年（八一五）	日	円仁が最澄に師事。出家する。
弘仁八年（八一七）	日	最澄が『照権実鏡』（徳一著『仏性抄』の反駁書）を著す。最澄と法相宗の徳一が三一権実論争を行う。
弘仁九年（八一八）	日	最澄が『天台法華宗年分学生式』『守護国界章』を著す。
弘仁一〇年（八一九）	日	最澄が『山家学生式』を著す。
弘仁一二年（八二一）	日	最澄が『法華秀句』を撰す。
弘仁一三年（八二二）	日	最澄が比叡山中道院にて逝去する。義真が初代天台座主となる。
弘仁一四年（八二三）	日	最澄逝去後、延暦寺の寺号を許される。
天長五年（八二八）	日	円仁が法隆寺で『法華経』を講じる。
天長六年（八二九）	日	円仁が天王寺で『法華経』『仁王経』を講じる。
天長七年（八三〇）	日	義真が『天台法華宗義集』を撰す。
天長一〇年（八三三）	日	義真が逝去する。円仁が比叡山横川に草庵を結び、『法華経』を書写する。
	日	円澄が逝去する（承和四年〈八三七〉説もある）。
承和三年（八三六）	日	円仁が三度目の渡航で入唐を果たす。
承和五年（八三八）	日	安然が近江国（滋賀県）に生まれる。
承和八年（八四一）	日	円珍が『普賢十願釈』を著す。
嘉祥二年（八四九）	日	円珍が入唐。天台山に登る。
仁寿三年（八五三）	日	円珍が『法華文句義科』を書写する。
斉衡二年（八五五）	日	円珍が天台山にて『法華論』を得る。
斉衡三年（八五六）	日	円仁が逝去する。
貞観六年（八六四）	日	最澄に「伝教大師」、円仁に「慈覚大師」の諡号が送られる。
貞観八年（八六六）		
貞観九年（八六七）	日	円珍が『講演法華儀』を撰したと伝わる。
元慶四年（八八〇）	日	延昌が加賀国（石川県）に生まれる。
元慶五年（八八一）	日	円珍が『伝教大師行業記』を著す。
元慶七年（八八三）	日	円珍が『法華論四種声聞記』を撰す。
元慶八年（八八四）	日	安然が元慶寺座主となる。円珍が『授決集』を著す。
寛平三年（八九一）	日	円珍が逝去する。
平安中期	日	立本寺蔵『藍紙金界 法華経』が成立（経朝、訓点・奥書）。本法寺蔵『紺紙金泥 法華経』が成立（伝・小野道風筆）。北山本門寺蔵『藍紙金

		泥 法華経』が成立。
延喜一二年（九一二）	日	良源が近江国（滋賀県）に生まれる。
延喜一五年（九一五）	日	安然が逝去する。
延長六年（九二八）	日	良源が出家する。
天慶五年（九四二）	日	源信が大和国（奈良県）に生まれる。
天暦四年（九五〇）	日	良源が元興寺義昭に師事。入門する。
天暦八年（九五四）	日	良源が元興寺義昭を招き、法華八講を修する。
天暦九年（九五五）	日	源信が得度、出家する。
天暦一〇年（九五六）	日	源信が『称讃浄土経』を講じ、村上天皇より法華八講の講師の一人に選ばれる。
応和四年（九六四）	日	延昌が逝去する。
康保三年（九六六）	日	良源が天台座主にのぼる。
一〇世紀中	中	諦観が『天台四教儀』を著す。
寛和元年（九八五）	日	良源が逝去する。源信が『往生要集』を著す。
景徳元年（一〇〇四）	中	知礼が『十不二門指要抄』を著す。
寛弘三年（一〇〇六）	日	源信が『一乗要決』を著す。
寛弘七年（一〇一〇）	日	行円が行願寺にて『法華経』千部供養を行う。
寛仁元年（一〇一七）	日	源信が逝去する。
長久年間（一〇四〇~四四）	日	鎮源が『大日本法華経験記』を著す。
天仁三年（一一一〇）	日	『法華修法一百座聞書抄』が完成（著者不詳）。
保安二年（一一二一）	日	西山本門寺蔵『藤原師綱・覚成・公珍合筆 法華経』が成立。
保延四年（一一三八）	日	妙立寺蔵『藤原基衡筆 法華経』が成立。
保延六年（一一四〇）	日	庭野氏蔵『藤原基衡筆 法華経』が成立。
保延七年頃（一一四一頃）	日	『久能寺経 装飾経』が成立。
久安四年（一一四八）	日	金剛寺蔵『藤原基衡筆 法華経』が成立。
長寛二年（一一六四）	日	『厳島 平家納経』が成立。
平安後期	日	本興寺蔵装飾経『紺紙銀界金字法華経』が成立。本隆寺蔵の装飾経『紺紙銀界金字 法華経』が成立。天正十一年〈一五八三〉寄進。
慶元四年（一一九八）	中	宗暁編『法華顕応録』が作成。
元久三年（一二〇六）	日	『慈光寺経 装飾経』が成立。
承元三年（一二〇九）	日	膽空版『普門品』が開版（古體版）。
承久四年（一二二二）	日	日蓮が安房国（千葉県）に生まれる。
天福元年（一二三三）	日	日蓮が清澄寺に登り、道善房に師事。
嘉禄元年（一二二五）	日	弘睿版『法華経』が開版（春日版。
	日	法華版経現存刊記中初出本）。
嘉禎二年（一二三六）	日	山部氏版『普門品』が開版（古體版）。
嘉禎三年（一二三七）	日	日蓮が出家、是聖房と名のる。

年代	国	事項
仁治三年(一二四二)	日	日蓮が比叡山へ遊学する。
建長五年(一二五三)	日	日蓮が立教開宗する。
文応元年(一二六〇)	日	日蓮が『立正安国論』を著す。
弘長三年(一二六三)	日	心性第四度版『法華経』が開版（春日版。心性開版経は十五度版まであり、第四度版が現存初出経）。
文永五年(一二六八)	日	凝然が『八宗綱要』を著す。
文永九年(一二七二)	日	日蓮が『開目抄』を著す。
文永一〇年(一二七三)	日	日蓮が『如来滅後五五百歳始観心本尊抄』を著す。
文永一一年(一二七四)	日	日蓮が身延山に入山する。このころ日蓮が『注法華経』を整理再編する（諸説有り）。文永の役。
建治元年(一二七五)	日	日蓮が『撰時抄』を著す。
建治二年(一二七六)	日	道善房死去。日蓮が『報恩抄』を著す。
弘安五年(一二八二)	日	日蓮が武蔵国池上（東京都）において入寂する。
正応五年(一二九二)	日	惣持版『法華経』が開版（唐様版）。
鎌倉時代	日	本禅寺蔵『寛性親王消息翻摺法華経』が作成。
応長元年(一三一一)	日	凝然が『三国仏法伝通縁起』を著す。
元亨元年(一三二一)	日	戸隠版『法華経』が開版（古體版）。
元亨年間(一三二一～二四)	日	白水版『法華経』が開版（春日版）。

年代	国	事項
元徳三年(一三三一)	日	妙宣寺蔵『日野資朝筆　細字法華経』が作成。
建武元年(一三三四)	日	日像が綸旨を賜り、法華宗が公認される。
康永三年(一三四四)	日	日全が『法華問答正義抄』を著す。
康安元年(一三六一)	日	石峰寺版『法華経』が開版（春日版）。
貞治四年(一三六五)	日	臨川寺版『法華経』が開版（唐様版）。慈昭が長講堂において法華八講を修する。
応安五年(一三七二)	日	希杲版『法華経』が開版（和點版。嵯峨本とも）。
永和三年(一三七七)	日	絹蓋寺永和版『法華経』が開版（春日版）。
康暦二年(一三八〇)	日	大禅寺版『法華経』が開版（春日版）。妙英版『法華経』が開版（室町版）。
至徳二年(一三八五)	日	日什が『本門戒血脈』を著す。
嘉慶元年(一三八七)	日	心空嘉慶版『法華経』が開版（和點版）。
至徳四年(一三八七)	日	至徳版『法華経』が開版（春日版）。
明徳二年(一三九一)	日	日叡が『正法華肝要集』を著す。
応永二年(一三九八)	日	心空応永版『法華経』が開版（和點版）。江州百済寺僧が北野馬場にて『法華経』の一万部の真読を行う。

応永三年（一三九六）	日	日吉社にて法華八講が行われる。
応永五年（一三九八）	日	日陣が『大綱深秘抄』を著す。
応永六年（一三九九）	日	尊道親王が大法華法を修する。
応永八年（一四〇一）	日	永舜版『法華経』が開版（春日版）。『天台四教儀要文』が刊行。
応永一一年（一四〇四）	日	日伝が『本迹問答広高義』を著す。
応永一三年（一四〇六）	日	月明が『護国利生論』を著す。
応永一五年（一四〇八）	日	近江寺版『法華経』が開版（春日版）。
応永一九年（一四一二）	日	賢覺版『法華経』が開版（唐様版）。
応永二〇年（一四一三）	日	西明寺版『法華経』が開版（春日版）。
応永二二年（一四一五）	日	章光版『法華経』が開版（春日版）。
応永二三年（一四一六）	日	安然撰『草木成仏義私記』が刊行。
応永二九年（一四二二）	日	性海寺版『法華経』が開版（春日版）。
応永三一年（一四二四）	日	心空・応永甲辰版『法華経』が開版（和點版）。
正長元年（一四二八）	日	法住寺版『法華経』が開版（春日版）。
永享五年（一四三三）	日	東福寺直指版『法華経』が開版（唐様版）。
文安元年（一四四四）	日	日朝が『法華大綱集』を著す。
文安三年（一四四六）	日	日学が『恵心流大綱私聞書』を著す。
享徳四年（一四五五）	日	日延が『天台玄旨口決』を著す。
寛正二年（一四六一）	日	藤林版『法華経』が開版（春日版）。
文明八年（一四七六）	日	日親が『法華大意』を著す。
文明一六年（一四八四）	日	日澄が鎌倉妙本寺にて『法華経』を講ずる。
延徳二年（一四九〇）	日	日与が『法華和語記』を著す。
延徳三年（一四九一）	日	日朝が『補施集』を著す。
明応元年（一四九二）	日	日澄が『法華啓運抄』『本迹決疑抄』を著す。
明応五年（一四九六）	日	昌源版『法華経』が開版（古體版）。
明応八年（一四九九）	日	日真が『天台三大部科註』を著す。 日具が『潤亭函底抄』を著す。
明応九年（一五〇〇）	日	日真が『法華十妙不二門科文』『法華玄記十不二門科文』を著す。憲光版『法華経』が開版（春日版）。日眞が『法華経三大部科文』春日版を著す。
永正元年（一五〇四）	日	円信が『破日蓮義』を著す。
永正二年（一五〇五）	日	日意版『法華経』が開版（春日版）。
永正三年（一五〇六）	日	慈恩寺版『法華経』が開版（春日版）。
永正一二年（一五一五）	日	佐々木経久版『法華経』が開版（春日版）。
永正一六年（一五一九）	日	絹蓋寺永正版『法華経』が開版（春日版）。
天文五年（一五三六）	日	天海が東北（陸奥国）に生まれたとされる。
天文一五年（一五四六）	日	日辰が『法華論大綱』を著す。
弘治三年（一五五七）	日	英訓版『法華経』が開版。

年代	国	事項
天正四年(一五七六)	日	日重が『正直捨権抄』を著す。
天正一五年(一五八七)	日	日惺版『法華経』が開版。
天正一六年(一五八八)	日	天海が龍興寺にて随風と称し、出家。その後、後の喜多院に移り、天海と号した。
文禄四年(一五九五)	日	春日若宮文禄版『法華経』が開版(春日版)。
慶長四年(一五九九)	日	普賢延命大法が宮中にて修される。
慶長五年(一六〇〇)	日	祥公撰『法華伝記』が刊行。
慶長六年(一六〇一)	日	慶長版『法華経』が開版(室町版)。
慶長七年(一六〇二)	日	日乾が『宗門綱格』を著す。
慶長一一年(一六〇六)	日	日遠が『涌出品御談』を著す。
慶長一三年(一六〇八)	日	大和国多武峯で法華八講が修される。
慶長一七年(一六一二)	日	日遠が『法華経文段経』を著す。
慶長一八年(一六一三)	日	天海が徳川家康より日光の貫主を拝命する。
元和元年(一六一五)	日	天海が禁中にて『摩訶止観』を講ずる。
元和四年(一六一八)	日	北野経王堂版『天台三大部』が開版。
元和五年(一六一九)	日	日遠が『不軽品談義』を著す。
元和七年(一六二一)	日	良範が禁裏にて『法華経』を講ずる。
	日	日遠が『法華随音句』を著す。

年代	国	事項
元和九年(一六二三)	日	清涼殿で法華八講が修される。
寛永一二年(一六三五)	日	『法華玄義外勘抄』が刊行。
寛永一三年(一六三六)	日	日遠著『摩訶止観随聞記』が刊行。
寛永一五年(一六三八)	日	天海版『正法華経』が開版。
寛永一七年(一六四〇)	日	『摩訶止観科解』が刊行。
寛永二〇年(一六四三)	日	天海逝去する。日遠著『法華経随音句』が刊行。
正保三年(一六四六)	日	最澄著『顕戒論』が刊行。日遠著『四教儀集解私記』が刊行。
慶安元年(一六四八)	日	天海に「慈眼大師」に諡号が送られる。寛永寺版(天海版)『大蔵経』が開版。
慶安二年(一六四九)	日	日遠著『法華大意』が刊行。
承応元年(一六五二)	日	円珍撰『普賢経文句』『授決集』が刊行。
承応二年(一六五三)	日	日光山で『法華経』一万二千部読誦がおこなわれる。徳川頼宣が母追善のため、「自我偈」を書写する。日遠著『法華音義』が刊行。
明暦二年(一六五六)	日	日遠著『法華文句随問記』が刊行。
万治元年(一六五八)	日	湛然著『法華大意』が刊行。
万治二年(一六五九)	日	『法華文句輔正記』が刊行。
万治三年(一六六〇)	日	元政が『本朝法華伝』を著す。最澄

		撰『決権実論』が刊行。真迢著『天台四教義集解新抄』が刊行。
寛文二年（一六六二）	日	元政版『法華経』が開版。
寛文四年（一六六四）	日	春日若宮版『法華経』が開版（春日版）。
寛文五年（一六六五）	日	宋順著『三大部序勘文』が刊行。
寛文七年（一六六七）	日	故徳川家光追善の為、『法華経』千部読誦が行われる。
寛文八年（一六六八）	日	『天台法華宗抄悟決』が刊行。
寛文九年（一六六九）	日	最澄撰『守護国界章』が刊行。日友著『法華玄義掲釈』が刊行。日遠著『法華訳和尋跡抄』が刊行。
寛文一〇年（一六七〇）	日	春日若宮版『法華経』が開版（春日版）。
天和元年（一六八一）	日	『天台伝仏心印記』が刊行。
天和二年（一六八二）	日	『法華玄義格言』が刊行。
天和三年（一六八三）	日	慈山著『摩訶止観円頓章句解』が刊行。西山本門寺蔵『常子内親王筆法華経』が成立。
貞享三年（一六八六）	日	慈山が法華三昧を修する。
元禄元年（一六八八）	日	日脱が天下安全を祈念し、身延山にて『法華経』読誦を号令する。日旋が血書にて『法華経』を書写する。
元禄二年（一六八九）	日	水戸光圀が『法華経』寿量品を書写する。日省が水戸光圀の請により、『法華文句』を講じる。
元禄三年（一六九〇）	日	常子内親王が『撰法華経』を書写する。
元禄四年（一六九一）	日	存覚著『法華問答』が刊行。
元禄六年（一六九四）	日	日寛が『序品談義』を著す。
元禄八年（一六九五）	日	日相版『法華経』が開版。光謙が比叡山山麓にて『法華文句』を講じる。
元禄九年（一六九六）	日	日遠著『法華経和談抄』が刊行。日相が『妙経改字』を著す。
元禄一〇年（一六九七）	日	日暁が『法華安心録』を著す。
元禄一一年（一六九八）	日	日相著『法華経音義補闕』が刊行。
元禄一三年（一七〇〇）	日	日暁が『法華安心録羽翼』を著す。故徳川家光五十回忌追善の為、法華懺法が修される。
元禄一五年（一七〇二）	日	師蛮が『本朝高僧伝』を著す。
宝永三年（一七〇六）	日	日燈が『法華戒体論』を著す。
宝永七年（一七一〇）	日	元政版『法華経』が再版。
正徳五年（一七一五）	日	日堯が『法華浄心録』を著す。
享保元年（一七一六）	日	最澄著『顕戒論縁起』が刊行。
享保一一年（一七二六）	日	『天台戒体決』が刊行。
享保一三年（一七二八）	日	光謙著『摩訶止観大意講録』が刊行。
享保一五年（一七三〇）	日	光顕著『摩訶止観輔行講録』が刊行。
寛保三年（一七四三）	日	実観著『止観大意膚説』が刊行。

年代	国	事項
延享二年(一七四五)	日	江戸紅葉山にて法華八講が修される。
明和八年(一七七一)	日	日恵が『開迹顕本宗要目録』を著す。普寂著『三大部復真抄』が刊行。
寛政元年(一七八九)	日	本純著『法華玄義籤録』が刊行。
文化九年(一八一二)	日	癡空が東叡山にて『法華文句』『法華玄義』を講じる。
文政六年(一八二三)	日	癡空が比叡山山麓にて『摩訶止観』を講じる。
天保五年(一八三四)	日	頂妙寺版『法華経』開版が完成。
天保六年(一八三五)	日	日瞻著『法華経音義改正』『法華経要品改正』が刊行。宗淵版『法華経』開版が完成。
天保一一年(一八四〇)	日	宗淵が『法華経考異』を著す。
天保年間(一八三〇～四四)	日	宗淵が『梵漢両字法華品題』『梵漢法華陀羅尼』を著す。
嘉永五年(一八五二)	日	癡空著『三大部講義』が刊行。
嘉永七年(一八五四)	日	日相版『法華経』の再版が完成。
文久元年(一八六一)	日	頂妙寺版『法華経』の再版が完成。
明治三年(一八七〇)	日	日輝が『妙法蓮華経寿量品宗義抄』を著す。
明治五年(一八七二)	日	日輝が『妙法蓮華経神力品宗義抄』を著す。
明治十一年(一八七八)	日	日輝が『妙法蓮華経分別功徳品宗義抄』『妙法蓮華経普門品惣持両品宗義抄』を著す。
明治十八年(一八八五)	日	頂妙寺版『法華経』の第三版が完成。
大正二年(一九一三)	日	南楠次郎・南條文雄等編『梵本法華経』が完成。
大正三年(一九一四)	日	島地大等著『漢和対照妙法蓮華経』が刊行。
大正七年(一九一八)	日	清水龍山が『天台日蓮対照論述法華経要義』を著す。

◎法華経の事典　執筆者一覧

【監修】

渡邊　寶陽　（別掲）

【編集委員】

藤井　教公　国際仏教学大学院大学教授

関戸　堯海　元身延山大学助教授

北川　前肇　立正大学仏教学部教授

【執筆者】

安中　尚史　立正大学仏教学部教授

庵谷　行亨　立正大学仏教学部教授

木村　中一　身延山大学仏教学部専任講師

桐谷　征一　立正大学大学院非常勤講師

小島　裕子　学習院大学非常勤講師・金剛院仏教文化研究所主任研究員

高森　大乗　元立正大学准教授・台東区教育委員会委員

西村　惠信　花園大学名誉教授・〈公財〉禅文化研究所長

原　慎定　立正大学仏教学部教授

三友　健容　立正大学仏教学部教授・法華経文化研究所長

三輪　是法　身延山大学仏教学部准教授

渡辺麻里子　弘前大学人文学部准教授

《監修者略歴》
渡邊　寶陽（わたなべ・ほうよう）

1933年生まれ。立正大学仏教学部宗学科卒業、同大学院博士課程単位取得。現在立正大学名誉教授。元立正大学学長。文学博士。日本インド学仏教学会理事・日本酒教学会常務理事・立正大学仏教学会長・日本市立大学連盟監事・同倫理委員会委員などを歴任。

【主な著書】『日蓮宗信行論の研究』（平楽寺書店）、『日蓮仏教論』（春秋社）、『法華経 久遠の救い』（NHK出版）など多数。

法華経の事典

2013年3月20日　初版印刷
2013年3月30日　初版発行

監　修　渡　邊　寶　陽
発行者　皆　木　和　義
印刷所　株式会社　理想社
製　本　渡辺製本株式会社

発行所　**株式会社　東京堂出版**　http://www.tokyodoshuppan.com
〒101-0051　東京都千代田区神田神保町1-17
電話　03-3233-3741　振替　00130-7-270

ISBN978-4-490-10828-6 C1515